Financial
Accounting

财务会计学

Financial Accounting

主编：孟越　王华

副主编：冀晓伟　曾婷

经济管理出版社
ECONOMY & MANAGEMENT PUBLISHING HOUSE

图书在版编目（CIP）数据

财务会计学/孟越，王华主编．—北京：经济管理出版社，2019.1（2019.2重印）
ISBN 978 - 7 - 5096 - 6368 - 4

Ⅰ.①财…　Ⅱ.①孟…②王…　Ⅲ.①财务会计　Ⅳ.①F234.4

中国版本图书馆 CIP 数据核字（2019）第 012151 号

组稿编辑：张永美
责任编辑：魏晨红
责任印制：黄章平
责任校对：张晓燕

出版发行：经济管理出版社
　　　　　（北京市海淀区北蜂窝 8 号中雅大厦 A 座 11 层　100038）
网　　址：www. E - mp. com. cn
电　　话：（010）51915602
印　　刷：三河市延风印装有限公司
经　　销：新华书店
开　　本：787mm×1092mm/16
印　　张：23.75
字　　数：578 千字
版　　次：2019 年 1 月第 1 版　2019 年 2 月第 2 次印刷
书　　号：ISBN 978 - 7 - 5096 - 6368 - 4
定　　价：69.00 元

前　言

会计是现代经济管理的重要组成部分,随着经济的发展,我国的会计改革,尤其是从20世纪90年代初至今,经历了与国际接轨、趋同和等效的阶段之后,作为会计人才的培养者,我们必须认识到:会计人才的培养要适应经济与社会的发展变化,特别要适应建设社会主义市场经济的需要。中国的会计改革,一要适应不断变化的国际会计环境,二要满足中国经济改革与发展的要求,三要结合中国会计实务界对会计理论与操作的需要。因此,建立一套体系科学、内容新颖、切合实际的会计学教材,对于培养优秀会计人才越发重要和迫切。

自2007年1月1日《企业会计准则——基本准则》(财政部令第33号)及38个具体准则实施以来,财政部根据会计准则运用过程中出现的一些问题,先后颁布了6个会计准则解释,2014年又修订了4个具体准则,同时新增了3个准则,2017年收入准则、金融资产相关准则修订及陆续应用指南的出台,会计处理相应有了很大的变化,这标志着我国已构建起既与中国国情相适应,同时又充分与国际财务报告准则趋同的、涵盖各类企业各项经济业务、独立实施的会计准则体系。

在新的形势下,会计教材,尤其是财务会计教材面临着更新速度要求高的压力。基于这样的认识,我们依据财政部和有关立法机构最新颁布实施的一系列会计规范性文件,结合国际会计惯例,考虑基础性、系统性和必要的前瞻性,编写了《财务会计学》。本书立足于财务会计实务,结合财务会计理论的最新研究成果,吸收了国内外近几年优秀财务会计教材的精华。在编写过程中,侧重工业企业,以实践能力培养为目标,突出会计实务业务流程操作能力的培养。

本书编写的原则与特色是:

(1)理论与实践相结合。财务会计作为经济应用学科,其教材既要讲清理论,又要注重应用。教材编写既要从理论高度进行概括和解释,又要运用基本原理去解决实际问题,提高学生分析问题、解决问题的能力。为了实现上述目标,本书增加了会计实务操作的比例,包括每章的内容提要、应掌握的学习要点等,有利于锻炼学生综合分析问题和解决问题的能力。

(2)教材与科研相结合。教材建设要吸取相关领域的最新科研成果,使教材内容反映本课程最新的研究状况。科研工作要为教学服务,针对教学中的问题和教学改革的要求进行专题研究。通过教学与科研互动,完善教材内容,提高教材质量。

(3)"通"与"专"相结合。"通"与"专"是现代高等教育的一对矛盾。作为一个相对独立的学科,其课程内容和教学安排既要体现本学科的特殊性,又不能完全割裂与其他学科之间的必要联系。因此,本系列教材应该兼顾非会计专业和会计专业校内学生与校外学生的需要。

（4）定位准确，务实性强。在介绍财务会计内容的同时，突出强调会计实务业务流程操作能力的培养，使学生在较短的时间内，在基本掌握财务会计内容的基础上，能够把握阅读公司财务报表和分析财务信息的技巧，以便对公司的基本财务状况做出判断。

（5）继承与创新相结合。教材编写要保持既有教材的精华和特色，同时也要注重新法规、新政策、新理论、新方法的充实与完善。

（6）中国特色与国际化相结合。教材的编写既要立足中国、侧重当前，又要放眼世界、关注未来。在选材上，尽量选择在当前我国实践中行之有效的内容，同时尽可能与国际会计接轨，反映国际会计理论与实务的发展潮流。

本书适合高校会计专业、财务管理专业及相关经济类专业本科生教学，同时也可作为企业会计、财务人员、经营管理人员培训和自学的参考用书。本书是学员在学完《基础会计》，掌握了会计的基本理论、基本方法之后，对财务会计理论和方法的进一步深化，因此，本书旨在承前启后，使其成为从会计学原理迈向会计专业课程的一座桥梁。

本书由孟越教授和王华副教授主编，负责全书写作大纲的拟定和编写的组织工作。本书共分十八章，具体编写分工如下：第一章由孟越编写；第二章由陈岩编写；第三章由金玲编写；第四章、第五章由冀晓伟编写；第六章由王华、王娜编写；第七章由王华编写；第八章由范抒编写；第九章由王薇编写；第十章由吴迪编写；第十一章、第十七章由王娜编写；第十二章由陈园编写；第十三章由曾婷编写；第十四章由赵伟编写；第十五章由丛玲玲编写；第十六章由张晓清编写；第十八章由王华、张晓清编写。全书由王华、孟越修改总纂。

本书在写作过程中，参阅了国内外许多专家、学者的最新研究成果，他们的思想和观点对本书的完成极为重要，在此一并表示谢意。由于笔者水平所限，书中可能有不妥之处，甚至还尚存未发现的错误，恳请广大读者批评指正，以便日后修改和完善。

目　　录

1 总 论

学习目标

通过本章学习，掌握财务会计的目标；掌握会计的基本假设；掌握会计的确认与计量；掌握财务报告的要素。

1.1 财务会计及其特点

1.1.1 财务会计的特征

财务会计是企业会计的两大分支之一，它通过对企业已经完成的资金运动进行全面系统的核算与监督，旨在为投资人、债权人提供企业的财务状况与经营成果等经济信息的经济管理活动。现代企业会计可以分为财务会计和管理会计两大分支。财务会计同管理会计互相配合并且共同服务于市场经济条件下的现代企业。财务会计作为传统会计的发展延伸，同旨在向企业内部管理当局提供经营决策所需信息的管理会计不同，财务会计旨在向企业外部的投资者、债权人和其他与企业有利害关系的外部集团，提供投资决策、信贷决策和其他决策所需的会计信息。这种会计信息最终以通用的会计报表和其他会计报告形式呈现。与管理会计相比，企业财务会计的主要特点是：

（1）从直接的服务对象来看，财务会计主要是为企业外部有关方面提供会计信息。但它也同时为企业内部管理服务。

（2）从提供信息的时态来看，财务会计主要是提供有关企业过去和现在的经济活动情况及其结果的会计信息。

（3）从提供信息的跨度来看，财务会计主要是定期反映企业作为一个整体的财务状况、经营成果以及现金流量的情况。

（4）从工作程序的约束依据来看，财务会计要受外在统一的会计规范（如会计准则）的约束。

（5）从会计程序与方法来看，财务会计有一套比较科学、统一、定型的会计处理程序与方法，如填制凭证、登记账簿、编制报表等。

1.1.2 财务会计的目标

在财务会计理论界，关于财务会计目标现存在两大学派：受托责任学派与决策有用学派，其产生都是以市场经济条件下资源所有权与经营权的分离为背景，只是两者的思路不同。受托责任学派认为两权分离后，普遍存在委托—代理关系，即受托责任关系，作为代理人的经营者对委托人即企业资源所有者委托其经营的财产负有受托责任。决策有用学派认为两权分离后，由于资本市场的高速发展，作为委托人的所有者关注的不仅是企业的资本保值与增值，而是整个资本市场和报酬水平以及投资企业的风险和报酬水平。在这种情况下，投资者进行投资决策需要大量可靠相关的财务会计信息。由于两种认识的出发点不同，导致对财务会计目标理论的有关问题看法不一。

受托责任学派认为，财务会计目标是反映受托者对受托责任的履行情况；财务会计人员与委托者、受托者是双重关系，只受会计准则的约束；只有提供客观、真实并可验证的财务会计信息，才能公正、有效地维护和协调代理双方的利益关系，强调或突出财务会计信息的可靠性。因此，受托责任学派特别看重历史成本计量属性和历史成本计量模式。

决策有用学派认为，财务会计信息的使用者主要是资本市场的参与者（现实或潜在的投资者、债权人）；财务会计人员为信息使用者服务，为信息使用者进行决策提供有用的信息。因此，与信息可靠性相比较，信息相关性更为重要，将相关性作为财务会计信息最重要的质量特征，这是基于信息使用者最为关注财务会计信息是"一个企业创造未来有利现金流动的能力"而确定的。由于未来存在不确定性，对未来现金流动的计量不可能是可靠或接近可靠的，因此，决策有用学派主张各种计量属性并存择优。

本书认为，关于财务会计目标两种学派的学术观点并无根本的冲突和矛盾，只是看待问题的角度不同。在不同组织形式的企业，甚至在同一企业的不同发展时期，由于经营者和投资者所处的角度不同，对财务会计目标的理解与认识也是不同的。一般而言，反映受托责任的履行情况应是财务会计的基本目标，为财务会计信息使用者提供对其决策有用的信息，应是财务会计的高级目标。

我国的财务会计报告目标是向财务会计报告使用者提供与企业财务状况、经营成果和现金流量等有关的会计信息，反映企业管理层受托责任履行情况，有助于财务会计报告使用者做出合理的经济决策。一方面，向财务报告使用者提供对决策有用的信息；另一方面，要如实反映企业管理层的受托责任履行情况。根据这一目标的要求，财务报告所提供的会计信息应当如实反映企业各项收入、费用、利得和损失的金额及其变动情况；如实反映企业各项经营活动、投资活动和筹资活动所形成的现金流入和现金流出情况等。从而有助于投资者、债权人以及其他使用者正确合理地评价企业的财务状况，有助于做出合理的经济决策，有助于评价企业经营管理层受托责任的履行情况和资源的使用效率。根据财务报告的目标，财务会计的作用具体来说可以概括为以下几个方面：

1.1.2.1　有利于投资者和债权人做出合理的决策

财务会计的最主要目标就是帮助投资者和债权人做出合理的投资和信贷决策。一般认为，最为关注企业会计信息的莫过于投资者和债权人。而这类使用者的决策对于资源的分配具有重大影响。此外，符合投资者和债权人需要的信息，一般而言对其他使用者也是有用的。因此，财务会计把服务于投资者和债权人作为其主要目标。投资者和债权人所需要的经济信息包括企业某一时日的财务状况，某一期间的经营绩效和财务状况的变动情况。但从决策有用性的观点看，不论是投资者还是债权人甚至包括企业职工，其经济利益都同企业未来的现金流动密切相关，例如，投资者应分得的股利，债权人应收回的贷款本金及利息，职工应获得的工资和奖金等，都需要预期现金流量的信息。

1.1.2.2　有利于考评企业管理当局管理资源的责任和绩效

企业所拥有的经济资源均为投资者及债权人所提供，委托企业经营者代其保管和经营，投资者和债权人与经营者之间存在着一种委托和代理的关系。投资者和债权人要随时了解和掌握企业经营者管理和运用其企业资源的情况，以便考评经营者的经营绩效，并且根据考评结果适时改变投资方向或变换经营者。这就要求企业财务报告提供这方面的信息以说明企业的经营者如何管理和使用资源，向使用者报告其经营管理情况，以便明确经营责任。

1.1.2.3　为国家提供宏观调控所需要的特殊信息

国家是国民经济的组织者和管理者，为了达到这一控制目标，国家还要求从一切企业编报的会计报表中，获取进行宏观经济调控所需要的特殊信息。国家不仅是通用报表的使用者，而且是特殊报表的使用者，社会主义国家更是如此。

1.1.2.4　为企业经营者提供经营管理所需要的各种信息

企业管理人员也要利用企业的会计信息对企业的生产经营活动进行管理。通过对企业财务状况、收入与成本费用的分析，可以发现企业在生产经营运作方面存在的问题，以便及时采取措施，改进经营情况。财务会计信息系统应怎样处理数据和加工信息，最后可能提供什么样的财务报表，在很大程度上取决于会计目标，目标指引着财务会计信息系统的运行方向。

1.1.3　财务会计信息的使用者

为满足信息使用者的需要，一个企业必须发布各种各样的会计信息，这些会计信息需求因企业的规模、是否由公众持股以及管理政策等因素而有所不同。有些会计信息的需求可能是由法律规定的，例如，所得税法要求每个企业的会计系统能够计量该企业应税收入并对企业所得税申报单中每个项目的性质和来源进行详细解释；证券法要求股份公司依照规定编制财务报表，报送证监会，并提供给公众。总的来说，会计信息需求来自企业外部和企业内部两方面，它们分别是会计信息的外部使用者和内部使用者。

1.1.3.1　会计信息的外部使用者

会计信息的外部使用者是与企业具有一定利益关系的个人或其他企业，但他们一般不参与该企业的日常管理。其具体包括：

（1）企业的所有者。在经营权与所有权相分离的情况下，企业所有者需要利用会计信息进行重要的经济决策，例如是否应该继续对企业投入更多的资金；是否应该转让在企业中的投资额（如出售股份）；企业管理当局是否实现了企业的预定目标；企业的经营成果怎样；企业的利润分配政策（如股利政策）如何等。

对于潜在的投资者来说，主要依赖会计信息，做出是否参与企业投资的决策，如决定是否购买某家公司的股票。

（2）债权人。贷给企业资金者即成为企业的债权人。债权人主要关心企业是否能够按期还本付息，即需要了解企业的偿债能力，以便作出有关的决策。具体而言，债权人需要的信息是：

1）企业的财力是否充裕，是否足以偿还其债务。

2）企业的获利情况怎样。

3）是否应该继续贷给企业更多的资金。

4）是否应该继续保持对企业的债权（如是否转让公司的债券）。

对于潜在的债权人来说，需要依靠会计信息，作出是否贷给企业资金的决策。

（3）政府机关。政府的许多机关需要有关企业的信息。例如，税务机关需要有关公司利润额和向国家缴纳税额的信息；社会保障机关需要有关企业缴纳各项社会保障基金的信息；国有企业还必须向国家财政、审计机关提供财务报告，以便接受经济监督审核；很多国外政府需要经营国际业务的企业报告这些企业在他们国家内所从事的经济活动的信息。

（4）职工与工会。企业的职工与工会主要关心下列问题：

1）企业是否按正确的方向从事经营活动，为其职工提供稳定而持久的工作岗位。

2）企业的福利待遇有何变动。

3）企业的获利情况怎样。当利润增加时，企业是否能支付较高的工资与奖金。

（5）供应商。企业往往有很多的原材料、半成品、产成品和可供销售的商品。采取赊销方式的供应商需要了解客户的经营稳定性、信用状况以及支付能力等有关方面的信息。

（6）顾客。在市场经济体制下，企业的客户可以说是最重要的外部利益集团。顾客对于信息的需要，包括有关企业及其产品的信息，如价格、品质、性能、企业信誉、企业商业信用方面的政策、可得到的折扣额、支付的到期日以及所欠款金额等。这些常规的信息一般也是由会计系统提供的。

以上列举了企业外部需要会计信息的主要集团，除这些集团以外尚有许多其他集团需要这种信息。其包括：

（1）信用代理人，这种机构专门公布有关公司信用的信息。

（2）工商业协会，这种机构公布某一类行业的有关信息时需要利用会计信息进行行业管理。

（3）竞争者，他们对于公司的价格政策和获利能力感兴趣。

（4）企业组织所在的社区。

（5）财务分析家，他们向委托人提出投资建议。

（6）关心公司某个方面经济活动的公民。

向企业外部的使用者所提供的会计信息，绝大部分是属于"强制性的"或是"必需的"。例如，向政府机构所报送的应税利润和代扣税款的报表，以及向股东所报送的财务报告，均属于强制的信息。需要指出的是，企业向外界提供的决策性信息是由管理当局提供的，但管理当局并不是提供企业会计信息的唯一渠道，外界作决策所依据的会计信息的公允性和准确性，最后必须而且只能由企业最高管理当局负责。但仅提供一套单一的财务信息满足如此众多的使用者的各种不同的需求，即使有可能也是相当困难的。因此，对外财务报告主要面向两个团体——投资者和债权人，包括当前的和潜在的投资者和债权人，他们是主要的财务信息外部使用者。通过满足投资者和债权人的财务信息需求，也为许多其他财务信息使用者提供了有用的信息。另外，某些财务信息的外部使用者，如政府机构，能够得到公众通常无法获得的企业信息。因此，它们不像投资者和债权人那样依赖于公开的信息。

1.1.3.2 会计信息的内部使用者

企业内部的信息使用者主要是企业的经营管理当局。作为企业经营者，他们必然十分关心企业的经营状况和经营成果，这既与其业绩评价、工薪报酬、职位升迁等息息相关，又是其进行经营决策、经营管理必不可少的信息。此外，企业职工也是财务会计信息的重要使用者，国务院颁布的《企业财务会计报告条例》第三十五条规定，企业"应当至少每年一次向本企业的职工代表大会公布财务会计报告"，重点说明与职工利益密切相关的信息，各种审计发现的问题及纠正情况，重大的投资、融资和资产处置情况等。

1.1.4 财务会计信息的质量要求

为了实现财务会计报告的目标，保证会计信息的质量，必须明确会计信息的质量要求。会计信息的质量要求是财务会计报告所提供信息应达到的基本标准和内在要求。对于其应包括的内容，会计学界并没有一个统一的共识。一般认为，会计信息的质量要求主要包括可靠性、相关性、可理解性、可比性、实质重于形式、重要性、谨慎性和及时性。

1.1.4.1 可靠性

可靠性是指企业应当以实际发生的交易或者事项为依据进行会计确认、计量和报告，如实反映符合确认和计量要求的各项会计要素及其他相关信息，保证会计信息真实可靠、内容完整。信息如果不可靠，不仅对决策无帮助，而且会造成决策失误。因此，可靠性是会计信息的重要质量特征。一项信息是否可靠则取决于以下三个信息，即真实性、可验证性和中立性。

（1）真实性。真实性就是要如实表达，即会计核算应以实际发生的经济业务为依据，内容真实、数字准确、资料可靠，会计记录和报告不加任何掩饰。

（2）可验证性。可验证性是指具有相近背景的不同个人，分别采用同一计量方法，对同一事项加以计量，就能得出相同的结果。例如，如果企业不同外部人用相同的计量方法得到不同的结果，那么这份报表就是不可验证的。

（3）中立性。中立性是指会计信息应不偏不倚，不带主观成分。将真相如实地和盘托出，结论让用户自己去判断。会计人员不能为了某些特定利益者的意愿或偏好而对会计信息作特殊的安排，故意选用不适当的计量和计算方法，隐瞒或歪曲部分事实，来诱使特定的行为反映。会计信息的可靠性一方面取决于会计人员的工作质量，但又不完全为会计人员所左右，有时会计人员受环境和会计方法本身的局限，对提高会计信息的可靠性无能为力。

1.1.4.2 相关性

相关性是指与决策有关、具有改变决策的能力。相关性的核心是对决策有用。一项信息是否具有相关性取决于预测价值和反馈价值。

（1）预值。如果一项信息能帮助决策者预测未来事项的可能结果，则该项信息具有预测价值。决策者可根据预测的结果，做出其认为最佳的选择。因此，预测价值是构成相关性的重要因素，具有影响决策者决策的作用。

（2）反馈价值。一项信息如能使决策者证实或更正过去决策时的预期结果，即具有反馈价值。把过去决策所产生的实际结果反馈给决策者，使其与当初的预期结果相比较，验证过去的决策是否正确，总结经验防止今后决策时再犯同样的错误。反馈价值有助于未来决策。

信息反馈价值与信息预测价值同时并存，相互影响。验证过去才有助于预测未来，不明白过去，预测就缺乏基础。

1.1.4.3 可理解性

可理解性是指会计信息必须能够被使用者理解，即会计信息必须清晰易懂。提供会计信息的目的在于帮助有关方面进行经济决策，要运用会计信息就必须理解会计信息的内涵。这就要求会计信息能简单明了地反映企业的财务状况与经营成果，容易为使用者所理解。要在保证会计信息的客观性与相关性的前提下，力求使会计信息简明易懂。当然，要真正发挥会计信息的作用，还需要使用者具备一定的会计专业知识。

1.1.4.4 可比性

可比性是指一个企业的会计信息与其他企业的同类会计信息应当相互可比。不同企业的会计信息或同一企业不同时期的会计信息如能相互可比，就会大大增强信息的有用性。一家企业的会计信息若能与其他企业类似的会计信息相比较，能与本企业以前年度同日期或其他时点的类似会计信息相比较，就不难发现它们之间相似、相异之处，发现本企业当前生产经营管理上的问题。

为保证会计信息的可比性，就必须有统一的会计准则和会计制度来保证不同企业的信息共性，这就是会计信息的统一性。没有这种统一性就无法保证会计指标口径一致，相互可比。为了使同一企业不同时期的会计信息具有可比性，会计人员在处理会计事项时，所采用会计方法和会计程序前后各期应具有连贯性，前后一致。这就要求企业对会计方法或原则的选用应慎重，一旦选用，除非有正当理由，不得任意变动，以确保会计信息的可比性。统一性和一贯性是构成可比性的两个因素，作为会计信息的质量要求，它们从属于可比性。

1.1.4.5 实质重于形式

实质重于形式是指企业应当按照交易或事项的经济实质进行会计确认、计量，而不应当仅按照它们的法律形式作为会计确认、计量的依据。在会计确认、计量过程中，可能会碰到一些经济实质与法律形式不吻合的业务或事项，例如，融资租入的固定资产，在租期未满以前，从法律形式上讲，所有权并没有转移给承租人，但是从经济实质上来讲，与该项固定资产相关的收益和风险已经转移给承租人，承租人实际上也能行使对该固定资产的控制，因此承租人应该将其视同自己的固定资产，一并计提折旧和大修理费用。遵循实质重于形式原则，体现了对经济实质的尊重，能够保证会计确认、计量的信息与客观经济事实相符。

1.1.4.6 重要性

重要性是指企业提供的会计信息应当反映与企业财务状况、经营成果和现金流量等有关的所有重要交易或事项。对资产、负债、损益等有较大影响，并进而影响财务会计报告使用者据以做出合理判断的重要会计事项，必须按照规定的会计方法和程序予以处理，并在财务会计报告中予以充分、准确的披露；对于次要的会计事项，在不影响会计信息真实性和不至于导致财务会计报告使用者作出错误判断的前提下，可适当简化处理。坚持会计处理的重要性原则，必须在保证会计报表和会计信息质量的前提下进行，兼顾全面性和重要性。之所以强调重要性原则，在很大程度上是考虑会计信息的效用和核算成本之间的比较。企业的经济业务纷繁复杂，要将所有零散的经济数据全部转化成会计报表中详细罗列的指标，不但没有必要，而且还会冲淡重点，有损会计信息的使用价值，甚至影响决策。强调重要性原则一方面可以提高核算的效益，减少不必要的工作量；另一方面可以使会计信息分清主次，突出重点。对某项会计事项判断其重要性，在很大程度上取决于会计人员的职业判断。但一般来说，重要性可以从性质和数量两方面进行判断。从性质方面讲，只要该会计事项发生可能对决策有重大影响时，则属于具有重要性的事项。从数量方面讲，当某一会计事项的发生额达到总资产的一定比例（如5%）时，一般认为其具有重要性。判断某一会计事项重要与否，更重要的是应当考虑经济业务的性质。如果特定的经济决策确实需要某一方面的会计资料，即使相应的核算成本很高，在总资产中占的比重很小，也应将其作为重要事项来核算。

1.1.4.7 谨慎性

谨慎性是指企业对交易或事项进行会计确认、计量和报告应当保持应有的谨慎性，不应多计资产或者收益、少计负债或费用，不得计提秘密准备。通常的处理原则是，应预计可能产生的损失，但不预计可能产生的收益和过高估计财产的价值。遵循这一原则，可使本期可能产生的损失不至于递延至下期反映，增加下期负担，从而使各期的经营成果更加真实。谨慎性原则要求体现于会计确认、计量的全过程，包括会计确认、计量的各个方面。在会计确认方面，要求确认标准和方法建立在稳妥合理的基础之上；从会计计量来说，要求不得高估资产和利润的数额；从会计报告来说，要求会计报告向会计信息使用者提供尽可能全面的会计信息，特别是应报告可能发生的风险损失。但是，企业不能漫无边际、任意使用或歪曲使用谨慎性原则，否则将会影响会计确认、计量的客观性，造成会计秩序的混乱。

1.1.4.8 及时性

及时性是指信息对用户失效之前就提供给用户。要求企业对已经发生的交易或事项，应当及时进行确认、计量和报告，不得提前或延后。

会计信息的价值在于帮助会计信息的使用者做出经济决策，因此，具有时效性。任何信息如果要影响决策，就必须在决策之前提供，相关信息如果不能及时提供，相关也就变成不相关了，成为无用的信息。当然，及时提供的信息如不相关，也是无用的信息。在会计确认、计量和报告过程中贯彻及时性：一是要求及时收集会计信息，即在经济业务发生后，及时收集整理各种原始单据或者凭证；二是要求及时处理会计信息，即按照《企业会计准则》的规定，及时对交易或事项进行确认、计量，并编制财务报告；三是要求及时传递会计信息即按照国家规定的期限，及时地将编制的财务报告传递给财务报告使用者，便于其及时使用和决策。

1.1.5 社会环境对会计的影响

财务会计作为会计的子系统，必然存在于一定的环境之中，并随着客观环境的变化而发生变化。所谓会计环境，是指会计赖以存在的政治环境、经济环境、法律环境、文化环境等客观环境。不同国家的政治、经济、法律和文化环境，都使不同国家的会计有着不同的特点。这是因为，现代会计作为一个信息管理系统总是服务于一定社会经济环境之下的利益主体，通过会计核算反映和监督利益主体的经济活动，为特定主体的利益提供服务。各利益主体的经济活动总是受一定的社会经济环境影响和制约的，是在一定的社会经济环境的约束下所进行的经济行为。因此，会计也只有适应其所处的社会经济环境，并为其所在的社会经济环境服务，才能得以存在和发展。

1.1.5.1　政治环境

政治环境包括政治体制、政治路线、政治思想和政治领导。政治因素在整个社会环境中起着一种基础性决定作用，它决定着国家在特定时期的经济、法律和科技等方面的目标导向和发展水平。表面上，财务会计是表现为财务数据的形成过程；实质上，在这些数据的背后体现的是复杂的政治过程。任何国家的会计必然体现本国政治的要求，一个国家的政治体制不但对经济和法律具有制约作用，而且不可避免地决定着会计法规体系和管理体制。在某种意义上，会计行为肯定反映了国家的部分意志。我国政府对宏观调控的控制力量较强，会计在管理体制上必然实行"统一领导、分级管理"。应该指出的是，并非所有政治环境因素都会对会计产生直接的影响，有的是潜移默化地影响人们的行为并最终导致国家政权的变革并对会计产生实质性的影响。

1.1.5.2　经济环境

经济环境包括物质资料的生产及其相应的交换、分配和消费等各种经济活动，及其相应的经济制度和经济管理体制。如市场经济和计划经济，市场经济还可以细分为不同类型的市场经济。美国实行竞争性市场经济，公有化程度较低，证券市场发达，企业的证券化融资比重较大，强调计税依据以税法为准。因而，美国财务会计的目标主要是保护权益性资本投资者的利益，企业会计并不以税收为导向。法国实行有计划的资本主义市场经济，公有化经济比重较高，政府在资源配置上力量很强，证券市场不发达，股份公司相对其他国家的地位要低一些。因此，法国企业会计以税收为导向，强调会计为宏观经济服务，重视社会责任目标。我国实行的是社会主义市场经济，国有企业数量众多，是国民经济的支柱，因此，我国的会计目标必然体现这一要求。一般情况下，若政府在经济管理中的力量大，则政府对会计的直接管理程度就强；反之，政府对会计的直接管理程度就弱。如美国政府决策的集中程度弱，政府对资源配置的力量弱，所以，美国政府对会计管理较弱，主要由民间会计团体来完成，我国与法国和日本比较接近，是由政府管理全国的会计工作。

1.1.5.3　法律环境

法律环境包括立法、司法和监督制度，以及国家对法制的方针等。国际上通常存在两大法律体系，即大陆法系与英美法系。实施大陆法系的国家，政府往往借助于法律手段对经济活动进行全面干预，整个社会的经济活动都处于国家详尽而完备的法律管制之下，一般由国家制定统一的会计制度。实施英美法系的国家，法律间接地对会计施加影响，法律对经济活动的约束比较笼统、灵活，经济活动得以在比较宽松的条件下进行。其会计规范往往采用公认会计原则的形式，会计准则主要由民间团体来制定。具体的会计事务主要是依据会计人员的职业判断。企业可根据自己的情况选择会计处理程序或方法。实施大陆法系的国家，会计往往受到政府的严格管制，会计人员所应用的会计原则，一般都体现在政府的法律、法规之中，会计准则以法律形式颁布，具有指令性、强制性和统一性的特点。我国属于大陆法系国家，全国实现统一的企业会计制度，由政府进行会计立法。

1.1.5.4 文化环境

文化环境是指特定国家或地区在社会历史发展过程中形成的价值观和人生观等。著名学者霍斯特认为，一国文化模式的特征主要应从如下四方面加以反映：

（1）崇尚个人主义还是集体主义。

（2）权利距离大小。

（3）对不明朗因素反应的强弱。

（4）阳刚还是阴柔。

社会文化环境对会计的影响是不直接的、多维的。例如，美国是一个崇尚个人主义的国家，社会结构松散，社会的权利距离较小，人们在家庭和机构中注意权利的均衡，人与人之间强调平等。企业的职员希望上司在作决策时会咨询他们的意见，人们注重成就感、英雄感、决断能力及物质上的成功。相应地，美国政府在会计管理上的作用有限，强调专业导向、行业自律，在会计准则的制定与实施上，强调可选择性；在会计职业上，会计人员的专业水平较高，会计职业的地位也比较高，具有较高的权威性；在信息披露上，美国公司的财务会计报表以充分披露而闻名；在会计处理方法上强调真实反映，会计核算方法偏向于乐观、大胆创新甚于墨守成规。法国和德国的社会文化环境与美国的社会文化环境截然不同：不像美国那样崇尚个人主义，权利距离较大，对不明朗因素反应较强，不像美国那样偏重阳刚。与此相对应，德国在会计管理上，强调立法管理，由政府和民间会计团体来管理会计工作，法国则更强调政府管理；在会计准则的制定与实施上，两国均强调指令性、强制性和统一性；在会计职业上，两国会计团体规模相对较小，职业地位比美国低；在信息披露上，公司一般不超过法律和欧洲经济共同体指令的最低要求，偏向于保密；在会计核算上，两国均采用保守态度，严格遵守历史成本原则，广泛提取各种"准备金"。我国长期以来，儒家文化占据主流地位，"尊上""唯上"是中国传统的文化习惯，习惯于"照章办事"。在这种环境下，不适合采用公认会计原则和职业判断方式，在现阶段，统一会计制度形式比较适合我国基本国情。社会经济环境制约和影响着会计的发展，但会计也并不是被动的，会计的发展对社会经济环境也存在着反作用。会计通过核算和监督活动，也对其所处的社会经济环境产生一定的影响，在一定的程度上促进和推动了社会经济的发展，进而推动社会经济环境中其他方面的变化。因此，我们在研究会计与客观环境的关系时，应坚持辩证的观点：一方面，要承认客观环境决定会计的发展；另一方面，要明确会计不是完全消极被动的，它可以反作用于客观环境。会计一经建立就有力地促进了经济和政治的发展。

1.2 会计的基本假设和会计确认、计量的基础

1.2.1 会计的基本假设

会计的基本假设，也称会计的基本前提，它是指组织财务会计工作必须具备的前提条件，离开了这些条件，就不能有效地开展会计工作。会计的基本假设也是会计的理论基

础，离开这些假设，就不能构建会计的理论体系。会计的基本假设是从会计实践中抽象出来的，其最终目的是保证会计信息的有用性。所以，会计假设既是会计核算的基本依据，又是制定会计准则和会计核算制度的重要指导思想。会计的基本假设通常包括会计主体、持续经营、会计分期和货币计量。

1.2.1.1 会计主体

会计主体又称会计实体，是指会计信息所反映的特定单位或者组织，它规范了会计工作的空间范围。会计主体既可以是一个特定的企业，也可以是一个企业的某一特定部分（如分厂、分公司、门市部等），还可以是由若干家企业通过控股关系组织起来的集团公司，甚至可以是一个具有经济业务的特定非营利组织。

会计主体这一假设认为，一个会计主体不仅和其他主体相对独立于所有者之外。会计为之服务的对象是一个独立的特定经济实体，对于企业会计来说，核算的只能是企业本身的生产经营活动，企业的会计核算只能站在企业自身的角度，来反映核算经济活动。确定会计主体，就是要明确为谁核算，核算谁的经济业务。为此，《企业会计准则》明确指出："客户核算应当以企业发生的各项经济业务为对象，记录和反映企业自身的各项生产经营活动。"这是因为，企业的生产经营活动是由各项具体的经济活动所构成的，而每项经济活动都是与其他有关经济活动相联系的，企业本身的经济活动也总是与其他企业或单位的经济活动相联系的。为了正确计量和确认资产、负债和所有者权益，以及企业的收益，必须以会计为之服务的特定实体的权利义务为界限，相对独立于其他主体。

会计主体主要是规定会计核算的范围，它不仅要求会计核算应当区分自身的经济活动与其他企业单位的经济活动，而且必须区分企业的经济活动与投资者的经济活动。企业会计记录和会计报表涉及的只是企业主体的活动。例如，当企业所有者与经营者为同一个人时，由于会计为之服务的对象是企业，就需要把业主的个人消费与企业开支分开，及时结算企业与业主之间的往来，否则就无法计量企业的费用和利润，也无法进行经济效益的分析和比较。所以，从根本上来讲，将企业作为会计主体来进行核算，反映了企业经营者正确计算并严格考核企业盈亏的要求。另外，从进一步记录财产和收支的角度来看，所有者的财产一旦投入某一个企业，就应在账簿上独立地记录，分清那些与企业的生产经营无关而属于所有者本人的财务收支或其他经济往来。会计主体与法律主体（法人）是有区别的。会计主体既可以是法人，如企事业单位，也可以是非法人，如独资企业或合伙企业。例如，独资企业与合伙企业通常不具有法人资格，它们所拥有的财产和所负担的债务，在法律上仍视为业主或合伙人的财产与债务，但在会计核算中，则把它们作为独立的会计主体来处理。再如，集团公司由若干具有法人地位的企业所组成，但在编制集团公司合并报表时，只能把集团公司看作一个独立会计主体，需要采用特定的方法把集团公司所属企业之间的债权、债务相互抵销，并扣除由于所属企业之间的销售活动而产生的利润。

1.2.1.2 持续经营

持续经营是指作为会计主体的企业，其经营活动将按照既定的目标持续下去，在可预见的将来，不会面临破产、进行清算。从企业经营的存续时间来看，存在两个可能：一种是企业在近期可能面临破产清算；另一种是在可预见的将来，企业会持续经营下去。不同的可能性决定了企业采用不同的方法进行核算。为了使会计核算中使用的会计处理方法保持稳定，保证企业会计记录和会计报表真实可靠，因此，《企业会计准则》规定："会计核算应当以企业持续、正常的生产经营活动为前提。"也就是说，企业可以在持续经营的基础上，使用它所拥有的各种资源，依照原来的偿还条件来偿还它所负担的各种债务。会计核算上所使用的一系列的会计处理方法都是建立在持续经营的前提基础上的，从而解决了很多常见的财产计价和收益确认问题。例如，由于假定企业可以持续不断地经营下去，企业的资产价值将以历史成本计价，而不是采取市价或清算价格。正由于企业以持续经营为假设前提，企业才可以采用权责发生制作为确认收入或费用的标志，而不以是否收或付货币资金为依据。由于企业持续经营前提的存在，才产生企业资本保全的问题，从而产生了会计核算中正确区分资本性支出与收益性支出的必要。一般来说，凡支出的效益仅与一个会计年度（或一个营业周期）相关的，应当作为收益性支出，计入该会计年度（或该营业周期）损益；凡支出的效益与几个会计年度（或几个营业周期）相关的，应当作为资本性支出，分期计入相关年度（或相关营业周期）损益。

1.2.1.3 会计分期

会计分期是指将企业持续不断地生产经营活动分割为一定的期间，据以结算账目和编制会计报表，从而及时地提供有关财务状况和经营成果的会计信息。持续经营的假定，意味着企业经营活动在时间的长河中无休止地运行，那么，在会计实践活动中，会计人员提供会计信息，应从何时开始，又到何时终止呢？显然，要等到企业的经营活动全部结束时，再进行盈亏核算和编制报表是不可能的。所以，会计核算应当划分会计期间，即人为地将持续不断的企业生产经营活动划分为一个个首尾相接、等间距的会计期间，通常为一年，可以是日历年，也可以是营业年。我国规定以日历年作为企业的会计年度，即以公历1月1日至12月31日为一个会计年度。此外，企业还需按半年、季度、月份编制报表，即把半年、季度、月份也作为一种会计期间。

会计期间的划分对于确定会计核算程序和方法具有极为重要的作用，由于有了会计期间才产生了本期与非本期的区别，由于有了本期与非本期的区别才产生了权责发生制和收付实现制，才使不同类型的会计主体有了记账的基准。例如，划分会计期间后，就产生了某些成本，要在不同的会计期间进行摊销，分别列为当期费用和下期费用的问题。采用权责发生制后，对于一些收入和费用按照权责关系需要在本期和以后会计期间进行分配，确定其归属的会计期间，为此需要在会计处理上运用预收、应收、应付等会计方法。

1.2.1.4 货币计量

货币计量是指会计在提供信息时要以货币为主要计量尺度，记录、反映企业的经营情况。企业在日常的经营活动中，有大量的错综复杂的经济业务。整个生产经营活动中所涉及的业务又表现为一定的实物形态，如厂房、机器设备、现金、各种存货等。由于它们的实物形态不同，可采用的计量方式也多种多样。为了全面反映企业的生产经营活动，会计核算客观上需要一种统一的计量单位作为会计核算的计量尺度。因此，会计核算就必然选择货币作为会计核算的计量单位，以货币形式来反映企业的生产经营活动的全过程，这就产生了货币计量这一会计核算前提。所以，《企业会计准则》规定，会计核算应以人民币为记账本位币。

1.2.2 权责发生制原则

企业应当以权责发生制为基础进行会计确认、计量和报告，而不应以收付实现制为基础。权责发生制也称为应计制，它要求对会计主体在一定期间内发生的各项业务，凡符合收入确认标准的本期收入，无论其款项是否收到，均应作为本期收入予以确认；凡符合费用确认标准的本期费用，无论其款项是否付出，均应作为本期费用予以确认。反之，凡不符合收入确认标准的款项，即使在本期收到，也不能作为本期收入予以确认；凡不符合费用确认标准的款项，即使在本期付出，也不能作为本期费用予以确认。与权责发生制相对应的是收付实现制。在收付实现制下，对收入和费用的入账，完全按照款项实际收到或支付的日期为基础来确定它们的归属期。根据权责发生制进行收入与成本费用的核算，能够更加准确地反映特定会计期间真实的财务状况及经营成果。

我国的《企业会计准则》规定，企业的会计确认、计量和报告应当采用权责发生制。在真实地反映企业的财务状况和经营成果方面，权责发生制较收付实现制具有较大的优越性。

1.3　会计确认与计量

为了实现财务会计目标，必须使用财务会计特有的技术，即会计确认和会计计量。财务会计的主要内容就是对会计六大要素的确认与计量和财务报告的编制。因此，会计确认与计量是财务会计的核心内容。在现代会计中会计确认和会计计量既有区别又有联系。

1.3.1　会计确认

对企业经济活动及其所产生的经济数据进行分析、识别与判断，以明确它们是否对会计要素产生影响以及影响哪些会计要素。这一过程通常称为会计确认。我们知道，企业在经营过程中会产生各种各样的经济活动。例如，企业职工的构成与管理人员素质的变化等，显然不能用货币形式进行可靠的计量，因而不属于会计核算的内容。又如，企业与客户签订下年度的销售合同，由于合同所记录的内容尚未实际发生，因而也不属于会计核算的内容。因此，在实际进行会计核算之前，需要对企业所发生的经济活动及其所产生的经济数据进行分析，把非会计核算内容排除在外，对于影响会计要素的内容，则要进一步明确其性质，即影响哪些会计要素。从会计核算的具体方法来看，填制与审核原始凭证属于会计确认，编制记账凭证也包含会计确认的内容。

1.3.2　会计计量

会计计量是为了将符合确认条件的会计要素登记入账并列报于财务报表而确定其金额的过程。会计计量包括确定计量单位和选择计量属性两个方面。根据货币计量的会计假设，会计的计量单位都是货币。企业应当根据交易的性质与重要性原则来选取适当的计量属性，确定相关金额。计量属性是指某一要素所予以计量的特性，如桌子的长度、物体的重量、房屋的高度等。从会计角度，计量属性反映的是确定会计要素金额的基础，主要包括历史成本、重置成本、可变现净值、现值和公允价值等。

1.3.2.1 历史成本

历史成本又称实际成本，是指企业取得或建造某项财产物资时实际支付的现金及现金等价物。在历史成本计量模式下，资产按照其购置时支付的现金或现金等价物的金额，或者是按照购置资产的金额，或者承担现时义务的合同金额，或者按照日常活动中为偿还负债预期需要支付的现金或现金等价物的金额计量。

1.3.2.2 重置成本

重置成本又称现行成本，是指按照当前市场条件，重新取得同样一项资产所需要支付的现金或现金等价物金额。重置成本更具有相关性，有利于资本保全。在重置成本计量模式下，资产按照现在购买相同或者相似资产所需支付的现金等价物的金额计量。负债按照现在偿付该项债务所需支付的现金或现金等价物的金额计量。

1.3.2.3 可变现净值

可变现净值是指资产在正常经营状态下可带来的未来现金流入或将要支付的现金流出，又称为预期脱手价格。在可变现净值计量模式下，资产按照正常对外销售所能收到现金或现金等价物的金额扣减该资产至完工时估计将要发生的成本、估计的销售费用以及相关税金后的金额计量。

1.3.2.4 现值

现值是指在正常经营状态下资产所带来的未来现金流入量的现值，减去为取得现金流入所需的现金流出量现值。在现值计量模式下，资产按照预计从其持续使用和最终处置中所产生的未来净现金流入量的折现金额计量；负债按照预计期限内需要偿还的未来净现金流出量的折现金额计量。该计量属性考虑了货币的时间价值，最能反映资产的经济价值，与经济决策更具有相关性，但其可靠性较差。

1.3.2.5 公允价值

公允价值是指公平交易中，熟悉情况的双方自愿进行的资产交换和债务清偿的金额。公允价值应具备如下三个条件：

（1）信息公开。双方对交易对象所了解的信息是对称的。

（2）双方自愿。若没有相反的证据表明所进行的交易是不公正的或非出于自愿的，市场交易价格即为资产或负债的公允价值。

（3）对资产或负债进行公平交易。

公允价值既可以是基于事实性交易的真实市价，也可以是基于假设性交易的虚构价格。

1.3.3 各种计量属性之间的关系

在各种会计计量属性中，历史成本通常反映的是资产或负债过去的价值，而重置成本、可变现净值、现值和公允价值通常反映的是资产或者负债的现时成本或者现时价值，是与历史成本相对应的计量属性。但它们之间具有密切联系，一般来说，历史成本可能是过去环境下某项资产或负债的公允价值，而在当前环境下某项资产或负债的公允价值也许就是未来环境下某项资产或负债的历史成本。公允价值既可以是重置成本，也可以是可变现净值和以公允价值为计量目的的现值，但必须同时满足公允价值的三个条件。

1.4 财务报告要素

由于企业对外提供的财务报告主要有资产负债表、利润表、现金流量表和所有者权益变动表，故财务报告要素可以相应分为资产负债表要素、利润表要素、现金流量表要素和所有者权益变动表要素。由于种种原因，我国《企业会计准则——基本准则》没有对现金流量表要素和所有者权益变动表要素作出规定，所以财务报告要素分为资产负债表要素与利润表要素。

1.4.1 资产负债表要素

资产负债表要素是反映企业在某一日期经营资金的来源和分布情况的各项要素。资产负债表要素一般通过资产负债表来反映，由资产、负债和所有者权益三个要素所构成。

1.4.1.1 资产

资产是指企业过去的交易或者事项形成的，由企业拥有或者控制的、预期会给企业带来经济利益的资源。资产包括各种财产、债权和其他权利。这个定义强调了资产以下三个特征：

（1）资产是由过去的交易、事项所形成的。也就是说，企业过去的交易或者事项包括已发生的购买、生产、建造行为或其他交易或者事项，预期在未来的交易或者事项不形成资产。只有过去发生的交易或者事项才能增加或减少企业的资产，不能根据谈判中的交易或计划中的经济业务来确定资产。例如，已经发生的固定资产购买交易会形成企业的资产，而计划中的固定资产购买交易则不会形成企业当前的资产。

（2）资产是企业拥有或控制的。一般来说，一项资源要作为企业的资产予以确认，对于企业来说，要拥有其所有权，可以按照自己的意愿使用或处置。对于一些特殊方式形成的资产，企业虽然对其不拥有所有权，但能够实际控制，也应将其作为企业的资产予以确认，如融资租入固定资产。

（3）资产预期会给企业带来经济利益，即资产未来可能会给企业带来现金流入。资产必须具有交换价值和使用价值，可以可靠地计量，即可以用货币进行计量。

资产按其流动性一般分为流动资产和非流动资产。流动资产是指预计能够在一个正常营业周期中变现、出售或耗用，或主要为交易目的而持有，如货币资金、交易性金融资产、应收票据、应收账款、存货等。非流动资产是指流动资产以外的资产。如果资产预计不能在一个正常营业周期中变现、出售或耗用，或者持有资产的主要目的不是为了交易，这些资产都应当归类为非流动资产，如长期股权投资、投资性房地产、固定资产、无形资产等。

1.4.1.2 负债

负债是指企业过去的交易或事项形成的、预期会导致经济利益流出企业的现时义务。负债具有如下基本特点：

（1）负债是由过去的交易或者事项形成的现时义务。负债作为企业承担的一种义务，是由企业过去交易或事项形成的、现已承担的义务。如银行借款是因为企业接受了银行贷款形成的，如果没有接受贷款就不会发生银行借款这项负债。应付账款是因为赊购商品或接受劳务形成的，在这种购买未发生之前，相应的应付账款并不存在。

（2）负债的清偿预期会导致经济利益流出企业。这些流出形式各种各样，如用现金偿还、以实物资产偿还、以提供劳务偿还。对此，企业不能或很少可以回避。如果是企业能够回避的义务，就不能确认为一项负债。

负债按偿还期长短可分为流动负债和非流动负债。流动负债是指可以合理地预计、需要动用流动资产或者用其他流动负债加以清偿的短期负债。流动负债一般包括短期借款、应付账款、应付职工薪酬、应付利息、应交税费等。这些项目的清偿到期日不超过一年或一个营业周期（两者孰长）。非流动负债是指需在下一年或下一个营业周期内动用流动资产或承担新的流动负债加以清偿的负债，包括长期借款、应付债券、长期应付款等。

1.4.1.3 所有者权益

所有者权益是指企业资产扣除负债后所有者享有的剩余权益。所有者权益是投资人对企业净资产的要求权。所有者权益是企业的主要资金来源，它等于全部资产减全部负债后的净额。企业所有者拥有的权益，最初以投入企业资产的形式取得，形成投入资本。随着企业生产经营活动的开展，投入资本本身增值，增值部分形成盈余公积和未分配利润，这部分资金归所有者所有，与投入资本一起构成企业的所有者权益。具体包括投入资本、资本公积、盈余公积和未分配利润等部分。

利得是指由企业非日常活动所形成的、会导致所有者权益增加的、与所有者投入资本无关的经济利益的流入。损失是指由企业非日常活动所发生的、会导致所有者权益减少的、与向所有者分配利润无关的经济利益的流出。它是企业除了费用或分配给所有者之外的一些边缘性或偶发性支出。利得和损失分为直接计入所有者权益的利得和损失与直接计入当期损益的利得和损失。一般来说，已实现的利得和损失计入当期损益，未实现的利得和损失计入所有者权益中的其他综合收益。

1.4.2 利润表要素

利润表是反映企业在一定会计期间经营成果的报表。利润表要素一般通过利润表来反映，由收入、费用和利润三个要素构成。

1.4.2.1 收入

收入是指企业日常活动中形成的、会导致所有者权益增加的、与所有者投入资本无关的经济利益的总流入。对于某一会计主体来说，收入表现为一定期间现金的流入或其他资产的增加或负债的清偿。但不是所有的现金流入都是企业的收入，因为有些现金收入并不是由于企业销售商品、提供劳务及提供他人使用本企业的资产而引起的，如因股东投资、企业借债增加的现金流入就不是收入。收入有广义和狭义两种理解。广义收入把所有的经营和非经营活动的所得都看成是收入，就是说把企业净资产增加的部分都看作收入。狭义收入则仅把经常的、主体性的经营业务中取得的收入作为收入，即营业收入，它包括主营业务收入和其他业务收入。会计上所指的收入通常是狭义收入。

1.4.2.2 费用

费用是指企业在日常活动中发生的、会导致所有者权益减少的、与向所有者分配利润无关的经济利益的总流出。它是企业在获取收入过程中所发生的必要支出。费用是相对于收入而言的，没有收入就没有费用。因此，费用必须按照一定的期间与收入相配比。如一定期间的产品销售收入必须与当期的产品销售成本相配比。费用也有广义和狭义之分。广义费用认为费用包括各种费用和损失。而狭义的费用只包括为获取营业收入提供商品或劳务而发生的耗费。也就是说，凡是同提供商品或劳务相联系的耗费才作为费用，狭义费用不包括损失。狭义费用和损失有一点是共同的，即它们都会导致业主权益的减少。所不同的是，狭义费用仅指与商品或劳务的提供相联系的耗费，但损失只是一种对收益的纯扣除。会计上所指的费用通常是狭义费用，主要包括主营业务成本、其他业务成本、管理费用、销售费用和财务费用。

1.4.2.3 利润

利润是企业在一定会计期间的经营成果，也就是收入与费用配比相抵后的差额。收入大于费用的净额为利润，如收入小于费用，其净额则为亏损。

以上六大财务报告要素相互影响，密切联系，全面、综合地反映了企业的经济活动。

本章小结

财务会计是企业会计的两大分支之一，它通过对企业已经完成的资金运动全面系统的核算与监督，旨在为投资人、债权人提供企业的财务状况与经营成果等经济信息的经济管理活动。财务会计的基本目标是反映受托责任的履行情况，财务会计的高级目标则是为财务会计信息使用者提供对其决策有用的信息。一般认为，会计信息的质量要求主要包括可靠性、相关性、可理解性、可比性、实质重于形式、重要性、谨慎性和及时性。不同国家的政治、经济、法律和文化环境，都使不同国家的会计有着不同的特点。会计的基本假设是会计的理论基础，既是会计核算的基本依据，又是制定会计准则和会计核算制度的重要指导思想。会计的基本假设通常包括会计主体、持续经营、会计分期和货币计量。我国的《企业会计准则》规定，企业的会计确认、计量和报告应当采用权责发生制。权责发生制也称为应计制，它要求对会计主体在一定期间内发生的各项业务，凡符合收入确认标准的本期收入，无论其款项是否收到，均应作为本期收入予以确认；凡符合费用确认标准的本期费用，无论其款项是否付出，均应作为本期费用予以确认。会计计量主要包括历史成本、重置成本、可变现净值、现值和公允价值等计量属性。资产负债表要素由资产、负债和所有者权益三个要素构成。利润表要素由收入、费用和利润三个要素构成。

2 货币资金

学习目标

通过本章学习，明确货币资金内部控制、现金管理、银行存款管理的主要内容，了解银行转账结算方式，熟练掌握库存现金、银行存款和其他货币资金相关业务的账务处理。

2.1 货币资金概述

2.1.1 货币资金的概念与范围

货币资金是指企业的生产经营资金在周转过程中处于货币形态的那部分资金。企业在生产经营过程中，大量的经济活动都是通过货币资金的收支来进行的。例如，购入材料、销售商品、发放职工工资、支付各项费用、缴纳税金、购买固定资产、进行投资及取得股利、借款与还本付息等，都需要通过货币资金进行结算。货币资金在企业资金循环周转过程中起着连接和纽带的作用。

货币资金随时都可以用于直接支付，其流动性最强，对企业日常的交易和事项的进行都是必需的。凡是不能立即支付使用的（如银行冻结存款等），均不能视为货币资金。根据货币资金存放地点和作用不同，货币资金可分为库存现金、银行存款和其他货币资金。

现金是通用的交换媒介，也是对其他资产计量的一般尺度。会计上的现金有狭义现金和广义现金之分。狭义的现金仅指库存现金，包括库存的人民币和外币等。在企业日常经营活动中引用的是狭义的现金概念，如企业的零星销售收到的现金、日常差旅费用等支付的现金等。广义的现金包括库存现金、银行存款、其他可以普遍接受的流通手段。这些流通手段主要包括银行本票、银行汇票、个人支票、保付支票、邮政汇票、旅行支票等，但不包括企业持有的金融市场的各种基金、存款证以及其他类似的短期有价证券等。在我国，企业编制的财务报告中以及金融资产中所涉及的现金是更为广义的现金概念，还包括现金等价物等。本章中的现金为狭义的现金概念，即通常意义上的库存现金。

银行存款是指企业存放在本地银行的那部分货币资金。

其他货币资金是指企业除库存现金、银行存款以外的其他各种货币资金，包括外埠存款、银行汇票存款、银行本票存款、信用卡存款、信用证保证金存款和存出投资款等。

2.1.2　货币资金的内部控制

货币资金具有高度的流动性，因此企业必须加强对货币资金的管理与控制。企业必须建立货币资金的内部控制，一方面对办理货币资金业务人员的业务素质和职业道德水平提出了要求，另一方面可以建立健全并严格执行货币资金的内部控制制度，防止货币资金的被盗和违法乱纪行为的发生，保证货币资金流动的合理性、安全性、获利性。根据我国《内部会计控制规范——货币资金（试行）》的有关规定，企业的货币资金内部控制主要包括：

（1）岗位分工。企业应当建立货币资金业务的岗位责任制，明确相关部门和岗位的职责权限，确保办理货币资金业务的不相容岗位相互分离、制约和监督。出纳人员不得兼任会计稽核、会计档案保管和收入、支出、费用、债权、债务等账簿的登记工作。不得由一人办理货币资金业务的全过程。

（2）授权批准。企业应当对货币资金业务建立严格的授权批准制度，明确审批人对货币资金业务的授权批准方式、权限、程序、责任和相关控制措施，规定经办人办理货币资金业务的职责范围和工作要求。审批人应当根据货币资金授权批准制度的规定，在授权范围内进行审批，不得超越审批权限。经办人应当在职责范围内，按照审批人的批复意见办理货币资金业务。对于审批人超越授权范围审批的货币资金业务，经办人员有权拒绝办理，并及时向审批人的上级授权部门报告。严禁未经授权的机构或人员办理货币资金业务或直接接触货币资金。

（3）建立责任制。企业对于重要货币资金支付业务，应当实行集体决策和审批，并建立责任追究制度，防范贪污、侵占、挪用货币资金等行为。

（4）票据管理。企业应当加强与货币资金相关的票据的管理，明确各种票据的购买、保管、领用、背书转让、注销等环节的职责权限和程序，并专设登记簿进行记录，办理相关的签收手续，防止空白票据的遗失和被盗用。

（5）印章管理。企业应当加强银行预留印鉴的管理。财务专用章应由专人保管，个人名章必须由本人或其授权人员保管。严禁一人保管支付款项所需的全部印章。按规定需要有关负责人签字或盖章的经济业务，必须严格履行签字或盖章手续。

（6）监督检查。企业应当建立对货币资金业务的监督检查制度，明确监督检查机构或人员的职责权限，定期或不定期地进行检查。货币资金监督检查主要包括：货币资金业务相关岗位及人员的设置情况；货币资金授权批准制度的执行情况；支付款项印章的保管情况；票据的保管情况等。对监督检查过程中发现的货币资金内部控制中的薄弱环节，应当及时采取措施，加以纠正和完善。

2.1.3　货币资金支付程序

《内部会计控制规范——货币资金（试行）》中规定，企业应当按照规定的程序办理货币资金支付业务。

（1）支付申请。单位有关部门或个人用款时，应当提前向审批人提交货币资金支付申请，注明款项的用途、金额、预算、支付方式等内容，并附有效经济合同或相关证明。

（2）支付审批。审批人根据其职责、权限和相应程序对支付申请进行审批。对不符合规定的货币资金支付申请，审批人应当拒绝批准。

（3）支付复核。复核人应当对批准后的货币资金支付申请进行复核，复核货币资金支付申请的批准范围、权限、程序是否正确，手续及相关单证是否齐备，金额计算是否准确。支付方式、支付单位是否妥当等。复核无误后，交由出纳人员办理支付手续。

（4）办理支付。出纳人员应当根据复核无误的支付申请，按规定办理货币资金支付手续，及时登记相关账簿。

2.2　库存现金

2.2.1　现金的管理

现金是企业资产中流动性最强的一种货币资产，既可以直接用于支付各项费用和用于清偿各种债务，也可以立即投入流通，随时购买所需的物资。同时现金的诱惑力也最大，因为它可以作为商品交换的媒介，具有普遍的可接受性，不经任何改变，就可以为企业或个人占有。因此，企业应当严格遵守国家有关现金的管理制度，正确进行现金收支的管理，监督现金使用的合法性和合理性。

2.2.1.1　现金的使用范围

我国《现金管理暂行条例》规定了在银行开立账户的企业可以用现金办理结算的具体经济业务。这些经济业务包括：

（1）职工工资、津贴。

（2）个人劳动报酬。

（3）根据国家规定颁发给个人的科学技术、文化艺术、体育等各种奖金。

（4）各种劳保、福利费用以及国家规定的对个人的其他支出。

（5）向个人收购农副产品和其他物资的价款。

（6）出差人员必须随身携带的差旅费。

（7）结算起点以下的零星支出（结算起点为 1 000 元）。

（8）中国人民银行确定需要支付现金的其他支出。

按照我国《内部会计控制规范——货币资金（试行）》的规定，企业必须根据《现金管理暂行条例》规定，结合本单位的实际情况，确定本单位现金的开支范围。对于不属于现金开支范围的业务，通过银行办理转账结算。

2.2.1.2　库存现金限额的管理

库存现金的限额是指为了保证企业日常零星开支的需要，允许企业留存现金的最高数额。这一限额由开户银行根据各企业的实际需要核定，一般按照企业3~5天的零星开支所需要的现金量确定。边远地区和交通不便地区的企业库存现金限额，可以按照该企业多于 5 天但不超过 15 天的日常零星开支所需要的现金量确定。企业应当加强库存现金限额的管理，超过限额的库存现金应及时送存银行。企业若需要增加或减少库存现金的限额，应向开户银行提出申请，由开户银行核定。

2.2.1.3 库存现金日常收支的管理

企业在经营活动中发生的现金收入，应当及时存入银行，不得直接用于支付单位自身的支出，即不得"坐支"现金。企业如因特殊情况需要"坐支"现金的，应当事先报经开户银行审查批准，由开户银行核定"坐支"范围和限额。企业不得用不符合财务制度的凭证顶替库存现金，即不得"白条顶库"。借出款项必须严格执行授权批准的程序，严禁擅自挪用、借出公款。不准套换现金；不准谎报用途套取现金。不得账外设账；不准将单位收入的现金以个人名义存入银行，即不得"公款私存"；取得的现金收入必须及时入账，不得私设"小金库"。不准携带现金到外地采购。

企业应严格遵守"管账不管钱，管钱不管账，账款分开管理"的原则，配备专职出纳员，负责库存现金的收付保管工作。

企业应当定期或不定期地进行库存现金的盘点，确保库存现金账面余额与实际库存数额相符。

2.2.2 库存现金的核算

为了总括地反映和监督企业库存现金的收支结存情况，企业应当设置"库存现金"科目，借方登记现金的增加，贷方登记现金的减少，期末余额在借方，反映企业实际库存现金的金额。

企业应当设置现金总账和现金日记账，分别进行库存现金的总分类核算和明细分类核算。

2.2.2.1 库存现金的总分类核算

库存现金总账可以根据现金收、付款凭证和从银行提取现金时填制的银行存款付款凭证逐笔登记。在现金收付款业务较多的情况下，库存现金总账登记的工作量较大。在实际工作中，一般是把现金收、付款凭证按照对方科目进行归类，定期填制汇总收、付款凭证，据以登记库存现金总账。

【例2-1】百盛公司20×8年4月10日收到职工李玉交来前期借款500元。账务处理如下：

借：库存现金　　　　　　　　　　　　　　　　　　　　　　　　500

　贷：其他应收款——李玉　　　　　　　　　　　　　　　　　　500

【例2-2】百盛公司20×8年4月18日报销办公室王欣差旅费800元；发放职工工资85 200元，现金送存银行5 000元。账务处理如下：

（1）支付差旅费。

借：管理费用　　　　　　　　　　　　　　　　　　　　　　　　600

　贷：库存现金　　　　　　　　　　　　　　　　　　　　　　　600

（2）发放职工工资。

借：应付职工薪酬　　　　　　　　　　　　　　　　　　　　85 200

　贷：库存现金　　　　　　　　　　　　　　　　　　　　　85 200

（3）现金送存银行。

借：银行存款　　　　　　　　　　　　　　　　　　　　　　5 000

　贷：库存现金　　　　　　　　　　　　　　　　　　　　　5 000

2.2.2.2　库存现金的明细分类核算

现金日记账由出纳人员根据审核后的现金收、付款凭证和从银行提取现金时填制的银行存款付款凭证，按照业务发生的先后顺序逐笔登记。每日终了，应当在库存现金日记账上计算出当日的现金收入合计额、现金支出合计额和结存额，并将结存额与实际库存现金金额相核对，保证账款相符；月度终了，现金日记账的余额应当与现金总账的余额相核对，做到账账相符。

有外币现金的企业，应当分别按人民币现金、各种外币现金设置"库存现金日记账"进行序时核算。

2.2.3　备用金的核算

2.2.3.1　备用金的使用方法

备用金是指企业财会部门拨付给内部用款部门或职工个人作为日常零星开支的备用款项。备用金的使用方法是先借后用，凭据报销。备用金的预借、使用和报销的手续如下：

（1）职工预借备用金时，要填写一式三联的"借款单"，说明借款的用途和金额，经本部门和有关领导的批准后，方可办理借款。

（2）职工预借备用金的数额应根据实际需要确定，数额较大的借款，应以信汇和电汇的方式解决，防止携带过多的现金。预借的备用金应严格按照规定的用途使用，不得购买私人物品。

（3）职工使用备用金办理业务完毕，要在规定期限内到财会部门报销，剩余备用金要及时交回，不得长期拖欠占用。报销时，应由报销人填写"报销单"并附有关原始凭证，报有关领导审批。

2.2.3.2　备用金管理方式

根据备用金按管理方式不同可以分为定额备用金和非定额备用金两种。

（1）定额备用金制度。定额备用金是指企业内部部门或个人按定额持有的备用金，其特点是对经常使用备用金的部门或个人，分别规定了备用金定额。首先由财会部门按定额给用款部门或个人拨付现金；用款部门或个人按规定用途使用后到财会部门报销。报销时，财会部门根据报销单据付给现金，补足用掉数额，使备用金仍保持原有的定额数。

（2）非定额备用金制度。非定额备用金是指企业内部部门或个人不按固定定额持有的备用金，也称随借随用、用后报销制度或一次报销制。其特点是"按需预付，凭据报销，多退少补，一次结清"。非定额备用金制度适用于不经常使用备用金的单位和个人。

2.2.3.3　备用金的总分类核算

企业应设置"其他应收款"科目，用来核算企业除应收票据、应收账款、预付账款以外的其他各种应收、暂付款项，包括各种赔款、罚款、存储保证金、备用金、应向职工收取的各种垫付款项等，该科目属于资产类。在备用金数额较大或业务较多的企业中，可以将备用金业务从"其他应收款"科目中划分出来，单独设置"备用金"科目进行核算。

【例2-3】百盛公司会计部门对供应部门实行定额备用金制度。根据核定的备用金定额，20×7年1月2日拨付给供应部门40 000元。供应部门在1月共发生差旅费42 600元，持有关凭证到会计部门报销。会计部门审核后付给供应部门现金，补足定额。年末，会计部门因管理需要决定取消定额备用金制度。供应部门持尚未报销的差旅费有关凭证

28 000 元和现金余额 12 000 元，到会计部门办理报销和交回备用金的手续。账务处理如下：

（1）年初，拨付备用金。

借：备用金——供应部门　　　　　　　　　　　　　　　　　　40 000
　　贷：库存现金　　　　　　　　　　　　　　　　　　　　　　　40 000

（2）1 月末，供应部门报销。

借：管理费用　　　　　　　　　　　　　　　　　　　　　　　42 600
　　贷：库存现金　　　　　　　　　　　　　　　　　　　　　　　42 600

（3）年末，供应部门报销并交回现金。

借：管理费用　　　　　　　　　　　　　　　　　　　　　　　28 000
　　库存现金　　　　　　　　　　　　　　　　　　　　　　　12 000
　　贷：备用金——供应部门　　　　　　　　　　　　　　　　　40 000

【例 2 - 4】百盛公司行政管理部门职工张海，20×8 年 8 月 6 日因公出差预借备用金 4 000 元。16 日张海到会计部门报销，经审核实际支出 3 600 元应予以报销，剩余 400 元现金交回会计部门。在采用非定额备用金制度下，其账务处理如下：

（1）8 月 6 日，预借款。

借：备用金——张海　　　　　　　　　　　　　　　　　　　　4 000
　　贷：库存现金　　　　　　　　　　　　　　　　　　　　　　　4 000

（2）8 月 16 日，审核报销。

借：管理费用　　　　　　　　　　　　　　　　　　　　　　　3 600
　　贷：备用金——张海　　　　　　　　　　　　　　　　　　　3 600

（3）剩余现金交回会计部门。

借：库存现金　　　　　　　　　　　　　　　　　　　　　　　400
　　贷：备用金——张海　　　　　　　　　　　　　　　　　　　400

若张海本次差旅费实际支出为 4 600 元，报销时账务处理如下：

（1）补付备用金。

借：备用金——张海　　　　　　　　　　　　　　　　　　　　600
　　贷：库存现金　　　　　　　　　　　　　　　　　　　　　　　600

（2）结转报销费用。

借：管理费用　　　　　　　　　　　　　　　　　　　　　　　4 600
　　贷：备用金——张海　　　　　　　　　　　　　　　　　　　4 600

2.2.3.4　备用金的明细类核算

备用金的明细类核算一般是按领用备用金的部门或个人设置三栏式明细账，根据预借和报销凭证进行登记。有的企业为了简化核算手续，用借款单的第三联代替明细账（借款单第一联是存根，第二联出纳据以付款），报销和交回现金时，予以注销。

2.2.4　库存现金的清查

库存现金清查的目的是保证账款相符，防止现金丢失、收支记账时发生差错以及贪污盗窃和挪用公款等违法行为，确保库存现金的安全完整。

库存现金的清查包括每日的清点核对及定期或不定期的盘点与核对。库存现金清查的基本方法是清点库存现金数额，并将现金实存数与库存现金日记账的结存余额进行核对。每日的清点由出纳人员在每日现金业务结束时进行，并根据自查结果填制"现金收支日报表"，注明当日现金收入、支出与结存数，并核查库存现金实存数与其账面余额是否相符。定期或不定期清查时，一般应组成清查小组并由其负责现金清查工作。清查人员应在出纳人员在场时清点现金，核对账实，并根据清查结果填制"现金盘点报告单"，注明实存数与账面余额。注意不能用借条等单据来抵充现金。如发现现金账实不符或有其他问题，应查明原因，报告主管负责人或上级领导部门及时处理。

　　对有待查明原因的现金短缺或溢余，应先通过"待处理财产损溢——待处理流动资产损溢"科目核算。查明原因后按如下要求进行处理：

　　(1) 如为现金短缺，属于应由责任人赔偿和保险公司赔偿的部分，借记"其他应收款"或"库存现金"等科目，贷记"待处理财产损溢——待处理流动资产损溢"科目；属于无法查明的其他原因，根据管理权限经批准后，借记"管理费用"科目，贷记"待处理财产损溢——待处理流动资产损溢"科目。

　　(2) 如为现金溢余，属于应支付给有关人员或单位的，应借记"待处理财产损溢——待处理流动资产损溢"科目，贷记"其他应付款"科目；属于无法查明原因的现金溢余，经批准后，借记"待处理财产损溢——待处理流动资产损溢"科目，贷记"营业外收入"科目。

　　【例2-5】百盛公司20×7年8月10日，在对现金进行清查时，发现短缺30元。上述现金短缺，无法查明原因，经审批后转入管理费用。

　　(1) 发现短缺。

借：待处理财产损溢——待处理流动资产损溢　　　　　　　　　　　　30

　　贷：库存现金　　　　　　　　　　　　　　　　　　　　　　　　　　30

　　(2) 审批后。

借：管理费用　　　　　　　　　　　　　　　　　　　　　　　　　　30

　　贷：待处理财产损溢——待处理流动资产损溢　　　　　　　　　　　30

　　【例2-6】百盛公司20×7年12月31日，在对现金进行清查时，发生溢余185元。现金溢余的原因不明，经批准计入"营业外收入"账户。

　　(1) 发现溢余。

借：库存现金　　　　　　　　　　　　　　　　　　　　　　　　　　185

　　贷：待处理财产损溢——待处理流动资产损溢　　　　　　　　　　　185

　　(2) 审批后。

借：待处理财产损溢——待处理流动资产损溢　　　　　　　　　　　　185

　　贷：营业外收入　　　　　　　　　　　　　　　　　　　　　　　　185

　　为了防止挪用备用金，各部门或车间必须配备备用金负责人进行管理，财会部门应进行抽查。对于预付给职工或内部部门尚未使用的备用金或剩余备用金，应及时催促报销或交回。

2.3　银行存款

2.3.1　银行存款的管理

银行存款是指企业存放在本地银行的那部分货币资金。企业收入的一切款项，除留存限额内的现金之外，都必须送存银行。企业的一切支出除规定可用现金支付之外，都必须遵守银行结算办法的有关规定，通过银行办理转账结算。

2.3.1.1　银行存款账户的类型

为了维护金融秩序，规范全国的银行账户的开立与使用，中国人民银行制定了《银行账户管理办法》。一个企业可以根据需要在银行开立四种账户，包括基本存款账户、一般存款账户、临时存款账户和专用存款账户。

（1）基本存款账户。基本存款账户是企业办理日常转账结算和现金收付的账户。企业的职工薪酬等现金的支取，只能通过本账户办理。企业只能在银行开立一个基本存款账户。企业不得违反有关规定在多家银行机构开立基本存款账户。

企业申请开立基本存款账户，应向开户银行出具当地核发的《企业法人执照》或《营业执照》正本等证明文件。

（2）一般存款账户。一般存款账户是企业在基本存款账户以外的银行借款转存、与基本存款账户的企业不在同一地点的附属非独立核算单位开立的账户。企业可以通过本账户办理转账结算和现金缴存，但不能办理现金支取。

企业申请开立一般存款账户，应向开户银行出具下列证明文件之一：①借款合同或借款借据。②基本存款账户的企业同意其附属的非独立核算单位开户的证明。

（3）临时存款账户。临时存款账户是企业因外地临时机构、临时经营活动需要开立的账户。企业可以通过本账户办理转账结算和根据国家现金管理的规定办理现金收付。

企业申请开立临时存款账户，应向开户银行出具下列证明文件之一：①当地有关部门核发的临时执照。②当地有关部门同意设立外来临时机构的批件。

（4）专用存款账户。专用存款账户是企业因特定用途需要开立的账户。下列资金，企业可以申请开立专用存款账户：①基本建设的资金。②更新改造的资金。③特定用途、需要专户管理的资金。

企业申请开立专用存款账户，应向开户银行出具下列证明文件之一：①经有关部门批准立项的文件。②国家有关文件的规定。

2.3.1.2　银行存款账户管理规定

企业可以自主选择银行，银行也可以自愿选择存款人开立账户。任何单位和个人不得干预企业在银行开立或使用账户。企业在其账户内应有足够资金保证支付。企业的账户只能办理本企业的业务活动，不得出租和转让账户。外汇存款账户的开立、使用和管理，按照国家外汇管理部门颁发的外汇账户管理规定执行。企业应当严格按照《支付结算办法》等国家有关规定，加强银行账户的管理，严格按照规定开立账户，办理存款、取款和结算业务。企业应当定期检查、清理银行账户的开立及使用情况，发现问题要及时处理。企业应当加强对银行结算凭证的填制、传递及保管等环节的管理与控制。

企业应当严格遵守银行结算纪律，不准签发没有资金保证的票据或远期支票，套取银行信用；不准签发、取得和转让没有真实交易和债权债务的票据，套取银行和他人资金；不准无理拒绝付款，任意占用他人资金；不准违反规定开立和使用银行账户。

企业应当指定专人定期核对银行账户，每月至少核对一次，编制银行存款余额调节表，使银行存款账面余额与银行对账单调节相符。如调节不符，应查明原因，及时处理。

2.3.2　银行结算方式

结算是指企业与国家、其他单位或个人之间由于经济往来而引起的货币收付行为。结算按其支付方式的不同分为现金结算和转账结算。现金结算是指收付款双方直接用现金进行货币收付的结算业务；转账结算是收付款双方不运用现金，而是通过银行以转账划拨方式，将存款由付款账户转入收款账户进行货币收付的结算业务，也称银行结算。

银行是支付结算和资金清算的中介机构。未经中国人民银行批准的非银行金融机构和其他单位不得作为中介机构办理和经营支付结算业务。在银行开立存款账户的单位和个人办理支付结算，账户内须有足够的资金保证支付。没有开立存款账户的个人向银行交付款项后，也可以通过银行办理支付结算。票据和结算凭证是办理支付结算的工具。单位、个人和银行办理支付结算，必须使用按中国人民银行统一规定印制的票据凭证和统一规定的结算凭证。

银行转账结算方式主要有以下几种：

2.3.2.1　支票

支票是指出票人签发的，委托办理支票存款业务的银行在见票时无条件支付确定的金额给收款人或者持票人的票据。支票分为现金支票、转账支票和普通支票三种。支票上印有"现金"字样的为现金支票，现金支票只能用于支取现金；支票上印有"转账"字样的为转账支票，转账支票只能用于转账；支票上没有"现金"或"转账"字样的为普通支票，普通支票既可以用于支取现金，也可以用于转账。在普通支票左上角划两条平行线的，为划线支票，划线支票只能用于转账，不得支取现金。转账支票可以根据需要在票据交换区域内背书转让。支票适用于单位和个人在同一票据交换区域的各种款项的结算。

支票的出票人为在经中国人民银行当地分支行批准办理支票业务的银行机构开立可以使用支票的存款账户的单位和个人。

签发支票必须记载下列事项：①表明"支票"的字样。②无条件支付的委托。③确定的金额。④付款人名称。⑤出票日期。⑥出票人签章。欠缺记载上列事项之一的，支票无效。支票的付款人为支票上记载的出票人开户银行。

支票的出票人签发支票的金额不得超过付款时在银行的实有存款金额。禁止签发空头支票。出票人不得签发与其预留银行签章不符的支票；使用支付密码的，出票人不得签发支付密码错误的支票。出票人签发空头支票、签章与预留银行签章不符的支票、使用支付密码地区而支付密码错误的支票，银行应予以退票，并按票面金额处于5%但不低于1 000元的罚款；持票人有权要求出票人赔偿支票金额2%的赔偿金。对屡次签发的，银行应停止其签发支票。另外，单位和个人在签发支票时应使用碳素墨水或墨汁填写，中国

人民银行另有规定的除外。

支票的提示付款期限自出票日起 10 日内，但中国人民银行另有规定的除外。超过提示付款期限提示付款的，持票人开户银行不予受理，付款人不予付款。

2.3.2.2 银行本票

银行本票是银行签发的，承诺自己在见票时无条件支付确定的金额给收款人或者持票人的票据。银行本票的出票人为经中国人民银行当地分支行批准办理银行本票业务的银行机构。单位和个人在同一票据交换区域需要支付各种款项，均可以使用银行本票。银行本票可以用于转账，注明"现金"字样的银行本票可以用于支取现金。申请人或收款人为单位的，不得申请签发现金银行本票。

银行本票分为不定额本票和定额本票两种。定额银行本票面额为 1 000 元、5 000 元、10 000 元和 50 000 元。银行本票的提示付款期限自出票日起最长不得超过 2 个月。持票人超过付款期限提示付款的，代理付款人不予受理。持票人超过提示付款期限不获付款的，在票据权利时效内向出票银行做出说明，并提供本人身份证件或单位证明，可持银行本票向出票银行请求付款。

签发银行本票必须记载下列事项：①表明"银行本票"的字样。②无条件支付的承诺。③确定的金额。④收款人名称。⑤出票日期。⑥出票人签章。欠缺记载上列事项之一的，银行本票无效。

收款人可以将银行本票背书转让给被背书人。银行本票若丢失，失票人可以凭人民法院出具的其享有票据权利的证明，向出票银行请求付款或退款。

2.3.2.3 银行汇票

银行汇票是出票银行签发的，由其在见票时按照实际结算金额无条件支付给收款人或者持票人的票据。银行汇票的出票银行为银行汇票的付款人。单位和个人各种款项结算，均可使用银行汇票。银行汇票可以用于转账，填明"现金"字样的银行汇票也可以用于支取现金。

申请人使用银行汇票，应向出票银行填写"银行汇票申请书"，填明收款人名称、汇票金额、申请人名称、申请日期等事项并签章，签章为其预留银行的签章。申请人和收款人均为个人，需要使用银行汇票向代理付款人支取现金的，申请人须在"银行汇票申请书"上填明代理付款人名称，在"汇票金额"栏先填写"现金"字样，后填写汇票金额。申请人或者收款人为单位的，不得在"银行汇票申请书"上填明"现金"字样。

签发银行汇票必须记载下列事项：①表明"银行汇票"的字样。②无条件支付的承诺。③出票金额。④付款人名称。⑤收款人名称。⑥出票日期。⑦出票人签章。欠缺记载上列事项之一的，银行汇票无效。

银行汇票的实际结算金额不得更改，更改实际结算金额的银行汇票无效。收款人可以将银行汇票背书转让给被背书人。银行汇票的实际结算金额低于出票金额的，其多余金额由出票银行退交申请人。未填写实际结算金额和多余金额或实际结算金额超过出票金额的，银行不予受理。

银行汇票的提示付款期限自出票日起 1 个月。持票人超过付款期限提示付款的，代理付款人不予受理。持票人超过期限向代理付款银行提示付款不获付款的，须在票据权利时效内向出票银行作出说明，并提供本人身份证件或单位证明，持银行汇票和解讫通知向出票银行请求付款。申请人缺少解讫通知要求退款的，出票银行应于银行汇票提示付款期满1个月后办理。银行汇票若丢失，失票人可以凭人民法院出具的其享有票据权利的证明，向出票银行请求付款或退款。

2.3.2.4　商业汇票

商业汇票是出票人签发的，委托付款人在指定日期无条件支付确定的金额给收款人或者持票人的票据。出票人不得签发无对价的商业汇票用来骗取银行或者其他票据当事人的资金。

签发商业汇票必须记载下列事项：①表明"商业承兑汇票"或"银行承兑汇票"的字样。②无条件支付的委托。③确定的金额。④付款人名称。⑤收款人名称。⑥出票日期。⑦出票人签章。欠缺记载上列事项之一的，商业汇票无效。

商业汇票可以在出票时向付款人提示承兑后使用，也可以在出票后先使用再向付款人提示承兑。指定日付款或者出票后定期付款的商业汇票，持票人应当在汇票到期日前向付款人提示承兑。商业汇票的付款人为承兑人。见票后定期付款的汇票，持票人应当自出票日起1个月内向付款人提示承兑。付款人应当在自收到提示承兑的汇票之日起3日内（遇法定休假日顺延）承兑或者拒绝承兑。付款人拒绝承兑的，必须出具拒绝承兑的证明。付款人承兑商业汇票，不得附有条件；承兑附有条件的，视为拒绝承兑。商业汇票的提示付款期限，自汇票到期日起10日。商业汇票的付款期限，最长不得超过6个月。

按承兑人不同，商业汇票分为商业承兑汇票和银行承兑汇票。

（1）商业承兑汇票。商业承兑汇票由银行以外的付款人承兑。商业承兑汇票可以由付款人签发并承兑，也可以由收款人签发交由付款人承兑。商业承兑汇票的出票人为在银行开立存款账户的法人以及其他组织，与付款人具有真实的交易关系或债权债务关系，委托付款应具有支付汇票金额的可靠资金来源。①商业承兑汇票的付款人开户银行收到通过委托收款寄来的商业承兑汇票，将商业承兑汇票留存，并及时通知付款人。②付款人收到开户银行的付款通知，应在当日通知银行付款。付款人在接到通知日的次日起3日内（遇法定休假日顺延）未通知银行付款的，视同付款人承诺付款，银行应于付款人接到通知日的次日起第4日（遇法定休假日顺延）上午开始营业时，将票款划给持票人。③银行在办理划款时，付款人存款账户不足支付的，应填制付款人未付票款通知书，连同商业承兑汇票邮寄给持票人开户银行转交持票人。④付款人存在合法抗辩事由拒绝支付的，应自接到通知日的次日起3日内，将拒绝付款证明送交开户银行，银行将拒绝付款证明连同商业承兑汇票邮寄给持票人开户银行转交持票人。

（2）银行承兑汇票。银行承兑汇票应由在承兑银行开立存款账户的存款人签发。银行承兑汇票由银行承兑。银行承兑汇票的出票人必须具备下列条件：①在承兑银行开立存款账户的法人以及其他组织。②与承兑银行具有真实的委托付款关系。③资信状况良好，具有支付汇票金额的可靠资金来源。银行承兑汇票的承兑银行，应按票面金额向出票人收取万分之五的手续费。

银行承兑汇票的出票人应于汇票到期前将票款足额交存其开户银行。承兑银行应在汇票到期日或到期日后的见票当日支付票款。承兑银行存在合法抗辩事由拒绝支付的，应自接到商业汇票的次日起3日内，将拒绝付款证明连同银行承兑汇票邮寄给持票人开户银行转交持票人。银行承兑汇票的出票人于汇票到期日未能足额交存票款时，承兑银行除凭票向持票人无条件付款外，对出票人尚未支付的汇票金额按照每天万分之五计收利息。

符合条件的商业汇票的持票人可持未到期的商业汇票向银行申请贴现，并按银行规定的贴现率向银行支付贴现利息。

2.3.2.5　汇兑

汇兑是汇款人委托银行将其款项支付给收款人的结算方式。汇兑分为信汇、电汇两种。

签发汇兑凭证必须记载下列事项：①表明"信汇"或"电汇"的字样。②无条件支付的委托。③确定的金额。④收款人名称。⑤汇款人名称。⑥汇入地点、汇入行名称。⑦汇出地点、汇出行名称。⑧委托日期。⑨汇款人签章。汇兑凭证上欠缺上列记载事项之一的，银行不予受理。

汇兑结算方式便于汇款人向异地的收款人主动付款，其手续简便，划款迅速，应用广泛，单位和个人各种款项的结算均可使用汇兑结算方式。

2.3.2.6　托收承付

托收承付是根据购销合同由收款人发货后委托银行向异地付款人收取款项，由付款人向银行承兑付款的结算方式。使用托收承付结算方式的收款单位和付款单位，必须是国有企业、供销合作社以及经营管理较好，并经开户银行审查同意的城乡集体所有制工业企业。办理托收承付结算的款项，必须是商品交易，以及因商品交易而产生的劳务供应的款项。收付双方使用托收承付结算必须签有符合《中华人民共和国合同法》要求的购销合同，并在合同上订明使用托收承付结算方式。代销、寄销、赊销商品的款项，不得办理托收承付结算。托收承付结算每笔的金额起点为 10 000 元。新华书店系统每笔的金额起点为 1 000 元。

签发托收承付凭证必须记载下列事项：①表明"托收承付"的字样。②确定的金额。③付款人名称及账号。④收款人名称及账号。⑤付款人开户银行名称。⑥收款人开户银行名称。⑦托收附寄单证张数或册数。⑧合同名称、号码。⑨委托日期。⑩收款人签章。托收承付凭证上欠缺记载上列事项之一的，银行不予受理。

收款人办理托收，必须具有商品确已发运的证件（包括铁路、航运、公路等运输部门签发运单、运单副本和邮局包裹回执）。特殊情况下没有发运证件，按有关规定可凭其他有关证件办理托收。

收款人开户银行接到托收凭证及其附件后，应当按照托收的范围、条件和托收凭证记载的要求认真进行审查，必要时，还应查验收付人签订的购销合同。凡不符合要求或违反购销合同发货的，不能办理。审查时间最长不得超过次日。

付款人开户银行收到托收凭证及其附件后，应当及时通知付款人。付款人应在承付期内审查核对，安排资金。承付货款分为验单付款和验货付款两种，由收付双方商量选用，并在合同中明确规定。

（1）验单付款。验单付款的承付期为 3 天，从付款人开户银行发出承付通知的次日算起（遇法定休假日顺延）。付款人在承付期内未向银行表示拒绝付款，银行即视作承付，并在承付期满的次日（遇法定休假日顺延）上午银行开始营业时，将款项主动从付款人的账户内付出，按照收款人指定的划款方式，划给收款人。

（2）验货付款。验货付款的承付期为 10 天，从运输部门向付款人发出提货通知的次日算起。对收付双方在合同中明确规定，并在托收凭证上注明验货付款期限的，银行从其规定。

付款人在承付期内，对于下列款项，可向银行提出全部或部分拒绝付款：①没有签订购销合同或购销合同未订明托收承付结算方式的款项。②未经双方事先达成协议，收款人提前交货或因逾期交货付款人不再需要该项货物的款项。③未按合同规定的到货地址发货的款项。④代销、寄销、赊销商品的款项。⑤验单付款，发现所列货物的品种、规格、数量、价格与合同规定不符，或货物已到，经查验货物与合同规定或发货清单不符的款项。⑥验货付款，经查验货物与合同规定或与发货清单不符的款项。⑦货款已经支付或计算有错误的款项。

开户银行必须认真审查拒绝付款理由。对于付款人拒绝付款的手续不全、依据不足、理由不符合规定和不属于上述七种拒绝付款情况的，以及超过承付期拒绝付款和应当部分拒付却全部拒付的，银行不得受理，而采取强制扣款。付款人在承付期满日银行营业终了时，如无足够资金支付，其不足部分，即为逾期未付款项。付款人开户银行对付款人逾期支付的款项，应当根据逾期付款金额和逾期天数，按每天万分之五计算逾期付款赔偿金。

2.3.2.7　委托收款

委托收款是指收款人委托银行向付款人收取款项的结算方式。单位和个人凭已承兑商业汇票、债券、存单等付款人债务证明办理款项的结算，均可以使用委托收款结算方式。委托收款在同城、异地均可以使用。委托收款结算款项的划回方式，分邮寄和电报两种。

签发委托收款凭证必须记载下列事项：①表明"委托收款"字样。②确定的金额。③付款人名称。④收款人名称。⑤委托收款凭据名称及附寄单证张数。⑥委托日期。⑦收款人签章。欠缺记载上列事项之一的，银行不予受理。

收款人办理委托收款应向银行提交委托收款凭证和有关的债务证明。银行接到寄来的委托收款凭证及债务证明，审查无误办理付款。若以企业为付款人的，银行应及时通知企业，按照有关办法付款。若付款人存款账户不足支付的，应通过被委托银行向收款人发出未付款项通知书。付款人审查有关债务证明后，对收款人委托收取的款项需要拒绝付款的，可以办理拒绝付款。

通常在同城范围内，收款人收取公用事业费或根据国务院的规定，可以使用同城特约委托收款。

2.3.2.8　信用卡

信用卡是指商业银行向个人和单位发行的，凭以向特约单位购物、消费和向银行存取现金，且具有消费信用的特制载体卡片。信用卡按使用对象分为单位卡和个人卡；按信誉等级分为金卡和普通卡。凡在中国境内金融机构开立基本存款账户的单位可申领单位卡；凡具有完全民事行为能力的公民可申领个人卡。

单位卡账户的资金一律从其基本存款账户转账存入，不得交存现金，不得将销货收入的款项存入其账户。单位卡不得用于10万元以上的商品交易、劳务供应款项的结算。单位卡一律不得支取现金。个人卡账户的资金以其持有的现金存入或以其工资性款项及属于个人的劳务报酬收入转账存入。严禁将单位的款项存入个人卡账户。持卡人可持信用卡在特约单位购物、消费。持卡人不得出租或转借信用卡。信用卡在规定限额和期限内允许善意透支，透支期限最长为60天。

2.3.2.9　信用证

信用证是一种银行依照客户的要求和指示开立的有条件承诺付款的书面文件。一般为不可撤销的跟单信用证。"不可撤销"是指信用证已经开出，在有效期内未经收款人及有关当事人的同意，开证行不能片面修改和撤销，只要收款人提供的单据符合信用证的规定，开证行必须履行付款的义务。"跟单"是指信用证项下的汇票必须附有货运单据。目前，国际间的贸易普遍遵循《跟单信用证统一惯例》。信用证属于银行信用，供销双方的权利和义务都会得到保障，因此，只要双方有合作的意愿，交易是很容易促成的。我国国内企业与国外企业间的贸易基本上都是采用这一结算方式进行，而国内企业间的贸易，利用信用证结算方式进行结算的业务比较少。

信用证业务涉及六个方面的当事人：①开证申请人，是指向银行申请开立信用证的人，又称开证人。②开证行，是指接受开证申请人的委托开立信用证的银行，它承担保证付款的责任。③通知行，是指受开证行的委托，将信用证转交出口人的银行，它只证明信用证的真实性，不承担其他义务。④收益人，是指信用证上所指定的有权使用该证的人，即出口人或实际供货人。⑤议付银行，是指愿意买入收款人交来跟单汇票的银行。⑥付款银行，是指信用证上制定付款的银行，在多数情况下，付款银行即是开证行。

信用证结算方式的一般收付款程序是：①开证申请人根据合同填写开证申请书并交纳押金或提供其他保证，请开证行开证。②开证行根据申请书内容，向收益人开出信用证并寄交出口人所在地通知行。③通知行核对印鉴无误后，将信用证交收益人。④收益人审核信用证内容与合同规定相符后，按合同规定装运货物、备妥单据并开出汇票，在信用证有效期内送议付行议付。⑤议付行按信用证条款审核无误后，将货款垫付给收益人。⑥议付行将汇票和货运单据寄给开证行或其特定的付款行索偿。⑦开证行审核单据无误后，付款给议付行。⑧开证行通知开证人付款赎单。

2.3.3　银行存款的核算

2.3.3.1　银行存款的总分类核算

为了总括地反映和监督银行存款的增减变化及结存情况，企业应设置"银行存款"科目。该科目属于资产类，借方登记银行存款的增加，贷方登记银行存款的减少，期末余额在借方，反映企业实际银行存款的金额。企业存入其他金融机构的存款，也在本科目内核算。但企业的外埠存款、银行本票存款、银行汇票存款等在"其他货币资金"科目核算，不在本科目核算。"银行存款"科目可以根据银行存款的收款凭证和付款凭证等登记。为了减少登记的工作量，在实际工作中，一般都是把各自的收、付款凭证按照对方科目进行归类，定期填制汇总收、付款凭证，据以登记银行存款总账。企业将现金存入银行和收入存款时，借记"银行存款"科目，贷记"库存现金""应收账款"等科目；企业提取现金或支出存款时，借记"库存现金""应付账款""管理费用"等科目，贷记"银行存款"科目。

【例2-7】百盛公司20×8年8月9日销售商品收到销售货款100 000元，应交增值税16 000元；同时收到购货单位预交的购货款80 000元。账务处理如下：

（1）收到销售货款。

借：银行存款　　　　　　　　　　　　　　　　　　　　　　116 000
　　贷：主营业务收入　　　　　　　　　　　　　　　　　　100 000
　　　　应交税费——应交增值税（销项税额）　　　　　　　16 000

（2）收到预交的购货款。

借：银行存款　　　　　　　　　　　　　　　　　　　　　　80 000
　　贷：预收账款　　　　　　　　　　　　　　　　　　　　80 000

【例2-8】百盛公司20×8年8月9日采购原材料70 000元，应负担增值税进项税额11 200元，用银行存款支付；购买生产产品用不需要安装设备支付银行存款58 000元，其中增值税进项税额8 000元，设备已运达企业；预付购买材料货款40 000元。账务处理如下：

（1）支付采购材料款。

借：材料采购　　　　　　　　　　　　　　　　　　　　　　70 000
　　应交税费——应交增值税（进项税额）　　　　　　　　　11 200
　　　　贷：银行存款　　　　　　　　　　　　　　　　　　81 200

（2）支付采购设备款。

借：固定资产　　　　　　　　　　　　　　　　　　　　　　50 000
　　应交税费——应交增值税（进项税额）　　　　　　　　　8 000
　　　　贷：银行存款　　　　　　　　　　　　　　　　　　58 000

（3）预付购买材料款。

借：预付账款　　　　　　　　　　　　　　　　　　　　　　40 000
　　贷：银行存款　　　　　　　　　　　　　　　　　　　　40 000

2.3.3.2　银行存款的明细分类核算

银行存款的明细分类核算是通过"银行存款日记账"进行的。"银行存款日记账"是反映和监督银行存款日常收支结存情况的序时账簿，由财会部门出纳人员根据银行存款收、付款凭证及存入银行现金时的现金付款凭证，按照业务发生的先后顺序，逐日逐笔登记，同时要逐日加计收入、付出合计和结存数，月末还应结出本月收入、付出的合计数和月末结存数。通过银行存款日记账，可以全面、连续地了解和掌握企业每日银行存款的收支动态和余额，为日常分析、检查企业的银行存款收支活动提供资料。银行存款日记账应按不同银行账户和币种设置。

2.3.4　银行存款的清查

企业间的往来结算业务，大部分通过银行存款科目进行。为了正确掌握企业银行存款的实有数，需要定期将企业银行存款日记账与总账、银行存款日记账与银行转来的对账单进行核对，每月至少要核对一次，如二者不符，应查明原因，及时予以调整。

企业银行存款日记账与银行对账单之间如有差额，必须逐笔查明原因并进行处理。造成两者不符的原因主要有两类：一是企业或银行的账务处理错误，如是银行的原因应及时通知银行更正，如是企业的原因应及时调整相应的账务；二是存在未达账项，即对同一笔款项的收付业务，企业或银行一方已经登记入账，而另一方由于未收到有关凭证而无法登记入账。

未达账项产生主要有四种情形：①企业已经收款并入账，银行尚未入账的款项。②企业已经付款并入账，银行尚未入账的款项。③银行已经收款入账，企业尚未收款入账的款项。④银行已经付款，企业尚未付款入账的款项。

对于未达账项，企业应按月编制"银行存款余额调节表"进行调节，使企业银行存款账面金额与银行对账单金额相符，并确定企业银行存款的实有数。银行存款余额调节表的具体编制方法通常是：在银行与企业的存款账面余额的基础上，加上各自的未收款，减去各自的未付款，然后再计算出各自的余额。经调节后，双方余额如果相等，一般说明双方记账没有错误，该余额就是企业银行存款的实有数；双方余额如果不相等，表明记账有差错，应立即查明错误原因。计算公式如下：

$$\text{银行对账单余额} + \text{企业已收银行未收款项} - \text{企业已付银行未付款项} \pm \text{银行错减或错增金额} = \text{企业银行存款日记账余额} +$$

$$\text{银行已收企业未收款项} - \text{银行已付企业未付款项} \pm \text{企业错减或错增金额}$$

【例 2-9】百盛公司 20×7 年 12 月 31 日银行存款日记账的余额为 58 040 元，银行对账单的余额为 60 650 元，经过对银行存款日记账和对账单的核对，发现的未达账项及错误记账情况如下：

（1）12 月 14 日，公司本月一笔销售货款 22 060 元存入银行，公司出纳误记为 20 600 元。

（2）12 月 20 日，银行将本公司存入的一笔款项串记至另一家公司账户中，金额 4 200元。

（3）12 月 25 日，委托银行收款，金额 4 800 元，银行已收妥入账，但企业尚未收到收款通知。

（4）12 月 26 日，公司开出的转账支票共有 1 张，持票人尚未到银行办理转账手续，金额 5 850 元。

（5）12 月 30 日，存入银行支票一张，金额 3 500 元，银行已承办，企业已凭回单记账，银行尚未记账。

（6）12 月 31 日，银行代付水费 1 800 元，企业尚未收到付款通知。

根据上述资料编制银行存款余额调节表，见表 2-1。

表 2-1 银行存款余额调节表

20×7 年 12 月 31 日　　　　　　　　　　　　　　　　单位：元

项目	金额	项目	金额
银行对账单	60 650	企业银行存款日记账的余额	58 040
加：		加：	
已存入银行，但银行尚未入账的款项	3 500	银行已收款入账，但收款通知尚未收到，而未入账的款项	4 800
银行串记金额	4 200	公司误记金额	1 460
减：		减：	
支票已开出，但持票人尚未到银行转账的款项	5 850	银行已付款入账，但付款通知尚未到达企业，而未入账的款项	1 800
调整后的金额	62 500	调整后的金额	62 500

从表 2-1 可以看出,表中左右两方调整后的余额相等。这说明百盛公司银行存款的实有数既不是 60 650 元,也不是 58 040 元,而是 62 500 元。同时,又说明对未达账项以及企业与银行双方记账错误的认定也是正确的。值得注意的是,对于银行已经入账,而企业尚未入账的未达账项,应在收到有关收、付款原始凭证后,才能进行账务处理,不能直接以银行对账单作为原始凭证记账。

银行存款余额调节表也可以银行存款日记账余额为准,将银行存款对账单余额调整到银行存款日记账余额;或者以银行存款对账单余额为准,将银行存款日记账余额调整到银行存款对账单余额。这两种方式的调整不能确定企业银行存款的实有数,只能检验企业或银行账务错记的金额和未达款项的确定是否正确。

2.4 其他货币资金

2.4.1 其他货币资金的内容

其他货币资金是指企业除库存现金、银行存款以外的其他各种货币资金,包括外埠存款、银行汇票存款、银行本票存款、信用卡存款、信用证保证金存款和存出投资款等。其他货币资金的性质同现金、银行存款一样均属于货币资金。从某种意义上说,它也是一种银行存款,但它是承诺了专门用途的存款,不能像结算户存款那样可以随时安排使用,企业应单独设账户进行核算。

2.4.2 其他货币资金的核算

为了反映和监督企业各种其他货币资金的增、减变动和结存情况,企业应设置“其他货币资金”科目。该科目属于资产类,借方登记其他货币资金的增加数,贷方登记其他货币资金的减少数,期末余额在借方,反映其他货币资金的结存数。在其他货币资金总分类账户下应按其他货币资金的种类,设置明细账。

2.4.2.1 外埠存款的核算

外埠存款是指企业到外地进行临时或零星采购时,汇往采购地银行开立采购专户的款项。企业将款项委托当地银行汇往采购地开立采购专户时,借记“其他货币资金——外埠存款”科目,贷记“银行存款”科目。收到采购员交来供货单位的发票账单等报销凭证时,借记“材料采购”或“在途物资”“应交税费——应交增值税”等科目,贷记“其他货币资金——外埠存款”科目。将多余的外埠存款转回当地银行时,根据银行转来的收账通知,借记“银行存款”科目,贷记“其他货币资金——外埠存款”科目。

【例 2-10】百盛公司 20×8 年 9 月 2 日因零星采购需要,将款项 150 000 元汇往太原并开立采购专户。9 月 18 日,会计部门收到采购员寄来的采购材料发票等凭证,货物价款 125 000 元,应交增值税 20 000 元。9 月 24 日,外地采购业务结束,采购员将剩余采购资金 5 000 元,转回本地银行,收到银行进账单。账务处理如下:

(1) 9 月 2 日,将款项汇往外地。

借：其他货币资金——外埠存款　　　　　　　　　　　　　　　150 000

　　贷：银行存款　　　　　　　　　　　　　　　　　　　　　　　　150 000

（2）9月18日，收到采购材料发票等。

借：材料采购　　　　　　　　　　　　　　　　　　　　　　　125 000

　　应交税费——应交增值税（进项税额）　　　　　　　　　　　20 000

　　贷：其他货币资金——外埠存款　　　　　　　　　　　　　　　145 000

（3）9月24日，收到银行进账单。

借：银行存款　　　　　　　　　　　　　　　　　　　　　　　　5 000

　　贷：其他货币资金——外埠存款　　　　　　　　　　　　　　　　5 000

2.4.2.2　银行汇票存款的核算

银行汇票存款是指企业为取得银行汇票按规定存入银行的款项。企业在填送"银行汇票申请书"并将款项交存银行，取得银行汇票后，根据银行盖章退回的申请书存根联，借记"其他货币资金——银行汇票存款"科目，贷记"银行存款"科目。企业使用银行汇票后，根据购货发票等，借记"材料采购"或"在途物资""应交税费——应交增值税"等科目，贷记"其他货币资金——银行汇票存款"科目。收到多余款项时，借记"银行存款"科目，贷记"其他货币资金——银行汇票存款"科目。

【例2-11】百盛公司于20×8年9月10日向银行提交"银行汇票委托书"，并交存款项50 000元，银行受理后签发银行汇票和解讫通知。9月11日，公司用该银行汇票支付采购材料款，材料价款42 000元，应交增值税进项税6 720元。9月15日，收到银行退回的余款的收账通知。账务处理如下：

（1）9月10日，收到银行汇票。

借：其他货币资金——银行汇票　　　　　　　　　　　　　　　50 000

　　贷：银行存款　　　　　　　　　　　　　　　　　　　　　　　50 000

（2）9月11日，支付采购材料款。

借：材料采购　　　　　　　　　　　　　　　　　　　　　　　42 000

　　应交税费——应交增值税（进项税额）　　　　　　　　　　　6 720

　　贷：其他货币资金——银行汇票　　　　　　　　　　　　　　　48 720

（3）9月15日，收到银行退回的余款。

借：银行存款　　　　　　　　　　　　　　　　　　　　　　　　1 280

　　贷：其他货币资金——银行汇票　　　　　　　　　　　　　　　　1 280

2.4.2.3　银行本票存款的核算

银行本票存款是指企业为取得银行本票按规定存入银行的款项。企业将款项交存开户银行取得银行本票后，可在同一票据交换区域内办理转账结算或取得现金。如企业因本票超过付款期等原因未曾使用的，可要求银行退款。银行本票存款的账务处理与银行汇票存款基本相同，不同的是二者涉及的明细账户不一样。

2.4.2.4　信用卡存款的核算

信用卡存款是指企业为取得信用卡按照规定存入银行的款项。企业在取得信用卡时，应按规定填制申请表，连同支票和有关资料一并送交发卡银行，根据支票存根等，借记"其他货币资金——信用卡存款"科目，贷记"银行存款"科目。企业用信用卡购物或支付有关费用，借记有关会计科目，贷记"其他货币资金——信用卡存款"科目。企业信用卡在使用过程中，需要向其账户续存资金的，借记"其他货币资金——信用卡存款"科目，贷记"银行存款"科目。

【例 2 - 12】20×8 年 10 月 8 日，百盛公司因开展经济业务需要向银行申请办理信用卡，开出金额为 50 000 元的转账支票一张，同日收到信用卡。10 月 15 日，百盛公司用信用卡购买办公用品，支付 50 800 元。11 月 5 日，百盛公司因信用卡账户资金不足，开出一张转账支票续存资金，金额 30 000 元。账务处理如下：

（1）10 月 8 日，办理信用卡。

借：其他货币资金——信用卡   50 000
　　贷：银行存款   50 000

（2）10 月 15 日，购买办公用品。

借：管理费用   50 800
　　贷：其他货币资金——信用卡   50 800

（3）11 月 5 日，续存资金。

借：其他货币资金——信用卡   30 000
　　贷：银行存款   30 000

2.4.2.5　信用证保证金存款的核算

信用证保证金存款是指企业为取得信用证按照规定存入银行的款项。企业申请信用证时，应向银行交纳保证金，借记"其他货币资金——信用证保证金"科目，贷记"银行存款"科目。根据采购有关单据列明的金额，借记"材料采购"或"在途物资""应交税费——应交增值税"等科目，贷记"其他货币资金——信用证保证金"科目。

【例 2 - 13】20×8 年 9 月 5 日，百盛公司因从国外进口货物向银行申请使用国际信用证进行结算，并开出转账支票向银行交纳保证金 100 000 元。9 月 20 日，收到银行转来的进口货物信用证通知书，根据海关出具的完税凭证，进口货物的成本 380 000 元，应交增值税 60 800 元，补付余款，货物尚未验收入库。账务处理如下：

（1）9 月 5 日，向银行交纳保证金。

借：其他货币资金——信用证保证金   100 000
　　贷：银行存款   100 000

（2）9 月 20 日，补付余款。

借：材料采购   380 000
　　应交税费——应交增值税（进项税额）   60 800
　　贷：其他货币资金——信用证保证金   100 000
　　　　银行存款   340 800

2.4.2.6　存出投资款的核算

存出投资款是指企业已存入证券公司但尚未转为金融资产或投资的款项。企业向证券公司存入资金时，应按实际存入的金额，借记"其他货币资金——存出投资款"科目，贷记"银行存款"科目；购买股票、债券时，按公允价值或实际投资金额，借记"交易性金融资产"等科目，贷记"其他货币资金——存出投资款"科目。

【例 2 - 14】20×8 年 10 月 8 日，百盛公司拟利用闲置资金进行证券投资，向东方证券公司申请资金账号，并开出转账支票划出资金 1 000 000 元存入该账户。10 月 10 日，百盛公司利用证券投资账户从二级市场购买建设银行股票100 000股，每股市价6.30 元，发生交易费用 1 150 元，公司将该股票确认为交易性金融资产。账务处理如下：

（1）12 月 8 日，存出投资款。

借：其他货币资金——存出投资款   1 000 000

    贷：银行存款   1 000 000

（2）12 月 15 日，购买股票。

借：交易性金融资产   630 000

    投资收益   1 150

    贷：其他货币资金——存出投资款   631 150

本章小结

本章首先介绍了货币资金的概念及其内部控制，并在明确了现金、银行存款、其他货币资金含义的基础上，概述了现金和银行存款管理的相关规定，重点讲述现金、银行存款、其他货币资金的核算内容、方法，同时介绍了不同银行结算方式的适用范围与有关规定。

3 存货

学习目标

通过本章学习，理解存货的概念及分类，存货的确认条件；掌握存货初始计量和期末计量的方法，存货可变现净值的确定方法；掌握存货按实际成本、按计划成本计价的方法，存货清查及相关会计处理方法。

3.1 存货概述

存货核算的目的是要对存货成本进行准确计量。对存货成本准确计量，必须要准确把握存货的概念、核算范围和确认条件。

3.1.1 存货的概念

把握存货概念是准确计量的基础，认识存货概念既要理解掌握存货概念的含义，也要从存货本身的特征去理解。

3.1.1.1 概念

理解和掌握存货的核算要求及核算方法，首要的前提是理解和掌握存货的确认范围，即厘清所要核算对象的确认范围，这是我们进行正确核算的基础。存货的确认，与会计要素的确认要求是一致的，即要以会计准则为依据。会计要素是根据交易或者事项的经济特征，所确定的财务会计对象的基本分类，通过划分不同会计要素，明确核算对象的边界，可以使财务会计系统更加科学严密，为会计信息使用者提供更加有用的信息。

按照《企业会计准则第 1 号——存货》第三条，关于存货的概念界定如下：存货是指企业在日常活动中持有以备出售的产成品或商品、处在生产过程中的在产品、在生产过程或提供劳务过程中耗用的材料、物料等。

3.1.1.2 特征

理解和掌握存货的确认范围，需要对存货的概念准确把握，这就应当对存货的特征有一个正确的认识，以帮助准确把握存货的本质。企业持有的产成品、商品、材料、物料等都可能是存货核算确认范围，但并非所有的商品、材料、物料等一定是存货。存货应当具有以下特征：

（1）具有较强的流动性。

（2）属于有形资产和非货币性资产。

（3）持有目的是销售或进一步加工。

存货属于资产，它是资产中流动性较强的资产，这就使它与固定资产等非流动资产相区别；存货也不完全等同于流动资产，因为它不包含货币性资产，且属于有形资产；此外，存货区别于其他资产的最基本的特征是，企业持有存货的最终目的是为了出售，包括可供直接销售的产成品、商品，以及需经过进一步加工后出售的原材料等。

3.1.2 存货的分类

以上是从存货概念、存货特征认识存货，我们还可以从存货的内容来增强感性认识。企业的存货内容，通常包括以下种类：原材料、在产品、半成品、产成品、商品、周转材料等。

（1）原材料。指企业在生产过程中经加工改变其形态或性质并构成产品主要实体的各种原料及主要材料、辅助材料、外购半成品，以及修理用备品备件、包装材料、燃料等。

（2）在产品。指企业正在制造尚未完工的产品，包括尚未完工的，或已加工完毕但尚未检验入库，或已检验但尚未办理入库手续的在制产品。

（3）半成品。指完成了一定的工艺环节并已检验合格交付半成品仓库保管，但仍需进一步加工成为产成品的中间产品。

（4）产成品。指工业企业已经完成全部工艺环节并验收入库，可以按照合同规定的条件送交订货单位，或者可以作为商品对外销售的产品。

（5）商品。指商品流通企业外购或委托加工完成验收入库用于销售的各种商品。

（6）周转材料。指企业能够多次使用，但不属于固定资产确认范围的物资，包括包装物、低值易耗品。周转材料符合固定资产定义的，应当作为固定资产处理。

包装物是指随商品出售、出租、出借，起到保护商品方便运输和装潢作用的用品和材料。包装物不包括自己周转使用的用品和材料。

低值易耗品是指不能作为固定资产确认的各种用具物品，如各种工具、管理用具、玻璃器皿、劳动保护用品以及在经营过程中周转使用的容器等。

企业接受外来原材料加工制造的代制品和为外单位加工修理的代修品，制造和修理完成验收入库后应视同企业的产成品。同样，企业接受外来原材料加工制造，即委托加工的代制品和代修品，如果处于在制产品阶段，应当作为在产品确认；如果处于中间产品阶段，应当作为半成品确认。

为建造固定资产等各项工程而储备的各种材料，虽然同属于材料，但是由于其持有目的并非销售或进一步加工，而是用于建造固定资产，不符合存货的确认范围，所以不属企业存货。

3.1.3 存货的确认条件

能否确认为存货，要判断是否同时满足以下两个条件：与该存货有关的经济利益很可能流入企业；该存货的成本能够可靠地计量。

3.1.3.1 与该存货有关的经济利益很可能流入企业

存货是重要的流动资产，具有资产属性，即可能给企业带来经济利益。存货确认的关键，是判断该项存货是否具有清晰的资产属性，即存货是否很可能给企业带来经济利益，或所包含的经济利益是否很可能流入企业。通常，存货的所有权是存货包含的经济利益很可能流入企业的一个重要标志。

一般情况下，根据销售合同已经售出（取得现金或收取现金的权利），所有权已经转移的存货，因其所包含经济利益已不能流入本企业，因而不能作为企业的存货进行核算，即使该存货尚未运离企业。再如，委托代销商品的所有权并未转移至受托方，因而只是委托企业存货的一部分。总之，企业在判断存货所包含的经济利益能否流入企业时，通常应考虑该存货的所有权是否属于企业。

3.1.3.2 该存货的成本能够可靠地计量

成本能够可靠地计量是资产确认的一项基本条件。存货作为企业资产的组成部分，确认的前提条件也必须是能够对其成本进行可靠的计量。存货的成本能够可靠地计量必须以取得确凿的、可靠的、可验证的原始凭证为依据。如果存货成本不能可靠地计量，则不能确认为一项存货。如企业承诺的订货合同，由于并未实际发生，不能可靠确定其成本，因此就不能确认为购买企业的存货。

3.2 存货的初始计量

存货的初始计量是指在取得存货时的会计计量，也是存货成本核算的起点。准确进行存货初始计量，需要掌握计量核算要求、取得存货方式及相应计量的内容和核算方法。

《企业会计准则第 1 号——存货》第五条规定："存货应当按照成本进行初始计量。存货成本包括采购成本、加工成本和其他成本。"进行计量时，应当弄清存货成本包括哪些内容，不同存货的成本构成内容不同。如通过购买而取得的原材料、周转材料、商品等存货，其初始成本由采购成本构成；而在产品、半成品、产成品等通过加工而取得的存货的初始成本由采购成本、加工成本以及其他成本构成。企业除外购和加工获取存货外，还可能通过接受投资、接受捐赠或债权转换等方式取得。不同的存货取得方式，其成本构成不同，会计处理也不同。下面就企业常见的存货取得方式阐述存货成本的初始计量。

3.2.1 外购存货

3.2.1.1 外购存货的成本

外购存货的成本是指外购存货的采购成本，即企业物资从采购到入库前所发生的全部支出，包括购买价款、相关税费、运输费、装卸费及保险费和其他可归属于存货采购成本的费用。

（1）购买价款。指企业购入存货的发票上列明的价款，但不包括按规定应当抵扣的增值税进项税额。

（2）相关税费。指企业取得存货（购买、自制或委托加工存货）时发生的进口关税、消费税、资源税和不能抵扣的增值税进项税额等应计入存货采购成本的税费。通常购入存货时应负担的价内税均构成存货的采购成本。

购入存货时支付的增值税，应按一般纳税人和小规模纳税人分别处理：

1）一般纳税人购入存货支付的增值税，凡在增值税专用发票、完税证明等有关凭证中注明，并按税法规定可以抵扣的进项税额，不计入所购材料的成本，作为进项税额单独记账；

2）购入存货用于非应交增值税项目或免征增值税项目的，以及未能取得增值税专用发票、完税证明等有关凭证的，支付的增值税计入存货成本；

3）一般纳税人采购农产品，可按买价的10%计算作为增值税进项税额予以抵扣，企业应按扣除这部分进项税额后的价款作为存货购入的成本；

4）小规模纳税人购入存货支付的增值税，无论是否取得增值税专用发票等凭证，其支付的增值税均计入购入存货的成本。

（3）运输费。指企业取得存货时发生的运输费用，但不包括按规定应当抵扣的增值税进项税额。

（4）装卸费及保险费。指企业取得存货时发生的货物装卸费用，和为保证货物资产安全而投保并交纳的保险费。

（5）其他可归属于存货采购成本的费用。是指企业在取得存货活动中，除上述成本项目以外的可归属于存货采购成本的费用。如在存货采购过程中发生的仓储费、包装费、运输途中的合理损耗、入库验收及整理费用等。有些费用，如包装费、运输损耗等，能分清负担对象（能分清是哪种存货的费用）的，应直接计入存货的采购成本；有些费用，如仓储费可能难以分清负担对象的，应选择合理的分配方法，分配计入有关存货的采购成本，分配方法通常包括按所购存货的数量或采购价格比例进行分配。

但是，对于采购过程中发生的物资毁损、短缺等，除合理的损耗应作为存货的"其他可归属于存货采购成本的费用"计入采购成本外，应区别不同情况进行会计处理：①应从供货单位、外部运输机构等收回的物资短缺或其他赔款，冲减物资的采购成本。②因遭受意外灾害发生的损失和尚待查明原因的途中损耗，不得增加物资的采购成本，应暂作为待处理财产损溢进行核算，在查明原因后再作处理。

商品流通企业在采购商品过程中发生的可归属于存货采购成本的费用（运输费、装卸费、保险费等），应当计入存货的采购成本，也可以先进行归集，期末再根据所购商品的存销情况进行分摊。对于已售商品的进货费用，计入当期损益（主营业务成本）；对于未售商品的进货费用，计入期末存货成本。企业采购商品成本的进货费用金额较小的可以在发生时直接计入当期损益（销售费用）。

3.2.1.2 外购存货的会计处理

企业根据管理的需要，会选择不同的成本核算方法，如实际成本法、计划成本法。相应地，存货成本核算也存在实际成本法、计划成本法两种不同的方法。前者是以存货的实际成本来核算，后者是将实际成本分解成计划成本，及实际成本与计划成本之间的差异分别核算。在外购存货环节，两种方法使用的账户和核算方法不同，计划成本法将在本章第四节详细介绍，本节主要讲解外购存货采用实际成本法计价的会计处理。

在实际成本法下，外购存货会计处理使用的会计科目主要包括"原材料""在途物资""周转材料"等，同时也会涉及货币资金账户、结算往来性账户、应交税费账户等。

（1）货款已支付（或已开出、承兑商业汇票），存货验收入库。

此时企业应按发票等结算凭证确定的存货成本,借记"原材料""周转材料"等存货科目,按增值税专用发票上注明的增值税进项税额,借记"应交税费——应交增值税(进项税额)",按实际支付的款项或开出、承兑商业汇票的面值,贷记"银行存款""应付票据"等科目。

【例3-1】百盛公司购入一批原材料,增值税专用发票上注明,材料价款为80 000元,增值税额为12 800元。货款已通过银行转账支付,材料已验收入库。

借:原材料   80 000

  应交税费——应交增值税(进项税额)   12 800

 贷:银行存款   92 800

(2)货款已支付(或已开出、承兑商业汇票),存货尚在途中。

发生此类业务时,应先通过"在途物资"科目进行核算,该科目用来核算在实际成本法下尚未入库的外购存货的存货成本,待存货运达企业并验收入库后,再借记"原材料"等存货科目,贷记"在途物资"。

【例3-2】百盛公司从浩峰公司购入一批原材料,增值税专用发票上注明材料价款为100 000元,增值税额为16 000元。运输企业开具的增值税专用发票中标明运费2 000元,增值税200元,运费已由浩峰公司代垫。百盛公司签发并承兑一张票面价值为118 200元、3个月到期的商业汇票结算材料款项,但材料尚在运输途中。

原材料采购成本 = 100 000 + 2 000 = 102 000(元)

增值税进项税额 = 16 000 + 200 = 16 200(元)

借:在途物资   102 000

  应交税费——应交增值税(进项税额)   16 200

 贷:应付票据   118 200

(3)存货已入库但发票账单等结算凭证尚未到达。

如果在本月内结算凭证能够到达,企业在收到存货时可先不进行会计处理,待结算凭证到达后,企业在支付货款或开出、承兑商业汇票时按正常程序做会计处理。

如果月末时结算凭证仍未到达,企业应对收到的存货按暂估价值入账,借记"原材料"等存货科目,贷记"应付账款"科目,下月初,再编制相同的红字记账凭证予以冲回;待结算凭证到达后,按结算凭证确定的存货成本正常做会计处理。

【例3-3】6月28日,百盛公司购入一批原材料,材料已运达企业并已验收入库。月末时,该批货物的发票账单等结算凭证未到达,百盛公司对该批材料估价60 000元入账。7月2日结算凭证到达,增值税专用发票上注明,原材料价款为62 000元,增值税进项税额为9 920元,货款通过银行转账支付。

(1)6月28日,材料运达企业并验收入库,暂不做会计处理。

(2)6月30日,结算凭证仍未到达,先按暂估价入账:

借:原材料   60 000

 贷:应付账款——暂估应付账款   60 000

(3)7月1日,用红字冲回:

借:原材料   60 000

 贷:应付账款——暂估应付账款   60 000

（4）7月2日，收到结算凭证并支付货款：

借：原材料   62 000

  应交税费——应交增值税（进项税额）   9 920

   贷：银行存款   71920

（4）预付货款购买存货。企业在预付货款时，应先通过"预付账款"科目核算，待收货结算时，按发票账单等结算凭证确定的存货成本和增值税专用发票上注明的增值税进项税额，分别借记"原材料""应交税费"科目，贷记"预付账款"科目。预付的货款不足，需补付货款时，按照补付的金额，借记"预付账款"，贷记"银行存款"科目。

【例3-4】6月2日，百盛公司向亿达公司订购一批周转材料，并预付货款60 000元。亿达公司于7月15日交付材料，增值税专用发票注明材料价款为55 000元，增值税进项税额为8 800元。7月17日，百盛公司将应补付的货款3 800元通过银行转账支付。

（1）预付货款时：

借：预付账款——亿达公司   60 000

   贷：银行存款   60 000

（2）周转材料验收入库时：

借：周转材料   55 000

  应交税费——应交增值税（进项税额）   8 800

   贷：预付账款——亿达公司   63800

（3）补付货款时：

借：预付账款——亿达公司   3 800

   贷：银行存款   3 800

（5）赊购存货。采用赊购方式购入存货时，企业应按应付未付的货款贷记"应付账款"科目。如果赊购附有现金折扣条件，我国企业会计准则要求采用总价法进行会计处理，即应付账款按未扣除折扣的交易总额入账，如果购货企业在现金折扣期内付款，则取得的现金折扣冲减当期财务费用。

【例3-5】3月2日，百盛公司从亿达公司赊购一批原材料，原材料已验收入库，增值税专用发票注明的原材料价款为50 000元，增值税进项税额为8 000元。现金折扣条件：2/10，n/20。

原材料验收入库时：

借：原材料   50 000

  应交税费——应交增值税（进项税额）   8 000

   贷：应付账款——亿达公司   58 000

（1）假设百盛公司在10天内付款：

50 000×2% =1 000（元）

借：应付账款——亿达公司   58 000

   贷：银行存款   57 000

    财务费用   1 000

（2）假设百盛公司在10天后、20天内付款：

借：应付账款——亿达公司   58 000

  贷：银行存款   58 000

（6）外购存货发生短缺。在采购存货过程中，如果发生了短缺、毁损等情况，应根据不同原因分别做出会计处理：

1）属于途中合理损耗的应计入有关存货的采购成本。

2）属于供货单位或运输单位责任造成的短缺，应明确相关责任，根据责任人赔偿存货或货款情况做出相应会计处理。

3）属于自然灾害或者意外事故等非常原因造成的存货毁损，先计入"待处理财产损溢"科目，待报经批准后，按照可收回的保险公司或过失人赔偿金额计入"其他应收款"或"银行存款"科目，净损失计入"营业外支出"。

4）尚待查明原因的存货短缺和毁损，先计入"待处理财产损溢"科目，待查明原因后，再按上述要求进行会计处理。

上述存货短缺或毁损涉及增值税的，还应进行相应处理。

【例3-6】百盛公司从华诚公司购入A材料1 000千克，单位价格20元，增值税专用发票注明，原材料价款20 000元，增值税3 200元，款项已通过银行转账支付。验收时发现短缺50千克。后经查明，确认短缺的存货中有30千克为对方少发货，在与其协商后，收到对方补发的原材料；有15千克为运输单位造成的短缺，经协商，运输单位将承担损失，全额赔偿；其余5千克属于运输途中的合理损耗。

（1）采购结算：

借：在途物资   20 000

  应交税费——应交增值税（进项税额）   3 200

  贷：银行存款   23 200

（2）按实际验收的原材料办理入库：

借：原材料——A材料   19 000

  待处理财产损溢   1 000

  贷：在途物资   20 000

（3）收到华诚公司补发的原材料：

借：原材料——A材料   600

  贷：待处理财产损溢   600

（4）运输单位造成的短缺责任处理：

借：其他应收款——××运输单位   348

  贷：待处理财产损溢   300

    应交税费——应交增值税（进项税额转出）   48

（5）合理损耗处理：

借：原材料——A材料   100

  贷：待处理财产损溢   100

3.2.2 自制存货

自制存货是企业自行制造的存货，包括自行制造的原材料、周转材料和库存商品等。

3.2.2.1 自制存货的成本

企业自制存货的成本主要由采购成本和加工成本构成。其中，采购成本是指自制存货耗用原材料的采购成本，加工成本指存货自制过程中发生的直接人工和制造费用。直接人工是直接从事产品生产的工人的职工薪酬；制造费用是指企业为生产产品和提供劳务而发生的各项间接费用，包括企业生产部门管理人员的薪酬、折旧费、办公费、水电费、机物料消耗、劳动保护费、季节性和修理期间的停工损失等。

在生产车间只生产一种产品的情况下，企业归集的制造费用可直接计入该产品成本；在生产多种产品的情况下，企业应采用与该制造费用相关性较强的方法对其进行合理分配。通常采用的方法有：生产工人工时比例法、机器工时比例法、生产工人工资比例法等。

3.2.2.2 自制存货的会计处理

企业自制并已验收入库的存货，按确定的实际成本，借记"库存商品""周转材料"等存货科目，贷记"生产成本"科目。

【例3-7】百盛公司所生产的一批产成品制造完成，已验收入库。经过计算，该批产成品的实际生产成本为56 000元。

借：库存商品   56 000
　　贷：生产成本——基本生产成本   56 000

【例3-8】百盛公司自制一批包装周转材料，现已完成加工并验收，经过计算，该批包装物生产成本为20 000元。

借：周转材料   20 000
　　贷：生产成本——基本生产成本   20 000

3.2.3 委托加工存货

委托加工存货的成本通过"委托加工物资"来核算。委托加工是企业提供加工对象，委托其他企业进行加工的过程。委托加工存货成本核算内容包括原材料成本、加工费、按规定应计入成本的相关税金及运杂费等。原材料成本是本企业委托加工时提供的加工对象的原材料成本；加工费是本企业支付被委托方的加工成本、相关税金是本企业支付的不能抵扣且应计入委托加工存货成本的税费；运杂费是委托加工过程中发生的运输及相关成本支出。

需要缴纳消费税的委托加工存货，由受托方代收代缴的消费税，应分别以下情况处理：委托加工存货收回后直接用于销售的，由受托方代收代缴的消费税应计入委托加工存货成本；委托加工存货收回后用于连续生产应税消费品，由受托方代收代缴的消费税按规定准予抵扣的，借记"应交税费——应交消费税"，待连续生产的应税消费品生产完成并销售时，从生产完成的应税消费品应纳消费税额中抵扣。

【例3-9】百盛公司委托亿达公司加工Z材料，委托加工的材料收回后用于再生产。发出B材料的实际成本为36 000元，支付加工费10 000元及增值税1 600元，支付往返运费1 000元及增值税100元，由于加工材料属于应税消费品，由亿达公司代收代缴消费税900元。

（1）发出委托加工的B材料：

借：委托加工物资　　　　　　　　　　　　　　　　　36 000
　　贷：原材料——B材料　　　　　　　　　　　　　　　　36 000
（2）支付加工费：
借：委托加工物资　　　　　　　　　　　　　　　　　10 000
　　应交税费——应交增值税（进项税额）　　　　　　　 1 600
　　贷：银行存款　　　　　　　　　　　　　　　　　　11 600
（3）支付运费：
借：委托加工物资　　　　　　　　　　　　　　　　　 1 000
　　应交税费——应交增值税（进项税额）　　　　　　　　 100
　　贷：银行存款　　　　　　　　　　　　　　　　　　 1 100
（4）支付消费税：
借：应交税费——应交消费税　　　　　　　　　　　　　 900
　　贷：银行存款　　　　　　　　　　　　　　　　　　　900
（5）收回加工完成的材料：
借：原材料——Z材料　　　　　　　　　　　　　　　　47 000
　　贷：委托加工物资　　　　　　　　　　　　　　　　47 000

3.2.4　其他方式取得的存货的成本

企业取得存货还有其他方式，如接受投资取得存货、非货币性资产交换取得存货、债务重组取得存货、接受捐赠取得存货、资产清查盘盈的存货等。

3.2.4.1　接受投资

接受投资取得的存货成本应当按照投资合同或协议约定的价值确定，但合同或协议约定价值不公允的除外。在投资合同或协议约定价值不公允的情况下，按照该项存货的公允价值作为其入账价值。借记"原材料"等接受投资的存货科目，贷记"实收资本"（或股本）科目。

【例3-10】百盛股份有限公司接受华诚公司投资，投资协议约定华诚公司以单价30元的A材料10 000千克入股。发票注明，原材料价款300 000元，增值税48 000元。

借：原材料　　　　　　　　　　　　　　　　　　　300 000
　　应交税费——应交增值税（进项税额）　　　　　　　48 000
　　贷：实收资本　　　　　　　　　　　　　　　　　348 000

3.2.4.2　接受捐赠

接受捐赠的存货，捐赠方如果提供了有关凭据（如发票等），可按照凭据价格确定存货成本；如果价格不明确，应当按该捐赠资产的市场交易价格确认。借记相关存货科目，贷记"营业外收入"。

【例3-11】百盛股份有限公司接受捐赠A原材料一批，发票上注明，A材料价款20 000元，增值税税额3 200元。

借：原材料　　　　　　　　　　　　　　　　　　　 20 000
　　应交税费——应交增值税（进项税额）　　　　　　　 3 200
　　贷：营业外收入——捐赠利得　　　　　　　　　　　23 200

企业通过非货币性资产交换、债务重组、企业合并等方式取得的存货，其成本应当分别按照《非货币性资产交换》《债务重组》《企业合并》等会计准则的规定确定。相应会计处理可参考相关章节内容。

盘盈的存货应按其重置成本作为入账价值，并通过"待处理财产损溢"科目进行会计处理，相关内容参考资产清查章节。

3.3　发出存货的计量

存货持有的目的是"以备出售"，取得存货是希望以此作为加工对象或加工工具，进一步加工生产某种产品以备出售。那么，取得存货后还要将这些存货用于加工生产，这就是发出存货。发出存货成本的核算涉及发出存货的计价方法，发出存货的会计处理，和存货数量的盘存方法。

3.3.1　发出存货的计价方法

在发出存货的计价会计实务中，是有不同方法可以选择的。选择什么方法要结合会计制度、企业管理要求，以及企业存货收发业务特点来确定。但选择的前提是，要对发出存货的计价方法的本质、理论基础，及方法特点有充分的理解和掌握。

3.3.1.1　存货成本流转的假设

核算发出存货成本，首先应当对发出存货进行合理的计价。如何合理计价，这涉及采用什么样的计价方法，这又与存货成本流转的假设有关。存货流转包括实物流转和成本流转两个方面，理论上二者应当一致，即存货取得时确定的成本应当随着存货的耗用或销售同步结转。但在会计实务中，由于存货品种繁多，储存和领用方式各有不同，且同一种存货会因取得时间不同而单位成本不同，很难保证其成本流转与实物流转完全一致。因此，实务中可行的处理方法是，按照一个假定的成本流转方式来确定发出存货的成本，而不强求其成本流转必须与实物流转完全一致，这就是存货成本流转的假设。

存货成本流转的假设有"存货成本流转与实物流转一致""先收到的存货先发出""统计平均值无差异"等。相应地，发出存货的计价方法就有"个别计价法""先进先出法""加权平均法"等。不同的计价方法对企业期末资产的计价和当期经营成果均会产生影响。

3.3.1.2　计价方法

（1）先进先出法。先进先出法是指假定先取得的存货先发出，据此确定发出存货和期末存货成本的计价方法。

先进先出法的特点是可以随时结转发出存货成本；但其计算较烦琐，工作量大。在物价持续上涨时，与其他方法相比，先进先出法发出存货成本的计价偏低。

【例3-12】百盛公司当年6月A材料的购进、发出和结存资料，见表3-1。企业采用先进先出法进行存货计价。

表 3 - 1 原材料明细账

存货名称及规格：A 材料

数量单位：千克

金额单位：元

××年		摘要	收入			发出			结存		
月	日		数量	单价	金额	数量	单价	金额	数量	单价	金额
6	1	期初结存							200	30	6 000
	4	购进	500	31	15 500				700		
	9	发出				400			300		
	12	购进	600	33	19 800				900		
	16	发出				800			100		
	22	购进	500	35	17 500				600		
	29	发出				300			300		
6	30	本月合计	1 600		52 800	1500			300		

6 月 9 日发出 A 材料数量 400 千克，应当首先发出期初库存的 200 千克，余者 200 千克由 6 月 4 日购进的材料发出。

发出存货成本 = 200 × 30 + 200 × 31 = 12 200（元）

6 月 16 日发出存货成本 = 300 × 31 + 500 × 33 = 25 800（元）

6 月 29 日发出存货成本 = 100 × 33 + 200 × 35 = 10 300（元）

月末结存 A 材料成本 = 300 × 35 = 10 500（元）

计算如表 3 - 2 所示：

表 3 - 2 原材料明细账（先进先出法）

存货名称及规格：A 材料

数量单位：千克

金额单位：元

××年		摘要	收入			发出			结存		
月	日		数量	单价	金额	数量	单价	金额	数量	单价	金额
6	1	期初结存							200	30	60 00
	4	购进	500	31	15 500				200 500	30 31	6 000 15 500
	9	发出				200 200	30 31	6 000 6 200	300	31	9 300
	12	购进	600	33	19 800				300 600	31 33	9 300 19 800
	16	发出				300 500	31 33	9 300 16 500	100	33	3 300
	22	购进	500	35	17 500				100 500	33 35	3 300 17 500
	29	发出				100 200	33 35	3 300 7 000	300	35	10 500
6	30	本月合计	1 600		52 800	1500		48 300	300	35	10 500

（2）全月一次加权平均法。全月一次加权平均法，是指以期初存货和本月各批次取得存货的数量为权数，计算本期存货加权平均单位成本，并据以计算本期发出存货、结存存货成本的方法。

该方法的特点是核算的存货成本受存货价格波动的影响较小，且方法及计算较为简单；但它却不能随时确定发出存货成本。

$$加权平均单位成本 = \frac{期初结存存货成本 + 本期取得存货成本}{期初结存存货数量 + 本期取得存货数量}$$

期末结存存货成本 = 期末结存数量 × 加权平均单位成本

本期发出存货成本 = 本期发出存货数量 × 加权平均单位成本

在计算加权平均单位成本时有可能不能除尽，为保证月末结存存货的数量、单位成本与总成本一致，实务中往往先按计算出的平均单位成本计算月末结存存货成本，再用下式倒推本月发出存货成本：

本月发出存货成本 = 期初结存存货成本 + 本期取得存货成本 – 月末结存存货成本

【例 3 – 13】沿用表 3 – 1 资料，假设企业采用全月一次加权平均法。

$$本月存货加权平均单位成本 = \frac{6\ 000 + 52\ 800}{200 + 1\ 600} = 32.67\ （元/千克）$$

月末结存存货成本 = 300 × 32.67 = 9 801（元）

本月发出存货成本 = 6 000 + 52 800 – 9 801 = 48 999（元）

本月 A 材料的收入、发出和结存情况如表 3 – 3 所示。

表 3 – 3 原材料明细账（综合加权平均法）

存货名称及规格：A 材料

数量单位：千克
金额单位：元

××年		摘要	收入			发出			结存		
月	日		数量	单价	金额	数量	单价	金额	数量	单价	金额
6	1	期初结存							200	30	6 000
	4	购进	500	31	15 500				700		
	9	发出				400			300		
	12	购进	600	33	19 800				900		
	16	发出				800			100		
	22	购进	500	35	17 500				600		
	29	发出				300			300		
6	30	本月合计	1 600		52 800	1 500		48 999	300	32.67	9 801

（3）移动加权平均法。移动加权平均法，是指每次新取得存货时，以此前结存存货及新取得存货的数量为权数，计算新加权平均单位成本，并据以计算此后发出存货成本的方法。

移动加权平均法的特点是每新取得一批存货，要计算一个新的加权平均单位成本，所以可以随时计量发出存货成本；但其计算比较烦琐，工作量大。

$$移动加权平均单位成本 = \frac{此前结存存货成本 + 本次新取得存货成本}{此前结存存货数量 + 本次新取得存货数量}$$

每批发出存货成本 = 发出存货数量 × 最近移动加权平均单位成本

期末结存存货成本 = 期末结存存货数量 × 期末移动加权平均单位成本

当平均单位成本不能除尽时，与全月一次加权平均法类似，先计算结存成本，再倒减出发出存货的成本。

【例3-14】沿用表3-1资料，假设企业采用移动加权平均法。

6月4日新购进材料后平均单位成本 = (6 000 + 15 500) ÷ (200 + 500) = 30.71 （元/千克）

6月9日结存成本 = 300 × 30.71 = 9 213 （元）

6月9日发出存货成本 = 21 500 - 9 213 = 12 287 （元）

6月12日新购进材料后平均单位成本 = (9 213 + 19 800) ÷ (300 + 600) = 32.24 （元/千克）

6月16日结存成本 = 100 × 32.24 = 3 224 （元）

6月16日发出存货成本 = 29 013 - 3 224 = 25 789 （元）

6月22日新购进材料后平均单位成本 = (3 224 + 17 500) ÷ (100 + 500) = 34.54 （元/千克）

6月29日结存成本 = 300 × 34.54 = 10 362 （元）

6月29日发出存货成本 = 20 724 - 10 362 = 10 362 （元）

本月A材料的收入、发出和结存情况如表3-4所示。

表3-4 原材料明细账（移动加权平均法）

存货名称及规格：A材料

数量单位：千克
金额单位：元

××年		摘要	收入			发出			结存		
月	日		数量	单价	金额	数量	单价	金额	数量	单价	金额
6	1	期初结存							200	30	6 000
	4	购进	500	31	15 500				700	30.71	21 500
	9	发出				400		12 287	300	30.71	9 213
	12	购进	600	33	19 800				900	32.24	29 013
	16	发出				800		25 789	100	32.24	3 224
	22	购进	500	35	17 500				600	34.54	20 724
	29	发出				300		10 362	300	34.54	10 362
6	30	本月合计	1 600		52 800	1 500		48 438	300	34.54	10 362

（4）个别计价法。个别计价法是指假定存货实物流转与成本流转相一致，按照实际取得时的单位成本确定发出存货、结存存货实际成本的方法。

个别计价法的特点是成本计量精确、客观；但其工作量很大，适用范围小。个别计价法比较适用于不能替代使用的存货，为特定项目专门购入或制造的，并且容易识别、存货数量少、单位成本较高的存货，如珠宝等。

【例3-15】仍沿用表3-1的资料。假如6月9日发出A材料400千克，首先从发出期初库存的200千克中发出100千克，余者300千克由6月4日购进的材料发出；6月16

日发出材料 800 千克，分别从期初存货发出 100 千克，6 月 4 日购进的材料发出 100 千克，由 6 月 12 日购进的材料发出 600 千克；6 月 29 日发出材料 300 千克，由 6 月 22 日购进的材料中发出。试用个别计价法计算发出存货成本和月末结存材料成本。

6 月 9 日发出存货成本 = 100 × 30 + 300 × 31 = 12 300（元）

6 月 16 日发出存货成本 = 100 × 30 + 100 × 31 + 600 × 33 = 25 900（元）

6 月 29 日发出存货成本 = 300 × 35 = 10 500（元）

月末结存 A 材料 300 千克材料成本 = 100 × 31 + 200 × 35 = 10 100（元）

本月 A 材料的收入、发出和结存情况如表 3 – 5 所示：

表 3 – 5 原材料明细账（个别计价法）

存货名称及规格：A 材料

数量单位：千克
金额单位：元

××年		摘要	收入			发出			结存		
月	日		数量	单价	金额	数量	单价	金额	数量	单价	金额
6	1	期初结存							200	30	6 000
	4	购进	500	31	15 500				200	30	6 000
									500	31	15 500
	9	发出				100	30	3 000	100	30	3 000
						300	31	9 300	200	31	6 200
	12	购进	600	33	19 800				100	30	3 000
									200	31	6 200
									600	33	19 800
	16	发出				100	30	3 000	100	31	3 100
						100	31	3 100			
						600	33	19 800			
	22	购进	500	35	17 500				100	31	3 100
									500	35	17 500
	29	发出				300	35	10 500	100	31	3 100
									200	35	7 000
6	30	本月合计	1 600		52 800	1500		48 700	100	31	3 100
									200	35	7 000

3.3.2 存货数量的盘存方法

发出存货计价的核心是确定存货的单位成本，在存货数量确定的基础上，利用这个单位成本就可确定存货成本。那么，存货数量如何确定呢？这就要看企业所应用的存货数量的盘存方法是哪一种。一般企业所应用的存货数量盘存方法有两种：一种是永续盘存制，另一种是实地盘存制。

3.3.2.1 永续盘存制

永续盘存制又叫账面盘存制，是一种对存货的收发在账簿中连续记录，并根据账簿记录结出账面结存数量，能随时反映账面结存数的一种存货核算方法。

永续盘存制基本公式：

期末存货结存数量 = 期初存货结存数量 + 本期增加存货数量 − 本期发出存货数量

期末库存成本 = 期初库存成本 + 本期进货成本 − 本期发出成本

本期发出成本 = 本期发出数量 × 进货单价

永续盘存制一般要通过设置存货明细账，对日常发生的存货增加或减少进行逐笔连续登记，并随时在账面上结算各项存货的结存数。使用永续盘存制可以随时反映某一存货在一定会计期间内收入、发出及结存的详细情况，有利于加强对存货的管理与控制，取得库存积压或不足的资料，以便及时组织库存品的购销或处理，加速资金周转。采用这种方法时，存货明细账要按每一品种、规格设置。在明细账中，要登记收、发、结存数量，有的还同时登记金额。

永续盘存制，实际上是存货数量的账面盘存方法，它确定了存货的收入、发出及结存数量。而要确定存货的成本，还需要结合应用存货计价方法。

永续盘存制的优点是，能够逐笔反映存货的收入、发出情况，随时在账面上结出和反映各项存货的结存数，所以它有利于加强存货的管理和控制。也正是由于这个原因，在确定存货数量的盘存方法时，除特殊情况采用实地盘存制外，应尽量采用永续盘存制。当然，永续盘存制也存在缺点，即账面盘存工作量大，并且通过其反映的会计信息毕竟是账面情况，会计期末还必须通过存货盘点的资产清查等方法来与实存量比较。

3.3.2.2 实地盘存制

实地盘存制，又称定期盘存制（以存计销制、以存定耗制），通过对期末库存存货的实物盘点来确定期末存货结存数量和成本，进而确定当期发出存货成本的方法。

实地盘存制基本公式：

期末存货结存成本 = 存货结存数量（实地盘存数）× 单位成本

本期发出存货成本 = 期初结存成本 + 本期进货成本 − 期末结存成本

非常明显，这是一个倒轧的方法，即由期末对存货实地盘点，确定存货结存数量，再计算期末存货结存成本，然后倒轧计算本期发出存货的成本。采用这种方法时，对收入的存货应逐笔登记在账簿中，发出的存货则不作记录，期末通过盘点确定出库存存货结存的实际数量，并以此分别乘以单价，计算出期末存货成本，然后根据期初存货成本、本期购进成本和期末存货成本之间的关系，计算发出存货的成本。我国商业企业中有些在应用这个方法，通常也称以存计销制，个别工业企业也应用这个方法，通常也称以存定耗制。

实地盘存制优点是，简化了库存品的明细核算工作。缺点是，不能随时反映库存品的收入、发出和结存动态；发出存货中可能含有非销售或非生产耗用的减少，例如，自然损耗、浪费、偷盗等，但实地盘存制都记在了发出存货身上。因此，实地盘存制只适用收发频繁且数量大、价值低的存货数量盘存。

3.3.3 发出存货的会计处理

3.3.3.1 发出原材料

原材料，包括各种原料及主要材料、辅助材料、外购半成品、修理用备品备件、包装材料、燃料等，是生产过程所需要的必要储备物资。对于生产产品目的发出的原材料，应当区分两种情况，即发出的原材料是用于直接生产消耗，还是用于间接性消耗。间接性消耗往往是为生产产品目的发生的间接性生产费用，如难以确定成本对象的生产部门管理消耗、工艺消耗等。用于直接生产消耗的，计入"生产成本——基本生产成本"科目；用于辅助生产车间的，借记"生产成本——辅助生产成本"科目；用于间接性消耗的，计入"制造费用"。对于企业管理目的发出的原材料，一般是企业管理部门领用、消耗的，计入"管理费用"科目。在建工程领用的原材料，按其价值计入"在建工程"科目。

【例3-16】百盛公司本月发出 A 材料情况如下：A 材料出库实际成本为220 000元，其中基本生产领用 120 000 元，辅助生产领用 60 000 元，生产车间一般耗用 15 000 元，管理部门领用 5 000 元，在建工程耗用 20 000 元。

发出的 A 材料中，基本生产领用、辅助生产领用属于直接消耗，生产车间一般耗用属于间接消耗。

借：生产成本——基本生产成本	120 000
生产成本——辅助生产成	60 000
制造费用	15 000
管理费用	5 000
在建工程	20 000
贷：原材料	220 000

对于因不需要或其他原因而变卖所发出的原材料，借记"其他业务成本"，贷记"原材料"，同时应当核算增值税销项税。客观上，这是一个商品销售行为，但出售原材料不属于企业主营业务，所以通过其他业务收入核算。

【例3-17】百盛公司库中一批账面价值为 9 000 元的 B 材料，因企业转产不再使用，决定作价销售。售价 8 000 元，增值税销项税额 1 280 元，价款尚未收到。

原材料销售收入的处理：

借：应收账款	9 280
贷：其他业务收入	8 000
应交税费——应交增值税（销项税额）	1 280

发出原材料存货成本的结转处理：

借：其他业务成本	9 000
贷：原材料	9 000

3.3.3.2 发出周转材料

周转材料指多次使用，逐渐转移其价值但仍保持原有形态，不确认为固定资产的材料。周转材料，如包装物、低值易耗品，不属于劳动对象，不在生产加工过程中形成直接消耗；它具有类似固定资产的属性，但却又不属于固定资产。所以周转材料比较特殊，会计核算要采用"周转材料"科目来处理。企业也可以根据实际工作的需要，单独设置"包装物""低值易耗品"科目来核算。

低值易耗品，指既不属于一次性的，又不属于固定资产的物资、物品，如工具、劳动保护用品等。它具有劳动工具的性质，但不属于固定资产。包装物，指保护商品、随商品一同完成销售循环的物资、物品。有些包装物通过出租、出借方式循环使用，有些则随同商品一同销售。

取得周转材料的核算，同原材料取得的核算类似，只是将核算存货成本的账户由"原材料"换成"周转材料"。按照取得周转材料的不同方式，如购入、自制、委托加工等作出相应会计处理。

发出周转材料的核算，要根据发出周转材料的用途确定发出存货成本的结转方向，即将发出周转材料的成本结转至哪些成本费用的核算科目。发出周转材料的用途不同，结转方向也不同（见表3-6）。

表3-6　发出周转材料的用途与相关成本费用核算科目的对应关系

发出周转材料的用途	摊销计入相关成本费用的核算科目
生产产品直接消耗	生产成本
生产部门一般性间接消耗	制造费用
销售部门领用 或随同商品出售但不单独计价 或用于出借	销售费用
随同商品出售且单独计价	其他业务成本
管理部门领用	管理费用

同时周转材料应根据其损耗特点、价值大小和耐用程度等选择适当的摊销方法，将其账面价值一次或分期计入有关成本费用。

（1）一次转销法。一次转销法，是在领用周转材料时，就将发出存货成本账面价值全部结转计入相关成本费用的方法。在领用周转材料时，借记相关成本费用核算科目，贷记周转材料。

一次转销法通常适用于价值低或易损坏的管理用具、小型工具等，数量不多、金额较小且业务不频繁地出租或出借包装物，也可以采用一次转销法，但应加强实物管理，并在备查簿上进行登记。

【例3-18】百盛公司的管理部门本月领用一批账面价值为3 000元的低值易耗品。同时，本月报废一批低值易耗品，收回作价50元的残料，作为原材料入库。百盛公司采用一次转销法摊销周转材料成本。

（1）领用低值易耗品：

借：管理费用　　　　　　　　　　　　　　　　　　　　　　　　3 000

　　贷：周转材料　　　　　　　　　　　　　　　　　　　　　　3 000

（2）低值易耗品报废，残料作价入库：

借：原材料　　　　　　　　　　　　　　　　　　　　　　　　　　50

　　贷：管理费用　　　　　　　　　　　　　　　　　　　　　　　　50

（2）五五摊销法。五五摊销法是在领用周转材料时先将发出存货成本账面价值的50%计入相关成本费用，待周转材料报废时再将其余50%摊销计入相关成本费用的方法。

应用五五摊销法，还必须在周转材料核算账户下设置"在库""在用"和"摊销"三个二级明细科目，以配合五五摊销法的运用，如图3-1所示。

图3-1 五五摊销法账务处理

1）领用周转材料时，按其账面价值，借记"周转材料——在用"，贷记"周转材料——在库"。

2）领用时摊销周转材料账面价值的50%，根据领用的用途借记"生产成本""管理费用"等相关成本费用科目，贷记"周转材料——摊销"。

3）报废时摊销其余50%，账务处理同上。

4）报废时同时转销周转材料全部已提摊销额，借记"周转材料——摊销"，贷记"周转材料——在用"。

周转材料报废，有时可能有残料回收，这时应当增加原材料，冲减相关成本费用。

【例3-19】百盛公司出借一批包装物，账面价值40 000元，该批包装物报废时残料估价1 000元作为原材料入库，公司采用五五摊销法。

（1）领用时：

借：周转材料——在用   40 000

  贷：周转材料——在库   40 000

同时摊销其价值的50%：

借：销售费用   20 000

  贷：周转材料——摊销   20 000

（2）报废时：

借：销售费用   20 000

  贷：周转材料——摊销   20 000

借：周转材料——摊销   40 000

  贷：周转材料——在用   40 000

（3）残料入库：

借：原材料   1 000

  贷：销售费用   1 000

【例3-20】百盛公司本月发出一批账面价值10 000元的包装物，全部出租给盛华公司使用，收取押金12 000元存入银行。客户退还包装物时，收取其租金1 160元，扣除租金后剩余押金退还。百盛公司采用五五摊销法。

（1）发出周转材料时：

借：周转材料——在用   10 000

贷：周转材料——在库　　　　　　　　　　　　　　　　10 000

同时摊销其价值的50%：

　　借：其他业务成本　　　　　　　　　　　　　　　　　5 000

　　　　贷：周转材料——摊销　　　　　　　　　　　　　　5 000

（2）收取押金：

　　借：银行存款　　　　　　　　　　　　　　　　　　12 000

　　　　贷：其他应付款——盛华公司　　　　　　　　　　12 000

（3）扣除租金并退还押金时：

　　借：其他应付款——盛华公司　　　　　　　　　　　12 000

　　　　贷：其他业务收入　　　　　　　　　　　　　　　1000

　　　　　　应交税费——应交增值税（销项税额）　　　　 160

　　　　　　银行存款　　　　　　　　　　　　　　　　10 840

收回的包装物应在备查簿上进行登记，可重复使用，待报废时再摊销剩余50%的价值。

若客户逾期未退还出租的周转材料，则没收的押金应视为销售周转材料的收入，计入其他业务收入，计算增值税销项税额，同时摊销周转材料剩余50%的账面价值。

（3）分次摊销法。分次摊销法是根据周转材料的价值和预计使用期限计算每期平均摊销额，分别计入各期成本、费用中的摊销方法。其核算原理与五五摊销法相同，只是分期计算摊销额，而不是在领用和报废时各摊销一半。

3.3.3.3　销售商品发出存货

销售商品，应当同时进行收入和发出商品的成本的核算。销售商品属企业主营业务，其收入要通过主营业务收入核算，发出商品的成本要通过主营业务成本核算。

【例3-21】百盛公司销售一批商品，商品的成本为12 000元，售价26 000元，增值税销项税额4 160元，价款尚未收到。

（1）确认收入：

　　借：应收账款　　　　　　　　　　　　　　　　　　30 160

　　　　贷：主营业务收入　　　　　　　　　　　　　　26 000

　　　　　　应交税费——应交增值税（销项税额）　　　 4 160

（2）结转销售成本：

　　借：主营业务成本　　　　　　　　　　　　　　　　12 000

　　　　贷：库存商品　　　　　　　　　　　　　　　　12 000

3.4　计划成本法

计划成本法是与实际成本法相对的存货成本核算方法，在企业中有广泛的应用。计划成本法，指存货的收入、发出和结存均采用预先制订的计划成本计价核算，同时对实际成本与计划成本的差额，单独设置并核算"材料成本差异"，期末将发出存货的成本调整为实际成本的方法。很多企业为了加强生产经营的控制，采用计划预算控制等手段。计划成本法能够适应、帮助企业进行科学的生产经营活动，特别是能够为计划管理、预算控制提供有用的会计信息。通过计划成本法，能够分析实际成本与计划成本的差异，控制存货成本，有利于企业的成本控制和效益提高。

3.4.1 计划成本法的账务处理程序

3.4.1.1 账户设置

以原材料核算为例，计划成本法下通过"原材料""材料采购""材料成本差异"科目来核算。"原材料"科目核算库存材料的计划成本；"材料采购"科目核算存货取得的实际成本；"材料成本差异"科目则核算实际成本与计划成本的差异。

3.4.1.2 账务处理程序

以购入原材料核算为例，计划成本法的账务处理程序包括以下五个过程，如图 3 - 2 所示。

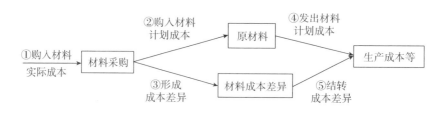

图 3 - 2　计划成本法核算程序

（1）采购时，按实际成本计入"材料采购"科目借方。

（2）验收入库时，按计划成本借记"原材料"科目，贷记"材料采购"科目。

（3）同时，将实际成本与计划成本的差异额计入"材料成本差异"科目，超支差借记"材料成本差异"科目，贷记"材料采购"科目；节约差做相反分录。

（4）发出存货（材料）时，按计划成本借记相关成本科目，贷记"原材料"科目。

（5）期末，根据发出材料的计划成本和成本差异计算差异率，向相关成本科目结转发出材料应负担的差异额，汇总发出材料的实际成本。

3.4.2 取得存货及成本差异的形成

3.4.2.1 外购存货

购进存货时，按存货的实际成本借记"材料采购"，按增值税专用发票确定的进项税额借记"应交税费——应交增值税（进项税额）"，根据实际支付或应支付的金额或开出、承兑商业汇票的金额贷记"银行存款""应付账款""应付票据"等科目。当存货验收入库时，按计划成本借记"原材料""周转材料"等相关存货科目，贷记"材料采购"，同时根据购入存货实际成本与计划成本的差额确定成本差异，超支差借记"材料成本差异"，贷记"材料采购"；节约差做相反分录。

【例 3 - 22】6 月 5 日，百盛公司购入一批原材料，材料已运达企业并已验收入库，该批原材料的计划成本为 58 000 元，增值税专用发票上注明，原材料价款为 62 000 元，增值税进项税额为 9 920 元，货款通过银行转账支付。

（1）购入材料支付价款：

借：材料采购   62 000

  应交税费——应交增值税（进项税额） 9 920

 贷：银行存款   71 920

（2）验收入库时，以计划成本登记原材料账户：

借：原材料   58 000

 贷：材料采购   58 000

（3）实际成本 62 000 元大于计划成本 58 000 元，形成超支差异 4 000 元。

借：材料成本差异   4 000

 贷：材料采购   4 000

需要注意的是：在计划成本法下，即使款项结算与存货入库同时发生，也需要先通过"材料采购"科目核算，再计入"原材料"科目，以便确认材料成本差异。而在实际成本法下，如果货款结算的同时存货入库，可以直接计入"原材料"科目而不必使用"在途物资"科目。

【例 3-23】6 月 16 日，百盛公司购入一批原材料。增值税专用发票上注明，材料价款为 80 000 元，增值税额为 12 800 元。货款已通过银行转账支付，材料也已验收入库。该批原材料的计划成本为 82 000 元。

借：材料采购   80 000

  应交税费——应交增值税（进项税额） 12 800

 贷：银行存款   92 800

借：原材料   82 000

 贷：材料采购   82 000

实际成本 80 000 元小于计划成本 82 000 元，形成节约差异 2 000 元。

借：材料采购   2 000

 贷：材料成本差异   2 000

当购入存货已验收入库，但发票等结算凭证尚未收到时，与实际成本法下处理类似，如果是月中，可暂不作处理，等待结算凭证到达；若月末仍未收到结算凭证，按该批存货的计划成本借记"原材料"科目，贷记"应付账款"科目，下月初用红字冲回，待收到结算凭证时再做正常处理。

【例 3-24】6 月 28 日，百盛公司入库一批原材料，但发票尚未收到，货款未付。月末 30 日，发票仍未收到。该批材料的计划成本为 51 000 元。

31 日根据计划成本做账：

借：原材料   51 000

 贷：应付账款——暂估应付账款   51 000

下月初做红字冲回：

借：原材料   51 000

 贷：应付账款——暂估应付账款   51 000

假设下月 5 日收到购入存货的增值税专用发票，标明货款 50 000 元，增值税 8 000元，货款通过银行转账支付。

借：材料采购　　　　　　　　　　　　　　　　　　　　　　50 000
　　应交税费——应交增值税（进项税额）　　　　　　　　　8 000
　　贷：银行存款　　　　　　　　　　　　　　　　　　　　58 000
借：原材料　　　　　　　　　　　　　　　　　　　　　　　51 000
　　贷：材料采购　　　　　　　　　　　　　　　　　　　　51 000
借：材料采购　　　　　　　　　　　　　　　　　　　　　　1 000
　　贷：材料成本差异　　　　　　　　　　　　　　　　　　1 000

3.4.2.2　其他方式取得存货

企业通过除外购以外其他方式取得存货，不需通过"材料采购"科目核算，应直接按取得存货的计划成本，借记"库存商品""原材料"等相关存货科目，按发生的实际成本贷记"生产成本""委托加工物资"等相关科目，按实际成本与计划成本之间的差额，借记或贷记"材料成本差异"科目。

【例 3-25】百盛公司基本生产车间完成一批产成品，已验收入库。该批产品的实际成本为 76 000 元，计划成本为 72 000 元。

借：库存商品　　　　　　　　　　　　　　　　　　　　　　72 000
　　材料成本差异　　　　　　　　　　　　　　　　　　　　4 000
　　贷：生产成本　　　　　　　　　　　　　　　　　　　　76 000

3.4.3　发出存货及差异的分摊

3.4.3.1　成本差异的分摊

在计划成本法下，存货的计划成本和成本差异分别核算。存货发出时先按计划成本计价，计入相关成本费用账户，再计算发出存货应负担的差异以便计算发出存货的实际成本。实际成本可以简单表达为：

实际成本 = 计划成本 ± 成本差异

会计实务工作中，一般是在月末将月初结存存货的成本差异和本月取得存货形成的成本差异，在本月发出存货和期末存货之间进行分摊。成本差异的分摊，通常采用的是先计算成本差异率，然后按成本差异率确定并分摊成本差异的方法。即：

实际成本 = 计划成本 ± 成本差异
　　　　 = 计划成本 ±（计划成本 × 成本差异率）

成本差异率，有不同的计算方法。一般采用本月材料成本差异率，计算公式为：

$$本月材料成本差异率 = \frac{月初结存存货的成本差异 + 本月入库存货的成本差期}{月初结存存货的计划成本 + 本月入库存货的计划成本} \times 100\%$$

也有的企业使用月初材料成本差异率，月初材料成本差异率计算公式为：

$$月初材料成本差异率 = \frac{月初结存存货的成本差异}{月初结存存货的计划成本} \times 100\%$$

一般企业委托加工存货可按月初材料成本差异率计算，其他情况发出存货均应使用当月的材料成本差异率，如果月初材料成本差异率与本月材料成本差异率相差不大的，也可按月初材料成本差异率计算。

$$发出存货应负担的成本差异 = 发出存货的计划成本 \times 材料成本差异率$$
$$发出存货实际成本 = 发出存货计划成本 + 发出存货应负担的成本差异$$
$$= 发出存货计划成本 \times (1 + 材料成本差异率)$$
$$结存存货应负担的成本差异 = 结存存货的计划成本 \times 材料成本差异率$$
$$结存存货实际成本 = 结存存货计划成本 + 结存存货应负担的成本差异$$
$$= 结存存货计划成本 \times (1 + 材料成本差异率)$$

3.4.3.2 发出存货的会计处理

发出存货时，根据发出存货的用途，应先按其计划成本借记"生产成本""制造费用""管理费用"等相关成本费用科目，贷记"原材料""周转材料"等相关存货科目；月末，根据计算出的材料成本差异率将成本差异在发出存货与结存存货之间进行分摊，发出存货应负担的成本差异，如是超支差，借记"生产成本——基本生产成本""生产成本——辅助生产成本""制造费用""管理费用"等相关成本费用科目，贷记"材料成本差异"科目；节约差则用红字登记。

【例3-26】假设【例3-22】和【例3-23】为6月百盛公司原材料采购的全部业务。"材料成本差异"期初借方余额为1 000元；"原材料"月初结余60 000元。本月发出材料的计划成本为124 000元，其中，基本生产车间领用80 000元，辅助生产车间领用30 000元，生产部门一般消耗领用8 000元，管理部门领用6 000元。

（1）发出的原材料按计划成本计入相应成本费用。

借：生产成本——基本生产成本	80 000
——辅助生产成本	30 000
制造费用	8 000
管理费用	6 000
贷：原材料	124 000

（2）计算本月材料成本差异率。

根据【例3-22】和【例3-23】资料可知：

本月购入材料的计划成本 = 58 000 + 82 000 = 140 000（元）

本月购入材料形成的成本差异 = 4 000 - 2 000 = 2 000（元）

本月材料成本差异率 = (1 000 + 2 000) ÷ (60 000 + 140 000) × 100% = 1.5%

（3）分摊材料成本差异额：

基本生产成本分摊：80 000 × 1.5% = 1200（元）

辅助生产成本分摊：30 000 × 1.5% = 450（元）

制造费用分摊：8 000 × 1.5% = 120（元）

管理费用分摊：6 000 × 1.5% = 90（元）

借：生产成本——基本生产成本	1 200
——辅助生产成本	450
制造费用	120
管理费用	90
贷：材料成本差异	1 860

（4）计算月末结存原材料实际成本。

月末结存材料的计划成本（"原材料"期末余额）= 60 000 + 140 000 - 124 000 = 76 000（元）

月末结存材料的成本差异 = 76 000 × 1.5% = 1 140（元）

或月末结存材料的成本差异（"材料成本差异"期末余额）= 1 000 + 2 000 - 1 860
$$= 1\ 140（元）$$

月末结存材料的实际成本 = 76 000 + 1 140 = 77 140（元）。

【例 3 - 27】百盛公司管理部门本月领用一批低值易耗品，计划成本为 20 000 元，采用一次摊销法。公司存货采用计划成本法核算，本月末计算的材料成本差异率为 - 2%。

领用时按计划成本一次计入管理费用：

借：管理费用		20 000
贷：周转材料		20 000

月末分摊成本差异 20 000 × （ - 2% ）= - 400（元）

借：管理费用		400
贷：材料成本差异		400

【例 3 - 28】百盛公司发出 A 材料一批委托全峰公司加工，发出 A 材料的计划成本为 8 000 元，月初材料成本差异率为 1%；支付加工费 1 000 元，增值税 160 元（已取得增值税专用发票）；加工完毕后作为 B 材料入库，入库 B 材料的计划成本为 9 200 元。

发出 A 材料时：

借：委托加工物资		8 080
贷：原材料——A 材料		8 000
材料成本差异		80

支付加工费时：

借：委托加工物资		1 000
应交税费——应交增值税（进项税额）		160
贷：银行存款		1 160

加工完毕入库时：

借：原材料——B 材料		9 200
贷：委托加工物资		9 080
材料成本差异		120

3.5　存货清查

存货清查是资产清查工作的组成部分，也是企业在会计期末应当进行的工作。

3.5.1　存货清查的意义与方法

进行存货清查工作，首先要认识它的意义，了解掌握存货清查的方法。

3.5.1.1　存货清查及其意义

存货清查是通过对存货的实地盘点，确定存货的实存数量，并与账面结存数核对，从而确定存货实存数与账面结存数是否相符的一种会计方法，也是财产清查工作的重要组成部分。

存货清查的意义在于：通过存货清查保证账实相符，以保护存货资产的完整性、安全性。通过存货清查及清查后相关会计处理，使会计信息准确反映企业经营实际，确保会计信息的真实性。

3.5.1.2　存货清查的方法

存货清查通常采用实地盘点的方法。在清查时，通过点数、称重等方法确定实存数量。对于那些无法通过逐一清点或称重进行清查的存货，如大量堆放的砂石等，可通过测量、估计等技术推算方法确定其实际数量。

企业应当至少在编制年度财务会计报告之前对存货进行一次全面的清查盘点，平常应当定期或不定期对存货的实物进行盘点和抽查，以确定存货的实有数量，并与账面记录进行核对，确保存货账实相符。在盘点之前，应确保已将收发的存货全部登记入账，并计算出结存数量和金额以备核对。盘点时应在盘点清册上逐一登记各种存货的账面结存数量和实存数量，并进行核对。对于账实不符的存货，应查明原因，并编制"存货盘存报告表"（见表3－7）。

表3－7　存货盘存报告表

年　月　日

序号	存货名称	规格型号	计量单位	单价	实存数量	账存数量	实存与账存对比			
							盘盈		盘亏	
							数量	金额	数量	金额

复核：　　　　　　　　　　　　　　　盘点：

3.5.2　存货清查的会计处理

企业应当设置"待处理财产损溢"科目反映存货清查中的各种存货盘盈和盘亏情况。该科目借方登记存货的盘亏及盘盈的转销金额，贷方登记存货的盘盈及盘亏的转销金额。存货盘盈或盘亏应于期末前查明原因，并根据企业的管理权限，报经股东大会或董事会，或厂长会议或类似机构批准后，在期末结账前处理完毕，期末处理后，"待处理财产损溢"科目应无余额。

3.5.2.1 存货盘盈的会计处理

存货盘盈表明存货实存数大于账存数，按盘盈存货的重置成本借记"原材料""周转材料""库存商品"等相关存货科目，贷记"待处理财产损溢"科目。待查明原因，按管理权限报经批准之后，冲减管理费用，借记"待处理财产损溢"科目，贷记"管理费用"科目。

【例 3-29】百盛公司经存货清查盘盈一批 A 材料，评估后确定重置成本为 300 元。要求进行相应会计处理。

盘盈 A 材料时：

借：原材料——A 材料		300
贷：待处理财产损溢——待处理流动资产损溢		300

经过批准冲减管理费用：

借：待处理财产损溢——待处理流动资产损溢		300
贷：管理费用		300

3.5.2.2 存货盘亏的会计处理

存货盘亏表明存货实存数小于账存数，按盘亏存货的账面成本借记"待处理财产损溢"，贷记存货相关科目。待查明原因，按管理权限报经批准处理后，根据造成盘亏的原因，分别以下情况进行会计处理：

（1）属于计量收发差错和管理不善等原因造成的存货短缺，应先扣除残料价值、可以收回的保险赔偿和过失人赔偿，将净损失计入管理费用。

（2）属于自然灾害等非常原因造成的存货毁损，应先扣除处置收入（如残料价值）、可以收回的保险赔偿和过失人赔偿，将净损失计入营业外支出。

因非正常原因导致的存货盘亏或毁损，如因管理不善造成被盗、丢失、霉烂变质的损失，按规定不能抵扣的进项税额应当予以转出。

【例 3-30】百盛公司在存货清查中发现盘亏一批 A 材料，账面成本为 3 000 元。

（1）发现盘亏时：

借：待处理财产损溢——待处理流动资产损溢		3 000
贷：原材料——A 材料		3 000

（2）查明原因，报经批准处理。

①假定属于管理不善造成的损失，决定由管理员赔偿 1 000 元。

借：其他应收款		1 000
管理费用		2 480
贷：待处理财产损溢——待处理流动资产损溢		3 000
应交税费——应交增值税（进项税额转出）		480

②假定属于自然灾害造成的损失，保险公司应赔偿 2 500 元，并取得残料处置收入 200 元。

借：其他应收款		2 500
库存现金		200
营业外支出		300
贷：待处理财产损溢——待处理流动资产损溢		3 000

3.6　存货的期末计量

期末存货成本计量的目的是要确定是否存在存货跌价损失，为了在资产负债表中更合理地反映存货的价值，应选择适当的计价方法对存货进行期末计量。

3.6.1　期末存货的计量原则

我国《企业会计准则第1号——存货》规定：资产负债表日，存货应当按照成本与可变现净值孰低计量。这是期末存货的计量原则。

成本与可变现净值孰低是指，资产负债表日，当存货成本低于可变现净值时，存货按成本计量；当存货成本高于其可变现净值时，应当按可变现净值计量，计提存货跌价准备，计入当期损益。

成本与可变现净值孰低中的"成本"是指期末存货的实际成本，如果存货日常核算采用计划成本法，则成本应为经调整后的实际成本。"可变现净值"指，在日常活动中，存货的估计售价减去至完工时估计将要发生的成本、估计的销售费用以及相关税费后的金额。

成本与可变现净值孰低法体现了"谨慎性"会计信息质量特征，当某项存货的可变现净值低于成本时，表明该存货将来为企业带来的经济利益低于账面成本，应按照可变现净值对资产计量，同时确认存货跌价带来的损失，否则会虚增期末资产价值和当期利润；而当可变现净值高于成本时，企业则不确认未实现的增值收益，仍按成本对存货计价。

3.6.2　存货可变现净值的确定

3.6.2.1　确定可变现净值应当考虑的因素

确定存货可变现净值应当考虑以下主要因素：

（1）确定存货可变现净值的确凿证据。存货可变现净值的确凿证据，是指对确定存货的可变现净值有直接影响的客观证明。具体来说，是指确定存货的可变现净值时，估计售价、成本税费等计算所使用的依据，要具有直接影响和确切的根据。如产成品或商品的市场销售价格、与产成品或商品相同或类似商品的市场销售价格、销货方提供的有关资料和生产成本资料等，必须与该存货直接相关，有据可查。

（2）持有存货的目的。持有存货的目的或为直接出售，或为进一步加工后出售。目的不同，确定可变现净值的方法就不同，简单来讲就是计算内容不同。如果是直接出售，可变现净值为存货的估计售价减去估计销售费用及税费后的金额；如果是进一步加工后出售，确定可变现净值时还要减去至完工时估计要发生的成本。

（3）资产负债表日后事项的影响。应当考虑资产负债表日后事项对存货可变现净值的影响，即在确定资产负债表日存货的可变现净值时，不仅要考虑资产负债表日与该存货相关的价格，而且还应考虑未来的变动相关事项。如果能够预期报表日后存货价格变动、税收政策变化、生产工艺对加工成本影响等，就应当在确定可变现净值时予以考虑。

3.6.2.2 存货估计售价的确定

估计售价是确定可变现净值的前提，估计售价是否准确对确定可变现净值有直接影响。估计售价一般可通过存货的合同价估计，也可通过存货的市场价估计。《企业会计准则第1号——存货》第十七条明确：为执行销售合同或者劳务合同而持有的存货，其可变现净值应当以合同价格为基础计算。企业持有存货的数量多于销售合同订购数量的，超出部分的存货的可变现净值应当以一般销售价格为基础计算。这项要求很明确，有合同的，按合同价估计售价，其他部分以一般销售价格估计售价。对于存货的数量少于销售合同订购数量，应当以合同所规定的价格作为可变现净值的计算基础。用于出售的原材料、半成品等存货，参照以上原则确定。

3.6.2.3 直接出售的存货可变现净值计算

企业产成品、商品等存货持有目的一般是直接出售，直接出售存货的可变现净值计算式为：

可变现净值 = 估计售价 - 估计的销售费用及相关税费

【例3-31】8月27日，百盛公司向亿达公司销售一批配件，合同约定，下月5日，按120元/件的价格向亿达公司交付100件配件。该配件单位成本98元，库存140件，同期该配件市场销售价格为125元/件，估计销售费用与销售商品成本比例为5%。要求确定库存配件可变现净值。

库存配件为完成加工的待售商品，存货持有目的是直接出售。但存货有两类，一类是已订立合同的（100件），另一类则是没有订立合同（40件）。已订立合同的应当按合同价来估计售价并计算可变现净值，没有订立合同的应当按市场价来估计售价并计算可变现净值。

（1）已订立合同的配件100件：

估计售价 = $100 \times 120 = 12\,000$（元）

估计销售费用 = $100 \times 98 \times 5\% = 490$（元）

可变现净值 = $12\,000 - 490 = 11\,510$（元）

（2）没有订立合同的配件140 - 100 = 40件：

估计售价 = $40 \times 125 = 5\,000$（元）

估计销售费用 = $40 \times 98 \times 5\% = 196$（元）

可变现净值 = $5\,000 - 196 = 4\,804$（元）

（3）全部配件可变现净值 = $11\,510 + 4\,804 = 16\,314$（元）

如果企业持有的原材料由于转产或工艺改革等原因不再用于继续生产而是直接出售，其可变现净值的确定与上例的产成品类似，也是以估计售价减去估计的销售费用和相关税费，此处的估计售价为原材料的售价。如果原材料的持有目的是用于继续加工生产，则适用下一种情况。

3.6.2.4 进一步加工后出售的存货可变现净值计算

进一步加工后出售存货的可变现净值计算式为：

可变现净值 = 估计售价 - 至完工时估计发生的成本 - 估计的销售费用及相关税费

企业持有的材料存货主要用于继续生产，运用成本与可变现净值孰低法进行期末计价时，应当以材料加工后形成的产成品的售价为依据确定材料存货的可变现净值。

【例3-32】6月底，百盛公司库存A材料400千克，每2千克A材料可生产配件1件，配件市场价125元/件，估计加工成本为28元/件，销售费用4.9元/件。要求确定库存A材料可变现净值。

从例中条件分析，库存A材料持有目的为进一步加工后出售，交易状态反映进一步加工后的商品没有订立合同。所以，估计售价以进一步加工后的配件的市场价来估计，可变现净值应当考虑估计的进一步加工成本。

400千克A材料可生产200件配件，估计售价为：200×12＝25 000（元）

进一步加工成本为200×28＝5 600（元）

估计销售费用为200×4.9＝980（元）

库存A材料可变现净值＝25 000－5 600－980＝18 420（元）

3.6.2.5 期末存货的计量

在确定了存货的实际成本和可变现净值后，比较存货成本和可变现净值谁大谁小，按照期末存货成本的计量原则，即孰低从之的原则来确认期末存货的价值。

如果期末存货按存货成本确认，即存货仍是原账面值，不需作账务处理。如果存货成本大于存货的可变现净值，就意味着存在存货跌价的情况，这时要通过存货跌价准备科目进行资产备抵调整的会计处理。

3.6.3 存货跌价准备的会计处理

当确认存货可变现净值低于存货成本时，说明存货发生了减值，应按可变现净值低于成本的部分，计提存货跌价准备。

3.6.3.1 存货减值的判断依据

当存在下列情况之一时，说明存货发生减值，应当计提存货跌价准备：

（1）该存货的市场价格持续下跌，并且在可预见的未来无回升的希望；

（2）企业使用该项原材料生产的产品的成本大于产品的销售价格；

（3）企业因产品更新换代，原有库存原材料已不适应新产品的需要，而该原材料的市场价格又低于其账面成本；

（4）因企业所提供的商品或劳务过时或消费者偏好改变而使市场的需求发生变化，导致市场价格逐渐下跌；

（5）其他足以证明该项存货实质上已经发生减值的情形。

存货存在下列情形之一的，通常表明存货的可变现净值为零：

（1）已霉烂变质的存货；

（2）已过期且无转让价值的存货；

（3）生产中已不再需要，并且已无使用价值和转让价值的存货；

（4）其他足以证明已无使用价值和转让价值的存货。

3.6.3.2 存货跌价准备的计提

企业应设置"存货跌价准备"科目用来反映存货跌价情况，该科目贷方登记存货可变现净值低于成本的差额；借方登记已计提跌价准备存货的价值以后又得以恢复的金额和其他原因冲减已计提跌价准备的金额。"存货跌价准备"是资产类的备抵账户，会计期末资产负债表上列示的存货金额应为相关存货账户的期末余额减去"存货跌价准备"科目

期末余额后的净额。

　　企业通常应当按照单个存货项目计提存货跌价准备，即对每一种存货的成本和可变现净值逐项进行比较，以较低者来确定存货的期末价值，按每一存货项目可变现净值低于成本的差额计提存货跌价准备。对于数量繁多、单价较低的存货，可以按照存货类别计提存货跌价准备。与在同一地区生产和销售的产品系列相关、具有相同或类似最终用途或目的，且难以与其他项目分开计量的存货，可以合并计提存货跌价准备。

　　资产负债表日，比较存货的可变现净值与成本，当可变现净值低于成本时，表明存货发生减值，"存货跌价准备"应反映存货减值的金额，本期计提的存货跌价准备为存货的减值金额与"存货跌价准备"科目原有的余额之差。计算公式如下所示：

　　本期应计提的存货跌价准备 = 当期可变现净值低于成本的差额 - "存货跌价准备"原有余额

　　计提时，借记"资产减值损失"，贷记"存货跌价准备"。

　　【例3-33】百盛公司按照单个存货项目计提存货跌价准备，库存商品有甲、乙两种，会计期末相关资料如下：甲商品的账面成本为80 000元，可变现净值为70 000元，甲商品尚未计提存货跌价准备。乙商品的账面成本为96 000元，可变现净值为85 000元，"存货跌价准备——乙商品"科目贷方余额为2 000元。

　　（1）甲商品的可变现净值小于账面成本，减值金额80 000 - 70 000 = 10 000（元），因甲商品尚未计提存货跌价准备，所以本期计提金额为10 000 - 0 = 10 000（元）。

　　　借：资产减值损失　　　　　　　　　　　　　　　　　　　　　　　10 000

　　　　贷：存货跌价准备——甲商品　　　　　　　　　　　　　　　　　　　　10 000

　　（2）乙商品的可变现净值小于账面成本，减值金额96 000 - 85 000 = 11 000（元），乙商品已计提存货跌价准备，原有贷方余额为2 000元，本期应计提：

　　11 000 - 2 000 = 9 000（元）

　　　借：资产减值损失　　　　　　　　　　　　　　　　　　　　　　　　9 000

　　　　贷：存货跌价准备——乙商品　　　　　　　　　　　　　　　　　　　　9 000

3.6.3.3　存货跌价准备的转回

　　当引起存货减值的影响因素已经部分或全部消失的，资产价值应当予以恢复，相应的已计提的存货跌价准备金额应予转回。转回金额的确定应当符合以下条件：有证据表明存货跌价影响因素确已消失；影响因素与存货跌价有直接相关性。同时要注意，通过转回处理不能使存货成本超过原账面值。转回额的确定，应当依据影响因素消失产生的影响程度而定，消失多少转回多少，全部消失全部转回。转回的金额也可以依据上述公式计算：

　　本期应计提的存货跌价准备 = 当期可变现净值低于成本的差额 - "存货跌价准备"原有余额

　　当本期可变现净值低于成本的差额小于"存货跌价准备"原有余额，即上式计算出的本期应计提的存货跌价准备为负数时，说明存货的价值得以部分恢复，应做存货跌价准备的转回处理，借记"存货跌价准备"，贷记"资产减值损失"。

　　"存货跌价准备"仍有余额但本期存货的可变现净值高于成本时，说明以前引起存货减值的影响因素已经完全消失，存货的价值全部恢复，企业应将计提的存货跌价准备全部转回，将存货的账面价值恢复至成本。

【例 3 - 34】续【例 3 - 33】，下一个会计期末甲、乙商品相关资料如下：甲商品的账面成本为 72 000 元，可变现净值为 65 000 元。乙商品的账面成本为 90 000 元，可变现净值为 92 000 元。

（1）甲商品的可变现净值小于账面成本，减值金额 72 000 - 65 000 = 7 000（元），甲商品存货跌价准备原有余额为 10 000 元，所以本期计提金额为 7 000 - 10 000 = - 3 000（元），即转回 3000 元。

借：存货跌价准备——甲商品   3 000
 贷：资产减值损失   3 000

（2）乙商品的可变现净值大于账面成本，即跌价损失影响因素消失，应当按账面成本确认期末存货，同时已计提存货跌价准备应予全部转回，转回数为 11 000 元。

借：存货跌价准备——乙商品   11 000
 贷：资产减值损失   11 000

3.6.3.4 存货跌价准备的结转

已经计提了跌价准备的存货发出时，在做存货领用或销售等账务处理时，应当对发出存货相应的存货跌价准备予以转销处理。根据不同的情况，借记"存货跌价准备"，贷记"主营业务成本""生产成本"等科目。

【例 3 - 35】百盛公司生产领用 A 原材料一批，该批材料账面余额 3 000 元，相应的存货跌价准备 200 元。

领用时：

借：生产成本——基本生产成本   3 000
 贷：原材料——A 材料   3 000

同时结转已计提的跌价准备：

借：存货跌价准备——A 材料   200
 贷：生产成本——基本生产成本   200

【例 3 - 36】百盛公司 B 原材料库存余额 20 000 元，已计提跌价准备 1 000 元。本月处理了库存一半的 B 材料，出售价 12 000 元，同时收取增值税 1 920 元。

销售原材料取得收入：

借：银行存款   13 920
 贷：其他业务收入   12 000
  应交税费——应交增值税（销项税额）   1 920

出售了库存 B 材料的一半，所以其成本为 10 000 元，相应的跌价准备为 500 元。

销售原材料成本：

借：其他业务成本   10 000
 贷：原材料——B 材料   10 000

存货跌价准备转销：

借：存货跌价准备   500
 贷：其他业务成本   500

【例 3 - 37】百盛股份有限公司出售甲商品，售价 33 000 元，增值税销项税额 5 280 元，款项已收存银行。该批商品账面成本为 36 000 元，已计提存货跌价准备 3 500 元。

借：银行存款   38 280

  贷：主营业务收入   33 000

    应交税费——应交增值税（销项税额）   5 280

借：主营业务成本   36 000

  贷：库存商品——甲商品   36 000

借：存货跌价准备   3 500

  贷：主营业务成本   3 500

本章小结

  存货是指企业在日常活动中持有以备出售的产成品或商品、处在生产过程中的在产品、在生产过程或提供劳务过程中耗用的材料、物料等。存货确认需符合两个条件：一是与该存货有关的经济利益很可能流入企业；二是该存货的成本能够可靠地计量。

  存货可通过外购、自制、委托加工等方式取得，不同的取得方式会计处理也不同。发出存货的计价方法有个别计价法、先进先出法、加权平均法等，选择什么方法要结合会计制度、企业管理要求，以及企业存货收发业务特点来确定。很多企业为了加强生产经营的控制采用计划成本法，此时需要通过"材料成本差异"科目进行核算。

  存货应通过实地盘点等方法进行清查，并根据清查结果做出相应会计处理。

  存货期末应当按照成本与可变现净值孰低计量。存货的可变现净值，指在考虑一定因素的情况下估计存货变现值，扣除将会发生的某些成本费用后的存货价值，也就是以存货的估计售价，减去至完工时将要发生的成本，减去估计的销售费用及税金后的金额。

4 金融资产（上）

学习目标

通过本章的学习，理解金融资产的含义及其基本分类及各类金融资产的主要特征；掌握应收票据、应收账款等应收款项以及以公允价值计量且其变动计入当期损益的金融资产的核算；了解应收账款的让售。

4.1 金融资产概述

4.1.1 金融工具的定义

金融工具（Financial Instruments），是指形成一方的金融资产（Financial Assets）并形成其他方的金融负债（Financial Liabilities）或权益（Equity Instruments）的合同。

4.1.2 金融资产的定义

金融资产是企业资产的重要组成部分，按照《企业会计准则第 22 号——金融工具确认和计量》（2017）限定的金融资产的范围，金融资产是指企业持有的现金、其他方的权益工具以及符合下列条件之一的资产：

（1）从其他方收取现金或其他金融资产的合同权利。

（2）在潜在有利条件下，与其他方交换金融资产或金融负债的合同权利。

（3）将来须用或可用企业自身权益工具进行结算的非衍生工具合同，且企业根据该合同将收到可变数量的自身权益工具。

（4）将来须用或可用企业自身权益工具进行结算的衍生工具合同，但以固定数量的自身权益工具交换固定金额的现金或其他金融资产的衍生工具合同除外。其中，企业自身权益工具不包括应当按照《企业会计准则第 37 号——金融工具列报》分类为权益工具的可回售工具或发行方仅在清算时才有义务向另一方按比例交付其净资产的金融工具，也不包括本身就要求在未来收取或交付企业自身权益工具的合同。

4.1.3 金融资产的分类标准

根据《企业会计准则第 22 号——金融工具确认和计量》（2017）的规定，企业应当根据其管理金融资产的业务模式和金融资产的合同现金流量特征，对金融资产进行

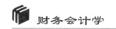

分类。

4.1.3.1 业务模式

企业管理金融资产的业务模式，是指企业如何管理其金融资产以产生现金流量。业务模式决定企业所管理金融资产现金流量的来源是收取合同现金流量、出售金融资产还是两者兼有。企业管理金融资产的业务模式，应当以企业关键管理人员决定的对金融资产进行管理的特定业务目标为基础确定。其中，"关键管理人员"是指《企业会计准则第36号——关联方披露》中定义的关键管理人员。企业确定管理金融资产的业务模式，应当以客观事实为依据，企业应当考虑在业务模式评估日可获得的所有相关证据，包括企业评价和向关键管理人员报告金融资产业绩的方式、影响金融资产业绩的风险及其管理方式以及相关业务管理人员获得报酬的方式等。企业不得以按照合理预期不会发生的情形为基础确定管理金融资产的业务模式。

4.1.3.2 合同现金流量特征

金融资产的合同现金流量特征，是指金融工具合同约定的、反映相关金融资产经济特征的现金流量属性。企业分类为以摊余成本计量的金融资产和以公允价值计量且其变动计入其他综合收益的金融资产，其合同现金流量特征，应当与基本借贷安排相一致，即相关金融资产在特定日期产生的合同现金流量仅为对本金和以未偿付本金金额为基础的利息的支付。

4.1.4 金融资产的具体分类

企业根据上述分类标准，基于后续计量视角，将取得的金融资产划分以摊余成本计量的金融资产、以公允价值计量且其变动计入其他综合收益的金融资产和以公允价值计量且其变动计入当期损益的金融资产三类。

4.1.4.1 以摊余成本计量的金融资产

金融资产符合下列条件的，应分类为以摊余成本计量的金融资产：

（1）企业管理该金融资产的业务模式是以收取合同现金流量为目标；

（2）该金融资产的合同条款规定，在特定日期产生的现金流量，仅为对本金和以未偿付本金金额为基础的利息的支付。

例如，企业取得的公司债券、政府债券等金融资产，普通债券的合同现金流量是到期收回本金及按约定利率在合同期间按时收取固定或浮动利息。在没有其他特殊安排的情况下，普通债券通常可能符合本金加利息的合同现金流量特征。如果企业管理该债券的业务模式是以收取合同现金流量为目标，则该债券可以分类为以摊余成本计量的金融资产。又如，企业正常商业往来形成的具有一定信用期限的应收账款，如果企业拟根据应收账款的合同现金流量收取现金，且不打算提前处置应收账款，则该应收账款可以分类为以摊余成本计量的金融资产。

会计处理上，以摊余成本计量的金融资产主要包括应收账款、应收票据、长期应收款、债权投资等。

4.1.4.2 以公允价值计量且其变动计入其他综合收益的金融资产

金融资产同时符合下列条件的，应分类为以公允价值计量且其变动计入其他综合收益的金融资产：

（1）企业管理该金融资产的业务模式既以收取合同现金流量为目标又以出售该金融资产为目标。

（2）该金融资产的合同条款规定，在特定日期产生的现金流量，仅为对本金和以未偿付本金金额为基础的利息的支付。

企业分类为以公允价值计量且其变动计入其他综合收益的金融资产和分类为以摊余成本计量的金融资产所要求的合同现金流量特征是相同的，即相关金融资产在特定日期产生的合同现金流量仅为对本金和以未偿付本金金额为基础的支付。二者的区别在于企业管理金融资产的业务模式不同。例如，企业债券等金融资产，如果企业管理该金融资产的业务模式既以收取合同现金流量为目标，又以出售该金融资产为目标，则应划分为以公允价值计量且其变动计入其他综合收益的金融资产。

企业持有的权益工具投资，因其合同现金流量特征不是对本金和以偿付本金金额为基础的利息的支付，因而既不能划分为以摊余成本计量的金融资产，也不能划分为以公允价值计量且其变动计入其他综合收益的金融资产。但是，在初始确认时，企业可以将非交易性权益工具投资指定为以公允价值计量且其变动计入其他综合收益的金融资产，该指定一经作出，不得撤销。

会计处理上，以公允价值计量且其变动计入其他综合收益的金融资产主要包括其他债权投资、其他权益工具投资等。

4.1.4.3 以公允价值计量且其变动计入当期损益的金融资产

企业分类为以摊余成本计量的金融资产和以公允价值计量且其变动计入其他综合收益的金融资产之外的金融资产，应分类为以公允价值计量且其变动计入当期损益的金融资产，主要包括交易性金融资产和直接指定为以公允价值计量且其变动计入当期损益的金融资产。

（1）交易性金融资产。金融资产满足下列条件之一的，表明企业持有该金融资产的目的是交易性的：

1）取得相关金融资产的目的，主要是为了近期出售或回购。例如，企业以赚取差价为目的从二级市场购入的股票、债券和基金等。

2）相关金融资产在初始确认时属于集中管理的可辨认金融工具组合的一部分，且有客观证据表明近期实际存在短期获利模式。在这种情况下，即使组合中有某个组成项目持有的期限稍长也不受影响。

3）相关金融资产属于衍生工具。但符合财务担保合同定义的衍生工具以及被指定为有效套期工具的衍生工具除外。

（2）指定为以公允价值计量且其变动计入当期损益的金融资产。在初始确认时，如果能够消除或显著减少会计错配，不符合上述条件的非交易性权益工具投资，企业可以将其指定为以公允价值计量且其变动计入当期损益的金融资产。该指定一经作出，不得撤销。

金融资产分类的流程如图4－1所示：

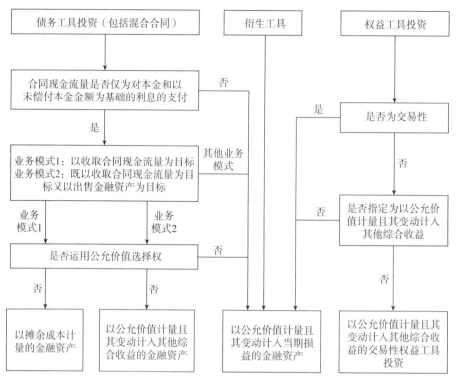

图 4-1 金融资产分类流程

4.2 以摊余成本计量的金融资产——应收款项

在商业信用日益发达的经济条件下，企业间的商品交易和劳务提供更多地借助于商业信用方式，因而形成了企业的应收及预付款项，具体包括应收票据、应收账款、其他应收款和预付款项等。

4.2.1 应收票据

4.2.1.1 应收票据的含义与分类

（1）应收票据含义。应收票据是指企业因销售商品、产品和提供劳务等持有的尚未到期兑现的商业汇票。商业汇票是出票人签发的，委托付款人在指定日期无条件支付确定的金额给收款人或者持票人的票据，它代表企业未来收取货款的权利，这种权利和未来应收的款项金额以书面文件的形式约定下来，具有法律上的约束力。在我国，商业汇票的期限一般不超过 6 个月，因此我国的应收票据是一种流动资产。

（2）应收票据的分类。商业汇票主要有以下分类方法：

1）按照承兑人分类。商业汇票按承兑人不同，分为银行承兑汇票和商业承兑汇票。承兑是指汇票付款人承诺在汇票到期日支付汇票金额的票据行为。商业汇票必须经承兑后方可生效。

银行承兑汇票是由收款人或承兑申请人（付款人）签发，并由承兑银行审查同意承兑的票据。汇票到期时，无论承兑申请人是否将票款足额缴存银行，承兑银行都应向收款人或贴现银行无条件履行付款责任。

商业承兑汇票是由收款人签发、经付款人承兑或由付款人签发并承兑的汇票。对所承兑的汇票，付款人负有到期无条件支付票款的责任。银行在汇票到期日凭票将款项从付款人账户划转给收款人或者贴现银行，而不承担付款责任。如果付款人银行存款余额不足以支付票款，银行直接将汇票退还给收款人，由双方自行处理。

2）按照是否计息分类。商业汇票按其是否计息分为不带息商业汇票和带息商业汇票。

不带息商业汇票是指票据到期时，承兑人只按票面金额向收款人或被背书人支付款项的汇票，票据到期值等于其面值。带息商业汇票是指票据到期时，承兑人按票面金额加上按票据利率计算的到期利息向收款人或被背书人支付款项的汇票。带息票据的到期值等于其面值加上到期应计利息。我国会计实务中主要使用不带息商业汇票。

3）按照票据是否带有追索权分类。商业汇票按是否带有追索权分为带追索权的商业汇票和不带追索权的商业汇票。追索权是指汇票到期被拒绝付款或其他法定原因出现时，持票人可以向其前手偿还汇票金额及有关损失和费用的权利。在我国，商业票据可背书转让，持票人可以对背书人、出票人和票据的其他债务人行使追索权。

4.2.1.2 应收票据到期日的确定

商业汇票自承兑日起开始生效，票据的期限一般有按月表示和按日表示两种。其中，按月表示的汇票到期日自出票日起按月计算，按日表示的汇票到期日自出票日起按日计算。

票据期限按月表示时，票据的期限不论各月份实际天数多少，统一按次月对应日为整月计算。如4月12日签发承兑的期限为6个月的商业汇票，其到期日为10月12日；11月30日签发承兑的期限为1个月、2个月和3个月的商业汇票，到期日分别为12月31日、1月31日和2月28日（闰年为2月29日）。

票据期限按日表示时，按票据的实际天数计算。在票据承兑日和到期日这两天中，只计算两者中的一天，即"算头不算尾，算尾不算头"。如5月15日签发承兑的期限为90天的商业汇票，其到期日为8月13日。

4.2.1.3 应收票据的核算

为了反映和监督应收票据的取得和票款回收等业务，企业应设置"应收票据"科目。借方登记取得的应收票据的面值以及带息应收票据计提的利息，贷方登记到期收回票款或到期未收回票款而结转为应收账款及未到期背书转让或贴现的票面金额。该科目应按不同种类的票据分别设明细分类账进行核算。同时，为了便于管理和分析各种商业汇票的具体情况，企业应设置"应收票据备查簿"，逐笔登记每一商业汇票的种类、号数、出票日期、票面金额、交易合同号、付款人、承兑人、背书人的姓名和单位名称、到期日和利息、背书转让日、贴现日期、贴现率、贴现净额、收款日期、收回金额和退票情况等资料。商业汇票到期结清票款或退票后，在备查簿中予以注销。

（1）应收票据的取得。企业收到商业汇票时，应按票面金额借记"应收票据"科目，同时根据不同的业务内容分别贷记"主营业务收入""应交税费""应收账款"等科目。

【例 4-1】百盛公司根据发生的有关应收票据业务，编制相关会计分录如下：

(1) 向嘉禾公司销售产品一批，价款 50 000 元，增值税 8 000 元，收到由嘉禾公司承兑的商业汇票一张，金额共计 58 000 元。

借：应收票据　　　　　　　　　　　　　　　　　　　　　58 000

　　贷：主营业务收入　　　　　　　　　　　　　　　　　　　　50 000

　　　　应交税费——应交增值税（销项税额）　　　　　　　　　 8 000

(2) 原向广安公司销售产品应收货款共计 46 400 元，经双方协商，采用商业汇票方式结算，收到银行承兑汇票一张。

借：应收票据　　　　　　　　　　　　　　　　　　　　　46 400

　　贷：应收账款　　　　　　　　　　　　　　　　　　　　　46 400

(2) 应收票据持有期间的利息。带息票据到期时，除收取票面款，同时还收取一定的利息。

带息商业汇票到期前，尽管利息尚未实际收到，企业应根据权责发生制原则在会计期末反映这部分利息收入，借记"应收票据"科目，贷记"财务费用"科目。

通常，如果应收票据利息金额较大，对企业财务成果有较大影响，应按月计提利息；如果应收票据利息金额不大，对企业财务成果的影响较小，可以在季末或年末计提利息。但企业至少应在会计年末计提持有的商业汇票利息，以正确计算企业的财务成果。

应收票据利息 = 应收票据面值 × 利率 × 时期

当商业汇票的期限按月数表示时，应收票据到期利息的计算公式是：

$$应收票据利息 = 应收票据面值 \times 年利率 \times \frac{月数}{12}$$

当商业汇票的期限按天数表示时，应收票据到期利息的计算公式是：

$$应收票据利息 = 应收票据面值 \times 年利率 \times \frac{天数}{360}$$

【例 4-2】百盛公司于 20×8 年 11 月 1 日销售产品一批，发票上注明的价款为 100 000 元，增值税额为 16 000 元，企业当即收到带息商业承兑汇票一张，期限为 6 个月，到期日为 20×9 年 4 月 1 日，票面利率为 3%。企业于年末计提应收票据利息。

(1) 20×8 年 11 月 1 日收到商业承兑汇票时。

借：应收票据　　　　　　　　　　　　　　　　　　　　116 000

　　贷：主营业务收入　　　　　　　　　　　　　　　　　　　100 000

　　　　应交税费——应交增值税（销项税额）　　　　　　　　 16 000

(2) 20×8 年 12 月 31 日计提应收票据利息。

$$应收票据利息 = 116\ 000 \times 3\% \times \frac{2}{12} = 580（元）$$

借：应收票据　　　　　　　　　　　　　　　　　　　　　　580

　　贷：财务费用　　　　　　　　　　　　　　　　　　　　　　580

(3) 应收票据到期。一般地，银行承兑汇票到期，其票款能够及时收妥入账。商业承兑汇票到期，视付款人账户资金是否足额，有两种可能：一是付款人足额支付票款；二是付款人账户资金不足，汇票被退回。汇票到期被拒绝付款的，持票人可以对有关债务人行使追索权。

应收票据到期时，如果收到票款，应按实际收到的金额，借记"银行存款"科目，按应收票据的账面金额，贷记"应收票据"科目，按其差额（未计提利息部分）贷记"财务费用"科目；如果付款人无力支付票款，应将应收票据的账面价值转入"应收账款"科目，并将应收票据到期值中尚未计提的利息借记"应收账款"科目，贷记"财务费用"科目。

【例4-3】接【例4-2】20×9年4月1日，上述票据到期，票款收妥入账。

$$应收票据到期值 = 116\,000 + 116\,000 \times 3\% \times \frac{6}{12} = 117\,740 （元）$$

借：银行存款	117 740
贷：应收票据	116 580
财务费用	1 160

票据到期时，如果付款人账户资金不足，银行退票。

借：应收账款	117 740
贷：应收票据	116 580
财务费用	1 160

（4）应收票据的转让。应收票据转让是指持票人因购买商品或偿还债务等原因，将未到期的商业汇票背书后转让给其他单位或个人的活动。背书是指持票人在票据背面签字，签字人称为背书人，背书人对票据的到期付款负有连带责任。

企业背书转让应收票据，以获取所需材料物资时，按取得的物资成本的价值，借记"材料采购""原材料"或"库存商品"等科目；按专用发票上注明的可以抵扣的增值税进项税额，借记"应交税费"科目；按应收票据的账面金额，贷记"应收票据"科目，按尚未计提的利息，贷记"财务费用"科目，按收到或补付的差价款借记或贷记"银行存款"科目。

【例4-4】百盛公司向丁公司采购一批材料，材料价款200 000元，增值税32 000元，材料已验收入库。企业将一张票面金额为210 000元的不带息应收票据背书转让，以偿付丁公司货款，同时以银行存款支付差额款22 000元。

借：原材料	200 000
应交税费——应交增值税（进项税额）	32 000
贷：应收票据	210 000
银行存款	22 000

（5）应收票据的贴现。应收票据贴现是指企业将未到期的商业汇票背书转让给银行，银行受理后，从票据到期值中扣除按银行贴现率计算确定的贴现息后，将余额付给贴现企业的融资行为。

贴现值的计算公式如下：

贴现值 = 票据到期值 - 贴现息

$$贴现值 = 票据到期值 \times 贴现息 \times \frac{贴现息}{360}$$

贴现期是指自贴现日起至票据到期前一日止的实际天数。在会计实务中，无论商业汇票的到期日按日表示还是按月表示，贴现期一般均按实际贴现天数计算。

贴现时，企业应根据商业汇票是否带有追索权采用不同的方法进行处理。

1）不带追索权的商业汇票。不带追索权的应收票据贴现时，企业转让票据所有权的同时，也将票据到期票款不能收回的风险转给了贴现银行，贴现企业对票据到期无法收回的票款不承担连带责任，符合金融资产终止确认条件。在我国，银行承兑汇票基本上不存在到期票款不能收回的风险，企业应将贴现银行承兑汇票视为不带追索权的商业汇票贴现业务。企业应按实际收到的贴现款借记"银行存款"科目，按贴现票据的账面金额贷记"应收票据"科目，按两者之间的差额借记或贷记"财务费用"科目。

【例4-5】百盛公司于20×8年4月16日持签发日为4月8日、期限90天、面值400 000元、利率为4.5%、7月7日到期的银行承兑汇票申请贴现，贴现率为5.04%。

票据到期值 = 400 000 + 400 000 × 4.5% × $\frac{90}{360}$ = 404 500（元）

贴现期 = 82（天）

贴现期 = 404 500 × 5.04% × $\frac{82}{360}$ = 4 643.66（元）

贴现值 = 404 500 - 4 643.66 = 399 856.34（元）

借：银行存款 399 856.34
　　财务费用 143.66
　　贷：应收票据 400 000

2）带追索权的商业汇票。带追索权的应收票据贴现时，贴现企业并没有将票据到期票据款不能收回的风险转嫁，因而在法律上负有连带偿还责任。因此，不符合金融资产终止确认的条件，应收票据账面金额不应被冲销。在我国，商业承兑汇票贴现是一种典型的带追索权的票据贴现业务。企业一般根据实际收到的贴现款，借记"银行存款"科目，贷记"短期借款"科目。

【例4-6】以【例4-5】的资料为例，假设贴现的票据为商业承兑汇票。贴现时，编制会计分录如下：

借：银行存款 399 856.34
　　贷：短期借款 399 856.34

票据到期时，无论票据付款人是否足额支付票款，贴现票据均已满足金融资产终止确认的条件，会计上应终止确认应收票据。

若票据付款人在汇票到期日将票款足额支付给贴现银行，则企业因票据贴现而产生的负债责任解除。应借记"短期借款"科目，按应收票据的账面金额，贷记"应收票据"科目，两者差额，借记或贷记"财务费用"科目。

若票据付款人在汇票到期日未能向贴现银行足额支付票款，企业因负有连带责任，成为实际的债务人。如果企业根据票据到期值，向贴现银行支付票款，借记"应收账款"科目，按票据账面金额，贷记"应收票据"科目，差额借记或贷记"财务费用"科目。同时根据短期借款账面价值，借记"短期借款"，根据票据到期值，贷记"银行存款"科目，两者差额，借记"财务费用"科目。如果贴现票据的企业无力偿还票款，贴现银行应对无法偿还的票款做逾期贷款处理。

【例4-7】以【例4-6】的资料为例。根据以下三种情况编制会计分录。

（1）票据到期时，若票据付款人足额向贴现银行支付票款。

借：短期借款   399 856.34

   财务费用   143.66

  贷：应收票据   400 000

（2）票据到期时，若票据付款人未向贴现银行支付票款，企业偿还票据款。

借：应收账款   404 500

  贷：应收票据   400 000

    财务费用   4 500

同时：

借：短期借款   399 856.34

   财务费用   4 634.66

  贷：银行存款   404 500

（3）票据到期时，若票据付款人未向贴现银行支付票款，企业也无力偿还票据款。

借：应收账款   404 500

  贷：应收票据   400 000

    财务费用   4 500

同时：

借：短期借款   399 856.34

   财务费用   4 634.66

  贷：短期借款——逾期贷   404 500

4.2.2　应收账款

应收账款是指企业在日常经营活动中，因销售商品、产品或提供劳务等经营活动而应向购货单位或接受劳务单位收取的款项。它是由于赊销而产生的流动资产性质的债权，在企业流动资产中一般占较大比重。应收账款面临的不确定因素较多，其风险比较大。因此，为了保证企业资金的正常运转，应加强对应收账款的管理。

4.2.2.1　应收账款的确认

应收账款应于收入实现时确认。其入账价值主要包括：销售货物或提供劳务的价款、增值税税额，以及代购货方垫付的包装费、运杂费等。从理论上讲，应收账款的入账金额应按未来可收取现金的现值入账。但是，应收账款转化为现金的期限一般不会超过一年或者一个营业周期，所以其现值与交易发生日确定的金额间的差额不会很大，根据重要性原则可以不予考虑。因此，在实际工作中，应收账款的入账金额按销售商品、产品或提供劳务实际发生的交易价格计量，即以交易的实际发生额入账。但是在商业信用中，由于商业折扣和现金折扣等影响应收账款入账金额的确认，因此在确认应收账款入账金额时，还需要考虑其折扣因素。

（1）商业折扣。商业折扣是指企业为了促进销售而在商品标价上给予的价格扣除。企业之所以向顾客提供商业折扣，原因可能是多方面的，如为不同的购货数量或不同的顾客提供不同的价格，或向竞争对手隐瞒真实的发票价格等。

商业折扣一般在交易发生时即已确定，它仅仅是确定销售价格的一种手段，不在买卖双方的账目上反映，因此，它对应收账款的入账价值没有实质性的影响。在存在商业折扣的情况下，应收账款的入账金额应按扣除商业折扣以后的实际售价确定。例如，百盛公司销售甲商品，价目表上价格为每件 100 元，成批购买 100 件及以上，按 10% 的商业折扣出售，则 100 件甲商品的发票价格为 9 000 元，企业应按 9 000 元确认销售收入。

（2）现金折扣。现金折扣是指企业为了鼓励债务人在规定的期限内付款而向债务人提供的债务扣除。现金折扣一般发生在以赊销方式销售商品及提供劳务的交易中。企业为了鼓励债务人提前偿付货款，通常与其达成协议，债务人在不同期限内付款可以享受不同比例的折扣。现金折扣一般用"折扣/付款期限"表示。例如"2/10，1/20，N/30"，表示信用期限为 30 天，买方在 10 天内付款，可按售价给予 2% 的折扣；在 11～20 天内付款，可按售价给予 1% 的折扣；超过 20 天付款，则没有折扣。

在规定的付款期限内，随着顾客付款时间的推延，现金折扣使得企业应收账款的实收数额增加，因而会对会计核算产生影响。它实质上属于交易价格中的可变对价，企业应按照期望值或最可能发生金额确定可变对价的最佳估计数。此时应收账款的入账价值（最佳估计数）的确定有两种方法：一种是总价法，即将未减去现金折扣前的金额作为应收账款的入账价值；另一种是净价法，即将扣减最大现金折扣后的金额作为应收账款的入账价值。

《企业会计准则——收入》规定，后续每一资产负债表日，企业应当重新估计应计入交易价格可变对价金额。对于已履行的履约义务，其分摊的可变对价后续变动金额应调整当期的收入。因此，在总价法下，如果客户在折扣期限内付款，企业应按客户取得的现金折扣金额调减收入；在净价法下，如果客户未能在折扣期内付款，企业应按客户丧失的现金折扣金额调增收入。

4.2.2.2　应收账款的核算

为了反映和监督应收账款的增减变动及结存情况，企业应设置"应收账款"科目。本科目核算以摊余成本计量的、企业因销售商品、提供劳务等日常活动应收取的款项。其借方登记应收账款的增加，贷方登记应收账款的收回以及确认的坏账损失，期末余额通常在借方，反映企业尚未收回的应收账款；期末余额如果在贷方，反映企业预收的账款。该账户应按债务人设置明细账，进行明细分类核算。

（1）存在商业折扣。企业发生的应收账款，在存在商业折扣的情况下，应收账款和销售收入应按照扣除商业折扣后的金额入账。

【例 4-8】百盛公司销售一批商品给 S 公司，按价目表上注明价格计算，售价金额为 30 000 元，给予 10% 的商业折扣，发票上注明价款为 27 000 元，增值税税额为 4 320 元。上述款项按合同规定采用托收承付结算方式。

（1）销售发生时，确认销售收入。

借：应收账款　　　　　　　　　　　　　　　　　　　　　31 320
　贷：主营业务收入　　　　　　　　　　　　　　　　　　27 000
　　　应交税费——应交增值税（销项税额）　　　　　　　　4 320

（2）收回款项时。

借：银行存款　　　　　　　　　　　　　　　　　　　　　31 320
　贷：应收账款　　　　　　　　　　　　　　　　　　　　31 320

（2）存在现金折扣。

【例4-9】百盛公司赊销一批商品，增值税专用发票注明的价款为200 000元，增值税额为32 000元，企业规定对货款部分的现金折扣条件为"2/10、N/30"。企业依据客户以往付款情况的历史资料及客户目前财务状况，估计客户很可能在10天内付清全部款项，因而获得4 000元（200 000×2%）的现金折扣。

（1）销售发生时，确认销售收入。

借：应收账款　　　　　　　　　　　　　　　　　　228 000
　　贷：主营业务收入　　　　　　　　　　　　　　196 000
　　　　应交税费——应交增值税（销项税额）　　　　32 000

（2）假若客户在10天内付款。

借：银行存款　　　　　　　　　　　　　　　　　　228 000
　　贷：应收账款　　　　　　　　　　　　　　　　228 000

（3）假若客户超过10天付款。

借：银行存款　　　　　　　　　　　　　　　　　　232 000
　　贷：应收账款　　　　　　　　　　　　　　　　228 000
　　　　主营业务收入　　　　　　　　　　　　　　　4 000

【例4-10】沿用【例4-9】资料，假定企业依据客户以往付款情况的历史资料及客户目前财务状况，估计客户很可能在折扣期内不能支付款项。

（1）销售发生时，确认销售收入。

借：应收账款　　　　　　　　　　　　　　　　　　232 000
　　贷：主营业务收入　　　　　　　　　　　　　　200 000
　　　　应交税费——应交增值税（销项税额）　　　　32 000

（2）假若客户在10天内付款。

借：银行存款　　　　　　　　　　　　　　　　　　228 000
　　　主营业务收入　　　　　　　　　　　　　　　　4 000
　　贷：应收账款　　　　　　　　　　　　　　　　232 000

（3）假若客户超过10天付款。

借：银行存款　　　　　　　　　　　　　　　　　　232 000
　　贷：应收账款　　　　　　　　　　　　　　　　232 000

4.2.2.3　应收账款的让售

应收账款的让售，是指企业将按照销售商品、提供劳务的销售合同所产生的应收账款出售给银行等金融机构的一种交易。按照实质重于形式的原则，应收账款的让售分为不附追索权的让售和附追索权的让售。

不附追索权的应收账款让售时，根据企业、债权人及银行等金融机构之间的协议，在所售应收债权到期无法收回时，银行等金融机构不能向让售应收债权的企业进行追偿。在这种情况下，企业应将让售所得与让售的应收账款的差额确认为让售损益；企业让售应收债权的过程中如附有追索权，在相关应收债权到期无法从债务人收回时，银行等金融机构有权向让售应收债权的企业追偿，则企业应按照以应收债权为质押取得借款的核算原则进行会计处理，将被质押的应收账款保留在企业账上。

【例 4-11】20×8 年 5 月 10 日，百盛公司销售一批商品给 B 公司，开出的增值税专用发票上注明的价款为 300 000 元，增值税额为 48 000 元，款项尚未收到。双方约定的付款期为 20×8 年 8 月 10 日。百盛公司因资金周转困难，于 20×8 年 5 月 27 日，经与中国建设银行协商后约定：将该应收款项进行让售，价款为 330 000 元；在应收 B 公司货款到期无法收回时，中国建设银行不能向百盛公司追偿。假定不考虑其他因素，百盛公司的账务处理如下：

（1）5 月 10 日销售时。

借：应收账款   348 000
  贷：主营业务收入   300 000
    应交税费——应交增值税（销项税额）   48 000

（2）5 月 27 日让售应收债权时。

借：银行存款   330 000
  营业外支出   18 000
  贷：应收账款   348 000

4.2.3 预付账款及其他应收款

4.2.3.1 预付账款

（1）预付账款的内容。预付账款是指企业按照购货合同或劳务合同规定，预先付给供货方或提供劳务方的款项。预付账款是企业暂时被供货方或劳务方占用的资金。企业预付账款后，有权要求对方按照合同规定发货或提供劳务。

（2）预付账款的核算。为了反映和监督预付账款的增减变动及其结存情况，企业应设置"预付账款"科目，借方登记企业向供应单位预付的货款，贷方登记企业收到所购商品应结转的预付货款，期末余额一般在借方，反映企业实际预付的款项。企业应按照供应单位名称设置明细账进行明细分类核算。

【例 4-12】百盛公司与 A 公司订立购货合同，采购甲材料 150 吨，每吨 2 000 元，合计 300 000 元，合同规定向 A 公司预付货款的 60%，其余款项验收货物后补付。

（1）预付 60% 的货款

借：预付账款   180 000
  贷：银行存款   180 000

（2）收到 A 公司发来的 150 吨材料，经验收无误，增值税发票注明的价款为 300 000 元，增值税税额为 48 000 元，据此以银行存款补付不足款项 168 000 元。

借：原材料   300 000
  应交税费——应交增值税（进项税额）   48 000
  贷：预付账款   348 000
借：预付账款   168 000
  贷：银行存款   168 000

对于预付账款业务不多的企业，为了简化核算手续，可以将预付供货单位的货款通过"应付账款"科目核算，不单独设置"预付账款"科目。编制资产负债表时，应将"应付账款"所属明细账户的借方余额计入"预付账款"项目反映，以明确区分债权债务。

4.2.3.2 其他应收款

（1）其他应收款的内容。其他应收款是指除应收票据、应收账款、预付账款以外，企业发生的其他各种应收、暂付款项。主要内容包括：应收的各种赔款、罚款；应收出租包装物的租金；应向职工收取的各种垫付款项，如为职工垫付的水电费；存出保证金，如租入包装物时支付的押金及其他各种应收、暂付款项。

（2）其他应收款的核算。为了反映和监督其他应收款的增减变动及其结存情况，应设置"其他应收款"科目。借方登记发生的各种其他应收款，贷方登记企业收到的款项和结转金额，期末余额一般在借方，表示应收未收的其他应收款。企业应按照不同的债务人设置明细账，进行明细分类核算。

【例4-13】百盛公司发生有关其他应收款的业务，编制如下会计分录：

（1）租入包装物一批，以银行存款向出租方支付押金800元。

借：其他应收款   800
  贷：银行存款   800

（2）退还包装物，收到出租方退还的押金。

借：银行存款   800
  贷：其他应收款   800

（3）管理部门职工张元预借差旅费1 000元，以现金支付。

借：其他应收款   1 000
  贷：库存现金   1 000

（4）张元报销差旅费930元，余款退还。

借：管理费用   930
    库存现金   70
  贷：其他应收款   1 000

4.3 以公允价值计量且其变动计入当期损益的金融资产

前已述及，企业分类为以公允价值计量且其变动计入当期损益的金融资产是除以摊余成本计量的金融资产和以公允价值计量且其变动计入其他综合收益的金融资产之外的金融资产。主要包括交易性金融资产和直接指定为以公允价值计量且其变动计入当期损益的金融资产。

4.3.1 初始计量

企业应设置"交易性金融资产"科目，核算为交易目的而取得的股票投资、债券投资、基金投资等交易性金融资产的公允价值，本科目可按金融资产的类别和品种，分别设置"成本"和"公允价值变动"等明细科目进行明细核算。其中，"成本"科目反映交易性金融资产取得时的初始入账金额；"公允价值变动"科目反映交易性金融资产持有期

间的公允价值变动金额。同时，企业持有的指定为以公允价值计量且其变动计入当期损益的金融资产可在本科目下单设"指定类"明细科目核算。划分为交易性金融资产的衍生金融资产，应单独设置"衍生工具"科目核算，不通过"交易性金融资产"科目核算。

交易性金融资产应按照取得时的公允价值作为初始入账金额，相关交易费用直接计入当期损益，通过"投资收益"科目核算。交易费用，是指可直接归属于购买、发行或处置金融工具的增量费用。增量费用是指企业没有发生购买、发行或处置相关金融工具的情形就不会发生的费用，包括支付给代理机构、咨询公司、券商、证券交易所、政府有关部门等的手续费、佣金、相关税费以及其他必要支出，不包括债券溢价、折价、融资费用、内部管理成本和持有成本等与交易不直接相关的费用。

企业为取得的交易性金融资产所支付的价款中，如果包含已宣告但尚未发放的现金股利或已到付息期但尚未领取的债券利息的，应当单独确认为应收项目，不构成交易性金融资产的初始入账金额。

【例4-14】20×7年3月23日，百盛公司按每股8元（含已宣告但尚未发放的每股现金股利0.2元）的价格从二级市场购入A公司发行的股票10 000股，占A公司有表决权股份的1%，另支付交易费用1 000元，百盛公司将其划分为交易性金融资产。4月10日，收到A公司发放的现金股利。

（1）20×7年3月23日，购入A公司股票10 000股。

借：交易性金融资产——A公司股票（成本）　　　　　　　　　　78 000
　　应收股利——A公司　　　　　　　　　　　　　　　　　　　2 000
　　投资收益　　　　　　　　　　　　　　　　　　　　　　　　1 000
　　贷：其他货币资金——存出投资款　　　　　　　　　　　　　　81 000

（2）20×7年4月10日，收到A公司发放的现金股利。

借：其他货币资金　　　　　　　　　　　　　　　　　　　　　2 000
　　贷：应收股利——A公司　　　　　　　　　　　　　　　　　　2 000

【例4-15】20×8年1月3日，百盛公司从二级市场支付价款2 090 000元（含已到付息期但尚未领取的利息50 000元）购入F公司20×7年1月1日发行、面值2 000 000元、期限5年、票面利率5%、每半年付息一次的债券，另支付交易费用120 000元，百盛公司将其划分为交易性金融资产。1月8日，收到F公司发放的利息。

（1）20×8年1月3日，购入F公司债券。

借：交易性金融资产——F公司债券（成本）　　　　　　　　　2 040 000
　　应收利息——F公司　　　　　　　　　　　　　　　　　　50 000
　　投资收益　　　　　　　　　　　　　　　　　　　　　　120 000
　　贷：银行存款　　　　　　　　　　　　　　　　　　　　　2 210 000

（2）20×8年1月8日，收到F公司发放的利息。

借：银行存款　　　　　　　　　　　　　　　　　　　　　　50 000
　　贷：应收利息——F公司　　　　　　　　　　　　　　　　　50 000

4.3.2　持有期间收益的确认

企业取得的交易性债券金融资产，应在每一资产负债表日或付息日计提债券利息，确认当期损益。企业取得的交易性股票金融资产，只有同时符合下列条件时，才能确认股利收入并计入当期损益：①企业收取股利的权利已经确立；②与股利相关的经济利益很可能流入企业；③股利的金额能够可靠计量。

交易性金融资产在持有期间，被投资单位宣告发放现金股利时，投资方应按享有的份额，借记"应收股利"科目，贷记"投资收益"科目；资产负债表日或付息日，投资方按债券面值和票面利率计算的利息，借记"应收利息"科目，贷记"投资收益"科目。

【例4-16】接【例4-14】资料：百盛公司持有A公司股票10 000股，20×8年3月25日，A公司宣告20×7年度股利分配方案，每股分配现金股利0.60元，并于20×8年4月25日实际发放。

（1）20×8年3月25日，A公司宣布分配现金股利时：

借：应收股利——A公司 6 000

 贷：投资收益 6 000

（2）20×8年4月25日，收到A公司发放的现金股利时：

借：其他货币资金 6 000

 贷：应收股利——A公司 6 000

【例4-17】接【例4-15】资料，20×8年6月30日，百盛公司对持有的面值2 000 000元、期限5年、票面利率5%、每半年付息一次的F公司债券，计提利息。

借：应收利息——F公司 50 000

 贷：投资收益 50 000

4.3.3 期末计量

根据企业会计准则的规定，资产负债表日，交易性金融资产应以其公允价值列示。公允价值与账面价值的差额，计入当期损益。交易性金融资产的公允价值高于其账面价值时，应按二者之间的差额，借记"交易性金融资产——公允价值变动"科目，贷记"公允价值变动损益"科目；公允价值低于其账面余额时，做相反的会计分录。

【例4-18】20×8年12月31日，百盛公司对持有的交易性金融资产按公允价值进行后续计量，确认公允价值变动损益。其持有交易性金融资产相关资料见表4-1。

表4-1 交易性金融资产账面价值和公允价值表

20×8年12月31日 单位：元

项目	调整前账面价值	期末公允价值	公允价值变动损益	调整后账面价值
A公司股票	78 000	76 000	-2 000	76 000
F公司债券	20 400 000	20 500 000	100 000	20 500 000

20×8年12月31日，确认公允价值变动

借：公允价值变动损益——A公司股票 2 000

 贷：交易性金融资产——A公司股票（公允价值变动） 2 000

借：交易性金融资产——F公司债券（公允价值变动） 10 000

 贷：公允价值变动损益——F公司债券 10 000

4.3.4 处置

以公允价值计量且其变动计入当期损益的金融资产处置时，其损益已经实现。实现的损益由两部分构成：①处置该金融资产时的收入与其账面价值的差额；②资产负债表日已经作为待实现损益计入"公允价值变动损益"的部分。实现的损益应通过"投资收益"科目反映。

处置交易性金融资产时，应按实际收到的金额，借记"其他货币资金"或"银行存款"等科目，按该金融资产的初始入账金额，贷记"交易性金融资产——成本"科目，按累计公允价值变动金额，贷记或借记"交易性金融资产——公允价值变动"科目，按已计入应收项目但尚未收到的现金股利或债券利息，贷记"应收股利"或"应收利息"科目，按其差额，贷记或借记"投资收益"科目。同时，转出原计入该金融资产的累计公允价值变动净损益金额，借记或贷记"公允价值变动损益"科目，贷记或借记"投资收益"科目。

【例4-19】接【例4-14】和【例4-18】资料，20×9年3月16日，百盛公司将其持有的A公司股票全部出售，实际收到价款75 000元，另支付交易费用1 000元。

借：其他货币资金	74 000
交易性金融资产——A公司股票（公允价值变动）	2 000
投资收益	2 000
贷：交易性金融资产——A公司股票（成本）	78 000
借：投资收益	2 000
贷：公允价值变动损益——A公司股票	2 000

【例4-20】20×7年1月1日，百盛公司从二级市场购入C公司债券，共支付价款3 120 000元，其中，已到付息期但尚未领取的利息90 000元，交易费用30 000元。该债券面值3 000 000元，剩余期限为3年，票面年利率为6%，每半年付息一次。百盛公司将其划分为交易性金融资产。其他资料如下：

（1）20×7年1月10日，百盛公司收到C公司债券20×6年下半年的利息90 000元。

（2）20×7年6月30日，百盛公司持有的C公司债券的公允价值为2 900 000元（不含利息）。

（3）20×7年7月8日，百盛公司收到C公司债券2×11年上半年利息。

（4）20×7年12月31日，百盛公司持有的C公司债券公允价值为3 200 000元（不含利息）。

（5）20×8年1月9日，百盛公司收到C公司债券2×11年下半年利息。

（6）20×8年3月7日，百盛公司通过二级市场出售C公司债券，取得价款3 580 000元。

百盛公司的会计处理如下：

（1）20×7年1月1日，从二级市场购入C公司债券。

借：交易性金融资产——C公司债券（成本）	3 000 000
应收利息——C公司	90 000
投资收益	30 000

贷：银行存款　　　　　　　　　　　　　　　　　　　　　　　3 120 000

（2）20×7年1月10日，收到该债券2016年下半年利息90 000元。

借：银行存款　　　　　　　　　　　　　　　　　　　　　　　　 90 000

　　贷：应收利息——C公司　　　　　　　　　　　　　　　　　　　90 000

（3）20×7年6月30日，确认C公司债券公允价值变动 –100 000元和投资收益90 000元。

借：公允价值变动损益——C公司债券　　　　　　　　　　　　　100 000

　　贷：交易性金融资产——C公司债券（公允价值变动）　　　　　100 000

借：应收利息——C公司　　　　　　　　　　　　　　　　　　　 90 000

　　贷：投资收益——C公司债券　　　　　　　　　　　　　　　　　90 000

（4）20×7年7月8日，收到C公司债券20×7年上半年利息。

借：银行存款　　　　　　　　　　　　　　　　　　　　　　　　 90 000

　　贷：应收利息——C公司　　　　　　　　　　　　　　　　　　　90 000

（5）20×7年12月31日，确认C公司债券公允价值变动300 000元和投资收益90 000元。

借：交易性金融资产——C公司债券（公允价值变动）　　　　　　300 000

　　贷：公允价值变动损益——C公司债券　　　　　　　　　　　　 300 000

借：应收利息——丙公司　　　　　　　　　　　　　　　　　　　 90 000

　　贷：投资收益——C公司债券　　　　　　　　　　　　　　　　　90 000

（6）20×8年1月9日，收到该C公司债券20×7年下半年利息。

借：银行存款　　　　　　　　　　　　　　　　　　　　　　　　 90 000

　　贷：应收利息——C公司　　　　　　　　　　　　　　　　　　　90 000

（7）20×8年3月7日，通过二级市场出售C公司债券。

借：银行存款　　　　　　　　　　　　　　　　　　　　　　　3 580 000

　　贷：交易性金融资产——C公司债券（成本）　　　　　　　　3 000 000

　　　　　　　　　　——C公司债券（公允价值变动）　　　　　 200 000

　　　投资收益——C公司债券　　　　　　　　　　　　　　　　380 000

借：公允价值变动损益——C公司债券　　　　　　　　　　　　　200 000

　　贷：投资收益——C公司债券　　　　　　　　　　　　　　　　200 000

本章小结

　　本章涉及金融资产的基本分类：企业应当根据其管理金融资产的业务模式和金融资产的合同现金流量特征，对金融资产进行分类。

　　以摊余成本计量的金融资产——应收款项主要包括应收票据、应收账款和其他应收款等，应收票据是指企业因销售商品、产品和提供劳务等持有的尚未到期兑现的商业汇票。企业持有的应收票据可以背书转让和贴现。应收账款是指企业在日常经营活动中，因销售商品、产品或提供劳务等经营活动而应向购货单位或接受劳务单位收取的款项，初始计量时需考虑商业折扣和现金折扣。以公允价值计量且其变动计入当期损益的金融资产，按取得时的公允价值作为初始入账金额，发生的直接交易费用计入当期损益，资产负债表日，公允价值的变动计入当期损益。

5 金融资产（下）

学习目标

通过本章的学习，掌握债权投资、以公允价值计量且其变动计入其他综合收益的金融资产的核算；掌握金融资产重分类的核算；掌握各类金融资产减值的原理及核算。

5.1 以摊余成本计量的金融资产——债权投资

债权投资是指业务管理模式为以特定日期收取合同现金流量为目的的金融资产，通常是指企业购入的准备持有到期的国债和企业债券。

5.1.1 债权投资的初始计量

企业应设置"债权投资"科目，核算企业以摊余成本计量的债权投资的账面余额。本科目可按债权投资的类别和品种，分别设置"成本""利息调整"和"应计利息"等进行明细核算。其中，"成本"明细科目反映债权投资的面值；"利息调整"明细科目反映债权投资的初始入账价值与面值的差额，以及在持有投资期间按照实际利率法摊销后该差额的摊余差额；"应计利息"明细科目反映计提的到期一次还本付息的债权投资应计未收的利息。

债权投资初始确认时，应当按照取得时的公允价值和相关交易费用之和作为初始入账价值。如果实际支付的价款中，包含已到付息期但尚未领取的债券利息的，应当单独确认为应收项目，不构成债权投资的初始确认价值。

【例 5 -1】20×4 年 1 月 1 日，百盛公司支付价款 930 000 元（含交易费用）从活跃市场购入 D 公司同日发行的 5 年期公司债券 10 000 份，债券票面价值总额为 1 000 000 元，票面年利率为 3%，按年支付利息（每年 30 000 元），本金在债券到期时一次性偿还。百盛公司将其分类为以摊余成本计量的金融资产，确认为债权投资。

借：债权投资——D 公司债券（成本）　　　　　　　　　1 000 000
　　贷：银行存款　　　　　　　　　　　　　　　　　　　　　930 000
　　　　债权投资——D 公司债券（利息调整）　　　　　　　　70 000

【例 5 -2】20×4 年 1 月 1 日，百盛公司支付价款 1 129 942 元（含交易费用）购买了 R 公司于 20×3 年 1 月 1 日发行的 6 年期公司债券，面值 1 000 000 元，票面年利率为 6.5%，次年 1 月 1 日支付利息，本金在债券到期时一次性偿还。百盛公司将其分类为以摊余成本计量的金融资产，确认为债权投资。

　　借：债权投资——R 公司债券（成本）　　　　　　　　　　　　　　1 000 000

　　　　　　　　——R 公司债券（利息调整）　　　　　　　　　　　　　　64 942

　　　　应收利息　　　　　　　　　　　　　　　　　　　　　　　　　65 000

　　　贷：银行存款　　　　　　　　　　　　　　　　　　　　　　　　1 129 942

【例 5 - 3】20×4 年 1 月 1 日，百盛公司从活跃市场购入 B 公司同日发行的面值为 800 000 元、票面利率 6%、5 年期、到期一次还本付息（利息以单利计算）的债券作为债权投资，实际支付的购买价款（含交易费用）为 847 600 元。

　　　　借：债权投资——B 公司债券（成本）　　　　　　　　　　　　　　800 000

　　　　　　　　　——B 公司债券（利息调整）　　　　　　　　　　　　　47 600

　　　　　贷：银行存款　　　　　　　　　　　　　　　　　　　　　　847 600

5.1.2　债权投资持有期间投资收益的确认

债权投资，应在持有期间采用实际利率法，按照摊余成本进行计量，确认投资收益。

5.1.2.1　摊余成本与实际利率法

（1）摊余成本。金融资产的摊余成本，是指该金融资产的初始确认金额经下列调整后的结果：

1）扣除已偿还的本金。

2）加上或减去采用实际利率法将该初始确认金额与到期日金额之间的差额进行摊销形成的累计摊销额。

3）扣除累计计提的损失准备。

会计处理上，以摊余成本计量的债权投资计提的损失准备通过"债权投资减值准备"科目核算，所以：

摊余成本 = "债权投资"科目的账面余额 - "债权投资减值准备"科目的账面余额

（2）实际利率法。实际利率法，是指计算金融资产的摊余成本以及将利息收入或利息费用分摊计入各会计期间的方法。

实际利率，是指将金融资产或金融负债在预期存续期间或适用的更短期间内的未来现金流量，折现为该金融资产当前账面价值所使用的利率。

实际利率应当在企业取得债权投资进行初始计量时确定，并在该债权投资预期存续期间或适用的更短期间内保持不变。

在实际利率法下，利息收入、应收利息、利息调整额、摊余成本之间的关系，可用如下公式表示：

利息收入 = 摊余成本 × 实际利率

应收利息 = 面值 × 票面利率

利息调整额 = 利息收入 - 应收利息

5.1.2.2　分期付息债权投资投资收益的确认

资产负债表日，对于分期付息、一次还本债券投资，应按票面利率和债券面值计算确定的应收未收利息，借记"应收利息"科目，按债权投资摊余成本和实际利率计算确定的利息收入，贷记"投资收益"科目，按其差额，借记或贷记"债权投资——利息调整"

科目。

【例 5-4】接【例 5-1】资料：百盛公司于 20×4 年 1 月 1 日购入的 D 公司同日发行的票面价值 1 000 000 元、期限 5 年、票面年利率 3%、每年 12 月 31 日支付利息、初始入账金额为 930 000 元的债券，在持有期间，采用实际利率法确认利息收入并确定摊余成本。

（1）计算实际利率 r。

$30\,000 \times (1+r)^{-1} + 30\,000 \times (1+r)^{-2} + 30\,000 \times (1+r)^{-3} + 30\,000 \times (1+r)^{-4} + 30\,000 \times (1+r)^{-5} + 1\,000\,000 \times (1+r)^{-5} = 930\,000$

采用插值法，计算得出 r = 4.6%。

（2）采用实际利率法编制利息收入与摊余成本计算表，见表 5-1。

表 5-1　利息收入与摊余成本计算表　　　　　　　　　单位：元

日期	实际利息收入 （a = 期初 d×4.6%）	现金流入（b）	利息调整 （c = a - b）	期末摊余成本 （d = 期初 d + c）
20×4.1.1				930 000
20×4.12.31	42 780	30 000	12 780	942 780
20×5.12.31	43 368	30 000	13 368	956 148
20×6.12.31	43 983	30 000	13 983	970 131
20×7.12.31	44 626	30 000	14 626	984 757
20×8.12.31	45 243*	1 030 000	15 243	0

* 系尾数调整：1 000 000 + 30 000 - 984 757 = 45 243（元）

（3）根据表 5-1 中的数据，编制百盛公司各年确认利息收入并摊销利息调整的会计分录。

① 20×4 年 12 月 31 日，确认 D 公司债券实际利息收入、收到债券利息（以下各年相同，略）。

借：应收利息——D 公司　　　　　　　　　　　　　　　　　　　30 000
　　债权投资——D 公司债券（利息调整）　　　　　　　　　　　　12 780
　　贷：投资收益——D 公司债券　　　　　　　　　　　　　　　　　42 780
借：银行存款　　　　　　　　　　　　　　　　　　　　　　　　30 000
　　贷：应收利息——D 公司　　　　　　　　　　　　　　　　　　30 000

② 20×5 年 12 月 31 日，确认 D 公司债券实际利息收入。

借：应收利息——D 公司　　　　　　　　　　　　　　　　　　　30 000
　　债权投资——D 公司债券（利息调整）　　　　　　　　　　　　13 368
　　贷：投资收益——D 公司债券　　　　　　　　　　　　　　　　　43 368

③ 20×6 年 12 月 31 日，确认 D 公司债券实际利息收入。

借：应收利息——D 公司　　　　　　　　　　　　　　　　　　　30 000
　　债权投资——D 公司债券（利息调整）　　　　　　　　　　　　13 983
　　贷：投资收益——D 公司债券　　　　　　　　　　　　　　　　　43 983

④ 20×7 年 12 月 31 日，确认 D 公司债券实际利息收入。

借：应收利息——D 公司   30 000

  债权投资——D 公司债券（利息调整）   14 626

  贷：投资收益——D 公司债券   44 626

⑤ 20×8 年 12 月 31 日，确认 D 公司债券实际利息收入、收到债券本金和利息。

借：应收利息——D 公司   30 000

  债权投资——D 公司债券（利息调整）   15 243

  贷：投资收益——D 公司债券   45 243

借：银行存款   1 030 000

  贷：债权投资——D 公司债券（成本）   1 000 000

   应计利息   30 000

【例 5-5】接【例 5-2】资料：百盛公司于 20×4 年 1 月 1 日购入的 R 公司 20×3 年 1 月 1 日发行的票面价值 1 000 000 元、期限 6 年、票面年利率 6.5%、次年 1 月 1 日支付利息、初始入账金额为 1 064 942 元的债券，在持有期间，采用实际利率法确认利息收入并确定摊余成本。

（1）计算实际利率 r。

$65\ 000 \times (1 + r)^{-1} + 65\ 000 \times (1 + r)^{-2} + 650\ 000 \times (1 + r)^{-3} + 65\ 000 \times (1 + r)^{-4} + 65\ 000 \times (1 + r)^{-5} + 1\ 000\ 000 \times (1 + r)^{-5} = 1\ 064\ 942$

采用插值法，计算得出 r=5%。

（2）采用实际利率法编制利息收入与摊余成本计算表，见表 5-2。

表 5-2 利息收入与摊余成本计算表   单位：元

日期	期初摊余成本（a）	实际利息收入（b）=（a）×5%	现金流入（c）	利息调整（d=b-c）	期末摊余成本（e=a+b-c）
20×4.12.31	1 064 942	53 247	65 000	-11 753	1 053 189
20×5.12.31	1 053 189	52 659	65 000	-12 341	1 040 849
20×6.12.31	1 040 849	52 042	65 000	-12 958	1 027 891
20×7.12.31	1 027 891	51 395	65 000	-13 605	1 014 286
20×8.12.31	1 014 286	50 714	1 065 000	-14 286	1 000 000

（3）根据表 5-2 中的数据，编制百盛公司各年确认利息收入并摊销利息调整的会计分录（每年收到债券利息的会计分录略）。

① 20×4 年 12 月 31 日，确认 R 公司债券实际利息收入。

借：应收利息——R 公司   65 000

  贷：投资收益——R 公司债券   53 247

   债权投资——R 公司债券（利息调整）   11 753

② 20×5 年、20×6 年、20×7 年略。

③ 20×8 年 12 月 31 日，确认 R 公司债券实际利息收入、收到债券本金和利息。

借：应收利息——R 公司 65 000
　　贷：投资收益——R 公司债券 50 714
　　　　债权投资——R 公司债券（利息调整） 14 286
借：银行存款 1 065 000
　　贷：债权投资——R 公司债券（成本） 1 000 000
　　　　应收利息 65 000

5.1.2.3　到期一次还本付息债权投资投资收益的确认

资产负债表日，债权投资为到期一次还本付息债券投资的，应按债权投资的面值和票面利率计算确定的应收利息，借记"债权投资——应计利息"科目，同时按照实际利率法确认利息收入并且摊销利息调整。

【例 5 – 6】接【例 5 – 3】资料：百盛公司于 20 × 4 年 1 月 1 日购入的面值 800 000 元、票面利率 6%、期限 5 年、到期一次还本付息（利息以单利计算）、初始入账金额为 847 000 元的 B 公司债券，在持有期间，采用实际利率法确认利息收入并确定摊余成本。

（1）计算实际利率 r。

$(800\ 000 \times 6\% \times 5 + 800\ 000) \times (1 + r)^{-5} = 847\ 600$

采用插值法，计算得出 r = 4.18%。

（2）采用实际利率法编制利息收入与摊余成本计算表，见表 5 – 3。

表 5 – 3　利息收入与摊余成本计算表　　　　　　　　　　　　单位：元

日期	实际利息收入（a = 期初 d × 4.18%）	现金流入（b）	利息调整（c = a – 应计利息*）	期末摊余成本（d = 期初 d + a – b）
20 × 4.1.1				847 600
20 × 4.12.31	35 430	0	– 12 570	883 030
20 × 5.12.31	36 911	0	– 11 089	919 941
20 × 6.12.31	38 454	0	– 9 546	958 395
20 × 7.12.31	40 061	0	– 7 939	998 456
20 × 8.12.31	41 544*	1 040 000	– 6 456	0

应计利息* = 800 000 × 6% = 48 000（元）

* 系尾数调整：800 000 + 48 000 × 5 – 998 456 = 41 544（元）

（3）根据表 5 – 3 中的数据，编制百盛公司各年确认利息收入并摊销利息调整的会计分录。

①20 × 4 年 12 月 31 日。

借：债权投资——B 公司债券（应计利息） 48 000
　　贷：债权投资——B 公司债券（利息调整） 12 570
　　　　投资收益——B 公司债券 35 430

②20 × 5 年、20 × 6 年、20 × 7 年略。

③20 × 8 年 12 月 31 日。

借：债权投资——B 公司债券（应计利息） 48 000
　　贷：债权投资——B 公司债券（利息调整） 6 456
　　　　投资收益——B 公司债券 41 544

借：银行存款 1 040 000

　贷：债权投资——B 公司债券（成本） 800 000

　　　　　　——B 公司债券（应计利息） 240 000

5.1.2.4 可提前赎回债券投资收益的确认

企业与交易对手方修改或重新议定合同，未导致金融资产终止确认，但导致合同现金流量发生变化的，或者企业修正了对合同现金流量的估计的，应当重新计算该金融资产的账面余额，并将相关利得或损失计入当期损益。例如，企业取得以摊余成本计量的债权投资如果是附有可提取赎回条款的债券，在预计发行债券公司将赎回债券，应调整债权投资的期初账面余额。

【例 5-7】20×4 年 1 月 1 日，百盛公司支付价款 1 129 942 元（含交易费用）购买了 R 公司于 20×3 年 1 月 1 日发行的 6 年期公司债券，面值 1 000 000 元，票面年利率为6.5%，次年 1 月 1 日支付利息，本金在债券到期时一次性偿还。百盛公司将其分类为以摊余成本计量的金融资产，确认为债权投资。购买日确定的实际利率为 5%，根据合同约定，R 公司在遇到特定情况时可以将债券提取赎回，且不需要支付额外款项。20×6 年 1 月 1 日，百盛公司预计 R 公司将会在本年年末收回面值 400 000 元的债券。

（1）20×4 年 1 月 1 日，购入 R 公司债券。

借：债权投资——R 公司债券（成本） 1 000 000

　　　　　　——R 公司债券（利息调整） 64 942

　　应收利息 65 000

　贷：银行存款 1 129 942

取得债券利息时：

借：银行存款 65 000

　贷：应收利息 65 000

（2）采用实际利率法编制利息收入与摊余成本计算表，见表 5-4。

表 5-4　利息收入与摊余成本计算表　　　　　　　　单位：元

日期	实际利息收入 （a＝期初 d×5%）	现金流入（b）	利息调整 （c＝a－b）	期末摊余成本 （d＝期初 d＋c）
20×4.1.1				1 064 942
20×4.12.31	53 247	65 000	−11 753	1 053 189
20×5.12.31	52 659	65 000	−12 341	1 040 849
20×6.12.31	52 042	65 000	−12 985	1 027 891
20×7.12.31	51 395	65 000	−13 605	1 014 286
20×8.12.31	50 714	1 065 000	−14 286	0

（3）根据表 5-4 中的数据，编制百盛公司各年确认利息收入并摊销利息调整的会计分录（每年收到债券利息的会计分录略）。

① 20×4 年 12 月 31 日，确认 R 公司债券实际利息收入。

借：应收利息——R 公司　　　　　　　　　　　　　　　　　　65 000
　　贷：投资收益——R 公司债券　　　　　　　　　　　　　　　53 247
　　　　债权投资——R 公司债券（利息调整）　　　　　　　　11 753

② 20×5 年 12 月 31 日，确认 R 公司债券实际利息收入。

借：应收利息——R 公司　　　　　　　　　　　　　　　　　　65 000
　　贷：投资收益——R 公司债券　　　　　　　　　　　　　　　52 659
　　　　债权投资——R 公司债券（利息调整）　　　　　　　　12 341

（4）20×6 年 1 月 1 日，预计 R 公司将会在本年年末收回 400 000 元的债券，调整账面余额。

查复利现值系数表可知：

(P/F，5%，1) = 0.952381，(P/F，5%，2) = 0.907029，(P/F，5%，3)
　　　　= 0.863838，

期初调整后账面余额 = 400 000 × (1 + 5%) $^{-1}$ + 65 000 × (1 + 5%) $^{-1}$ +
　　　　　　　　　　39 000 × (1 + 5%) $^{-2}$ + 39 000 × (1 + 5%) $^{-3}$ +
　　　　　　　　　　600 000 × (1 + 5%) $^{-3}$ = 1 030 224（元）

账面余额的调整额 = 1 040 849 − 1 030 224 = 10 625（元）

借：投资收益　　　　　　　　　　　　　　　　　　　　　　　10 625
　　贷：债权投资——R 公司债券（利息调整）　　　　　　　　10 625

（5）采用实际利率法编制调整后利息收入与摊余成本计算表，见表 5-5。

表 5-5　利息收入与摊余成本计算表　　　　　　　　　　　单位：元

日期	实际利息收入 (a = 期初 d×5%)	现金流入 (b)	利息调整 (c = a − b)	期末摊余成本 (d = 期初 d + c)
20×6.1.1				1 030 224
20×6.12.31	51 511	65 000	− 13 489	616 735
20×7.12.31	30 837	39 000	− 8 163	608 572
20×8.12.31	30 428 *	639 000	− 8 572	0

* 系尾数调整：600 000 + 39 000 − 608 572 = 30 428（元）

20×6 年 12 月 31 日，确认 R 公司债券实际利息收入、收回 400 000 元本金和利息

借：应收利息——R 公司　　　　　　　　　　　　　　　　　　65 000
　　贷：投资收益——R 公司债券　　　　　　　　　　　　　　　51 511
　　　　债权投资——R 公司债券（利息调整）　　　　　　　　13 489
借：银行存款　　　　　　　　　　　　　　　　　　　　　　　465 000
　　贷：债权投资——R 公司债券（成本）　　　　　　　　　　400 000
　　　　应收利息——R 公司　　　　　　　　　　　　　　　　65 000

5.1.3　债权投资的处置

企业处置以摊余成本计量的债权投资时，应将取得的价款与该债权投资账面价值间的差额计入投资收益。处置债权投资时，如果已计入应收项目的债券利息尚未收到，应从处置价款中扣除该部分债券利息后，确认处置损益。

企业处置债权投资时，应按实际收到的价款，借记"银行存款"科目，按债权投资的面值，贷记"债权投资——成本"科目，按利息调整摊余金额，借记或贷记"债权投资——利息调整"科目，按累计计提的减值准备金额，借记"债权投资减值准备"科目，按应计未收的利息，贷记"应收利息"科目或"债权投资——应计利息"科目，按上列差额，借记或贷记"投资收益"科目。

【例5-8】百盛公司于20×9年1月1日，将其持有的原划分为债权投资的C公司债券全部出售，取得价款4 360 000元。该债券于20×7年1月1日购入，每张面值200元、价值总额4 000 000元、期限5年、票面利率6%、每年12月31日付息。出售时账面摊余成本为4 230 000元，其中，成本4 000 000元，利息调整230 000元。

借：银行存款 4 360 000
　贷：债权投资——C公司债券（成本） 4 000 000
　　　　　　——C公司债券（利息调整） 230 000
　　投资收益 130 000

5.2 以公允价值计量且其变动计入其他综合收益的金融资产

如前述及，以公允价值计量且其变动计入其他综合收益的金融资产主要包括其他债权投资和其他权益工具投资。

5.2.1 其他债权投资

5.2.1.1 其他债权投资的初始计量

企业应设置"其他债权投资"科目，核算其持有的以公允价值计量且其变动计入其他综合收益的债权投资，并按债权投资的类别和品种，分别设置"成本""应计利息""利息调整""公允价值变动"等明细科目。其中，"成本"明细科目反映其他债权投资的面值；"应计利息"明细科目反映企业计提的到期一次还本付息的其他债权投资应计未收的利息；"利息调整"明细科目反映其他债权投资的初始入账金额与面值之间的差额，以及按照实际利率法分期摊销后该差额的摊余金额；"公允价值变动"明细科目反映其他债权投资公允价值变动金额。

其他债权投资应按照取得该债权投资的公允价值和相关交易费用之和作为初始确认金额，如果支付的价款中包含了已到付息期但尚未领取的利息，应单独确认为应收项目。

企业取得其他债权投资时，按其面值，借记"其他债权投资——成本"科目，按支付价款中包含的已到付息期但尚未领取的利息，借记"应收利息"科目，按实际支付的金额，贷记"银行存款"等科目，按其差额，借记或贷记"其他债权投资——利息调整"。

【例5-9】20×5年1月1日，百盛公司支付价款930 000元（含交易费用）从活跃市场购入G公司同日发行的5年期公司债券10 000份，债券票面价值总额为1 000 000

元，票面年利率为3%，按年支付利息（每年30 000元），本金在债券到期时一次性偿还。百盛公司将其分类为以公允价值计量且其变动计入其他综合收益的金融资产。

　　借：其他债权投资——G公司债券（成本）　　　　　　　　　　1 000 000
　　　贷：银行存款　　　　　　　　　　　　　　　　　　　　　　　930 000
　　　　　其他债权投资——G公司债券（利息调整）　　　　　　　　70 000

5.2.1.2　其他债权投资持有收益的确认

　　其他债权投资，应在资产负债表日或付息日，按照实际利率法确认投资收益。在采用实际利率法确认其他债权投资的利息收入时，应当以不包括"公允价值变动"明细科目余额的其他债权投资账面余额和实际利率计算确定利息收入。

　　其他债权投资如为分期付息、到期一次还本的债券，应在付息日或资产负债表日，按照其他债权投资的面值和票面利率计算确定的应收利息，借记"应收利息"科目，按照其他债权投资的账面余额（不包括"公允价值变动"明细科目余额）和实际利率计算确定的利息收入，贷记"投资收益"科目，按其差额，借记或贷记"其他债权投资——利息调整"科目。

　　其他债权投资如为到期一次还本付息的债券，应在资产负债表日，按照其他债权投资的面值和票面利率计算确定的利息，借记"其他债权投资——应计利息"科目，按照其他债权投资的账面余额（不包括"公允价值变动"明细科目余额）和实际利率计算确定的利息收入，贷记"投资收益"科目，按其差额，借记或贷记"其他债权投资——利息调整"科目。

　　【例5-10】接【例5-9】20×5年1月1日，百盛公司支付价款930 000元（含交易费用）从活跃市场购入G公司同日发行的5年期公司债券10 000份，债券票面价值总额为1 000 000元，票面年利率为3%，按年支付利息（每年30 000元），本金在债券到期时一次性偿还。在持有期间采用实际利率法确认利息收入。

　　（1）计算实际利率r。

$$30\,000\times(1+r)^{-1}+30\,000\times(1+r)^{-2}+30\,000\times(1+r)^{-3}+30\,000\times(1+r)^{-4}+30\,000\times(1+r)^{-5}+1\,000\,000\times(1+r)^{-5}=930\,000$$

　　采用插值法，计算得出r=4.6%。

　　（2）采用实际利率法编制利息收入与摊余成本计算表，见表5-6。

表5-6　利息收入与摊余成本计算表　　　　　　　　单位：元

日期	实际利息收入 （a＝期初d×4.6%）	现金流入（b）	利息调整 （c＝a－b）	期末摊余成本 （d＝期初d＋c）
20×5.1.1				930 000
20×5.12.31	42 780	30 000	12 780	942 780
20×6.12.31	43 368	30 000	13 368	956 148
20×7.12.31	43 983	30 000	13 983	970 131
20×8.12.31	44 626	30 000	14 626	984 757
20×9.12.31	45 243*	1 030 000	15 243	0

　　*系尾数调整：1 000 000＋30 000－984 757＝45 243（元）

（3）20×5年12月31日，确认D公司债券实际利息收入、收到债券利息

借：应收利息——D公司 30 000

其他债权投资——D公司债券（利息调整） 12 780

贷：投资收益——D公司债券 42 780

借：银行存款 30 000

贷：应收利息——D公司 30 000

其他年份略。

5.2.1.3 其他债权投资的期末计量

资产负债表日，其他债权投资应以公允价值计量，其公允价值与账面余额的差额，计入其他综合收益。按照其他债权投资的公允价值高于其账面余额的差额，借记"其他债权投资——公允价值变动"科目，贷记"其他综合收益"科目；公允价值低于其账面余额的差额做相反的会计分录。

【例5-11】接【例5-9】和【例5-10】资料：百盛公司于20×5年1月1日购入的面值为1 000 000元、期限5年、票面年利率为3%、初始入账价值为930 000元的G公司债券，20×5年12月31日、20×6年12月31日、20×7年12月31日、20×8年12月31日的公允价值分别为1 000 000元、1 200 000元、1 150 000元、1 080 000元。

（1）采用实际利率法编制摊余成本与公允价值变动计算表，见表5-7。

表5-7 摊余成本计算及公允价值变动表 单位：元

日期	现金流入（a）	实际利息收入（b=期初c×4.6%）	摊余成本余额（c=期初c-a+b）	公允价值（d）	公允价值变动额（e=d-c-期初f）	公允价值变动累计金额（f=期初f+e）
2×11.1.1			930 000	930 000	0	0
20×5.12.31	30 000	42 780	942 780	1 000 000	57 220	57 220
20×6.12.31	30 000	43 368	956 148	1 200 000	186 632	243 852
20×7.12.31	30 000	43 983	970 131	1 150 000	-63 983	179 869
20×8.12.31	30 000	44 626	984 757	1 080 000	-84 626	95 243

（2）资产负债表日确认公允价值变动。

1）20×5年12月31日：

借：其他债权投资——G公司债券（公允价值变动） 57 220

贷：其他综合收益 57 220

2）20×6年12月31日：

借：其他债权投资——G公司债券（公允价值变动） 186 632

贷：其他综合收益 186 632

3）20×7年12月31日：

借：其他综合收益 63 983

贷：其他债权投资——G公司债券（公允价值变动） 63 983

4）20×8年12月31日：

借：其他综合收益   84 626

    贷：其他债权投资——G公司债券（公允价值变动）   84 626

5.2.1.4　其他债权投资的处置

处置其他债权投资时，应按实际收到的金额，借记"银行存款"等科目，按其账面价值，贷记"其他债权投资——成本"科目，借记或贷记"其他债权投资——公允价值变动""其他债权投资——利息调整"科目，按其差额，贷记或借记"投资收益"科目。同时，将原已计入其他综合收益的公允价值累计变动额，借记或贷记"其他综合收益"科目，贷记或借记"投资收益"科目。

【例5-12】接【例5-11】资料：假定2019年1月20日，百盛公司将其持有的G公司债券全部出售，取得价款1 100 000元。

借：银行存款   1 100 000

   其他债权投资——G公司债券（利息调整）   15 243

    贷：其他债权投资——G公司债券（成本）   1 000 000

            ——G公司债券（公允价值变动）   95 243

      投资收益   20 000

借：其他综合收益   95 243

    贷：投资收益——G公司债券   95 243

5.2.2　其他权益工具投资

5.2.2.1　其他权益工具投资的初始计量

企业应设置"其他权益工具投资"科目，核算其持有的以公允价值计量且其变动计入其他综合收益的非交易性权益工具投资，并按其他权益工具的类别和品种，分别设置"成本"和"公允价值变动"等明细科目。其中，"成本"明细科目反映其他权益工具投资的初始入账金额；"公允价值变动"明细科目反映其他权益工具公允价值变动金额。

其他权益工具投资应按照取得该权益投资的公允价值和相关交易费用之和作为初始确认金额，如果支付的价款中包含了已宣告但尚未发放的现金股利，应单独确认为应收项目。

【例5-13】20×7年4月6日，百盛公司按每股5.08元（含已宣告但尚未领取的每股现金股利0.08元）的价格从二级市场购入E公司股票2 000 000股，占E公司有表决权股份的5%，并支付交易费用20 000元，百盛公司将其划分为以公允价值计量且其变动计入其他综合收益的金融资产。该现金股利于4月27日发放。

（1）20×7年4月6日，购入E公司股票。

借：其他权益工具投资——E公司股票（成本）   10 020 000

   应收股利——E公司   160 000

    贷：银行存款   10 180 000

（2）20×7年4月27日，收到E公司发放的现金股利。

借：银行存款   160 000

    贷：应收股利——E公司   160 000

5.2.2.2　其他权益工具投资持有收益的确认

其他权益工具投资在持有期间，被投资单位宣告发放现金股利时，应按享有的份额确认投资收益。

【例5-14】接【例5-13】资料：20×8年4月19日，E公司宣告每股发放现金股利0.1元，该现金股利于20×8年5月6日对外发放。百盛公司持有E公司股票2 000 000股。

（1）20×8年4月19日，E公司宣布分派现金股利。

借：应收股利——E公司　　　　　　　　　　　　　　　　　　　　200 000

　　贷：投资收益——E公司股票　　　　　　　　　　　　　　　　　200 000

（2）20×8年5月6日，收到E公司发放的现金股利。

借：银行存款　　　　　　　　　　　　　　　　　　　　　　　　200 000

　　贷：应收股利——E公司　　　　　　　　　　　　　　　　　　　200 000

5.2.2.3　其他权益工具投资的期末计量

资产负债表日，其他权益工具投资应以公允价值计量，公允价值的变动计入其他综合收益。按照其他权益工具投资的公允价值高于其账面余额的差额，借记"其他权益工具投资——公允价值变动"科目，贷记"其他综合收益"科目；公允价值低于其账面余额的差额做相反的会计分录。

【例5-15】接【例5-13】资料：百盛公司持有E公司2 000 000股股票，在20×7年12月31日的每股市价为5.1元，20×8年12月31日的每股市价为4.8元。

（1）20×7年12月31日，确认E公司股票公允价值变动。

公允价值变动金额=5.1×2 000 000-10 020 000=180 000（元）

借：其他权益工具投资——E公司股票（公允价值变动）　　　　　　180 000

　　贷：其他综合收益　　　　　　　　　　　　　　　　　　　　　180 000

调整后E公司股票账面金额=5.1×2 000 000=10 200 000（元）

（2）20×8年12月31日，确认E公司股票公允价值变动。

公允价值变动=4.8×2 000 000-10 200 000=-600 000（元）

借：其他综合收益　　　　　　　　　　　　　　　　　　　　　　600 000

　　贷：其他权益工具投资（公允价值变动）　　　　　　　　　　　600 000

调整后E公司股票账面金额=4.8×2 000 000=9 600 000（元）

5.2.2.4　其他权益工具投资的处置

处置其他权益工具投资时，应按实际收到的金额，借记"银行存款"等科目，按其账面价值，贷记"其他权益工具投资——成本"科目，借记或贷记"其他权益工具投资——公允价值变动"，按其差额，贷记或借记"盈余公积""利润分配——未分配利润"科目。同时，将原已计入其他综合收益的公允价值累计变动额，借记或贷记"其他综合收益"科目，贷记或借记"盈余公积"和"利润分配——未分配利润"科目。

【例5-16】接【例5-13】和【例5-15】资料：20×9年1月20日，百盛公司将持有的E公司2 000 000股股票，以每股4.9元的价格全部出售，同时支付证券交易税等费用8 000元。

借：银行存款　　　　　　　　　　　　　　　　　　　9 792 000

　　其他权益工具投资——E 公司股票（公允价值变动）　420 000

　　贷：其他权益工具投资——E 公司股票（成本）　　　10 020 000

　　　　盈余公积　　　　　　　　　　　　　　　　　19 200

　　　　利润分配——未分配利润　　　　　　　　　　172 800

借：盈余公积　　　　　　　　　　　　　　　　　　　42 000

　　利润分配——未分配利润　　　　　　　　　　　　378 000

　　贷：其他综合收益　　　　　　　　　　　　　　　420 000

5.3　金融资产的重分类

5.3.1　金融资产重分类的原则

企业改变其管理金融资产的业务模式时，应对所有受影响的相关金融资产进行重分类。企业管理金融资产业务模式的变更是一种极其少见的情形。该变更源自外部或内部的变化，必须由企业的高级管理层进行决策，且其必须对企业的经营非常重要，并能够向外部各方证实。因此，只有当企业开始或终止某项对其经营影响重大的活动时（如当企业收购、处置或终止某一业务线时），其管理金融资产的业务模式才会发生变更。

企业对金融资产进行重分类，应当自重分类日起采用未来适用法进行相关会计处理，不得对以前已经确认的利得、损失（包括减值损失或利得）或利息进行追溯调整。重分类日，是指导致企业对金融资产进行重分类的业务模式发生变更后的首个报告期间的第一天。例如，甲上市公司决定于 20 × 7 年 6 月 2 日改变其管理某金融资产的业务模式，则重分类日为 20 × 7 年 7 月 1 日（下一个季度会计期间的期初）。

5.3.2　以摊余成本计量的金融资产的重分类

（1）企业将一项以摊余成本计量的金融资产重分类为以公允价值计量且其变动计入当期损益的金融资产的，应当按照该资产在重分类日的公允价值进行计量。原账面价值与公允价值之间的差额计入当期损益。

（2）企业将一项以摊余成本计量的金融资产重分类为以公允价值计量且其变动计入其他综合收益的金融资产的，应当按照该金融资产在重分类日的公允价值进行计量。原账面价值与公允价值之间的差额计入其他综合收益。该金融资产重分类不影响其实际利率和预期信用损失的计量。

【例 5 - 17】20 × 8 年 12 月 15 日，百盛公司持有一项以摊余成本计量的债券投资，由于业务需要，百盛公司决定改变管理该债券的管理模式。20 × 9 年 1 月 1 日，该债券的账面价值为 500 000 元，其中，债券面值 490 000 元，利息调整 10 000 元；该债券的公允价值为 480 000 元。

（1）假定将该债券重分类为以公允价值计量且其变动计入当期损益的金融资产。

借：交易性金融资产——成本 480 000

  公允价值变动损益 20 000

 贷：债权投资——成本 490 000

   ——利息调整 10 000

（2）假定将该债券重分类为以公允价值计量且其变动计入其他综合收益的金融资产。

借：其他债权投资——成本 490 000

   ——利息调整 10 000

  其他综合收益 20 000

 贷：债权投资——成本 490 000

   ——利息调整 10 000

  其他债权投资——公允价值变动 20 000

5.3.3　以公允价值计量且其变动计入其他综合收益的金融资产的重分类

（1）企业将一项以公允价值计量且其变动计入其他综合收益的金融资产重分类为以摊余成本计量的金融资产的，应当将之前计入其他综合收益的累计利得或损失转出，调整该金融资产在重分类日的公允价值，并以调整后的金额作为新的账面价值，即视同该金融资产一直以摊余成本计量。该金融资产重分类不影响其实际利率和预期信用损失的计量。

（2）企业将一项以公允价值计量且其变动计入其他综合收益的金融资产重分类为以公允价值计量且其变动计入当期损益的金融资产的，应当继续以公允价值计量该金融资产。同时，企业应当将之前计入其他综合收益的累计利得或损失从其他综合收益转入当期损益。

【例 5-18】20×8 年 11 月 5 日，百盛公司持有一项以公允价值计量且其变动计入其他综合收益的金融资产，由于业务需要，百盛公司决定改变管理该金融资产的管理模式。20×9 年 1 月 1 日，该债券的账面价值为 885 000 元，其中，债券面值 880 000 元，利息调整为借方余额 8 996 元，公允价值变动为贷方余额 3 996 元；该债券的公允价值为 885 000 元。

（1）假定将该债券重分类为以摊余成本计量的金融资产。

借：债权投资——成本 880 000

   ——利息调整 8 996

  其他债权投资——公允价值变动 3 996

 贷：其他债权投资——成本 880 000

   ——利息调整 8 996

  其他综合收益 3 996

（2）假定将该债券重分类为以公允价值计量且其变动计入当期损益的金融资产。

借：交易性金融资产——成本 885 000

  其他债权投资——公允价值变动 3 996

 贷：其他债权投资——成本 880 000

   ——利息调整 8 996

同时：

借：公允价值变动损益　　　　　　　　　　　　　　　　　　　　　　　　　　3 996

　　贷：其他综合收益　　　　　　　　　　　　　　　　　　　　　　　　　　　　3 996

5.3.4　以公允价值计量且其变动计入当期损益的金融资产的重分类

（1）企业将一项以公允价值计量且其变动计入当期损益的金融资产重分类为以摊余成本计量的金融资产的，应当以其在重分类日的公允价值作为新的账面余额。

（2）企业将一项以公允价值计量且其变动计入当期损益的金融资产重分类为以公允价值计量且其变动计入其他综合收益的金融资产的，应当继续以公允价值计量该金融资产。

对以公允价值计量且其变动计入当期损益的金融资产进行重分类的，企业应当根据该金融资产在重分类日的公允价值确定其实际利率。同时，自重分类日起，该金融资产适用金融资产减值的相关规定，将重分类日视为初始确认日。

【例5-19】20×7年1月1日，百盛公司购入D公司同日发行的面值500 000元、期限5年、票面利率5%、每年12月31日付息、到期还本的债券并分类为以公允价值计量且其变动计入当期损益的金融资产，实际支付价款528 000元。20×7年12月15日，百盛公司决定改变管理D公司债券的业务模式。20×7年12月31日，D公司债券的账面价值为522 922元，其中，成本528 000元，公允价值变动（贷方）5 078元；重分类日（20×8年1月1日），D公司债券的公允价值为522 922元。

（1）假定百盛公司将D公司债券重分类为以摊余成本计量的金融资产。

①重分类日，百盛公司将D公司债券重分类为以摊余成本计量的金融资产。

借：债权投资——成本　　　　　　　　　　　　　　　　　　　　　　　　500 000

　　　　　　——利息调整　　　　　　　　　　　　　　　　　　　　　　　 22 922

　　交易性金融资产——公允价值变动　　　　　　　　　　　　　　　　　　　5 078

　　贷：交易性金融资产——成本　　　　　　　　　　　　　　　　　　　　528 000

②重分类日，计算D公司债券的实际利率。

使用插值法估算实际利率：r = 4.72%

（2）假定将D公司债券重分类为以公允价值计量且其变动计入其他综合收益的金融资产。

借：其他债权投资——成本　　　　　　　　　　　　　　　　　　　　　　500 000

　　　　　　　——利息调整　　　　　　　　　　　　　　　　　　　　　　22 922

　　交易性金融资产——公允价值变动　　　　　　　　　　　　　　　　　　　5 078

　　贷：交易性金融资产——成本　　　　　　　　　　　　　　　　　　　　528 000

5.4　金融资产减值

5.4.1　金融资产减值概述

企业应当按照准则规定，以预期信用损失为基础，对以摊余成本计量的金融资产和以公允价值计量且其变动计入其他综合收益的金融资产进行减值会计处理并确认损失准备。

在预期信用损失法下，减值准备的计提不以减值的实际发生为前提，而是以未来可能的违约事件造成的损失的期望值来计量当前（资产负债表日）应当确认的减值准备。

5.4.1.1　预期信用损失的定义

《企业会计准则第 22 号——金融工具确认和计量》（2017）要求预期信用损失为基础计提金融资产减值准备。

预期信用损失，是指以发生违约的风险为权重的金融工具信用损失的加权平均值。其中，违约风险通常理解为发生违约的概率；信用损失，是指企业根据合同应收的现金流量与预期能收到的现金流量之间的差额的现值。其中，对于企业购买或源生的已发生信用减值的金融资产，应按照该金融资产经信用调整的实际利率折现。

由于预期信用损失考虑付款的金额和时间分布，因此即使企业预计可以全额收款但收款时间晚于合同规定的到期期限，也会产生信用损失。

5.4.1.2　确定预期信用损失的三个阶段

除了购买或源生的已发生信用减值的金融资产和始终按照相当于存续期内预期信用损失的金额计量其损失准备的应收款项等金融资产，企业应当在每个资产负债表日评估相关金融工具的信用风险自初始确认后是否已显著增加，现准则将金融工具发生信用减值的过程分为三个阶段，对于不同阶段的金融工具的减值分别计量其损失准备、确认预期信用损失及其变动，进行不同的会计处理方法：

第一阶段：信用风险自初始确认后未显著增加。对于处于该阶段的金融工具，企业应当按照未来 12 个月的预期信用损失计量损失准备，并按其账面余额（未扣除减值准备）和实际利率计算利息收入。由此形成的损失准备的增加或转回金额，应作为减值准备或利得计入当期损益。

未来 12 个月的预期信用损失，是指因资产负债表日后 12 个月内（如果金融资产的预计存续期少于 12 个月，则为预计存续期）可能发生的金融资产违约事件而导致的预期信用损失，是整个存续期预期信用损失的一部分。

第二阶段：信用风险自初始确认后已显著增加但尚未发生信用减值。对于处于该阶段的金融工具，企业应当按照该工具整个存续期的预期信用损失计量损失准备，并按其账面余额和实际利率计算利息收入。

第三阶段：初始确认后信用风险已显著增加且已发生信用减值。对于处于该阶段的金融工具，企业应当按照该工具整个存续期的预期信用损失计量损失准备，但对利息收入的计算不同于处于前两阶段的金融资产。对于已发生信用减值的金融资产，企业应当按其摊余成本（账面余额减已计提减值准备，也即账面价值）和实际利率计算利息收入。

当对金融资产预期未来现金流量具有不利影响的一项或多项事件发生时，该金融资产成为已发生信用减值的金融资产。金融资产已发生信用减值的证据包括下列可观察信息：①发行方或债务人发生重大财务困难；②债务人违反合同，如偿付利息或本金违约或逾期等；③债权人出于与债务人财务困难有关的经济或合同考虑，给予债务人在任何其他情况下都不会做出的让步；④债务人很可能破产或进行其他财务重组；⑤发行方或债务人财务困难导致该金融资产的活跃市场消失；⑥以大幅折扣购买或源生一项金融资产，该折扣反映了发生信用损失的事实。

5.4.1.3 信用风险显著增加的评估

企业应当通过比较金融工具在初始确认时所确定的预计存续期内的违约概率和该工具在资产负债表日所确定的预计存续期内的违约概率，来判定金融工具信用风险是否显著增加。

企业在进行相关评估时，应当考虑所有合理且有依据的信息，包括前瞻性信息。为确保自金融工具初始确认后信用风险显著增加即确认整个存续期预期信用损失，企业在一些情况下应当以组合为基础考虑评估信用风险是否显著增加。

企业在评估金融工具的信用风险自初始确认后是否已显著增加时，应当考虑金融工具预计存续期内发生违约风险的变化，而不是预期信用损失金额的变化。企业应当通过比较金融工具在资产负债表日发生违约的风险与在初始确认日发生违约的风险，以确定金融工具预计存续期内发生违约风险的变化情况。

企业通常应当在金融工具逾期前确认该工具整个存续期预期信用损失。企业在确定信用风险自初始确认后是否显著增加时，企业无须付出不必要的额外成本或努力即可获得合理且有依据的前瞻性信息的，不得仅依赖逾期信息来确定信用风险自初始确认后是否显著增加；企业必须付出不必要的额外成本或努力才可获得合理且有依据的逾期信息以外的单独或汇总的前瞻性信息的，可以采用逾期信息来确定信用风险自初始确认后是否显著增加。

无论企业采用何种方式评估信用风险是否显著增加，通常情况下，如果逾期超过30日，则表明金融工具的信用风险已经显著增加。除非企业在无须付出不必要的额外成本或努力的情况下即可获得合理且有依据的信息，证明即使逾期超过30日，信用风险自初始确认后仍未显著增加。如果企业在合同付款逾期超过30日前已确定信用风险显著增加，则应当按照整个存续期的预期信用损失确认损失准备。

企业在评估金融工具的信用风险自初始确认后是否已显著增加时，应当考虑违约风险的相对变化，而非违约风险变动的绝对值。在同一后续资产负债表日，对于违约风险变动的绝对值相同的两项金融资产，初始确认时违约风险较低的金融工具比初始确认时违约风险较高的金融工具的信用风险变化更为显著。

企业确定金融工具在资产负债表日只具有较低的信用风险的，可以假设该金融工具的信用风险自初始确认后并未显著增加。如果金融工具的违约风险较低，借款人在短期内履行其合同现金流量义务的能力很强，并且即便较长时期内经济形势和经营环境存在不利变化但未必一定降低借款人履行其合同现金流量义务的能力，该金融工具被视为具有较低的信用风险。

企业与交易对手方修改或重新议定合同，未导致金融资产终止确认，但导致合同现金流量发生变化的，企业在评估相关金融工具的信用风险是否已经显著增加时，应当将基于变更后的合同条款在资产负债表日发生违约的风险与基于原合同条款在初始确认时发生违约的风险进行比较。

5.4.1.4 金融资产减值与利息收入的计算

（1）未发生信用减值的资产。对于处于信用减值第一阶段和第二阶段的金融资产，以及按照准则规定适用实务简化处理的应收款项、合同资产和租赁应收款，企业应当按照该金融资产的账面余额（不考虑减值影响）乘以实际利率的金额确定其利息收入。

（2）已发生信用减值的资产。已发生信用减值的金融资产分两种情形：

1）对于购买或源生时未发生信用减值，但在后续期间发生信用减值的金融资产，企业应当在发生减值的后续期间，按照该金融资产的摊余成本（账面余额减已计提减值）乘以实际利率（初始确认时确定的实际利率，不因减值的发生而变化）的金额确定其利息收入。

2）对于购买或源生时已发生信用减值的金融资产，企业应当自初始确认起，按照该金融资产的摊余成本乘以经信用调整的实际利率（购买或源生时将减值后的预计未来现金流量折现为摊余成本的利率）的金额确定其利息收入。

5.4.1.5 金融资产减值应设置的会计科目

（1）"信用减值损失"。本科目核算企业计提各项金融资产减值准备所形成的预期信用损失。

（2）"坏账准备"。本科目核算企业以摊余成本计量的应收款项等金融资产以预期信用损失为基础计提的损失准备。

（3）"债权投资减值准备"。本科目核算企业以摊余成本计量的债权投资以预期信用损失为基础计提的损失准备。

（4）"其他综合收益——信用减值准备"。本明细科目核算企业分类为以公允价值计量且其变动计入其他综合收益的金融资产以预期信用损失为基础计提的损失准备。

5.4.2 应收款项的减值

对于应收账款、其他应收款等应收款项，计量其损失准备时，可以采用简化的方法，始终按照相当于整个存续期内预期信用损失的金额，不必采用预期信用损失的三阶段模型。由于应收款项属于短期债权，预计未来现金流量与其现值差额很小，在确定应收款项预期信用损失金额时，可不对预计未来现金流量进行折现。因而，应收款项的预期信用损失应当按照应收取的合同现金流量与预期收取的现金流量之间的差额计量，即按照预期不能收回的应收款项金额计量。会计实务中，确定应收款项预期信用损失的具体方法主要有两种：应收款项余额百分比法和账龄分析法。

5.4.2.1 应收款项余额百分比法

应收款项余额百分比法，是指按照应收款项的期末余额和预期信用损失率计算确定应收款项预期信用损失，据以计提坏账准备的一种方法。

预期信用损失率，是指应收款项的预期信用损失金额占应收款项账面余额的比例。企业应以应收款项的历史信用损失率为基础，结合当前营业情况并考虑无须付出不必要的额外成本或努力即可获得的合理且有依据的前瞻性信息，合理确定预期信用损失率。预期信用损失率应当可以反映相当于整个存续期内预期信用损失的金额，即应收款项的合同现金流量超过其预期收取的现金流量的金额。为了最大限度地消除预期信用损失和实际发生的信用损失之间的差异，企业应当定期对预期信用损失率进行检查，并根据实际情况作必要调整。

本期应计提的坏账准备金额，应根据计提坏账准备前，"坏账准备"科目余额情况确定，具体计算：

（1）"坏账准备"科目无余额，应按以期末应收款项计算的减值金额计提坏账准备，借记"信用减值损失"科目，贷记"坏账准备"科目。

（2）"坏账准备"科目有贷方余额，如果期末应收款项计算的减值金额大于"坏账准备"科目原有贷方余额，则按差额部分补提坏账准备，借记"信用减值损失"科目，贷记"坏账准备"科目；如果期末应收款项计算的减值金额小于"坏账准备"科目原有贷方余额，则按差额部分冲减已计提的坏账准备，借记"坏账准备"科目，贷记"信用减值损失"科目。

（3）"坏账准备"科目有借方余额，应按以期末应收款项计算的减值金额与"坏账准备"科目原有借方余额之和计提坏账准备，借记"信用减值损失"科目，贷记"坏账准备"科目。

有确凿证据表明确实无法收回或收回的可能性不大的应收款项，如债务单位破产、撤销、资不抵债、现金流量严重不足等，应当根据企业的管理权限报经批准后，转销该应收款项的账面余额，并按相同金额转销坏账准备。

【例5-20】百盛公司采用应收款项余额百分比法计算确定应收账款的预期信用损失金额。根据以往的营业经验、客户的财务状况和现金流量情况，结合当前的市场状况、企业的赊销政策、合理且有依据的前瞻性信息等相关资料，确定的应收账款预期信用损失率为2%。该公司各年应收账款期末余额、坏账转销、坏账收回的资料如下：

（1）20×5年12月31日，应收账款科目余额为8 000 000元，"坏账准备"科目无余额。

本年计提的坏账准备 = 8 000 000 × 2% = 160 000（元）

借：信用减值损失 160 000
  贷：坏账准备 160 000

（2）20×6年12月31日，应收账款科目余额为7 000 000元。

本年计提的坏账准备 = 7 000 000 × 2% - 160 000 = -20 000（元）

借：坏账准备 20 000
  贷：信用减值损失 20 000

（3）20×7年3月3日，确认应收乙企业的账款40 000元无法收回，予以转销。

借：坏账准备 40 000
  贷：应收账款 40 000

（4）20×7年12月31日，应收账款科目余额为10 000 000元。

坏账准备科目原有贷方余额 = 7 000 000 × 2% - 40 000 = 100 000（元）

本年计提的坏账准备 = 10 000 000 × 2% - 100 000 = 100 000（元）

借：信用减值损失 100 000
  贷：坏账准备 100 000

（5）20×8年8月10日，百盛公司于2016年3月3日确认的乙企业坏账40 000元又全部收回。

借：应收账款 40 000
  贷：坏账准备 40 000
借：银行存款 40 000
  贷：应收账款 40 000

（6）20×8 年 12 月 31 日，应收账款科目余额为 9 000 000 元。

坏账准备科目原有贷方余额 = 10 000 000×2% + 40 000 = 240 000 （元）

本年计提的坏账准备 = 9 000 000×2% − 240 000 = −60 000 （元）

借：坏账准备 60 000

　　贷：信用减值损失 60 000

5.4.2.2　账龄分析法

账龄分析法，是指根据应收款项的账龄的长短来进行分类，并据以分别确定预期信用损失比率，从而计算预期信用损失、计提坏账准备的一种方法。通常情况下应收款项被拖欠的时间越长，发生坏账的可能性就越大。

采用账龄分析法确定预期信用损失，首先对应收款项按账龄的长短进行分类，划分为若干区间，计列各区间应收款项余额，然后分别确定可以反映相当于整个存续期内预期信用损失的各区间应收款项预期信用损失率，据以计算各区间应收款项预期信用损失金额，最后将各区间应收款项的预期信用损失金额进行加总，求得全部应收款项的预期信用损失金额。

【例 5−21】百盛公司 20×8 年年末应收账款余额为 9 000 000 元。百盛公司根据代表偿付能力的客户共同风险特征对应收账款进行分类，并对上述应收账款始终按整个存续期内的预期信用损失计量损失准备。

百盛公司使用逾期天数与违约损失率对照表确定该应收账款组合的预期信用损失。对照表以此类应收账款预计存续期的历史违约损失率为基础，并根据前瞻性估计予以调整。在每个资产负债表日，百盛公司都将分析前瞻性估计的变动，并据此对历史违约损失率进行调整，确定预期信用损失率，预期信用损失金额计算如表 5−8 所示。

表 5−8　应收账款预期信用损失金额计算表

20×8 年 12 月 31 日　　　　　　　　　　　　　　　　单位：元

应收账款按账龄的分组	账面余额	预期信用损失率（%）	按整个存续期内预期信用损失确认的损失准备（账面余额×整个存续期预期信用损失率）
未逾期	5 000 000	0.5	25 000
逾期 1~30 日	1 800 000	1	18 000
逾期 30~90 日	1 000 000	2	20 000
逾期 30~180 日	600 000	5	30 000
逾期 180~360 日	300 000	10	30 000
逾期 1~2 年	150 000	20	30 000
逾期 2~3 年	100 000	30	30 000
逾期 >3 年	50 000	50	25 000
合　计	9 000 000	—	208 000

根据表 5−8 的计算结果，百盛公司应作如下会计处理：

（1）假定本年计提坏账准备前，"坏账准备"科目有贷方余额 100 000 元。

本年计提的坏账准备 = 208 000 − 100 000 = 108 000 （元）

借：信用减值损失 108 000

  贷：坏账准备 108 000

（2）假定本年计提坏账准备前，"坏账准备"科目贷方余额300 000元。

本年计提的坏账准备 = 208 000 - 300 000 = -92 000（元）

借：坏账准备 92 000

  贷：信用减值损失 92 000

（3）假定本年计提坏账准备前，"坏账准备"科目借方余额90 000元。

本年计提的坏账准备 = 208 000 + 90 000 = 298 000（元）

借：信用减值损失 298 000

  贷：坏账准备 298 000

5.4.3 债权投资的减值损失的计量

资产负债表日，企业应对以摊余成本计量的债权投资的信用风险自初始确认后是否已显著增加进行评估，并按照预期信用损失的三阶段模型计量其损失准备、确认预期信用损失，借记"信用减值损失"科目，贷记"债权投资减值准备"科目；计提损失准备后，如果因债权投资信用风险有所降低，导致其预期信用损失减少，应按减少的预期信用损失金额转回已计提的损失准备和已确认的预期信用损失，借记"债权投资减值准备"科目，贷记"信用减值损失"科目。

【例5-22】20×4年1月1日，百盛公司支付价款1 102 920元（含交易费用）购入M公司同日发行的6年期公司债券12 000份，债券票面价值总额为1 200 000元，票面年利率为6.25%，于每年年末支付本年度债券利息（每年利息为75 000元），本金在债券到期时一次性偿还。百盛公司将其分类为以摊余成本计量的金融资产。经计算，实际利率为8%。百盛公司在初始确认后采用实际利率法编制的利息收入与账面余额计算表，见表5-9。

表5-9　利息收入与账面余额计算表　　　　　单位：元

日期	实际利息收入 （=a 期初 d×8%）	现金流入（b）	利息调整（c=a-b）	摊余成本余额 （d=期初 d+c）
20×4.1.1				1 102 920
20×4.12.31	88 234	75 000	13 234	1 116 154
20×5.12.31	89 292	75 000	14 292	1 130 446
20×6.12.31	90 436	75 000	15 436	1 145 882
20×7.12.31	91 671	75 000	16 671	1 162 553
20×8.12.31	93 004	75 000	18 004	1 180 557
20×9.12.31	94 443 *	75 000	19 443	1 200 000
合　计	547 080	450 000	97 080	—

* 系尾数调整：1 200 000 + 75 000 - 1 180 557 = 94 443（元）

百盛公司取得M公司债券后，每个资产负债表日确认利息收入并摊销利息调整，同时根据对 M 公司债券信用风险评估的结果计提或转回损失准备，会计处理如下：

（1）20×4 年 12 月 31 日。

①确认利息收入并摊销利息调整。

借：应收利息——M 公司   75 000

      债权投资——M 公司债券（利息调整）   13 234

        贷：投资收益——M 公司债券   88 234

②评估 M 公司债券的信用风险，计提损失准备。

自初始确认后至本期末，M 公司信用状况一直良好。百盛公司评估认为 M 公司债券信用风险自初始确认以来未显著增加，因此，百盛公司按照 M 公司债券未来 12 个月预期信用损失的金额计量损失准备，预计 M 公司债券未来 12 个月的违约概率为 1%，如果发生违约，则违约损失率为 50%；不发生违约的概率为 99%（其中：1 期、8% 的复利现值系数为 0.9259）。

未来 12 个月预期信用损失 =（1 200 000 + 75 000）× 0.9259 × 1% × 50% = 5 903（元）

借：信用减值损失   5 903

        贷：债权投资减值准备   5 903

③收到 20×4 年度债券利息。

借：银行存款   75 000

        贷：应收利息   75 000

（2）20×5 年 12 月 31 日。

①确认利息收入并摊销利息调整。

由于百盛公司上期期末评估自初始确认后至上期期末，M 公司债券的信用风险未显著增加，因此，本期 M 公司债券按其账面余额（未扣除减值准备）和实际利率计算利息收入。

借：应收利息——M 公司   75 000

      债权投资——M 公司债券（利息调整）   14 292

        贷：投资收益——M 公司债券   89 292

②评估 M 公司债券的信用风险，计提损失准备。

自初始确认后至本期末，M 公司因调整产品结构失误，盈利能力降低，现金周转趋于紧张，如果不及时采取有效的解决措施，可能会导致其出现重大财务困难。百盛公司通过信用风险评估认为，M 公司债券信用风险已显著增加但并没有客观证据表明已发生信用减值，因此，百盛公司按照 M 公司债券整个存续期内预期信用损失的金额计量损失准备，预计 M 公司债券未来整个存续期内的违约概率为 20%，如果发生违约，则违约损失率为 50%；不发生违约的概率为 80%。（其中：4 期、8% 的复利现值系数为 0.7350；4 期、8% 的年金现值系数为 3.3121。）

未来整个存续期内预期信用损失 =（1 200 000 × 0.7350 + 75 000 × 3.3121）× 20% × 50% = 113 041（元）

本期应计提损失准备 = 113 041 - 5 903 = 107 138（元）

借：信用减值损失   107 138

        贷：债权投资减值准备   107 138

③收到 20×5 年度债券利息。

借：银行存款　　　　　　　　　　　　　　　　　　　　　75 000

　　贷：应收利息　　　　　　　　　　　　　　　　　　　　　75 000

（3）20×6 年 12 月 31 日。

①确认利息收入并摊销利息调整。

由于百盛公司上期期末评估自初始确认后至上期期末，M 公司债券的信用风险已显著增加但并没有客观证据表明已发生信用减值，因此，本期 M 公司按其账面余额（未扣除减值准备）和实际利率计算利息收入。

借：应收利息——M 公司　　　　　　　　　　　　　　　　75 000

　　债权投资——M 公司债券（利息调整）　　　　　　　　15 436

　　贷：投资收益——M 公司债券　　　　　　　　　　　　　90 436

②评估 M 公司债券的信用风险，计提损失准备。

自初始确认后至本期末，M 公司因调整产品结构失误而导致企业发生较严重亏损，现金周转极其困难，导致其出现了无法按时偿付债务本金和利息的财务困境，目前正与主要债权人进行债务重组。百盛公司通过信用风险评估认为，M 公司债券信用风险已显著增加并且有客观证据表明已发生信用减值，因此，百盛公司按照 M 公司债券整个存续期内预期信用损失的金额计量损失准备，预计 M 公司债券未来整个存续期内信用风险如下：发生违约并损失 50% 的概率为 70%；发生违约并损失 80% 的概率为 25%；不发生违约的概率为 5%（其中：3 期、8% 的复利现值系数为 0.7938；3 期、8% 的年金现值系数为 2.5771）。

未来整个存续期内预期信用损失 =（1 200 000×0.7938 + 75 000×2.5771）×50% ×

70% +（1 200 000×0.7938 + 75 000×2.5771）×

80% ×25% = 630 213（元）

本期应计提损失准备 = 630 213 – 113 041 = 517 172（元）

借：信用减值损失　　　　　　　　　　　　　　　　　　　517 172

　　贷：债权投资减值准备　　　　　　　　　　　　　　　　517 172

③收到 20×6 年度债券利息。

借：银行存款　　　　　　　　　　　　　　　　　　　　　75 000

　　贷：应收利息　　　　　　　　　　　　　　　　　　　　　75 000

（4）20×7 年 12 月 31 日。

①确认利息收入并摊销利息调整。

由于百盛公司上期期末评估自初始确认后至上期期末，M 公司债券的信用风险已显著增加并且有客观证据表明已发生信用减值，因此，本期 M 公司按其摊余成本（账面余额减已计提减值准备，也即账面价值）和实际利率计算利息收入。

M 公司期初摊余成本 = 1 145 882 – 630 213 = 515 669（元）

本期利息收入 = 515 669×8% = 41 253（元）

利息调整摊销 = 75 000 – 41 253 = 33 747（元）

借：应收利息——M 公司　　　　　　　　　　　　　　　　75 000

　　贷：投资收益——M 公司债券　　　　　　　　　　　　　41 253

　　债权投资——M 公司债券（利息调整）　　　　　　　　33 747

②评估 M 公司债券的信用风险，计提损失准备。

本期，M 公司积极应对因调整产品结构失误导致的财务困境，采取一系列措施，亏损趋势得到遏制，现金周转好转，初步摆脱财务困境。百盛公司通过信用风险评估认为，M 公司债券信用风险仍比较显著，但已不存在客观证据表明已发生信用减值，因此，百盛公司按照 M 公司债券整个存续期内预期信用损失的金额计量损失准备，预计 M 公司债券未来整个存续期内信用风险如下：发生违约并损失 50% 的概率为 40%；不发生违约的概率为 60%（其中：2 期、8% 的复利现值系数为 0.8573；2 期、8% 的年金现值系数为 1.7833）。

$$未来整个存续期内预期信用损失 = （1\,200\,000 \times 0.8573 + 75\,000 \times 1.7833）\times 50\% \times$$
$$40\% = 232\,502（元）$$

本期应转回损失准备 = 630 213 − 232 502 = 397 711（元）

借：债权投资减值准备   397 711

 贷：信用减值损失   397 711

③收到 20×7 年度债券利息。

借：银行存款   75 000

 贷：应收利息   75 000

（5）20×8 年 12 月 31 日。

①确认利息收入并摊销利息调整。

由于百盛公司上期期末评估，M 公司债券信用风险虽然仍比较显著，但已不存在表明已发生信用减值的客观证据，因此，本期 M 公司债券按其账面余额（未扣除减值准备）和实际利率计算利息收入。需要注意的是，由于上期的利息收入是按扣除了减值准备的摊余成本计算的，因此，本期应首先调整上期少确认的利息收入和多摊销的利息调整，以使债权投资的账面余额反映假定没有发生信用减值情况下的金额，然后再按账面余额确认本期的利息收入。

利息收入调整额 = 91 671 − 41 253 = 50 418（元）

利息调整摊销额 = 16 671 + 33 747 = 50 418（元）

借：债权投资——M 公司债券（利息调整）   50 418

 贷：投资收益——M 公司债券   50 418

借：应收利息——M 公司   75 000

  债权投资——M 公司债券（利息调整）   18 004

 贷：投资收益——M 公司债券   93 004

②评估 M 公司债券的信用风险，计提损失准备。

本期，M 公司经过进一步采取措施，基本解决了重大财务困境。百盛公司通过信用风险评估认为，M 公司已不存在客观证据表明已发生信用减值，但债券信用风险仍比较显著，因此，百盛公司按照 M 公司债券整个存续期内预期信用损失的金额计量损失准备，预计 M 公司债券未来整个存续期内信用风险如下：发生违约并损失 30% 的概率为 30%；不发生违约的概率为 70%（其中：1 期、8% 的复利现值系数为 0.9259）。

$$未来整个存续期内预期信用损失 = （1\,200\,000 + 75\,000）\times 0.9259 \times 30\% \times 30\%$$
$$= 106\,247（元）$$

本期应转回损失准备 = 232 502 − 106 247 = 126 255（元）

借：债权投资减值准备   126 255
 贷：信用减值损失   126 255

③收到 20×8 年度债券利息。

借：银行存款   75 000
 贷：应收利息   75 000

（6）20×9 年 12 月 31 日。

①确认利息收入并摊销利息调整。

由于 M 公司债券已经到期，应将未摊销的利息调整金额全部摊销，使债权投资的面余额反映债券面值。

借：应收利息——M 公司   75 000
 债权投资——M 公司债券（利息调整） 19 443
 贷：投资收益——M 公司债券 94 443

②M 公司债券到期，根据还本付息的实际结果进行相应的会计处理。

A. 假定百盛公司收回全部债券面值和最后一期债券利息，则：

借：债权投资减值准备   106 247
 贷：信用减值损失   106 247
借：银行存款   1 275 000
 贷：债权投资——M 公司债券（成本） 1 200 000
  应收利息   75 000

B. 假定百盛公司收回债券面值和最后一期债券利息的 80%，则：

M 公司债券信用损失 = (1 200 000 + 75 000) × 20% = 255 000（元）
调整已计提的损失准备金额 = 255 000 − 106 247 = 148 753（元）

借：信用减值损失   148 753
 贷：债权投资减值准备   148 753
借：银行存款   1 020 000
 债权投资减值准备 255 000
 贷：债权投资——M 公司债券（成本） 1 200 000
  应收利息   75 000

5.4.4 其他债权投资损失准备的计量

资产负债表日，企业对以公允价值计量且其变动计入其他综合收益的其他债权投资，应运用预期信用损失的三阶段模型，将损失准备计入其他综合收益，并将减值损失或利得计入当期损益，且不减少该金融资产在资产负债表中列示的账面价值。

资产负债表日，企业应按照本期公允价值比较上期的下跌金额，借记"其他综合收益——其他债权投资公允价值变动"科目，贷记"其他债权投资——公允价值变动"科目；按照当期确认的预期信用损失金额，借记"信用减值损失"科目，贷记"其他综合收益——信用减值准备"科目。

对于已确认预期信用损失的其他债权投资，在之后的会计期间因信用风险降低导致预期信用损失减少，应当按照减少的预期信用损失金额转回原已确认的预期信用损失。资产负债表日，企业应按本期公允价值较上期的回升金额，借记"其他债权投资——公允价值变动"科目，贷记"其他综合收益——其他债权投资公允价值变动"科目；同时，按应于当期转回的预期信用损失金额，借记"其他综合收益——信用减值准备"科目，贷记"信用减值损失"科目。

本章小结

债权投资，是指业务管理模式为以特定日期收取合同现金流量为目的的金融资产，通常是指企业购入的准备持有到期的国债和企业债券。初始确认时，应当按照取得时的公允价值和相关交易费用之和作为初始入账价值，持有期间按照摊余成本计量。

以公允价值计量且其变动计入其他综合收益的金融资产主要包括其他债权投资和其他权益工具投资，应按照取得该金融资产的公允价值和相关交易费用之和作为初始确认金额。资产负债表日，应以公允价值计量，其公允价值与账面余额的差额，计入所有者权益。

企业改变其管理金融资产的业务模式时，应对所有受影响的相关金融资产进行重分类。

资产负债表日，企业应按照准则规定，以预期信用损失为基础，对以摊余成本计量的金融资产和以公允价值计量且其变动计入其他综合收益的金融资产进行减值会计处理并确认损失准备。

6 长期股权投资

学习目标

通过本章学习，掌握长期股权投资的初始计量；掌握长期股权投资成本法、权益法的核算；熟悉长期股权投资后续计量方法转换的处理；掌握长期股权投资处置的核算。

6.1 长期股权投资概述

6.1.1 长期股权投资的概念

长期股权投资，是指投资方对被投资单位实施控制、重大影响的权益性投资，以及对其合营企业的权益性投资。长期股权投资对于投资方来说是金融资产，对于被投资单位来说是权益工具，形成被投资单位的所有者权益。

6.1.2 长期股权投资的核算内容

企业会计准则将股权投资分为两部分核算，一部分是作为金融工具进行确认、计量；另一部分是作为长期股权投资进行确认、计量。长期股权投资的概念中已经界定了作为长期股权投资核算的内容，投资后投资方能够对被投资方施以控制、共同控制、重大影响的投资通过长期股权投资核算。

6.1.2.1 控制

控制，是指投资方拥有对被投资方的权力，通过参与被投资方的相关活动而享有可变回报，并且有能力运用对被投资方的权力影响其回报金额。拥有控制权的投资方与被投资方被称为母子公司。企业参与被投资方的相关活动，是指对被投资方的回报产生重大影响的活动。被投资方的相关活动应当根据具体情况进行判断，通常包括商品或劳务的销售和购买、金融资产的管理、资产的购买和处置、研究与开发活动以及融资活动等。无论企业是否实际行使参与被投资方的相关活动的权利，只要企业有能力主导被投资方的相关活动，即视为企业拥有对被投资方的权力。如果两个或两个以上的企业分别享有能够单方面主导被投资方不同相关活动的现时权利时，能够主导对被投资方回报产生最重大影响的活动的企业拥有对被投资方的权力。

企业在判断是否拥有对被投资方的权力时，应当仅考虑与被投资方相关的实质性权利，包括自身所享有的实质性权利以及其他方所享有的实质性权利。如果企业仅享有保护性权利则不拥有对被投资方的权力。实质性权利是指持有人在对相关活动进行决策时有实际能力行使的可执行权利。保护性权利是指仅为了保护权利持有人利益却没有赋予持有人对相关活动决策权的一项权利。

应当综合考虑所有相关因素，包括权利持有人行使该项权利是否存在财务、价格、条款、机制、信息、运营、法律法规等方面的障碍；当权利由多方持有或者行权需要多方同意时，是否存在实际可行的机制使这些权利持有人在其愿意的情况下能够一致行权；权利持有人能否从行权中获利等。

除非有确凿证据表明企业不能主导被投资方相关活动，企业拥有下列实质性权利，表明企业对被投资方拥有权力：

（1）企业持有被投资方半数以上的表决权的。

（2）企业持有被投资方半数或以下的表决权，但通过与其他表决权持有人之间的协议能够控制半数以上表决权的。如：A 公司拥有 B 公司 40% 的表决权资本，C 公司拥有 B 公司 30% 的表决权资本。A 公司与 C 公司达成协议，C 公司在 B 公司的权益由 A 公司代表。在这种情况下，A 公司实质上拥有 B 公司 70% 表决权资本的控制权，表明 A 公司实质上控制 B 公司。

（3）企业持有被投资方半数或以下的表决权，如果存在下列事实和情况，可以视为企业对被投资方拥有权力：

1）相对于其他投资方，企业持有的表决权份额比较大，而且其他投资方持有的表决权份额比较分散，不足以影响企业主导被投资方相关活动的能力；

2）加上企业持有的被投资方的潜在表决权，如可转换公司债券、可执行认股权证等，使企业有能力主导被投资方的相关活动；

3）通过其他合同安排产生的权利足以使企业有能力主导被投资方的相关活动；

4）被投资方以往的表决权行使情况等其他相关事实和情况。

在某些情况下，企业可能难以判断其享有的权利是否足以使其拥有对被投资方的权力。如果有证据证明企业具有实际能力以单方面主导被投资方的相关活动亦可视为企业拥有对被投资方的权力。这些证据包括但不限于下列事项：

1）企业能够任命或批准被投资方的关键管理人员；

2）企业能够出于其自身利益决定或否决被投资方的重大交易；

3）企业能够掌控被投资方董事会等类似权力机构成员的任命程序，或者从其他表决权持有人手中获得代理权；

4）企业与被投资方的关键管理人员或董事会等类似权力机构中的多数成员存在关联方关系。

需要注意的是，某些情况下，其他方享有的实质性权利有可能会阻止企业对被投资方的控制。比如企业拥有对被投资方的权力，但存在投资协议约定被投资方的其他投资企业有对被投资方相关活动的一票否决权，此时企业对被投资方不具有控制权。

6.1.2.2 共同控制

共同控制与合营安排是紧密联系的。合营安排，是指一项由两个或两个以上的参与方共同控制的安排。共同控制，是指按照相关约定对某项安排所共有的控制，并且该安排的相关活动必须经过分享控制权的参与方一致同意后才能决策。概念中所指的相关活动，是指对某项安排的回报产生重大影响的活动。某项安排的相关活动应当根据具体情况进行判断，通常包括商品或劳务的销售和购买、金融资产的管理、资产的购买和处置、研究与开发活动以及融资活动等。

合营安排分为共同经营和合营企业两类，可以认定为长期股权投资的共同控制是指对其合营企业的权益性投资。具体划分的依据是：未通过单独主体达成的合营安排应当划分为共同经营；通过单独主体达成的合营安排应当划分为合营企业。所谓单独主体是指具有单独可辨认的财务架构的主体，包括单独的法人主体和不具备法人主体资格但法律认可的主体。合营安排参与方既包括对合营安排享有共同控制的参与方（合营方），也包括对合营安排不享有共同控制的参与方，合营安排并不要求所有参与方都对该安排实施共同控制。

共同控制的特点是合营各方均受到合营合同的限制和约束；实施共同控制的任何一方投资者都不能够单独控制被投资企业，对被投资企业具有共同控制的任何一方投资者均能够阻止其他投资方单独控制被投资企业。

判断被投资企业是否存在共同控制，应当首先判断所有投资方或投资方组合是否集体控制被投资企业，其次再判断被投资企业的相关活动的决策是否必须经过这些集体控制被投资企业的投资方一致同意。如果存在两个或两个以上的投资方组合能够集体控制被投资企业的，不构成共同控制。

6.1.2.3　重大影响

重大影响，是指企业对被投资单位的财务和经营政策有参与决策的权力，但并不能够控制或者与其他投资方一起共同控制这些政策的制定。企业能够对被投资单位施加重大影响的，被投资单位为其联营企业。

投资企业直接或通过子公司拥有被投资单位20%以上但低于50%的表决权股份时，一般认为对被投资单位具有重大影响，除非有明确的证据表明该种情况下不能参与被投资单位的财务和经营政策的决策，不形成重大影响。投资企业拥有被投资单位有表决权股份的比例低于20%的，一般认为对被投资单位不具有重大影响，但符合下列情况之一的，应认为对被投资单位具有重大影响：

（1）在被投资单位的董事会或类似权力机构中派有代表。这种情况下，由于在被投资单位的董事会或类似权力机构中派有代表，并享有相应的实质性的参与决策权，投资企业可以通过该代表参与被投资单位经营政策的制定，达到对被投资单位施加重大影响。

（2）参与被投资单位的经营政策制定过程，包括股利分配政策等的制定。这种情况下，因可以参与被投资单位的政策制定过程，在制定政策过程中可以为其自身利益提出建议和意见，从而对被投资单位施加重大影响。

（3）与被投资单位之间发生重要交易。有关的交易因对被投资单位的日常经营具有重要性，进而一定程度上可以影响到被投资单位的生产经营决策。

（4）向被投资单位派出管理人员。这种情况下，通过投资企业对被投资单位派出管理人员，管理人员有权力并负责被投资单位的财务和经营活动，从而能够对被投资单位施加重大影响。

（5）向被投资单位提供关键技术资料。因被投资单位的生产经营需要依赖投资企业的技术或技术资料。表明投资企业对被投资单位具有重大影响。

在确定能否对被投资单位施加重大影响时，一方面应考虑投资企业直接或间接持有被投资单位的表决权股份，另一方面要考虑企业及其他方持有的现行可执行潜在表决权在假定转换为对被投资单位的股权后产生的影响，如被投资单位发行的现行可转换的认股权证、股票期权及可转换公司债券等的影响，如果其在转换为对被投资单位的股权后，能够增加投资企业的表决权比例或是降低被投资单位其他投资者的表决权比例，从而使投资企业能够参与被投资单位的财务和经营决策的，应当认为投资企业对被投资单位具有重大影响。

6.2 长期股权投资的初始计量

6.2.1 长期股权投资初始计量原则

（1）企业在取得长期股权投资时，应按初始投资成本入账。长期股权投资可以通过控股合并形成，也可以通过控股合并以外的其他方式取得，在不同的取得方式下，初始投资成本的确定方法有所不同。企业应当分别控股合并和不形成控股合并两种情况确定长期股权投资的初始投资成本。

（2）企业在取得长期股权投资时，如果实际支付的价款或其他对价中包含已宣告但尚未发放的现金股利或利润，则该现金股利或利润在性质上属于暂付应收款项，应作为应收项目单独入账，不构成长期股权投资的初始投资成本。

6.2.2 对子公司投资的初始计量

对子公司投资的取得一般是通过企业合并方式获得的。企业合并，是指将两个或者两个以上单独的企业合并形成一个报告主体的交易或事项。企业合并分为同一控制下的企业合并和非同一控制下的企业合并。

6.2.2.1 同一控制下企业合并形成的长期股权投资

同一控制下企业合并是指参与合并的企业在合并前后均受同一方或相同的多方最终控制且该控制并非暂时性的。在合并日取得对其他参与合并企业控制权的一方为合并方，参与合并的其他企业为被合并方。合并方实际取得对被合并方控制权的日期为合并日。

（1）同一控制下企业合并的初始价值的确定。合并方在企业合并中取得的资产和负债，应当按照合并日在被合并方的账面价值计量。合并方取得的净资产账面价值与支付的合并对价账面价值（或发行股份面值总额）的差额，应当调整资本公积；资本公积不足冲减的，调整留存收益。

为企业合并发行的债券或承担其他债务支付的手续费、佣金等，应当计入所发行债券及其他债务的初始计量金额。企业合并中发行权益性证券发生的手续费、佣金等费用，应当抵减权益性证券溢价收入，溢价收入不足冲减的，冲减留存收益。

合并方为进行企业合并发生的各项直接相关费用，包括为进行企业合并而支付的审计费用、评估费用、法律服务费用等，应当于发生时计入当期损益。

（2）同一控制下企业合并的核算。

1）合并方以支付现金、转让非现金资产或承担债务方式作为合并对价的。

合并方以支付现金、转让非现金资产或承担债务方式作为合并对价的，应当在合并日按照取得被合并方所有者权益在最终控制方合并财务报表中的账面价值的份额作为长期股权投资的初始投资成本，借记"长期股权投资——投资成本"科目，按应享有被投资单位已宣告但尚未发放的现金股利或利润，借记"应收股利"科目；按支付的合并对价的账面价值，贷记有关资产或借记有关负债科目，按照长期股权投资初始投资成本与支付的现金、转让的非现金资产以及所承担债务账面价值之间的差额，贷记"资本公积——资本溢价或股本溢价"科目；如为借方差额，应借记"资本公积——资本溢价或股本溢价"科目，资本公积（资本溢价或股本溢价）不足冲减的，借记"盈余公积""利润分配——未分配利润"科目。

【例6-1】百盛公司和A公司是同为B公司所控制的两个子公司。20×8年3月25日，百盛公司以账面原价为1 000万元，已摊销金额为200万元的无形资产和3 000万元的银行存款作为合并对价，取得A公司80%的股份。20×8年4月1日，百盛公司实际取得对A公司的控制权，当日，A公司所有者权益账面价值总额为4 500万元，百盛公司"资本公积——股本溢价"科目余额为150万元，"盈余公积"科目余额为300万元。在与A公司的合并过程中，百盛公司以银行存款支付审计费用、评估费用、法律服务费用等31.8万元（其中可以抵扣的增值税1.8万元）。

百盛公司在合并日20×8年4月1日的会计处理如下：

（1）确认取得的长期股权投资。

初始投资成本＝4 500×80%＝3 600（万元）

借：长期股权投资——投资成本	36 000 000
资本公积——股本溢价	1 500 000
盈余公积	500 000
累计摊销	2 000 000
贷：无形资产	10 000 000
银行存款	30 000 000

（2）支付直接相关费用。

借：管理费用	300 000
应交税费——应交增值税（进项税额）	18 000
贷：银行存款	318 000

2）合并方以发行权益性证券作为合并对价的。合并方以发行权益性证券作为合并对价的，应当在合并日按照被合并方所有者权益在最终控制方合并财务报表中的账面价值的份额作为长期股权投资的初始投资成本，借记"长期股权投资——投资成本"科目，按应享有被投资单位已宣告但尚未发放的现金股利或利润，借记"应收股利"科目；按发行权益性证券的面值，贷记"股本"科目，按长期股权投资初始投资成本与所发行权益性证券的面值总额之间的差额，贷记"资本公积——股本溢价"科目；如为借方差额，应借记"资本公积——股本溢价"科目，资本公积（股本溢价）不足冲减的，借记"盈余公积""利润分配——未分配利润"科目。

【例6-2】百盛公司和 A 公司是同为 B 公司所控制的两个子公司。20×8年5月1日，百盛公司以增发的权益性证券作为合并对价，取得 A 公司70%的股份。百盛公司增发的权益性证券为每股面值1元的普通股股票，共增发3 000万股，支付手续费及佣金等发行费用106万元（其中可以抵扣的增值税6万元）。20×8年5月1日，百盛公司实际取得对 A 公司的控制权，当日 A 公司所有者权益账面价值总额为6 000万元。

百盛公司在合并日20×8年5月1日的会计处理如下：

初始投资成本=6 000×70%=4 200（万元）

（1）借：长期股权投资——投资成本 　　　　　　　　　　　42 000 000

　　　贷：股本 　　　　　　　　　　　　　　　　　　　　30 000 000

　　　　　资本公积——股本溢价 　　　　　　　　　　　　12 000 000

（2）借：资本公积——股本溢价 　　　　　　　　　　　　　1 000 000

　　　　　应交税费——应交增值税（进项税额） 　　　　　　　60 000

　　　贷：银行存款 　　　　　　　　　　　　　　　　　　　1 060 000

需要注意的是，在按照合并日应享有被合并方所有者权益账面价值的份额确定长期股权投资的初始投资成本时，要求合并前被合并方与合并方所采用的会计政策、会计期间一致。如果合并前被合并方与合并方所采用的会计政策、会计期间不一致，合并方应当首先在合并日按照本企业会计政策对被合并方的财务报表相关项目进行调整，并以调整后的被合并方所有者权益账面价值为基础，按合并方的持股比例计算确定长期股权投资的初始投资成本。

6.2.2.2　非同一控制下企业合并形成的长期股权投资

非同一控制下企业合并是指参与合并的各方在合并前后不受同一方或相同的多方最终控制的。在购买日取得对其他参与合并企业控制权的一方为购买方，参与合并的其他企业为被购买方。是指购买方实际取得对被购买方控制权的日期为购买日。

（1）非同一控制下企业合并的初始价值的确定。非同一控制下的企业合并中，购买方应当按照确定的企业合并成本作为长期股权投资的初始投资成本。购买方应当区别下列情况确定合并成本：

1）一次交换交易实现的企业合并，合并成本为购买方在购买日为取得对被购买方的控制权而付出的资产、发生或承担的负债以及发行的权益性证券的公允价值。

2）通过多次交换交易分步实现的企业合并，合并成本为每一单项交易成本之和。

3）购买方为进行企业合并发生的各项直接相关费用也应当计入企业合并成本。

4）在合并合同或协议中对可能影响合并成本的未来事项作出约定的，购买日如果估计未来事项很可能发生并且对合并成本的影响金额能够可靠计量的，购买方应当将其计入合并成本。

购买方在购买日对作为企业合并对价付出的资产、发生或承担的负债应当按照公允价值计量，公允价值与其账面价值的差额，计入当期损益。

购买方在购买日应当对合并成本进行分配以确认所取得的被购买方各项可辨认资产、负债及或有负债。

1）购买方对合并成本大于合并中取得的被购买方可辨认净资产公允价值份额的差额，应当确认为商誉。初始确认后的商誉，应当以其成本扣除累计减值准备后的金额计量。

2）购买方对合并成本小于合并中取得的被购买方可辨认净资产公允价值份额的差额应当计入当期损益。

被购买方可辨认净资产公允价值，是指合并中取得的被购买方可辨认资产的公允价值减去负债及或有负债公允价值后的余额。被购买方各项可辨认资产、负债及或有负债，符合下列条件的，应当单独予以确认：

1）合并中取得的被购买方除无形资产以外的其他各项资产（不仅限于被购买方原已确认的资产），其所带来的经济利益很可能流入企业且公允价值能够可靠地计量的，应当单独予以确认并按照公允价值计量。

合并中取得的无形资产，其公允价值能够可靠地计量的，应当单独确认为无形资产并按照公允价值计量。

2）合并中取得的被购买方除或有负债以外的其他各项负债，履行有关的义务很可能导致经济利益流出企业且公允价值能够可靠地计量的，应当单独予以确认并按照公允价值计量。

3）合并中取得的被购买方或有负债，其公允价值能够可靠地计量的，应当单独确认为负债并按照公允价值计量。

（2）非同一控制下企业合并的核算。购买方以支付货币资金的方式取得被购买方的股权的，应按照支付的货币资金作为初始投资成本，借记"长期股权投资——投资成本"科目，按应享有被投资单位已宣告发放但尚未支取的现金股利，借记"应收股利"科目；按实际支付的全部款项，贷记"银行存款"等科目。

购买方以付出货币资金以外的其他资产的方式取得被购买方的股权的，付出的资产应按资产处置的方式进行处理，应按照资产的公允价值作为初始投资成本，借记"长期股权投资——投资成本"科目；按照资产的价值，贷记"主营业务收入""其他业务收入""固定资产清理""应交税费——应交增值税（销项税额）"等科目。同时，将付出资产的公允价值与其账面价值的差额计入当期损益。

购买方以承担债务的方式取得被购买方的股权，应按照债务的公允价值作为初始投资成本，借记"长期股权投资——投资成本"科目，贷记有关负债科目。

购买方以发行股票等方式取得被购买方的股权，应在购买日按照发行股票等的公允价值作为长期股权投资的初始投资成本，借记"长期股权投资——投资成本"科目，按照发行股份的面值总额，贷记"股本"科目，按照长期股权投资初始投资成本与所发行股份面值总额之间的差额，贷记"资本公积——资本溢价或股本溢价"科目；如为借方差额，应借记"资本公积——资本溢价或股本溢价"科目，资本公积（资本溢价或股本溢价）不足冲减的，借记"盈余公积""利润分配——未分配利润"科目。

购买方为进行长期股权投资发生的审计、法律服务、评估咨询等中介费用以及其他相关费用，应于发生时计入当期损益，根据直接相关费用的价款借记"管理费用"科目，根据可以抵扣的增值税借记"应交税费——应交增值税（进项税额）"等科目，根据支付的全部款项贷记"银行存款"等科目。

【例6-3】百盛公司于20×8年3月31日取得了B公司70%的股权。合并中，百盛公司支付的有关资产在购买日的账面价值与公允价值如表6-1所示。合并中，百盛公司为核实 B 公司的资产价值，聘请专业资产评估机构对 B 公司的资产进行评估，支付审计、评估费用 106 万元（其中可以抵扣的增值税 6 万元）。本例中假定合并前百盛公司与 B 公司及其股东不存在任何关联方关系。

表 6 - 1　百盛公司支付的有关资产购买日的账面价值和公允价值

20 × 8 年 3 月 31 日　　　　　　　　　　　　　　单位：万元

项目	账面价值	公允价值	增值税额
土地使用权	2 000（成本为 3 000，累计摊销 1 000）	3 200	320
专利技术	800（成本为 1 000，累计摊销 200）	1 000	100
银行存款	800	800	—
合　计	3 600	5 000	420

百盛公司应进行的会计处理为：

（1）借：长期股权投资——投资成本　　　　　　　　　　　　　54 200 000

　　　　累计摊销　　　　　　　　　　　　　　　　　　　　12 000 000

　　贷：银行存款　　　　　　　　　　　　　　　　　　　　　8 000 000

　　　　无形资产　　　　　　　　　　　　　　　　　　　　40 000 000

　　　　应交税费——应交增值税（销项税额）　　　　　　　　4 200 000

　　　　资产处置损益　　　　　　　　　　　　　　　　　　14 000 000

（2）借：管理费用　　　　　　　　　　　　　　　　　　　　　1 000 000

　　　　应交税费——应交增值税（进项税额）　　　　　　　　　60 000

　　贷：银行存款　　　　　　　　　　　　　　　　　　　　　1 060 000

【例 6 - 4】百盛公司和 C 公司为两个独立的法人企业，合并之前不存在任何关联方关系。20 × 8 年 1 月 10 日，百盛公司和 C 公司达成合并协议，约定百盛公司以银行存款 5 000 万元以及一批库存商品、机器设备作为合并对价，取得 C 公司 70% 的股权。库存商品的账面价值为 3 200 万元，未计提存货跌价准备，购买日不含增值税的公允价值为 4 000 万元，增值税销项税额为 640 万元；机器设备的原始价值为 800 万元，累计折旧为 300 万元，不含增值税的公允价值为 600 万元，增值税销项税额为 96 万元。20 × 8 年 2 月 1 日，百盛公司实际取得对 C 公司的控制权。在与 C 公司的合并过程中，百盛公司以银行存款支付审计费用、评估费用、法律服务费用等共计 106 万元（其中可以抵扣的增值税 6 万元）。

百盛公司在购买日 20 × 8 年 2 月 1 日的会计处理如下：

合并成本 = 5 000 + 4 000 + 600 + 640 = 10 240（万元）

（1）借：固定资产清理　　　　　　　　　　　　　　　　　　5 000 000

　　　　累计折旧　　　　　　　　　　　　　　　　　　　　3 000 000

　　贷：固定资产　　　　　　　　　　　　　　　　　　　　8 000 000

（2）借：长期股权投资——投资成本　　　　　　　　　　　　　102 400 000
　　　　贷：银行存款　　　　　　　　　　　　　　　　　　　　50 000 000
　　　　　　主营业务收入　　　　　　　　　　　　　　　　　　40 000 000
　　　　　　应交税费——应交增值税（销项税额）　　　　　　　6 400 000
　　　　　　固定资产清理　　　　　　　　　　　　　　　　　　6 000 000
（3）借：固定资产清理　　　　　　　　　　　　　　　　　　　　1 000 000
　　　　贷：资产处置损益　　　　　　　　　　　　　　　　　　　1 000 000
（4）借：主营业务成本　　　　　　　　　　　　　　　　　　　　32 000 000
　　　　贷：库存商品　　　　　　　　　　　　　　　　　　　　32 000 000
（5）借：管理费用　　　　　　　　　　　　　　　　　　　　　　1 000 000
　　　　　　应交税费——应交增值税（进项税额）　　　　　　　　60 000
　　　　贷：银行存款　　　　　　　　　　　　　　　　　　　　1 060 000

【例6-5】百盛公司和B公司为两个独立的法人企业，百盛公司以发行的权益性证券作为合并对价，取得B公司80%的股权。百盛公司拟增发的权益性证券为每股面值1元的普通股股票，共增发1 800万股，每股公允价值3元；20×8年7月1日，百盛公司完成了权益性证券的增发，发生手续费及佣金等发行费用100万元。在与B公司的合并过程中，百盛公司另以银行存款支付审计费用、评估费用、法律服务费用等共计74.2万元（其中可以抵扣的增值税4.2万元）。

百盛公司在购买日20×8年7月1日的会计处理如下：
合并成本＝3×1 800＝5 400（万元）
（1）借：长期股权投资——B公司　　　　　　　　　　　　　　54 000 000
　　　　贷：股本　　　　　　　　　　　　　　　　　　　　　18 000 000
　　　　　　资本公积——股本溢价　　　　　　　　　　　　　35 000 000
　　　　　　银行存款　　　　　　　　　　　　　　　　　　　1 000 000
（2）借：管理费用　　　　　　　　　　　　　　　　　　　　　　700 000
　　　　　　应交税费——应交增值税（进项税额）　　　　　　　　42 000
　　　　贷：银行存款　　　　　　　　　　　　　　　　　　　　742 000

6.2.3　对联营企业、合营企业投资的初始计量

对联营企业、合营企业的投资，取得时初始成本的确定应遵循以下规定：

（1）以支付现金取得的长期股权投资。企业以支付现金取得的长期股权投资，应当按照实际支付的购买价款作为长期股权投资的初始投资成本，购买价款包括买价和购买过程中支付的与取得长期股权投资直接相关的费用、税金及其他必要支出。

（2）以发行权益性证券方式取得的长期股权投资。企业以发行权益性证券方式取得的长期股权投资，应当按照所发行权益性证券的公允价值作为长期股权投资的初始投资成本。为发行权益性证券而支付给证券承销机构的手续费、佣金等相关税费及其他直接相关支出，不构成长期股权投资的初始成本，应自权益性证券的溢价发行收入中扣除；权益性证券的溢价发行收入不足冲减的，应依次冲减盈余公积和未分配利润。

企业无论是以何种方式取得长期股权投资，取得投资时，对于被投资单位已经宣告但

尚未发放的现金股利或利润应作为应收项目单独核算，不构成长期股权投资成本。

【例6-6】百盛公司以支付现金的方式取得A公司20%的股权，实际支付的买价为500万元，在购买过程中另支付手续费等相关费用10万元。股权购买价款中包含A公司已宣告但尚未发放的现金股利15万元。百盛公司取得该部分股权后能够对A公司施加重大影响。

（1）购入A公司20%的股权时：

初始投资成本 = 500 + 10 - 15 = 495 （万元）

借：长期股权投资——A公司　　　　　　　　　　　　　　　4 950 000

　　应收股利　　　　　　　　　　　　　　　　　　　　　　150 000

　　贷：银行存款　　　　　　　　　　　　　　　　　　　　5 100 000

（2）收到A公司派发的现金股利时：

借：银行存款　　　　　　　　　　　　　　　　　　　　　　150 000

　　贷：应收股利　　　　　　　　　　　　　　　　　　　　　150 000

【例6-7】百盛公司和B公司达成协议，约定百盛公司以增发的权益性证券作为对价，取得B公司20%的股权。百盛公司增发的权益性证券为每股面值1元的普通股股票，共增发800万股，每股发行价格3元，向证券承销机构支付发行手续费及佣金等直接相关费用50万元。百盛公司取得该部分股权后，能够对B公司的生产经营决策施加重大影响，百盛公司将其划分为长期股权投资。

初始投资成本 = 3 × 00 = 2 400 （万元）

（1）借：长期股权投资——B公司　　　　　　　　　　　24 000 000

　　　　贷：股本　　　　　　　　　　　　　　　　　　　8 000 000

　　　　　　资本公积——股本溢价　　　　　　　　　　16 000 000

（2）借：资本公积——股本溢价　　　　　　　　　　　　　500 000

　　　　贷：银行存款　　　　　　　　　　　　　　　　　　500 000

企业以债务重组、非货币性资产交换等方式取得的长期股权投资，其初始投资成本应按照《企业会计准则第12号——债务重组》和《企业会计准则第7号——非货币性资产交换》的规定确定。

6.3　长期股权投资的后续计量

企业取得的长期股权投资在持有期间，要根据对被投资单位的影响程度，分别采用成本法或权益法进行会计核算。对子公司的长期股权投资应当按成本法核算，对合营企业、联营企业的长期股权投资应当按权益法核算。

6.3.1　长期股权投资的成本法

投资方持有的对子公司投资应当采用成本法核算，投资方为投资性主体且子公司不纳入其合并财务报表的除外。

6.3.1.1 成本法的定义

成本法是指长期股权投资的价值通常按照初始投资成本计量，除追加或收回投资外，一般不对长期股权投资的账面价值进行调整的一种会计处理方法。投资方能够对被投资单位实施控制的长期股权投资应当采用成本法核算。

6.3.1.2 成本法的核算

采用成本法核算的长期股权投资，核算方法如下：

（1）设置"长期股权投资"科目，反映长期股权投资的初始投资成本。在收回投资前，无论被投资单位经营情况如何，净资产是否增减，持有过程中除发生减值等情况外，投资方一般不对股权投资的账面价值进行调整。

（2）发生初始投资或追加投资时，应按照初始投资或追加投资的成本增加长期股权投资的账面价值。

（3）除取得投资时实际支付的价款或对价中包含的已宣告但尚未发放的现金股利或利润外，投资企业应当按照被投资单位宣告发放的现金股利或利润中属于本企业享有的部分确认为当期投资收益；被投资单位宣告分派股票股利，投资企业应于除权日作备忘记录，则只调整持股数量，降低每股成本，不作账务处理；被投资单位未分派股利，投资企业不作任何账务处理。

（4）投资企业在确认自被投资单位应分得的现金股利或利润后，应当考虑有关长期股权投资是否发生减值。在判断该类长期股权投资是否存在减值迹象时，应当关注长期股权投资的账面价值是否大于享有被投资单位净资产（包括相关商誉）账面价值的份额等情况。出现类似情况时，企业应当对长期股权投资进行减值测试，可收回金额低于长期股权投资账面价值的，应当计提减值准备。

（5）子公司将未分配利润或盈余公积转增股本（实收资本），且未向投资方提供等值现金股利或利润的选择权时，投资方并没有获得收取现金或者利润的权力，该项交易通常属于子公司自身权益结构的重分类，会计准则规定投资方不应确认相关的投资收益。

【例6-8】百盛公司于20×7年4月10日自非关联方处取得乙公司60%股权，成本为12 000 000元。相关手续于当日完成，并能对乙公司实施控制。20×8年2月6日，乙公司宣告分派现金股利，百盛公司按照持股比例可取得100 000元。乙公司于20×8年2月12日实际分派现金股利。不考虑相关税费等其他因素的影响。根据以上资料，百盛公司编制会计分录如下：

（1）20×7年4月10日，取得投资时：

借：长期股权投资——乙公司　　　　　　　　　　　　　　12 000 000
　　贷：银行存款　　　　　　　　　　　　　　　　　　　　12 000 000

（2）20×8年2月6日，乙公司宣告分派现金股利时：

借：应收股利　　　　　　　　　　　　　　　　　　　　　100 000
　　贷：投资收益　　　　　　　　　　　　　　　　　　　　100 000

（3）20×8年2月12日，百盛公司实际收到现金股利时：

借：银行存款　　　　　　　　　　　　　　　　　　　　　100 000
　　贷：应收股利　　　　　　　　　　　　　　　　　　　　100 000

进行上述处理后，如相关长期股权投资存在减值迹象的，应当进行减值测试。

6.3.2　长期股权投资的权益法

投资方对联营企业和合营企业的长期股权投资，应当采用权益法核算。投资方对联营企业的权益性投资，其中一部分通过风险投资机构、共同基金、信托公司或包括投连险基金在内的类似主体间接持有的，无论以上主体是否对这部分投资具有重大影响，投资方都可以对间接持有的该部分投资选择以公允价值计量且其变动计入当期损益的金融资产进行确认和计量，并对其余部分确认为长期股权投资，采用权益法进行后续计量。

6.3.2.1　权益法的定义

权益法，是指投资以初始投资成本计量后，在投资持有期间根据投资企业享有被投资单位所有者权益的份额的变动对投资的账面价值进行调整的方法。

对合营企业和联营企业投资应当采用权益法核算。投资方在判断被投资单位是否具有共同控制或重大影响时，应综合考虑直接持有的股权和通过子公司间接持有的股份。

6.3.2.2　会计科目的设置

采用权益法核算，在"长期股权投资"科目下应当设置"投资成本""损益调整""其他综合收益""其他权益变动"明细科目，分别反映长期股权投资的初始投资成本、被投资单位发生净损益、其他综合收益、利润分配及其他所有者权益变动而对长期股权投资账面价值进行调整的金额。其中：

（1）投资成本。反映长期股权投资的初始投资成本，以及在长期股权投资的初始投资成本小于取得投资时应享有被投资单位可辨认净资产公允价值份额的情况下，按其差额调整初始投资成本后形成的账面价值。

（2）损益调整。反映投资企业应享有或应分担的被投资单位实现的净损益份额，以及被投资单位分派的现金股利或利润中投资企业应获得的份额。

（3）其他综合收益。反映被投资单位其他综合收益发生变动，投资企业应享有或承担的份额。

（4）其他权益变动。反映被投资单位除净损益、其他综合收益、利润分配外所有者权益的其他变动，根据投资企业应享有或承担的份额而需要对长期股权投资账面价值进行调整的金额。

6.3.2.3　取得长期股权投资的会计处理

企业在取得长期股权投资时，按照确定的初始投资投成本入账。初始投资成本与应享有被投资单位可辨认净资产公允价值份额之间的差额，应区别情况处理：

（1）初始投资成本大于取得投资时应享有被投资单位可辨认净资产公允价值的份额，二者之间的差额在本质上是通过投资作价体现的与所取得的股权份额相对应的商誉价值，这种情况下不要求对长期股权投资的成本进行调整。

（2）初始投资成本小于投资时应享有被投资单位可辨认净资产公允价值的份额，二者之间的差额体现为投资作价过程中转让方的让步，该差额导致的经济利益流入应作为一项收益，计入取得投资的当期损益，同时调整长期股权投资的账面价值。

投资企业应享有被投资单位可辨认净资产公允价值的份额，可用下列公式计算：

$$应享有被投资单位可辨认净资产公允价值份额 = 投资时被投资单位可辨认净资产公允价值总额 \times 投资企业持股比例$$

【例6-9】百盛公司于20×7年1月1日取得B公司30%的股权，实际支付价款30 000 000元。取得投资时被投资单位账面所有者权益的构成如下（假定该时点被投资单位各项可辨认资产、负债的公允价值与其账面价值相同）：

表6-2 B公司所有者权益账面价值明细表

20×7年1月1日 单位：元

项目	公允价值
实收资本	30 000 000
资本公积	24 000 000
盈余公积	6 000 000
未分配利润	15 000 000
所有者权益总额	75 000 000

假定在B公司的董事会中，所有股东均以其持股比例行使表决权。百盛公司在取得对B公司的股权后，派人参与了B公司的财务和生产经营决策。因能够对B公司的生产经营决策施加重大影响，百盛公司对该项投资采用权益法核算。

取得投资时，百盛公司应进行的账务处理为：

借：长期股权投资——B公司（投资成本） 30 000 000
　　贷：银行存款 30 000 000

长期股权投资的成本30 000 000元大于取得投资时应享有B公司可辨认净资产公允价值的份额22 500 000元（75 000 000×30%），不对其初始投资成本进行调整。

假定上例中取得投资时B公司可辨认净资产公允价值为120 000 000元，百盛公司按持股比例30%计算确定应享有36 000 000元，则初始投资成本与应享有B公司可辨认净资产公允价值份额之间的差额6 000 000元（36 000 000 - 30 000 000）应计入取得投资当期的损益。

借：长期股权投资——B公司（投资成本） 36 000 000
　　贷：银行存款 30 000 000
　　　　营业外收入 6 000 000

6.3.2.4 投资损益的确定

投资方取得长期股权投资后，按照应享有或应分担的被投资单位实现的净损益的份额确认为投资收益，同时调整长期股权投资的账面价值；投资方按照被投资单位宣告分派的利润或现金股利计算应享有的部分，相应减少长期股权投资的账面价值。被投资单位采用的会计政策及会计期间与投资方不一致的，应当按照投资方的会计政策及会计期间对被投资单位的财务报表进行调整，并据以确认投资收益。

采用权益法核算的长期股权投资，在确认应享有或应分担被投资单位的净利润或净亏损时，应当以取得投资时被投资单位可辨认净资产的公允价值为基础，对被投资单位的净利润进行调整后确认，调整时主要应当考虑以下因素的影响：

（1）被投资单位采用的会计政策及会计期间与投资企业不一致的，应当按照投资企业的会计政策及会计期间对被投资单位的财务报表进行调整，在此基础上确认为被投资单位的损益。

（2）以取得投资时被投资单位固定资产、无形资产等的公允价值为基础计提的折旧额、摊销额，以及有关资产减值准备金额等对被投资单位净利润的影响。投资方取得投资时，被投资单位有关资产、负债的公允价值与其账面价值不同的，未来期间，在计算归属于投资方应享有的净利润或应承担的净亏损时，应考虑对被投资单位计提的折旧额、摊销额以及资产减值准备金额等进行调整。企业应当以取得投资时被投资单位各项可辨认资产等的公允价值为基础，对被投资单位的账面净损益进行调整，并按调整后的净损益和持股比例计算确认投资损益。

投资企业在对被投资单位实现的净损益进行调整时，应考虑重要性原则，不具有重要性的项目可不予调整。符合下列条件之一的，投资企业应以被投资单位的账面净损益为基础，经调整未实现内部交易损益后，计算确认投资损益，同时应在财务报表附注中说明不能调整的事实及其原因：

1）投资企业无法合理确定取得投资时被投资单位各项可辨认净资产等的公允价值。

2）投资时被投资单位可辨认净资产的公允价值与其账面价值相比，两者之间的差额不具有重要性。

3）其他原因导致无法取得被投资单位的有关资料，不能按照准则中规定的原则对被投资单位的净损益进行调整。

【例6-10】沿用【例6-9】资料，假定百盛公司长期股权投资的成本大于取得投资时B公司可辨认净资产公允价值份额，20×7年B公司实现净利润8 000 000元。百盛公司、B公司均以公历年度作为会计年度，采用相同的会计政策。由于投资时B公司各项资产、负债的账面价值与其公允价值相同，不需要对B公司的净利润进行调整，百盛公司应确认的投资收益为2 400 000元（8 000 000×30%），一方面增加长期股权投资的账面价值，另一方面作为利润表中的投资收益确认。

百盛公司的会计处理如下：

借：长期股权投资——B公司（损益调整）　　　　　　　　　2 400 000
　　贷：投资收益　　　　　　　　　　　　　　　　　　　　　　　2 400 000

【例6-11】20×8年1月1日，百盛公司购入A公司股票2 000万股，实际支付购买价款3 000万元（包括交易税费）。该股份占A公司普通股股份的40%，百盛公司在取得股份后，派人参与了A公司的生产经营决策，因而对该项股权投资采用权益法核算。取得投资当日，A公司可辨认净资产公允价值为8 000万元，假定除表6-3所列项目外，A公司其他资产、负债的公允价值均与账面价值相同。

表6-3　资产公允价值与账面价值差额表

20×8年1月1日　　　　　　　　　　　　　　　　　　　单位：万元

项目	入账成本	预计使用年限	已使用年限	已提折旧或摊销	账面价值	公允价值	剩余使用年限
存货	1 000				1 000	1 200	
固定资产	2 000	20	5	500	1 500	1 800	15
无形资产	1 500	10	2	300	1 200	1 000	8
合计	4 500			820	3 680	4 000	

20×8 年，A 公司实现净利润 1 500 万元，百盛公司取得投资时的存货已有 80% 对外出售，固定资产、无形资产均按直线法计提折旧或摊销，预计净残值均为零。百盛公司与 A 公司的会计年度及采用的会计政策相同，双方未发生任何内部交易。

根据上列资料，百盛公司在确认其应享有的投资收益时，应首先在 A 公司实现净利润的基础上，考虑取得投资时 A 公司有关资产的公允价值与账面价值差额的影响，对 A 公司的净利润作如下调整（假定不考虑所得税影响）：

存货差额应调增营业成本（调减利润）=（1 200 - 1 000）×80% = 160（万元）

固定资产差额应调增折旧费（调减利润）= 1 800÷15 - 2 000÷20 = 20（万元）

无形资产差额应调减摊销费（调增利润）= 1 500÷10 - 1 000÷8 = 25（万元）

调整后的净利润 = 1 500 - 160 - 20 + 25 = 1345（万元）

根据调整后的净利润，百盛公司确认投资收益的会计处理如下：

应享有收益份额 = 1345×40% = 538（万元）

借：长期股权投资——A 公司（损益调整）　　　　　　　　　　5 380 000

　　贷：投资收益　　　　　　　　　　　　　　　　　　　　　　　5 380 000

（3）对于投资方或纳入投资方合并财务报表范围的子公司与其联营企业和合营企业之间发生的未实现内部交易损益也应予以抵销。即投资企业与联营企业及合营企业之间发生的未实现内部交易损益，按照应享有的比例计算归属于投资方的部分应当予以抵销，在此基础上确认投资损益。投资企业与被投资单位发生的内部交易损失，属于资产减值损失的，应当全额确认。

投资方与联营企业及合营企业之间的内部交易可以分为逆流交易和顺流交易。逆流交易，是指投资方自其联营企业或合营企业购买资产；顺流交易，是指投资方向其联营企业或合营企业出售资产。当内部交易形成的资产尚未对外独立第三方出售、内部交易损益包含在投资方或其联营企业、合营企业持有的相关资产账面价值中时，形成未实现内部交易损益。

1）逆流交易。投资方自其联营企业或合营企业购买资产，在将该资产出售给外部独立第三方之前，投资方不应确认联营企业或合营企业因该内部交易产生的未实现损益中按照持股比例计算确定的归属于本企业享有的部分。即投资方在采用权益法计算确认应享有联营企业或合营企业的投资损益时，应抵销该未实现内部交易损益的影响，并相应调整对联营企业或合营企业的长期股权投资账面价值。

【例 6-12】百盛实业股份有限公司持有 B 公司 20% 有表决权股份，能够对 B 公司生产经营决策施加重大影响，采用权益法核算。20×8 年 11 月，B 公司将其成本为 400 万元的甲商品以 700 万元的价格出售给百盛公司，百盛公司将取得的甲商品作为存货入账，至 20×8 年 12 月 31 日，百盛公司仍未对外出售该批甲商品。百盛公司在取得 B 公司 20% 的股权时，B 公司各项可辨认资产、负债的公允价值与其账面价值相同，双方在以前期间未发生过内部交易。20×8 年度，B 公司实现净利润 1 200 万元。假定不考虑所得税的影响。

根据上列资料，B 公司在该项内部交易中形成了 300 万元（700 - 400）的利润，其中有 60 万元（300×20%）归属于百盛公司，在确认投资收益时应予抵销。百盛公司对 B 公司的净利润应作如下调整：

调整后的净利润 = 1 200 - 300 = 900（万元）

根据调整后的净利润，百盛公司确认投资收益的会计处理如下：

应享有收益份额＝900×20%＝180（万元）

借：长期股权投资——B公司（损益调整）　　　　　　　　　　　　　1 800 000

　　贷：投资收益　　　　　　　　　　　　　　　　　　　　　　　　　1 800 000

为了在账面上明确体现对未实现内部交易损益影响的抵销以及对联营企业或合营企业长期股权投资账面价值的调整，百盛公司也可做如下会计处理：

按账面利润应享有的收益份额＝1 200×20%＝240（万元）

应抵销的未实现内部交易损益份额＝300×20%＝60（万元）

借：长期股权投资——B公司（损益调整）　　　　　　　　　　　　　2 400 000

　　贷：投资收益　　　　　　　　　　　　　　　　　　　　　　　　　2 400 000

借：投资收益　　　　　　　　　　　　　　　　　　　　　　　　　　600 000

　　贷：长期股权投资——B公司（损益调整）　　　　　　　　　　　　600 000

2）顺流交易。投资方向其联营企业或合营企业投出资产或出售资产，当有关资产仍由联营企业或合营企业持有时，投资方因投出或出售其资产应确认的损益仅限于联营企业或合营企业其他投资者交易的部分，而该内部交易产生的未实现损益中按照持股比例计算确定的归属于本企业享有的部分则不予确认。即投资方在采用权益法计算确认应享有联营企业或合营企业的投资损益时，应抵销该未实现内部交易损益的影响，并相应调整对联营企业或合营企业的长期股权投资账面价值。

【例6-13】百盛公司持有C公司20%的表决权股份，能够对C公司生产经营决策施加重大影响，采用权益法核算。20×8年10月，百盛公司将其账面价值为600万元的乙产品以1 000万元的价格出售给C公司，C公司将购入的乙产品作为存货入账，至20×8年12月31日，C公司尚未对外出售该批乙产品。百盛公司在取得C公司20%的股权时，C公司各项可辨认资产、负债的公允价值与其账面价值相同，双方在以前期间未发生过内部交易。20×8年度，C公司实现净利润2 000万元。假定不考虑所得税的影响。

根据上列资料，百盛公司在该项内部交易中形成了400万元（1 000－600）的利润，其中，有80万元（400×20%）是相对于百盛公司对C公司所持股份的部分，在确认投资损益时应予抵销。百盛公司对C公司的净利润应做如下调整：

调整后的净利润＝2 000－400＝1 600（万元）

根据调整后的净利润，百盛公司确认投资收益的会计处理如下：

应享有收益份额＝1 600×20%＝320（万元）

借：长期股权投资——C公司（损益调整）　　　　　　　　　　　　　3 200 000

　　贷：投资收益　　　　　　　　　　　　　　　　　　　　　　　　　3 200 000

为了在账面价值上明确体现对未实现内部交易损益影响的抵销以及对联营公司或合营公司长期股权投资账面价值的调整，百盛公司也可做如下会计处理：

按账面利润应享有的收益份额＝2 000×20%＝400（万元）

应抵销的未实现内部交易损益份额＝400×20%＝80（万元）

借：长期股权投资——C公司（损益调整）　　　　　　　　　　　　　4 000 000

　　贷：投资收益　　　　　　　　　　　　　　　　　　　　　　　　　4 000 000

借：投资收益　　　　　　　　　　　　　　　　　　　　　　　　　　800 000

　　贷：长期股权投资——C公司（损益调整）　　　　　　　　　　　　800 000

百盛公司如需编制合并财务报表，在合并财务报表中对该未实现内部交易损益应进行以下调整：

借：营业收入（10 000 000×20%）　　　　　　　　　　　　　　　　　　2 000 000

　　贷：营业成本（6 000 000×20%）　　　　　　　　　　　　　　　　　　　1 200 000

　　　　投资收益　　　　　　　　　　　　　　　　　　　　　　　　　　　　800 000

需要注意的是，投资方与其联营企业及合营企业之间无论是逆流交易还是顺流交易，产生的未实现内部交易损失如果属于所转让资产发生的减值损失，有关的未实现内部交易损失应当全额确认，不应予以抵销。

3）合营方向合营企业投出非货币性资产产生损益的处理。合营方向合营企业投出或出售非货币性资产的相关损益，应当按照以下原则处理：

符合下列情况之一的，合营方不应确认该类交易的损益：与投出非货币性资产所有权有关的重大风险和报酬没有转移给合营企业；投出非货币性资产的损益无法可靠计量；投出非货币性资产交易不具有商业实质。

合营方转移了与投出非货币性资产所有权有关的重大风险和报酬并且投出资产留给合营企业使用的，应在该项交易中确认归属于合营企业其他合营方的利得和损失。交易表明投出或出售的非货币性资产发生减值损失的，合营方应当全额确认该部分损失。

在投出非货币性资产的过程中，合营方除了取得合营企业的长期股权投资外还取得了其他货币性或非货币性资产的，应当确认该项交易中与所取得其他货币性、非货币性资产相关的损益。

6.3.2.5　取得现金股利或利润的会计处理

按照权益法核算的长期股权投资，投资方自被投资单位取得的现金股利或利润，应抵减长期股权投资的账面价值。在被投资单位宣告分派现金股利或利润时，借记"应收股利"科目，贷记"长期股权投资——损益调整"科目；实际收到现金股利时，借记"银行存款"科目，贷记"应收股利"科目。

【例6-14】沿用【例6-9】【例6-10】资料，20×7年1月1日百盛公司取得B公司30%的股权，假定百盛公司长期股权投资的初始成本大于取得投资时B公司可辨认净资产公允价值份额的情况下，20×7年B公司实现净利润8 000 000元，20×8年5月10日B公司宣告分配现金股利4 000 000元；5月25日实际发放现金股利4 000 000元。根据以上资料，编制A公司确认投资收益的会计分录。

（1）5月10日应收现金股利的会计处理。

B公司应收股利=4 000 000×30%=1 200 000（元）

借：应收股利　　　　　　　　　　　　　　　　　　　　　　　　　　　　1 200 000

　　贷：长期股权投资——损益调整　　　　　　　　　　　　　　　　　　　1 200 000

（2）5月25日实际收到现金股利的会计处理。

借：银行存款　　　　　　　　　　　　　　　　　　　　　　　　　　　　1 200 000

　　贷：应收股利　　　　　　　　　　　　　　　　　　　　　　　　　　　1 200 000

6.3.2.6　超额亏损的会计处理

权益法下投资方确认应分担的被投资单位的损失，原则上应当以长期股权投资的账面价值以及其他实质上构成对被投资单位净投资的长期权益减计至零为限，投资企业负有承担额外损失义务的除外。被投资单位以后实现净利润的，投资企业在其收益分享额弥补未确认的亏损分担额后，恢复确认收益分享额。其中，实质上构成对被投资单位净投资的长期权益，通常是指长期性的应收项目，例如，投资企业对被投资单位的某项长期债券，如果没有明确的清收计划，且在可预见的未来期间不准备收回，则实质上构成对被投资单位的净投资。需要注意的是，该类长期权益不包括投资企业与被投资单位之间因销售商品、提供劳务等日常活动所产生的长期债权。

（1）确认应分担的被投资单位发生亏损时的会计处理。投资企业在确认应分担被投资单位发生的亏损时，应当按照以下顺序进行：

首先，冲减长期股权投资的账面价值。

其次，在长期股权投资的账面价值冲减为零的情况下，如果账面上存在其他实质上构成对被投资单位净投资的长期权益项目，则应当以其他实质上构成对被投资单位净投资的长期权益账面价值为限继续确认投资损失，并冲减长期应收项目等的账面价值。

最后，在长期股权投资的账面价值和其他实质上构成对被投资单位净投资的长期权益账面价值均冲减为零的情况下，按照投资合同或协议约定投资企业仍须承担额外损失弥补等义务的，对于符合预计负债确认条件的义务，应按预计承担的金额确认预计负债，计入当期投资损失。

具体处理时，按照应分担的亏损份额，借记"投资收益"科目，同时按顺序依次计入"长期股权投资——损益调整""长期应收款""预计负债"等科目的贷方。除按上列顺序确认应分担的亏损份额后，如果仍有未确认的亏损分担额，投资企业应在账外作备查登记，不再予以确认。

（2）被投资单位在发生亏损的以后期间实现净利润时的会计处理。投资企业按权益法确认应分担被投资单位的净亏损或被投资单位其他综合收益减少净额，将有关长期股权投资冲减至零并产生了未确认投资净损失的，被投资单位在以后期间实现净利润或其他综合收益增加净额时，投资企业应当按照以前确认或登记有关投资净损失时的相反顺序进行会计处理。即依次减记未确认投资净损失金额、恢复其他长期权益和恢复长期股权投资的账面价值，同时，投资企业还应当重新复核预计负债的账面价值，有关会计处理如下：

1）投资方当期对被投资单位净利润和其他综合收益增加净额的分享额小于或等于前期未确认投资净损失的，根据登记的未确认投资净损失的类型，弥补前期未确认的应分担的被投资单位净亏损或其他综合收益减少净额等投资净损失。

2）投资方当期对被投资单位净利润和其他综合收益增加净额的分享额大于前期未确认投资净损失的，应先按照1）的规定弥补前期未确认投资净损失；对于前者大于后者的差额部分，依次恢复其他长期权益的账面价值和恢复长期股权投资的账面价值，同时按权益法确认该差额。

具体处理时，按照应享有的收益份额，按顺序依次恢复原先计入"预计负债""长期应收款""长期股权投资——损益调整"等科目的金额，借记"预计负债""长期应收款""长期股权投资——损益调整"等科目，同时贷记"投资收益"科目。

需要注意的是，投资方应当按照准则的有关规定，对预计负债的账面价值进行复核，并根据复核后的最佳估计数予以调整。

【例6-15】百盛公司持有乙公司40%的股权，能够对乙公司施加重大影响。20×7

年 12 月 31 日，该项长期股权投资的账面价值为 20 000 000 元。乙公司 20×8 年发生亏损 30 000 000 元。假定百盛公司取得投资时，乙公司各项可辨认资产、负债的公允价值与其账面价值相同，两公司采用的会计政策和会计期间也相同。根据以上资料，百盛公司应进行如下会计处理：

借：投资收益   12 000 000

 贷：长期股权投资——乙公司——损益调整   12 000 000

百盛公司 20×8 年确认投资损失 12 000 000 元后，长期股权投资的账面价值变为 8 000 000 元（20 000 000 元 - 12 000 000 元）。

如果乙公司 20×8 年的亏损额为 60 000 000 元，则百盛公司按其持股比例确认应分担的损失为 24 000 000 元，但期初长期股权投资的账面价值仅为 20 000 000 元，如果没有其他实质上构成对被投资单位净投资的长期权益项目，百盛公司应确认的投资损失仅为 20 000 000 元，超额损失在账外进行备查登记；如果在确认了 20 000 000 元的投资损失后，百盛公司账上仍有应收乙公司的长期应收款 8 000 000 元（实质上构成对乙公司的净投资），则在长期应收款的账面价值大于 4 000 000 元的情况下，应进一步确认投资损失 4 000 000 元。百盛公司应进行如下会计处理：

借：投资收益   24 000 000

 贷：长期股权投资——乙公司——损益调整   20 000 000

   长期应收款——乙公司——超额亏损   4 000 000

6.3.2.7 被投资单位其他综合收益的处理

投资方取得长期股权投资后，被投资单位其他综合收益发生变动时，投资方应当按照应享有或应分担的被投资单位实现的其他综合收益的份额，确认为其他综合收益，同时调整长期股权投资的账面价值。

被投资单位采用的会计政策及会计期间与投资方不一致的，应当按照投资方的会计政策及会计期间对被投资单位的财务报表进行调整，并据以确认其他综合收益等。

【例 6-16】百盛公司持有乙公司 30% 的股份，能够对乙公司施加重大影响。当期乙公司因持有的其他权益工具投资的公允价值发生变动计入其他综合收益的金额为 5 000 000 元，除该事项外，乙公司当期实现的净利润为 50 000 000 元。假定百盛公司与乙公司适用的会计政策、会计期间相同，两者在当期及以前期间未发生任何内部交易，投资时乙公司各项可辨认资产、负债的公允价值与其账面价值相同。假定不考虑相关税费等其他因素的影响。

甲公司应进行以下账务处理：

借：长期股权投资——乙公司——损益调整   15 000 000

        ——其他综合收益   1 500 000

 贷：投资收益   15 000 000

   其他综合收益   1 500 000

6.3.2.8 被投资单位所有者权益其他变动的处理

采用权益法核算长期股权投资时，对于被投资企业的所有者权益的其他变动，也应当按照持股比例与被投资单位所有者权益的其他变动金额计算投资方应享有或应分担的份额，相应调整长期股权投资的账面价值，同时计入所有者权益（资本公积），并在备查簿中予以登记，投资方在后续处置股权投资但对剩余股权仍采用权益法核算时，应按处置比例将这部分资本公积转入当期投资收益；对剩余股权终止权益法核算时，将这部分资本公积全部转入当期投资收益。

被投资单位除净损益、其他综合收益以及利润分配以外的所有者权益的其他变动的因素，主要包括被投资单位接受其他股东的资本性投入、被投资单位发行可分离交易的可转换公司债券中包含的权益成分、以权益结算的股份支付、其他股东对被投资单位增资导致投资方持股比例变动等。

【例6－17】百盛公司持有乙公司30%的股份，能够对乙公司施加重大影响。乙公司为上市公司，当期乙公司的母公司捐赠乙公司20 000 000元，该捐赠实质上属于资本性投入，乙公司将这笔捐赠计入资本公积（股本溢价）。假定不考虑其他因素的影响，百盛公司应对乙公司的此项业务做如下相应会计处理：

百盛公司确认的应享有被投资单位所有者权益的其他变动金额＝2000×30%＝600（万元）

借：长期股权投资——其他权益变动　　　　　　　　　　　　　　　　6 000 000
　　贷：资本公积——其他资本公积　　　　　　　　　　　　　　　　　　6 000 000

6.4　长期股权投资后续计量方法的转换

投资企业在持有长期股权投资的过程中，往往会因为各方面的情况发生变化，可能导致投资企业以前对长期股权投资的后续计量方法失去使用的条件，相应会计核算需要由一种方法转换为另外一种方法。

6.4.1　成本法转换为权益法

投资企业因处置部分权益性投资等原因而丧失了对被投资单位的控制的，处置后的剩余股权能够对被投资单位实施共同控制或施加重大影响的，投资企业需将以成本法计量的长期股权投资转为以权益法进行核算，并对该剩余股权视同自取得时即采用权益法核算进行调整。具体操作方法是：

（1）应按处置或收回投资的比例结转应终止确认的长期股权投资成本。

（2）比较剩余长期股权投资的成本与按照剩余持股比例计算原投资时应享有被投资单位可辨认净资产公允价值的份额，前者大于后者的，不调整长期股权投资的账面价值；前者小于后者的，在调整长期股权投资成本的同时，调整留存收益。

对于原取得投资时至处置投资时（转为权益法核算）之间被投资单位实现净损益中投资方应享有的份额，应调整长期股权投资的账面价值，同时，对于原取得投资时至处置投资当期期初被投资单位实现的净损益（扣除已宣告发放的现金股利和利润）中应享有的份额，调整留存收益，对于处置投资当期期初至处置投资之日被投资单位实现的净损益中享有的份额，调整当期损益；对于被投资单位其他综合收益变动中应享有的份额，在调整长期股权投资账面价值的同时，应当计入其他综合收益；除净损益、其他综合收益和利润分配外的其他原因导致被投资单位其他所有者权益变动中应享有的份额，在调整长期股权投资账面价值的同时，应当计入资本公积（其他资本公积）。

【例6-18】百盛公司原持有乙公司60%的股权，能够对乙公司实施控制。20×7年11月6日，百盛公司对乙公司的长期股权投资账面价值为30 000 000元，未计提减值准备，百盛公司将其持有的对乙公司长期股权投资中的1/3出售给非关联方，取得价款18 000 000元，当日被投资单位可辨认净资产公允价值总额为80 000 000元。相关手续于当日完成，百盛公司不再对乙公司实施控制，但具有重大影响。百盛公司原取得乙公司60%股权时，乙公司可辨认净资产公允价值总额为45 000 000元（假定公允价值与账面价值相同）。自百盛公司取得对乙公司长期股权投资后至部分处置投资前，乙公司实现净利润10 000 000元。其中，自百盛公司取得投资日至20×7年初实现净利润8 000 000元。假定乙公司一直未进行利润分配，也未发生其他计入资本公积的交易或事项。百盛公司按净利润的10%提取法定盈余公积。不考虑相关税费等其他因素影响。百盛公司有关账务处理如下：

（1）确认长期股权投资处置损益。

借：银行存款   18 000 000

  贷：长期股权投资——乙公司   10 000 000

     投资收益   8 000 000

（2）调整长期股权投资账面价值。

剩余长期股权投资的账面价值为20 000 000元，与原投资时应享有被投资单位可辨认净资产公允价值份额之间的差额2 000 000元（20 000 000 - 45 000 000×40%）为商誉，该部分商誉的价值不需要对长期股权投资的成本进行调整。处置投资以后按照持股比例计算享有被投资单位自购买日至处置投资当期期初之间实现的净损益为3 200 000元（8 000 000×40%），应调整增加长期股权投资的账面价值，同时调整留存收益；处置期初至处置日之间实现的净损益800 000元（2 000 000×40%），应调整增加长期股权投资的账面价值，同时计入当期投资收益。

借：长期股权投资——乙公司——损益调整   4 000 000

  贷：盈余公积——法定盈余公积   320 000

    利润分配——未分配利润   2 880 000

    投资收益   800 000

6.4.2 成本法核算转换为公允价值计量的金融资产

投资企业原持有的对被投资单位具有控制的长期股权投资，因处置部分权益性投资等原因导致持股比例下降，丧失了对被投资单位的控制的，处置后的剩余股权不能对被投资单位实施共同控制或施加重大影响的，应当改按金融工具确认和计量准则的有关规定进行会计处理，在丧失控制之日的公允价值与长期股权投资的账面价值之间的差额计入当期损益。

【例6-19】百盛公司持有乙公司70%的有表决权股份，能够对乙公司实施控制，投资成本为90 000 000元，对该股权投资采用成本法核算。20×8年8月，百盛公司将该项投资中的90%出售给非关联方，取得价款85 000 000元，相关手续于当日完成。百盛公司无法再对乙公司实施控制，也不能施加共同控制或重大影响，剩余7%股权于丧失控制权日的公允价值为10 000 000 元，百盛公司将其分类为交易性金融资产，不考虑相关税费等其他因素影响，百盛公司于丧失控制权日的会计处理如下：

（1）确认有关股权投资的处置损益。

借：银行存款   85 000 000

  贷：长期股权投资——乙公司   81 000 000

    投资收益   4 000 000

（2）剩余股权投资转为交易性金融资产，当天公允价值为 10 000 000 元，账面价值为 9 000 000 元，两者差异应计入当期投资收益。

借：交易性金融资产   10 000 000

  贷：长期股权投资——乙公司   9 000 000

    投资收益   1 000 000

6.4.3 公允价值计量或权益法核算转换为成本法核算

投资方因追加投资等原因使原持有的分类为以公允价值计量且其变动计入当期损益的金融资产，或非交易性权益工具投资分类为公允价值计量且其变动计入其他综合收益的金融资产转变为能够对被投资单位实施控制的，投资企业应将以公允价值计量的金融资产转变为以成本法核算的长期股权投资；投资方因追加投资等原因使原持有对联营企业、合营企业的长期股权投资转变为能够对被投资单位实施控制的，投资企业应将长期股权投资的计量方法由权益法转变为成本法核算。

对于原作为以公允价值计量且其变动计入当期损益的金融资产，转换为采用成本法核算的对子公司投资的，应当按照转换时的公允价值确认为长期股权投资，公允价值与原账面价值之间的差额计入当期损益；对于原作为非交易性权益工具投资分类为公允价值计量且其变动计入其他综合收益的金融资产，应当按照转换时的公允价值确认长期股权投资，公允价值与原账面价值之间的差额计入当期损益，同时原确认计入其他综合收益的累计公允价值变动应当在改按成本法核算时转入当期损益；对于原持有对联营企业、合营企业的长期股权投资转变为能够对被投资单位实施控制的，应当按照原持有的股权投资账面价值加上新增投资成本之和，作为改按成本法核算的初始投资成本，购买日之前持有的股权投资因采用权益法核算而确认的其他综合收益，应当在处置该项投资时采用与被投资单位直接处置相关资产或负债相同的基础进行会计处理。

6.4.4 权益法核算转换为公允价值计量的金融资产

投资企业原持有的对被投资单位具有共同控制或重大影响的长期股权投资，因处置部分股权投资等原因导致持股比例下降，丧失了对被投资单位的共同控制或重大影响的，处置后的剩余股权应当改按《金融工具确认和计量准则》的有关规定进行会计处理，将丧失共同控制或重大影响之日的公允价值与长期股权投资的账面价值之间的差额计入当期损益。原长期股权投资因采用权益法核算而确认的其他综合收益，应当在终止采用权益法核算时采用与被投资单位直接处置相关资产或负债相同的基础进行会计处理。因被投资单位除净损益、其他综合收益和利润分配以外的其他所有者权益变动而确认的所有者权益，应当在终止采用权益法核算时全部转入当期损益。

【例6-20】百盛公司持有乙公司30%的有表决权股份，能够对乙公司施加重大影响，对该股权投资采用权益法核算。20×8年8月，百盛公司将该项投资中的80%出售给非关联方，取得价款44 000 000元。相关手续于当日完成。百盛公司无法再对乙公司施加重大影响，将剩余股权投资转为以公允价值计量且其变动计入其他综合收益的权益的金融资产核算。股权出售时，该项长期股权投资的账面价值为50 000 000元，其中投资成本40 000 000元，损益调整为5 000 000元，因被投资单位的非交易性权益工具投资以公允价值计量且其变动计入其他综合收益的金融资产的累计公允价值变动享有部分为3 000 000元，除净损益、其他综合收益和利润分配外的其他所有者权益变动为2 000 000元；剩余6%股权的公允价值为11 000 000元。不考虑相关税费等其他因素影响。

百盛公司的会计处理如下：

（1）确认有关股权投资的处置损益。

借：银行存款　　　　　　　　　　　　　　　　　　　　44 000 000
　　贷：长期股权投资——乙公司——投资成本（40 000 000×80%）　32 000 000
　　　　　　　　　　　　　　——损益调整（5 000 000×80%）　　4 000 000
　　　　　　　　　　　　　　——其他综合收益（3 000 000×80%）　2 400 000
　　　　　　　　　　　　　　——其他权益变动（2 000 000×80%）　1 600 000
　　　　投资收益　　　　　　　　　　　　　　　　　　　4 000 000

（2）由于终止采用权益法核算，将原确认的相关其他综合收益全部转入当期损益。

借：其他综合收益　　　　　　　　　　　　　　　　　　3 000 000
　　贷：投资收益　　　　　　　　　　　　　　　　　　3 000 000

（3）由于终止采用权益法核算，将原计入资本公积的其他所有者权益变动全部转入当期损益。

借：资本公积——其他资本公积　　　　　　　　　　　　2 000 000
　　贷：投资收益　　　　　　　　　　　　　　　　　　2 000 000

（4）剩余6%股权投资转为其他权益工具投资，当日公允价值为11 000 000元，账面价值为10 000 000元，两者差异应计入当期投资收益。

借：其他权益工具投资　　　　　　　　　　　　　　　　11 000 000
　　贷：长期股权投资——乙公司——投资成本　　　　　　8 000 000
　　　　　　　　　　　　　　——损益调整　　　　　　1 000 000
　　　　　　　　　　　　　　——其他综合收益　　　　600 000
　　　　　　　　　　　　　　——其他权益变动　　　　400 000
　　　　投资收益　　　　　　　　　　　　　　　　　　1 000 000

6.4.5　公允价值计量转换为权益法核算

投资企业按照金融工具确认和计量准则进行会计处理的金融资产，因追加投资等原因使持股比例上升，能够对被投资单位施加重大影响或实施共同控制但不构成控制的，应该转为权益法核算长期股权投资。投资企业具体操作方法是：

（1）按照《金融工具确认和计量准则》确定的原持有的股权投资的公允价值加上为

取得新增投资而应支付对价的公允价值，作为改按权益法核算的初始投资成本。

（2）原持有的股权投资分类为以公允价值计量且其变动计入其他综合收益的金融资产，其公允价值与账面价值之间的差额，以及原计入其他综合收益的累计公允价值变动应当转入改按权益法核算的当期损益。

（3）比较上述计算所得的初始投资成本，与按照追加投资后新的持股比例计算确定的应享有被投资单位在追加投资日可辨认净资产公允价值份额之间的差额，前者大于后者的，不调整长期股权投资的账面价值；前者小于后者的，差额应调整长期股权投资的账面价值，并计入当期营业外收入。

【例6-21】20×6年1月1日，百盛公司以10 000 000元现金自非关联方处取得乙公司10%的股权，对乙公司不具有控制、共同控制和重大影响，百盛公司将其分类为以公允价值计量且其变动计入其他综合收益的权益的金融资产，取得时乙公司可辨认净资产公允价值总额为90 000 000元（假定公允价值与账面价值相同）。20×8年1月2日，百盛公司又以22 000 000元的现金自另一非关联方处取得乙公司20%的股权，相关手续于当日完成。假定百盛公司在取得对乙公司10%的股权到扩大投资日为止，双方并未发生任何内部交易，在此期间，乙公司除了通过生产经营活动实现10 000 000元的净利润外，并未派发现金股利或利润，也未发生其他所有者权益变动事项。

20×8年1月2日，乙公司可辨认净资产公允价值总额为120 000 000元，百盛公司对乙公司投资原10%股权的公允价值为17 000 000元，原计入其他综合收益的累计公允价值变动收益为6 000 000元。取得该部分股权后，按照约定，百盛公司能够派人参与乙公司的财务管理和生产经营决策，能够对乙公司施加重大影响，对该项长期股权投资转为权益法核算。

分析：

20×8年1月2日，百盛公司对乙公司投资原10%股权的公允价值为17 000 000元，账面价值为16 000 000元（10 000 000+6 000 000），原计入其他综合收益的累计公允价值变动收益为6 000 000元。百盛公司原持有10%股权的公允价值为17 000 000元，为取得新增投资而支付对价的公允价值为22 000 000元，因此百盛公司对乙公司30%股权的初始投资成本为39 000 000元。百盛公司对乙公司新持股比例为30%，应享有乙公司可辨认净资产公允价值的份额为36 000 000元（120 000 000×30%）。由于初始投资成本（39 000 000元）大于应享有乙公司可辨认净资产公允价值的份额（36 000 000元），因此，百盛公司无须调整长期股权投资的成本。

20×8年1月2日，百盛公司应进行如下会计处理：

借：长期股权投资——乙公司——投资成本	39 000 000
其他综合收益	6 000 000
贷：其他权益工具投资	16 000 000
银行存款	22 000 000
投资收益	7 000 000

6.5 长期股权投资的处置

投资企业处置长期股权投资时，应相应结转与所售股权相对应的长期股权投资的账面价值，一般情况下，实际取得价款与处置长期股权投资账面价值之间的差额，应当计入当期损益。

投资企业全部处置权益法核算的长期股权投资时，原权益法核算的其他综合收益或因被投资方除净损益、其他综合收益和利润分配以外的其他所有者权益变动而确认的所有者权益，应当在终止采用权益法核算时全部转入当期投资收益。

投资企业部分处置权益法核算的长期股权投资，剩余股权仍采用权益法核算的，原权益法核算的其他综合收益或因被投资方除净损益、其他综合收益和利润分配以外的其他所有者权益变动而确认的所有者权益，应当在处置时进行结转，按相应比例将原计入其他综合收益（不能结转损益的除外）或资本公积（其他资本公积）的部分转入当期投资收益。

【例6-22】百盛公司持有乙公司40%的股权并采用权益法核算。20×8年7月1日，百盛公司将乙公司15%的股权出售给非关联的第三方，取得出售价款8 000 000元，对剩余25%的股权仍采用权益法核算。股权出售时，该项长期股权投资的账面价值为20 000 000元，其中投资成本15 000 000元，损益调整为3 000 000元，可转入损益的其他综合收益为1 500 000元，其他权益变动为500 000元。假定不考虑相关税费等其他因素的影响。

由于百盛公司处置后的剩余股权仍采用权益法核算，因此相关的其他综合收益和其他所有者权益应按比例结转。百盛公司有关会计处理如下：

（1）百盛公司确认处置损益的会计处理。

借：银行存款 8 000 000
　　贷：长期股权投资——乙公司——投资成本（15 000 000÷40%×15%）5 625 000
　　　　　　　　　　　　　　——损益调整（3 000 000÷40%×15%）1 125 000
　　　　　　　　　　　　　　——其他综合收益（1 500 000÷40%×15%）562 500
　　　　　　　　　　　　　　——其他权益变动（500 000÷40%×15%）187 500
　　　　　　投资收益 500 000

（2）按比例结转原计入其他综合收益和资本公积（其他资本公积）的部分。

借：其他综合收益 562 500
　　资本公积——他资本公积 187 500
　　贷：投资收益 750 000

假设，20×8年7月1日，百盛公司以16 000 000元的价格将乙公司30%的股权出售给非关联的第三方，剩余10%的股权作为以公允价值计量且其变动计入其他综合收益的其他权益工具投资核算，出售日的公允价值为5 500 000元。由于百盛公司处置后的剩余股权改按金融工具确认和计量准则进行会计处理，因此相关的其他综合收益和其他所有者权益应全部结转。百盛公司有关账务处理如下：

（1）百盛公司确认处置损益的会计处理。

借：银行存款　　　　　　　　　　　　　　　　　　　　　　　　　16 000 000
　　贷：长期股权投资——乙公司——投资成本（15 000 000÷40%×30%）

　　　　　　　　　　　　　　　　　　　　　　　　　　　　　　11 250 000

　　　　　　　　——损益调整（3 000 000÷40%×30%）　　　　　　2 250 000

　　　　　　　　——其他综合收益（1 500 000÷40%×30%）　　　　1 125 000

　　　　　　　　——其他权益变动（500 000÷40%×30%）　　　　　375 000

　　　　投资收益　　　　　　　　　　　　　　　　　　　　　　　1 000 000

（2）按比例结转原计入其他综合收益和资本公积（其他资本公积）的部分。

借：其他综合收益　　　　　　　　　　　　　　　　　　　　　　　1 500 000
　　资本公积——他资本公积　　　　　　　　　　　　　　　　　　　500 000
　　贷：投资收益　　　　　　　　　　　　　　　　　　　　　　　2 000 000

（3）剩余10%股权投资转为其他权益工具投资，当日公允价值为5 500 000元，账面价值为5 000 000元，两者差异应计入当期投资收益。

借：其他权益工具投资　　　　　　　　　　　　　　　　　　　　　5 500 000
　　贷：长期股权投资——乙公司——投资成本　　　　　　　　　　3 750 000
　　　　　　　　　　　——损益调整　　　　　　　　　　　　　　750 000
　　　　　　　　　　　——其他综合收益　　　　　　　　　　　　375 000
　　　　　　　　　　　——其他权益变动　　　　　　　　　　　　125 000
　　　　投资收益　　　　　　　　　　　　　　　　　　　　　　　500 000

企业通过多次交易分步处置对子公司股权投资直至丧失控制权，如果上述交易属于"一揽子"交易的，应当将各项交易作为一项处置子公司股权投资并丧失控制权的交易进行会计处理；但是，在丧失控制权之前每一次处置价款与所处置的股权对应的长期股权投资账面价值之间的差额，应当先确认为其他综合收益，到丧失控制权时再一并转入丧失控制权的当期损益。

对联营企业或合营企业的权益性投资全部或部分分类为持有待售资产的，投资方应当按照固定资产准则的有关规定进行会计处理，对于未划分为持有待售资产的剩余权益性投资，应当采用权益法进行会计处理。已划分为持有待售的对联营企业或合营企业的权益性投资，不再符合持有待售资产分类条件的，应当从被分类为持有待售资产之日起采用权益法进行追溯调整。

本章小结

长期股权投资是指投资方对被投资单位实施控制、重大影响的权益性投资，以及对其合营企业的权益性投资。《企业会计准则》将股权投资分为两部分核算：一部分是作为金融工具进行确认、计量；另一部分是作为长期股权投资进行确认、计量。长期股权投资主要核算对子公司投资、对合营企业投资和对联营企业投资三类。

在同一控制下的企业合并中，合并方在企业合并中取得的资产和负债，应当按照合并日在被合并方的账面价值计量。合并方取得的净资产账面价值与支付的合并对价账面价值（或发行股份面值总额）的差额，应当调整资本公积；资本公积不足冲减的，调整留存收益。在非同一控制下的企业合并中，购买方应当按照确定的企业合并成本作为长期股权投资的初始投资成本。

长期股权投资的后续计量方法有成本法和权益法两种，成本法是指长期股权投资的价值通常按照初始投资成本计量，除追加或收回投资外，一般不对长期股权投资的账面价值进行调整的一种会计处理方法。权益法是指投资以初始投资成本计量后，在投资持有期间根据投资企业享有被投资单位所有者权益的份额的变动对投资的账面价值进行调整的方法。对子公司的长期股权投资应当按成本法核算，对合营企业、联营企业的长期股权投资应当按权益法核算。

权益法下，初始投资成本大于取得投资时应享有被投资单位可辨认净资产公允价值的份额，不要求对长期股权投资的成本进行调整；初始投资成本小于投资时应享有被投资单位可辨认净资产公允价值的份额，该差额计入取得投资当期损益，同时调整长期股权投资的账面价值。投资损益确认时，应当以取得投资时被投资单位可辨认净资产的公允价值为基础，对被投资单位的净利润进行调整后确认，同时考虑会计政策、会计期间（以投资企业为主）的影响。对于投资方或纳入投资方合并财务报表范围的子公司与其联营企业和合营企业之间发生的未实现内部交易损益应予以抵销。逆流交易不能冲减营业收入，由投资收益代替；顺流交易不能冲减存货，由长期股权投资代替；顺逆流交易产生的损失都不能抵扣，全额确认减值损失，非货币性资产损益合营方投出的资产只确认其他合营方的损失、利得。超额亏损时，依次计入账面价值、长期应收款、预计负债、备查簿；当转亏为盈时，反方向处理。由于追加投资需要由权益法转为成本法时，类似于多次交易取得控制（区分同一控制和非同一控制），处置或收回投资由成本法转权益法时，终止确认收回的比例，将剩余比例按照权益法进行计量，比较剩余长期股权投资的成本与按照剩余持股比例计算原投资时应享有被投资单位可辨认净资产公允价值的份额，前者大于后者的，不调整长期股权投资的账面价值；前者小于后者的，在调整长期股权投资成本的同时，调整留存收益。

7 固定资产

　　通过本章学习，熟悉固定资产标准和价值构成；掌握固定资产的初始计量；掌握固定资产计提折旧的方法及会计处理；熟悉固定资产后续支出的会计处理；掌握固定资产处置的会计处理。

7.1　固定资产概述

7.1.1　固定资产的含义

　　每一个企业要进行生产活动或经营活动都离不开各种有形资产，如各种原材料、厂房、机器设备等，原材料是我们前面讲的存货，而厂房、机器设备就是本章要讲的固定资产。我国的《企业会计准则第 4 号——固定资产》明确地给固定资产定义为："固定资产，是指同时具有下列特征的有形资产：①为生产商品、提供劳务、出租或经营管理而持有的；②使用寿命超过一个会计年度。"

　　从固定资产的定义看，固定资产具有以下三个特征：

　　（1）固定资产是有形资产。作为固定资产必须是有形资产，要具有实物形态特征，能看得见、摸得着。这一特征将固定资产与无形资产区别开来。有些资产可能也是为生产商品、提供劳务而持有，使用寿命也超过一个会计年度，甚至使用期限超过固定资产，但是由于其没有实物形态，所以不属于固定资产，如无形资产；企业有些资产是实物资产，甚至有的使用期限也超过一年，如生产产品所用的原材料、各种包装物等，但由于其数量多、单价低，所以实务中通常将其确认为存货。

　　（2）持有的目的是生产商品、提供劳务、出租或经营管理。固定资产是企业的劳动工具，企业持有固定资产的目的是生产商品、提供劳务、出租或经营管理，而不是为了出售或投资。这里出租的固定资产是指经营租赁方式出租的除房屋、建筑物以外的其他固定资产，以经营租赁方式出租的房屋建筑物属于投资性房地产。企业不对以融资租赁方式出租的固定资产进行管理核算，只在备查簿上登记。

　　（3）使用寿命超过一个会计年度。这一特征意味着固定资产属于长期资产，它使固定资产有别于其他资产。固定资产的使用寿命，是指企业使用固定资产的预计期间，或者该固定资产所能生产产品或提供劳务的数量。由于固定资产使用寿命超过一个会计年度，所以在使用寿命内，成本的收回随着使用和磨损，通过计提折旧方式提取，从而逐渐减少账面价值，直至等于预计净残值。

7.1.2 固定资产的分类

企业中固定资产种类很多，为便于管理和核算，也为了让我们多角度地认识固定资产，一般情况下，需要对固定资产进行分类。分类的标准很多，一般可以按照如下标准分类：

7.1.2.1 按经济用途分类

按照经济用途可以将固定资产分为房屋及建筑物、机器设备、运输设备、动力传导设备、工具器具、管理用具等。将固定资产按照经济用途分类可以展现企业不同用途固定资产的价值信息，便于企业管理者根据市场需求信息分析企业生产能力，决定产品生产计划、固定资产的增减变动等生产决策，满足企业生产经营需要。

7.1.2.2 按使用情况分类

按照使用情况可以将固定资产分为使用中固定资产、暂时闲置固定资产和持有待售固定资产。

使用中固定资产是指企业正在使用的各种固定资产；暂时闲置固定资产是指尚未投入使用或暂停使用的各种固定资产；持有待售固定资产是指不适合企业需要，准备出售处理的各种固定资产。持有待售固定资产需要同时满足以下两个条件：

（1）根据类似交易中出售此类资产或处置组的惯例，在当前状况下即可立即出售。

（2）出售极可能发生，即企业已经就一项出售计划做出决议且获得确定的购买承诺，预计出售将在一年内完成。有关规定要求企业相关权力机构或者监管部门批准后方可出售的，应当已经获得批准。

将固定资产按照使用情况分类可以清晰地展现固定资产使用状况的信息，根据这些信息，企业管理者可以了解企业固定资产的使用效率，有效管理暂时闲置的固定资产，及时处置持有待售固定资产，提高固定资产使用效果。

7.1.2.3 按所有权分类

按所有权可以将固定资产分为自有固定资产和融资租入固定资产。

自有固定资产是指所有权属于企业的固定资产。融资租入固定资产是指企业根据租赁合同，以融资租赁方式租入的固定资产，在租赁期内企业对租入的固定资产不拥有所有权但拥有实际控制权。根据融资租赁的性质，融资租赁方式租入的固定资产相当于分期付款购买固定资产。实务中，企业对于融资租赁方式租入的固定资产视同自有资产进行核算。

将固定资产按照所有权分类可以展现固定资产所有权的归属信息，便于企业管理者进行固定资产的筹资管理。

除上述介绍的分类外，固定资产还可按很多其他的标准进行分类。企业应当根据固定资产的定义、确认条件，结合本企业的具体情况，制定适合本企业的具体固定资产目录、分类方法以及每项固定资产的折旧方法，加强固定资产的管理和核算。

7.1.3 固定资产的计价

固定资产核算时所常用的计价标准一般有原始价值、重置价值、折余价值和现值

四种。

7.1.3.1 原始价值

原始价值也称原价或原值，是指企业购建某项固定资产达到预定可使用状态前所发生的一切合理、必要的支出。一般包括购买价款、相关税费、运杂费、包装费、场地整理费、装卸费、安装费、专业人员服务费等，也包括间接发生的，如应承担的借款利息、外币借款折算差额以及应分摊的其他间接费用。企业采用不同方式购建的固定资产，其原值的构成有所不同。

7.1.3.2 重置价值

重置价值是指在现时的生产技术和市场条件下，重新购置同样的固定资产所需支付的全部支出。重置价值的构成内容与原值的构成内容相同。它反映的是固定资产的现时价值。从理论上讲，采用重置价值比采用原始价值计价更为合理，但由于重置价值经常变化、不稳定，所以会计实务中只有在无法取得固定资产原始价值相关信息时才按照重置价值对固定资产成本进行计量，如盘盈、接受捐赠等。

7.1.3.3 折余价值

折余价值也称为净值，是指固定资产原始价值减去已提折旧后的余额。它是计算盘盈、盘亏、出售、报废、毁损等溢余或损失的依据。

7.1.3.4 现值

现值是指固定资产的计价按照固定资产未来使用期间以及处置时产生的未来净现金流量的折现价值。

7.2 固定资产的确认与初始计量

7.2.1 固定资产的确认

一项资产要以固定资产加以确认，必须在符合固定资产定义的前提下，同时满足以下两个固定资产的确认条件，才能加以确认。

7.2.1.1 与该固定资产有关的经济利益很可能流入企业

预期会给企业带来经济利益是资产最重要的特征。企业在确认固定资产时，需要判断与该项固定资产有关的经济利益是否很可能流入企业。实务中，这一判断主要和判断固定资产的所有权性质相关。如果企业对某项固定资产拥有所有权，说明企业拥有了与这项固定资产相关的一切风险和报酬，此时无论此项固定资产是否存放在企业均作为企业的固定资产核算。反之，如果企业没有对某项固定资产拥有所有权，说明企业既不拥有与这项固定资产相关的报酬，也不承担与这项固定资产相关的一切风险，此时这项固定资产就是存放在企业也不能作为企业的固定资产核算。但这种通过所有权的认定方式来确认固定资产的方法不适用所有固定资产，比如融资租赁方式下租入的固定资产，企业虽然对该项固定资产没有所有权，但由于企业能够控制与该固定资产有关的经济利益流入企业，与该固定资产所有权相关的风险和报酬实质上已转移到了企业，因此，符合固定资产确认的第一个条件，在这种情况下，企业应将该固定资产予以确认。

企业有些资产虽然不能直接给企业带来经济利益，但有助于企业从其他相关资产的使用中获得未来经济利益，这样的资产也应该确认为固定资产，如企业的安全设备和环保设备等。

7.2.1.2 该固定资产的成本能够可靠地计量

成本能够可靠地计量是资产确认的一项基本条件。正如我们前面所述，对固定资产成本的计量有四种计价标准：原始价值、重置价值、折余价值和现值。

在确定固定资产原始价值时，需要注意两个问题：

一是企业为购建固定资产而借入款项所发生的借款费用是否资本化的问题。我国《企业会计准则》规定：

企业发生的借款费用，可直接归属于符合资本化条件的资产的购建或者生产的，应当予以资本化，计入相关资产成本；其他借款费用，应当在发生时根据其发生额确认为费用，计入当期损益。购建或者生产符合资本化条件的资产达到预定可使用或者可销售状态时，借款费用应当停止资本化。在符合资本化条件的资产达到预定可使用或者可销售状态之后所发生的借款费用，应当在发生时根据其发生额确认为费用，计入当期损益。

二是确定固定资产成本时，应当考虑预计弃置费用因素。

对于特殊行业的特定固定资产，确定其初始成本时，还应考虑弃置费用，企业应当按照弃置费用的现值计入相关固定资产成本。

我国会计准则还规定企业在对固定资产进行确认时，如果固定资产的各组成部分具有不同使用寿命或者以不同方式为企业提供经济利益，适用不同折旧率或折旧方法的，应当分别将各组成部分确认为单项固定资产。

7.2.2 固定资产的初始计量

固定资产的初始计量指企业最初取得固定资产时所确定的成本。固定资产应当按照成本进行初始计量。成本就是前面提到的固定资产的原始价值，它是企业为购建某项固定资产达到预定可使用状态前所发生的一切合理的、必要的支出。在实务中，企业取得固定资产的成本的具体构成内容及确定方法因取得固定资产的方式不同而不同。一般来说，企业取得固定资产的方式有外购、自行建造、投资者投入以及非货币性资产交换、债务重组、企业合并和融资租赁等。

7.2.2.1 外购固定资产

企业外购固定资产的成本，包括购买价款、相关税费、使固定资产达到预定可使用状态前所发生的可归属于该项资产的费用，如场地整理费、运输费、包装费、装卸费、安装费和专业人员服务费等。

按照外购固定资产购入后是否立即达到预定可使用状态，会计处理上我们把外购的固定资产分为需要安装的固定资产和不需要安装的固定资产两类。不需要安装的固定资产是指购入后不需安装即可发挥作用的固定资产，即购入后即可达到预定可使用状态。需要安装的固定资产是指购入后只有经过安装调试，达到设计要求或合同规定的标准，该项固定资产才可发挥作用，才意味着达到预定可使用状态的固定资产。

（1）购入不需要安装的固定资产。不需要安装的固定资产的取得成本为企业实际支付的购买价款、场地整理费、运输费、包装费、装卸费、专业人员服务费和相关税费（不含可抵扣的增值税进项税额）等，其账务处理为：按应计入固定资产成本的金额，借记"固定资产"科目，根据可抵扣的增值税进项税额，借记"应交税费——应交增值税（进项税额）"科目，贷记"银行存款""其他应付款""应付票据"等科目。

如果企业是以赊购方式购入的固定资产，一般来说，支付的总价款往往高于现时采购价格，这部分价格差原则上属于企业延期付款的利息，应作为购买日到付款日之间的利息费用处理，不应该计入固定资产成本。但在赊购时间不长、利息费用不大的情况下，一般固定资产的入账价格可以直接依据发票价格入账，无须考虑延期付款利息问题。

如果企业购买固定资产时合同中含有现金折扣条款，按照重要性原则，企业仍需按照发票上的金额作为固定资产的入账价格。待到实际取得现金折扣时，将获得的现金折扣直接冲减"财务费用"，视为提前付款而收取的利息。

【例 7－1】百盛公司购入一台不需要安装的机器设备，发票上注明设备的价款 40 000元，增值税 6 400 元，运输费 1 000 元，运输费增值税 100 元。上述款项企业已用银行存款支付。其账务处理如下：

借：固定资产　　　　　　　　　　　　　　　　　　　　　　41 000
　　应交税费——应交增值税（进项税额）　　　　　　　　　6 500
　　贷：银行存款　　　　　　　　　　　　　　　　　　　　　　47 500

（2）购入需要安装的固定资产。企业购入需要安装的固定资产时其取得成本是在不需要安装固定资产取得成本的基础上，加上安装调试成本等。企业安装固定资产时可以采用两种安装方式：自营安装和出包安装。自营方式安装的安装费包括安装过程中所耗用的材料费、人工费以及其他直接支出；出包方式安装的安装费指的是向承租单位支付的安装价款。无论以何种方式安装固定资产，购入需要安装的固定资产业务均需通过"在建工程"科目核算，购买需要安装的固定资产及支付的安装费计入"在建工程"的借方；待安装结束，将已归集到"在建工程"借方的全部工程成本转出，转到"固定资产"科目的借方。

企业购入需要安装的固定资产时，应根据实际支付的购买价款、场地整理费、运输费、包装费、装卸费、专业人员服务费等，借记"在建工程"科目，根据可抵扣的增值税进项税额，借记"应交税——应交增值税（进项税额）"科目，根据实际支付的总价款，贷记"银行存款""其他应付款""应付票据"等科目。发生安装调试费时，借记"在建工程""应交税费——应交增值税（进项税额）"等科目，贷记"银行存款""原材料""工程物资""应付职工薪酬"等科目。安装工程结束，在固定资产交付使用时，应根据已发生的全部安装工程成本，借记"固定资产"科目，同时贷记"在建工程"科目。

【例 7－2】百盛公司购入一台需要安装的机器设备，取得的增值税专用发票上注明的设备价款为 50 000 元，增值税税额为 8 000 元，运输费为 2 000 元，运输费增值税为 200元，合计 60 200 元，均以银行存款支付。安装设备时，领用原材料价值 1 500 元，购进该批材料时支付的增值税税额为 240 元，支付工资 3 000 元。该机器设备安装达到预定可使用状态后交付使用。其账务处理如下：

(1) 设备运抵企业，等待安装时：

借：在建工程　　　　　　　　　　　　　　　　　　　　　　　　52 000

　　应交税费——应交增值税（进项税额）　　　　　　　　　　　　8 200

　　　贷：银行存款　　　　　　　　　　　　　　　　　　　　　　60 200

(2) 领用安装材料、支付工资等费用时：

借：在建工程　　　　　　　　　　　　　　　　　　　　　　　　 4 500

　　　贷：原材料　　　　　　　　　　　　　　　　　　　　　　　 1 500

　　　　　应付职工薪酬　　　　　　　　　　　　　　　　　　　　 3 000

(3) 设备安装达到预定可使用状态时，确定固定资产价值：

　　52 000 + 4 500 = 56 500（元）

借：固定资产　　　　　　　　　　　　　　　　　　　　　　　　56 500

　　　贷：在建工程　　　　　　　　　　　　　　　　　　　　　　56 500

【例7-3】百盛公司购入一台需要安装的机器设备，取得的增值税专用发票上注明的设备价款为50 000元，增值税税额为8 000元，运输费为2 000元，运输费增值税为200元，合计60 200元，均以银行存款支付。机器设备采用出包安装，以银行存款支付安装费1 000元，增值税160元。该机器设备安装达到预定可使用状态后交付使用。其账务处理如下：

(1) 设备运抵企业，等待安装时：

借：在建工程　　　　　　　　　　　　　　　　　　　　　　　　52 000

　　应交税费——应交增值税（进项税额）　　　　　　　　　　　　8 200

　　　贷：银行存款　　　　　　　　　　　　　　　　　　　　　　60 200

(2) 支付安装费时：

借：在建工程　　　　　　　　　　　　　　　　　　　　　　　　 1 000

　　应交税费——应交增值税（进项税额）　　　　　　　　　　　　 160

　　　贷：银行存款　　　　　　　　　　　　　　　　　　　　　　 1 160

(3) 设备安装达到预定可使用状态时，确定固定资产价值：

　　52 000 + 1 000 = 53 000（元）

借：固定资产　　　　　　　　　　　　　　　　　　　　　　　　53 000

　　　贷：在建工程　　　　　　　　　　　　　　　　　　　　　　53 000

(3) 一次外购多项资产。在实务中，企业可能以一笔款项同时购入多项没有单独标价的资产。如果这些资产均符合固定资产的定义，并满足固定资产的确认条件，则应将各项资产单独确认为固定资产，并按每项固定资产公允价值占各项固定资产公允价值总和的比例对购买总成本进行分配，以确定各项固定资产的入账价值。如果以一笔款项购入的多项资产中还包括固定资产以外的其他资产，也应按类似的方法予以处理。

【例7-4】百盛公司以一笔款项同时购买某工厂的汽车、设备和厂房，共计支付价款700 000元，增值税进项税额112 000元，保险费6 000元，装卸费2 000元，均以银行存款支付。假定上述三项资产的公允价值分别为200 000元、280 000元和320 000元。设备和厂房不需要安装和改建、扩建，可以直接投入使用。假定不考虑其他相关税费，其账务

处理如下：

（1）计算固定资产总成本：

应计入固定资产的总成本 = 700 000 + 6 000 + 2 000 = 708 000（元）

（2）计算汽车、设备和厂房的价值分配比例：

汽车应分配的固定资产价值比例 = 200 000 ÷（200 000 + 280 000 + 320 000）= 25%

设备应分配的固定资产价值比例 = 280 000 ÷（200 000 + 280 000 + 320 000）= 35%

厂房应分配的固定资产价值比例 = 320 000 ÷（200 000 + 280 000 + 320 000）= 40%

（3）计算汽车、设备和厂房各自的成本：

汽车的总成本 = 708 000 × 25% = 177 000（元）

设备的总成本 = 708 000 × 35% = 247 800（元）

厂房的总成本 = 708 000 × 25% = 283 200（元）

（4）账务处理：

借：固定资产——汽车	177 000
——设备	247 800
——厂房	283 200
应交税费——应交增值税（进项税额）	112 000
贷：银行存款	820 000

7.2.2.2　自行建造固定资产

自行建造固定资产是指企业以自营方式或出包给他人的方式建造的固定资产。企业自行建造的固定资产，应按照建造该项资产达到预定可使用状态前所发生的必要支出作为入账价值，包括工程物资成本、人工成本、交纳的相关税费、应予资本化的借款费用以及应分摊的间接费用等。由于企业自行建造固定资产的工期一般都比较长，为便于归集和计算建造固定资产期间所发生的实际建造成本，应设置"在建工程"科目，待工程完工一次性转入"固定资产"科目。在建工程发生的减值通过设置"在建工程减值准备"科目进行核算。

企业自行建造的固定资产按营建方式不同分为自营工程和出包工程。

（1）自营工程。自营工程是指企业自行组织工程物资采购、自行组织施工人员从事工程施工。实务中，企业一般采取自营方式建造固定资产的情况较少，多数情况下采用出包方式建造固定资产。自营工程较为常见的是企业自制一些专用设备。

企业在自营建造固定资产时对工程耗用的材料物资一般单独进行核算，设置"工程物资"科目进行核算，其借方用来归集采购的工程专用物资，贷方反映工程领用的物资。具体核算时通常只将固定资产建造工程中所发生的直接支出计入工程成本，主要包括消耗的工程物资、原材料、库存商品，负担的职工薪酬，辅助生产部门为工程提供的水、电、设备安装、修理、运输等劳务支出，以及工程发生的待摊支出（包括工程管理费、征地费、可行性研究费、临时设施费、公证费、监理费及应负担的税费等）。至于一些间接费用并不计入固定资产建造工程成本。

企业自营工程的账务处理程序如图7-1所示。

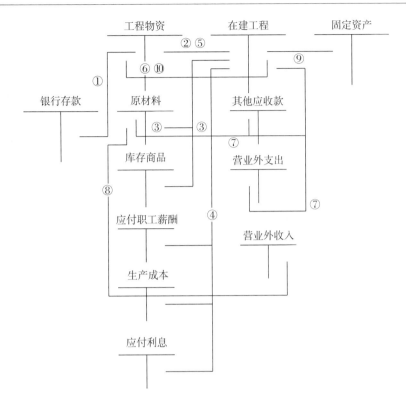

图 7 - 1　自营工程账务处理的基本程序

说明：

①购入工程用物资时，借记"工程物资""应交税费——应交增值税（进项税额）"科目，贷记"银行存款"等科目。

②领用工程物资时，借记"在建工程"科目，贷记"工程物资"科目。

③自营工程领用原材料、库存商品等时，借记"在建工程"科目，贷记"原材料""库存商品"科目。

④发生职工薪酬、辅助部门提供的水电费、满足借款费用资本化的利息等各种费用时，借记"在建工程"科目，贷记"应付职工薪酬""生产成本""应付利息"等科目。

⑤建设期间发生工程物资的盘亏、报废、毁损时，借记"在建工程"科目，贷记"工程物资"科目。

⑥建设期间发生工程物资的盘盈时，借记"工程物资"科目，贷记"在建工程"科目。

⑦工程完工后发生盘亏、报废、毁损时，收回的残料价值借记"原材料"，过失人、保险公司等的赔偿借记"其他应收款"科目，发生的净损失借记"营业外支出"科目，按盘亏的总价值贷记"在建工程"科目。

⑧工程完工后发生盘盈时，借记"原材料"科目，贷记"营业外收入"科目。

⑨工程完工结转在建工程成本时，借记"固定资产"科目，贷记"在建工程"科目。

⑩工程完工剩余工程物资退库时，按照退库物资的总价值借记"工程物资"科目，贷记"在建工程"科目。

【例 7 - 5】百盛公司利用剩余生产能力自行制造一台设备。在建造过程中主要发生下列支出：

5 月 6 日用银行存款购入工程物资 58 000 元，其中价款 50 000 元，应交增值税 8 000 元，工程物资验收入库。

5 月 20 日工程开始，当日实际领用工程物资 50 000 元；领用库存材料一批，实际成本 4 000 元，领用库存产成品若干件，实际成本 8 000 元。辅助生产部门为工程提供水、电等劳务支出共计 3 000 元，工程应负担直接人工费 7 500 元。

8月30日工程完工,并达到预定可使用状态,剩余工程物资500元退库。其账务处理如下:

(1)5月6日,购入工程物资、验收入库。

借:工程物资		50 000
应交税费——应交增值税(进项税额)		8 000
贷:银行存款		58 000

(2)5月20日,领用工程物资,投入自营工程。

借:在建工程		50 000
贷:工程物资		50 000

(3)5月20日,领用库存材料、产成品。

借:在建工程		12 000
贷:原材料		4 000
库存商品		8 000

(4)结转应由工程负担的水电费。

借:在建工程		3 000
贷:生产成本——辅助生产成本		3 000

(5)结转应由工程负担的直接人工费。

借:在建工程		7 500
贷:应付职工薪酬		7 500

(6)8月30日,剩余物资退库。

借:工程物资		500
贷:在建工程		500

(7)8月30日,工程完工并达到预定可使用状态,计算并结转工程成本。

设备制造成本 = 50 000 + 12 000 + 3 000 + 7 500 − 500 = 72 000(元)

借:固定资产		72 000
贷:在建工程		72 000

(2)出包工程。出包工程是指企业通过与建造承包商签订建造合同的方式委托建筑公司等其他单位进行的固定资产建造工程。企业的新建、改建、扩建等建设项目,通常均采用出包方式。

企业以出包方式建造的固定资产,其成本由建造该项固定资产达到预定可使用状态前所发生的必要支出构成,包括发生的建筑工程支出、安装工程支出,以及需分摊计入的待摊支出。核算时应在"在建工程"科目下设置"预付工程款""工程成本""建筑工程""安装工程""待摊支出"以及单项工程进行明细核算。企业以出包方式建造固定资产,对于发包企业来说,主要业务是与建筑承包商结算工程价款,并将其计入成本,如果有安装工程,一般情况下安装设备由发包企业购买,设备买价及支付的安装费计入固定资产原始价值,整体建设项目发生的待摊支出分配后分别计入各固定资产的原始价值。

待摊支出是指在建设期间发生的、不能直接计入某项固定资产价值,而应由所建造固定资产共同负担的相关费用,包括为建造工程发生的管理费、可行性研究费、临时设施费、公证费、监理费、应负担的税金、符合资本化条件的借款费用、建设期间发生的工程物资盘亏、报废及毁损净损失，以及负荷联合试车费等。

以出包方式建造固定资产的具体支出，由建造承包商核算，与发包企业无关。"在建工程"科目实际成为企业与建造承包商的结算科目，企业将与建造承包商结算的工程价款作为工程成本，统一通过"在建工程"科目进行核算。

企业采用出包方式建造固定资产时，整体建设项目发生的待摊支出应在各单项工程之间进行分配，分配方法如下：

待摊支出分摊率 = 累计发生的待摊支出 ÷ （建筑工程支出 + 安装工程支出 + 在安装设备支出）×100%

某项工程应分摊的待摊支出 = 该项工程支出 × 待摊支出分摊率

安装设备总成本 = 设备成本 + 为设备安装发生的建筑工程支出 + 安装工程支出 + 应分摊的待摊支出

【例7-6】百盛公司以出包方式建造一幢厂房，合同约定工程价款为20 000 000元（不含增值税），在合同签订日期预付工程价款的30%；工程完成50%时结算一次工程进度款及增值税款，工程完工并验收合格时结算剩余工程款及增值税款。百盛公司有关账务处理如下：

（1）合同签订时预付工程款：

借：在建工程——预付工程款   6 000 000
 贷：银行存款   6 000 000

（2）工程完成50%时结算工程进度款：

借：在建工程——工程成本   10 000 000
  应交税费——应交增值税（进项税额） 1 600 000
 贷：在建工程——预付工程款   6 000 000
   银行存款   5 600 000

（3）工程完工并验收合格时结算剩余工程款：

借：在建工程——工程成本   10 000 000
  应交税费——应交增值税（进项税额） 1 600 000
 贷：银行存款   11 600 000

（4）计算并结转完工固定资产成本：

10 000 000 + 10 000 000 = 20 000 000（元）

借：固定资产   20 000 000
 贷：在建工程——工程成本   20 000 000

【例7-7】20×7年1月百盛公司以出包方式建造一栋厂房，整个工程包括建造新厂房和制冷系统以及安装生产设备3个单项工程。根据双方签订的合同，建造新厂房的价款为3 000 000元，建造制冷系统的价款为2 000 000元，安装生产设备需支付安装费用400 000元。生产所需设备由百盛公司负责购买，由承包方负责安装。建造期间发生的有关经济业务如下：

（1）20×7年2月10日，百盛公司按合同约定向承包公司预付10%备料款500 000元，其中厂房300 000元，制冷系统200 000元。

（2）20×7年8月2日，建造厂房和制冷系统的工程进度达到50%，百盛公司与承包公司办理工程价款结算 2 500 000 元，其中厂房 1 500 000 元，制冷系统 1 000 000 元。百盛公司抵扣了预付备料款后，将余款通过银行转账付讫。

（3）20×7 年 10 月 8 日，百盛公司购入需安装的设备，取得的增值税专用发票上注明的价款为 3 000 000 元，增值税税额为 480 000 元，已通过银行转账支付。

（4）20×8 年 3 月 10 日，建筑工程主体已完工，百盛公司与承包公司办理工程价款结算 2 500 000 元，其中，厂房 1 500 000 元，制冷系统 1 000 000 元，款项已通过银行转账支付。

（5）20×8 年 4 月 1 日，百盛公司将生产设备运抵现场，交承包公司安装。

（6）20×8 年 5 月 10 日，生产设备安装到位，百盛公司与承包公司办理设备安装价款结算 400 000 元，款项已通过银行转账支付。

（7）整个工程项目发生管理费、可行性研究费、监理费共计 168 000 元，已通过银行转账支付。

（8）20×8 年 6 月 1 日，完成验收，各项指标达到设计要求。

假定不考虑其他相关税费，百盛公司的账务处理如下：

（1）20×7 年 2 月 10 日，预付备料款：

借：在建工程——预付工程款   500 000
  贷：银行存款   500 000

（2）20×7 年 8 月 2 日，办理工程价款结算：

借：在建工程——建筑工程——厂房   1 500 000
               ——制冷系统   1 000 000
  贷：银行存款   2 000 000
    在建工程——预付工程款   500 000

（3）20×7 年 10 月 8 日，购入设备：

借：工程物资——××设备   3 000 000
    应交税费——应交增值税（进项税额）   480 000
  贷：银行存款   3 480 000

（4）20×8 年 3 月 10 日，办理建筑工程价款结算：

借：在建工程——建筑工程——厂房   1 500 000
               ——制冷系统   1 000 000
  贷：银行存款   2 500 000

（5）20×8 年 4 月 1 日，将设备交承包公司安装：

借：在建工程——安装工程——××设备   3 000 000
  贷：工程物资——××设备   3 000 000

（6）20×8 年 5 月 10 日，办理安装工程价款结算：

借：在建工程——安装工程——××设备   400 000
  贷：银行存款   400 000

（7）支付工程发生的管理费、可行性研究费、监理费：

借：在建工程——待摊支出   168 000
  贷：银行存款   168 000

（8）结转固定资产：

①计算分摊待摊支出：

待摊支出分摊率 = 168 000 ÷（3 000 000 + 2 000 000 + 3 000 000 + 400 000）× 100%

＝ 2%

厂房应分摊的待摊支出 = 3 000 000 × 2% = 60 000（元）

制冷系统应分摊的待摊支出 = 2 000 000 × 2% = 40 000（元）

安装工程应分摊的待摊支出 =（3 000 000 + 400 000）× 2% = 68 000（元）

借：在建工程——建筑工程——厂房	60 000
——制冷系统	40 000
——安装工程——××设备	68 000
贷：在建工程——待摊支出	168 000

②计算完工固定资产的成本：

厂房的成本 = 3 000 000 + 60 000 = 3 060 000（元）

制冷系统的成本 = 2 000 000 + 40 000 = 2 040 000（元）

生产设备的成本 =（3 000 000 + 400 000）+ 68 000 = 3 468 000（元）

借：固定资产——厂房	3 060 000
——制冷系统	2 040 000
——××设备	3 468 000
贷：在建工程——建筑工程——厂房	3 060 000
——制冷系统	2 040 000
——安装工程——××设备	3 468 000

7.2.2.3 投资转入固定资产

投资者投入固定资产的成本，应当按照投资合同或协议约定的价值确定，但合同或协议约定价值不公允的除外。在投资合同或协议约定价值不公允的情况下，按照该项固定资产的公允价值作为入账价值。转入固定资产时，借记"固定资产"科目，贷记"实收资本"或"股本"科目。

【例7-8】百盛公司按照投资协议以资产评估确认的价值作为投入资本价值确认的标准。在各方的投资中A股东投入一座厂房，经评估确认价值为1 000 000元，按协议可折换成每股面值为1元、数量为900 000股股票的股权。B股东投入资金2 000 000元，按协议折换成每股面值为1元、数量为1 800 000股股票的股权。其账务处理如下：

（1）A股东投入厂房。

借：固定资产	1 000 000
贷：股本——A股东	900 000
资本公积	100 000

（2）B股东投入资金。

借：银行存款	2 000 000
贷：股本——B股东	1 800 000
资本公积	200 000

7.2.2.4 接受捐赠固定资产

接受捐赠固定资产的入账价值一般分两种情况：

（1）捐赠方提供有关凭据的，按凭据标明的金额加上应支付的相关税费作为入账价值。

（2）捐赠方没提供有关凭据的，按以下顺序确定入账价值：

1）同类或类似固定资产存在活跃市场的，按同类或类似固定资产的市场价格加上应支付的相关税费作为入账价值。

2）同类或类似固定资产不存在活跃市场的，按该接受捐赠固定资产预计未来现金流量的现值加上应支付的相关税费作为入账价值。

【例7-9】百盛公司接受一台全新专用设备的捐赠，捐赠者提供的有关价值凭证上注明的价格为200 000元，应交增值税32 000元，办理产权过户手续时以银行存款支付相关税费3 000元。账务处理如下：

借：固定资产　　　　　　　　　　　　　　　　　　203 000

　　应交税费——应交增值税（进项税额）　　　　　　32 000

　贷：营业外收入　　　　　　　　　　　　　　　　　232 000

　　　银行存款　　　　　　　　　　　　　　　　　　　3 000

7.2.2.5 盘盈的固定资产

企业需要定期或不定期地对固定资产进行清查，如果清查发现有的固定资产在账簿上没有记录，也就是实存数大于账面数，会计上称这种情况为固定资产盘盈。盘盈的固定资产入账价值一般分两种情况：

（1）同类或类似固定资产存在活跃市场的，应按同类或类似固定资产的市场价格减去按该项固定资产新旧程度估计价值损耗后的余额作为入账价值。

（2）同类或类似固定资产不存在活跃市场的，应按盘盈固定资产的预计未来现金流量的现值作为入账价值。

盘盈的固定资产应作为前期差错处理，在报经批准前应先通过"以前年度损益调整"科目核算。

【例7-10】百盛公司在固定资产清查中发现一台仪器在账簿中没有记录。该仪器当前市场价格9 000元，根据其新旧程度估计价值损耗1 500元，则会计分录为：

借：固定资产　　　　　　　　　　　　　　　　　　7 500

　贷：以前年度损益调整　　　　　　　　　　　　　　7 500

7.2.2.6 其他方式取得的固定资产的成本

我国会计准则规定，非货币性资产交换、债务重组、企业合并和融资租赁取得的固定资产的成本，应当分别按照《企业会计准则第7号——非货币性资产交换》《企业会计准则第12号——债务重组》《企业会计准则第20号——企业合并》和《企业会计准则第21号——租赁》确定。但是，其后续计量和披露应当执行固定资产准则的规定。

7.2.2.7 存在弃置费用的固定资产

对于特殊行业的特定固定资产，初始计量时还应考虑弃置费用。弃置费用通常是指根据国家法律和行政法规、国际公约等规定，企业承担的环境保护和生态恢复等义务所确定的支出。弃置费用是企业在未来弃置固定资产时预计发生的支出，如核电站核设施等的弃置和恢复环境义务。

对于这些特殊行业的特定固定资产，企业应当根据《企业会计准则第13号——或有事项》，按照弃置费用的现值计算确定应计入固定资产成本的金额和相应的预计负债。在固定资产的使用寿命内按照实际利率法计算确定利息费用，并在发生时计入财务费用。

由于技术进步、法律要求或市场环境变化等原因，特定固定资产履行弃置义务时可能发生的支出金额、预计弃置时点、折现率等变动而引起的预计负债变动，应按照以下原则调整该固定资产的成本：

（1）对于预计负债的减少，以该固定资产账面价值为限扣减固定资产成本。如果预计负债的减少额超过该固定资产账面价值，超出部分确认为当期损益。

（2）对于预计负债的增加，增加该固定资产的成本。

按照上述原则调整的固定资产，在资产剩余使用年限内计提折旧。一旦该固定资产的使用寿命结束，预计负债的所有后续变动应在发生时确认为损益。

一般工商企业的固定资产发生的报废清理费用应当在发生时通过"固定资产清理"科目核算，作为固定资产处置费用处理，不属于弃置费用。

【例7-11】百盛公司经国家批准于20×8年1月1日建造完成核电站核设施并交付使用，全部成本为100 000万元，预计使用寿命为40年。据国家法律和行政法规、国际公约等规定，企业应承担环境保护和生态恢复等义务。20×8年1月1日，预计40年后该核电站核设施弃置时，将发生弃置费用10 000万元，且金额较大。在考虑货币的时间价值和相关期间通货膨胀等因素确定的折现率为10%。账务处理如下：

（1）20×8年1月1日，弃置费用的现值 = 10 000 × (P/F, 10%, 40)

$$= 10\ 000 \times 0.0221$$

$$= 221\ （万元）$$

固定资产的成本 = 100 000 + 221 = 100 221（万元）

借：固定资产　　　　　　　　　　　　　　　　　　　　　　　　　1 002 210 000

　　贷：在建工程　　　　　　　　　　　　　　　　　　　　　　　1 000 000 000

　　　　预计负债　　　　　　　　　　　　　　　　　　　　　　　　　2 210 000

（2）计算第1年应负担的利息费用 = 2 210 000 × 10% = 221 000（元）

借：财务费用　　　　　　　　　　　　　　　　　　　　　　　　　　　221 000

　　贷：预计负债　　　　　　　　　　　　　　　　　　　　　　　　　　221 000

以后年度，企业应当按照实际利率法计算确定每年财务费用，具体账务处理略。

7.3　固定资产的后续计量

固定资产经过初始计量后，在后续的使用过程中，由于自然力、使用磨损以及外部环境影响其价值也在减损。固定资产的后续计量就是对固定资产后续使用中变化的价值额及最终价值额的确定，主要包括固定资产折旧的计提、减值损失的确定，以及后续支出的计量。其中，固定资产的减值应当按照《企业会计准则第8号——资产减值》处理，在后

面章节阐述。

7.3.1 固定资产折旧

7.3.1.1 固定资产折旧的定义

企业之所以拥有固定资产是因为固定资产能够在未来给企业带来一定的经济利益，也就是固定资产对于企业的经济价值具有潜在的服务能量，这种经济利益的获得取决于企业对所拥有固定资产服务潜能的利用。企业取得固定资产可以看成是取得了固定资产在未来经济使用年限中的服务潜力。但这种服务潜力是有限的，它会随着固定资产的使用而损耗。基于会计权责发生制的记账规则，企业也愿意使付出的成本和取得的收入相配比，因此尽量做到固定资产逐渐消失的服务潜能和它为企业所做的贡献相配比。当然，从量上来说，要想准确配比是不可能的，人们只能通过采用一定的方法来尽量客观地反映固定资产已消失的服务能力，并且要求采用的方法具有连续性、规律性，在固定资产使用寿命内一般不许变更。

固定资产服务潜能之所以会逐渐消失，是因为固定资产在使用过程中会发生有形损耗和无形损耗。有形损耗是指固定资产由于使用磨损而发生的使用损耗和由于受自然力的影响而发生的自然损耗。无形损耗是指由于技术进步、消费偏好等原因引起的固定资产价值损耗，这种损耗的特点是固定资产在物质形成上仍具有一定的服务潜力，但企业若继续使用已无经济价值。有形损耗决定固定资产的物质使用年限，无形损耗决定固定资产的经济使用年限。

固定资产服务潜能逐渐消失的量的计量就是折旧计提的过程。我国固定资产具体准则对固定资产折旧定义的表述是，折旧是指在固定资产的使用寿命内，按照确定的方法对应计折旧额进行的系统分摊。应计折旧额，是指应当计提折旧的固定资产的原价扣除其预计净残值后的金额。如果已对固定资产计提减值准备，还应当扣除已计提的固定资产减值准备累计金额。

7.3.1.2 固定资产折旧的影响因素及计提折旧的范围

（1）影响固定资产折旧的因素。影响固定资产折旧的因素主要有四个：原始价值、预计净残值、固定资产减值准备和预计使用年限。

1）原始价值。固定资产的原始价值是计算固定资产折旧的基数。在固定资产使用寿命确定的情况下，其原始价值越高，单位时间（或单位工作量）内所计提的折旧额越多。企业对于已入账的固定资产，其原始价值一般不得任意变动，除发生下列情况：根据国家规定对固定资产进行重估价；增加补充设备或改良设备；将固定资产的一部分拆除；根据实际价值调整原来的暂估价值；发现原记固定资产价值有错误。

在会计核算中，以固定资产的原始价值作为计提折旧的基数，可以使折旧的计算建立在客观的基础之上，不受主观因素的影响。

2）预计净残值。预计净残值是指假定固定资产预计使用寿命已满并处于使用寿命终了时的预期状态，企业目前从该项资产处置中获得的扣除预计处置费用后的金额。固定资产的预计净残值是固定资产在使用期满（或提前报废）时的净回收额，从量上来说，它等于固定资产报废清理时的预计残值收入减去预计清理费用后的净额。我国企业所得税法规定固定资产净残值比例应在其原价的5%以内，具体比例由企业自行确定。如果企业情况特殊，确实需要调整净残值比例，应报主管税务机关备案。净残值在报废清理时才能确定，企业在取得固定资产后的第二个月就要计提折旧，因此净残值只能在计算折旧时事先估计。

3）固定资产减值准备。固定资产减值准备是指固定资产已计提的固定资产减值准备累计金额。固定资产计提减值准备后，应当在剩余使用寿命内根据调整后的固定资产账面价值（固定资产账面余额扣减累计折旧和累计减值准备后的金额）和预计净残值重新计算确定折旧率和折旧额。

4）预计使用年限。固定资产的预计使用年限指固定资产的预计经济使用年限，它是企业使用固定资产的预计期间，或者该固定资产所能生产产品或提供劳务的数量。固定资产的预计使用年限决定了固定资产的使用寿命。企业确定固定资产使用寿命时，应当考虑下列因素：

a. 该项资产预计生产能力或实物产量。

b. 该项资产预计有形损耗，如设备使用中发生磨损、房屋建筑物受到自然侵蚀等。

c. 该项资产预计无形损耗，如因新技术的出现而使现有的资产技术水平相对陈旧、市场需求变化使其所生产的产品过时等。

d. 法律或者类似规定对该项资产使用的限制。

企业应当根据固定资产的性质和使用情况，合理确定固定资产的使用寿命和预计净残值。固定资产的使用寿命、预计净残值一经确定，不得随意变更。但固定资产的使用寿命和预计净残值会受到固定资产所处的外部经济环境、技术环境以及其他环境的影响，所以我国会计准则规定，企业至少应当于每年年度终了，对固定资产的使用寿命和预计净残值进行复核。使用寿命预计数与原先估计数有差异的，应当调整固定资产使用寿命。预计净残值预计数与原先估计数有差异的，应当调整预计净残值。固定资产使用寿命和预计净残值的改变应当作为会计估计变更。

（2）固定资产折旧范围。企业应当对所有固定资产计提折旧。但是，已提足折旧仍继续使用的固定资产和单独计价入账的土地除外。

固定资产应当按月计提折旧，同时根据受益单位的性质归集计入相关资产的成本或者当期损益。固定资产计提折旧的时点是：从达到预定可使用状态时开始，到终止确认或划分为持有待售非流动资产时停止。为简化核算，一般每月计提折旧时计算的基数以月初应计折旧额为准，当月增加的固定资产，当月不计提折旧，从下月起计提折旧；当月减少的固定资产，当月仍计提折旧，从下月起不计提折旧。当固定资产提足折旧后，即固定资产的应计提折旧总额已经提足后，不论固定资产能否继续使用，均不再计提折旧，提前报废的固定资产也不再补提折旧。

对于已达到预定可使用状态，但尚未办理竣工决算的固定资产，应当按照估计价值确认为固定资产，并计提折旧；待办理了竣工决算手续后，再按实际成本调整原来的暂估价值，但已计提的折旧额不需要调整。

7.3.1.3 固定资产折旧方法

企业应当根据与固定资产有关的经济利益的预期消耗方式，合理选择固定资产折旧方法。可选用的折旧方法包括年限平均法、工作量法、双倍余额递减法和年数总和法等。固定资产的折旧方法一经确定，不得随意变更。但是，符合《固定资产准则》第十九条规定的除外。企业至少应当于每年年度终了，对固定资产的折旧方法进行复核。与固定资产有关的经济利益预期消耗方式有重大改变的，应当改变固定资产折旧方法。折旧方法的改变应当作为会计估计变更。

（1）年限平均法。年限平均法又称直线法，是指在固定资产预计使用寿命内均衡地分摊固定资产的应计折旧额的一种方法。采用这种方法计算的每期折旧额均相等，不受固定资产使用频率和工作量的影响。计算公式如下：

$$固定资产年折旧率 = \frac{原始价值 - 预计净残值}{预计使用年限}$$

$$固定资产年折旧率 = \frac{年折旧额}{原始价值} = \frac{1 - 预计净残值率}{预计使用年限} \times 100\%$$

$$月折旧率 = \frac{年折旧率}{12}$$

$$月折旧额 = \frac{年折旧额}{12}$$

其中，

$$预计净残值率 = \frac{预计净残值}{原始价值} \times 100\%$$

【例 7-12】百盛公司厂房一幢，其原值为 2 400 000 元，预计使用年限为 20 年，预计净残值率为 4%。采用年限平均法计提折旧。

年折旧率 =（1 - 4%）÷ 20 = 4.8%

月折旧率 = 4.8% ÷ 12 = 0.4%

年折旧额 = 2 400 000 × 4.8% = 115 200（元）

月折旧额 = 115 200 ÷ 12 = 9 600（元）（或者：2 400 000 × 0.4%）

采用年限平均法计提折旧的优点是简便易行，容易理解，因而是会计实务中常使用的一种方法。但这种方法也存在一些明显的局限性。首先，采用年限平均法计提折旧使固定资产各期使用成本不均衡。固定资产的使用成本主要包括折旧和维修费用，固定资产各期发生的维修费用是不同的，在固定资产使用的前期较少，随着其使用时间的延长而不断增加。年限平均法计提折旧相等的特点使固定资产的使用成本前期少，后期多，各期使用成本不均衡。其次，采用年限平均法计提折旧忽视了各期的实际使用情况，有可能计提的折旧额与固定资产的损耗程度不相符。

（2）工作量法。工作量法是以固定资产预计可完成的工作总量为分摊标准，根据各年实际工作量计算每期应提折旧额的一种方法。这种折旧方法使固定资产各年计提的折旧额跟它使用的程度高度相关，随工作量而变动。不同的固定资产计量工作量的标准不同，如运输工具按行驶里程，机器设备按工作小时。计算公式如下：

单位工作量折旧额 = 固定资产原值 ×（1 - 预计净残值率）÷ 预计总工作量

某项固定资产月折旧额 = 该项固定资产当月工作量 × 单位工作量折旧额

【例 7-13】百盛公司有运输货车一辆，原值 500 000 元，预计净残值率为 4%，预计总行驶里程 1 000 000 公里，当月行驶 6 000 公里，该项固定资产的月折旧额如下：

单位工作量折旧额 = 500 000 ×（1 - 4%）÷ 1 000 000 = 0.48（元/公里）

本月折旧额 = 6 000 × 0.48 = 2 880（元）

工作量法的优点也是简便易行，而且工作量法以固定资产的工作量为计提折旧的标准，使固定资产各年计提的折旧额和它使用的程度相关，体现了固定资产的有形损耗，但没有考虑无形损耗的影响。所以，工作量法适用于各年使用情况明显不均衡的固定资产。

（3）双倍余额递减法。双倍余额递减法，是指在不考虑固定资产预计净残值的情况下，根据每期期初固定资产原价减去累计折旧后的金额（固定资产净值）和双倍的直线法折旧率计算固定资产折旧的一种方法。计算公式如下：

$$年折旧率 = \frac{2}{预计使用年限} \times 100\%$$

某年折旧额 = 该年年初固定资产账面净值 × 年折旧率

双倍余额递减法是一种加速折旧法，加速折旧法是指固定资产每年计提的折旧额随着时间的延长越来越少，也就是固定资产使用的前期折旧计提多，在使用后期折旧计提少。采用双倍余额递减法每年计提的折旧额递减的体现如图 7-2 所示。

图 7-2　双倍余额递减法每年计提的折旧额

采用双倍余额递减法计提折旧的固定资产，通常在其折旧年限到期前两年内，将固定资产净值扣除预计净残值后的余额平均摊销。

【例 7-14】百盛公司有一台设备经批准采用加速折旧法计提折旧。该设备购置成本为 500 000 元，预计使用 5 年，预计净残值 20 000 元，公司采用双倍余额递减法计提折旧。

$$年折旧率 = \frac{1}{5} \times 2 \times 100\% = 40\%$$

第 1 年折旧额 = 500 000 × 40% = 200 000（元）

第 2 年折旧额 =（500 000 - 200 000）× 40% = 120 000（元）

第 3 年折旧额 =（500 000 - 200 000 - 120 000）× 40% = 72 000（元）

第 4 年、第 5 年折旧额 =（500 000 - 200 000 - 120 000 - 72 000 - 20 000）÷ 2 = 44 000（元）

（4）年数总和法。年数总和法又称年限合计法，是以各年年初尚可使用年数作为分子，各年年初尚可使用年数的总和作为分母来确定各年折旧率，然后用各年的折旧率乘以应计折旧总额计算各年年折旧额的一种方法。年数总和法也是一种加速折旧法。计算公式如下：

$$某年年折旧率 = \frac{当年年初尚可使用年数}{各年年初尚可使用年数的总和} \times 100\%$$
$$= \frac{当年年初尚可使用年数}{预计使用年限 \times（预计使用年限 + 1）÷ 2} \times 100\%$$

某年年折旧额 = 当年年折旧率 × (固定资产原价 – 预计净残值)

月折旧额 = 年折旧额 ÷ 12

采用年数总和法每年计提的折旧额递减的体现如图 7 – 3 所示。

【例 7 – 15】按【例 7 – 14】的资料，采用年数总和法计算各年折旧。

$$第 1 年折旧率 = \frac{5}{5 + 4 + 3 + 2 + 1} = \frac{5}{15}$$

图 7 – 3 年数总和法每年计提的折旧额

依次可计算其他各年折旧率：

$$第 2 年折旧率 = \frac{4}{15}$$

$$第 3 年折旧率 = \frac{3}{15}$$

$$第 4 年折旧率 = \frac{2}{15}$$

$$第 5 年折旧率 = \frac{1}{15}$$

$$第 1 年折旧额 = (500000 – 20000) \times \frac{5}{15} = 160000 （元）$$

$$第 2 年折旧额 = (500000 – 20000) \times \frac{4}{15} = 128000 （元）$$

$$第 3 年折旧额 = (500000 – 20000) \times \frac{3}{15} = 96000 （元）$$

$$第 4 年折旧额 = (500000 – 20000) \times \frac{2}{15} = 64000 （元）$$

$$第 5 年折旧额 = (500000 – 20000) \times \frac{1}{15} = 32000 （元）$$

7.3.1.4 固定资产折旧的核算

固定资产折旧核算方式一般有三种：综合折旧、分类折旧和个别折旧。

综合折旧是指对物理特性不同、使用年限也不相近的资产，归并在一起计算一个综合性的折旧率，用该折旧率对全部固定资产统一计提折旧。从实物工作量及提供折旧信息的可靠性来看，综合折旧方式工作简化，但提供的会计信息过于笼统。

分类折旧是指将物理性能相近、使用年限大致相同的资产归为一类，计算出一个平均折旧率，用该折旧率对该类固定资产计提折旧。分类折旧是对个别折旧及综合折旧的折中，将性质相同、使用年限相近的固定资产归为一类计提折旧，既简化了操作，又基本准确地提供固定资产的价值信息。

个别折旧是指对每一项固定资产，分别按其原值、预计净残值和预计使用年限，计算出一个仅适用于该项固定资产的折旧率，每期分别计算每项固定资产的折旧额。个别折旧方式烦琐，工作量大，但提供的会计信息准确。按会计准则的要求，应选择采用分类折旧或个别折旧的方法。

　　固定资产应当按月计提折旧，通过"累计折旧"科目核算计提的折旧，每月计提折旧时计算的基数以月初应计折旧额为准。计算公式如下：

$$\text{当月固定资产应计提的折旧额} = \text{上月固定资产计提的折旧额} + \text{上月增加固定资产应计提的折旧额} - \text{上月减少固定资产应计提的折旧额}$$

　　企业应根据用途将固定资产计提的折旧额计入相关资产的成本或者当期损益，如企业生产部门所使用的固定资产计提的折旧，应计入制造费用；管理部门所使用的固定资产计提的折旧，应计入管理费用；销售部门所使用的固定资产计提的折旧，应计入销售费用；自行建造固定资产过程中使用的固定资产计提的折旧，应计入在建工程成本；经营性出租的固定资产计提的折旧，应计入其他业务成本；未使用的固定资产计提的折旧，应计入管理费用。

　　【例7-16】20×8年7月31日，百盛公司编制的固定资产折旧计算如表7-1所示。

表7-1　固定资产折旧计算表

20×8年7月31日

使用部门	固定资产项目	上月折旧额	上月增加固定资产		上月减少固定资产		本月折旧额	费用分配
			原价	月折旧额	原价	月折旧额		
车间	厂房	50 000					50 000	制造费用
	机器设备	120 000	50 000	1 000	8 500	1 200	119 800	
	小计	170 000					169 800	
厂部	办公楼	25 000					25 000	管理费用
	办公设备	15 000	40 000	800			15 800	
	小计	40 000					40 800	
专设销售机构	办公楼	20 000					20 000	销售费用
	办公设备	12 000			15 000	500	11 500	
	小计	32 000					31 500	
其他	经营性出租	3 000					3 000	其他业务成本
合计		245 000					245 100	

　　根据上述固定资产折旧计算表，折旧费用分配的会计分录为：

借：制造费用　　　　　　　　　　　　　　　　　169 800
　　管理费用　　　　　　　　　　　　　　　　　40 800
　　销售费用　　　　　　　　　　　　　　　　　31 500
　　其他业务成本　　　　　　　　　　　　　　　3 000
　贷：累计折旧　　　　　　　　　　　　　　　　245 100

7.3.2 固定资产后续支出

7.3.2.1 固定资产后续支出的含义

固定资产后续支出是指固定资产在使用过程中发生的日常修理费用、大修理费用、更新改造支出等，分为资本化的后续支出和费用化的后续支出，形式上表现为增置、改良与改善、换新等。

后续支出的处理原则为：符合固定资产确认条件的，应当计入固定资产成本，同时将被替换部分的账面价值扣除，如固定资产发生的更新改造支出等；不符合固定资产确认条件的，应当在发生时计入当期损益，如固定资产的日常修理费用和大修理费用等。

实务上，一般如果固定资产的后续支出使可能流入企业的经济利益超过了原先估计，比如，延长了固定资产的使用寿命；或使产品的质量实质性提高；或使产品的成本实质性降低，进行资本化处理，计入固定资产的价值，但其增计金额不能超过该固定资产的可收回金额。如果固定资产的后续支出不可能使流入企业的经济利益超过原先的估计，进行费用化处理，直接在发生时确认为当期费用。

7.3.2.2 固定资产后续支出的核算

（1）增置。增置是指对原有固定资产添置全新的资产项目或进行改建、扩建等，表现为固定资产总体数量的增加，包括新增和扩建。

新增固定资产的会计处理和重置固定资产的会计处理一样，在此不再讲述。扩建固定资产存在扩建后固定资产的计价问题。一般来说，扩建的固定资产都需要先拆除一部分原有的结构或装置，再添置新的结构或装置。会计上的处理就是先将要拆除结构或装置的账面价值从固定资产价值中扣除，然后再加上新添加的结构或装置的价值以及扩建发生的其他支出，减去扩建过程中的变价收入以确定扩建后固定资产的价值。所以，会计处理的第一步就是将固定资产的账面价值转入在建工程，同时注销固定资产原值、累计折旧和固定资产减值准备；其次，扩建发生的支出增加工程成本，扩建的变价收入减少工程成本；最后，工程完工，将"在建工程"转入"固定资产"。

需要注意的是，扩建后的固定资产计算折旧时应该以扩建后固定资产的价值作为原始价值，并重新确定预计净残值、预计使用年限和折旧方法。

【例7-17】百盛公司将一栋厂房交付扩建。该厂房原价250 000元，累计折旧90 000元。扩建过程中共发生扩建支出40 000元，均通过银行支付，厂房拆除部分的残料入库，作价3 000元。其账务处理如下：

（1）厂房转入扩建。

借：在建工程	160 000
累计折旧	90 000
贷：固定资产	250 000

（2）支付扩建支出。

| 借：在建工程 | 40 000 |
| 贷：银行存款 | 40 000 |

（3）残料作价入库。

借：原材料   3 000

 贷：在建工程   3 000

（4）扩建工程完工。

借：固定资产   197 000

 贷：在建工程   197 000

（2）改良与改善。为提高固定资产的技术性能或使用效率，企业有时会对固定资产进行改良或改善。一般固定资产改良会对固定资产的质量有较大的提升，进行资本化处理。固定资产改善对固定资产质量改进不明显，其支出作为收益性支出，直接计入当期损益。企业以经营租赁方式租入的固定资产发生的改良支出，应予资本化，作为长期待摊费用，合理进行摊销。

（3）换新。换新是指原有固定资产的部分单元或部件的更新，分为资产单元换新和部件换新，资产单元是指附属于某个固定资产里但可单独辨认其成本的资产结构。由于部件换新往往和固定资产修理一同进行，所以，大量部件换新可视同大修理核算，零星部件换新可视同日常修理核算，在此不再多述，以下主要讲述资产单元换新的会计处理。

【例7-18】百盛公司一套生产流水线附带的加工装置实体损坏，无法修复，需要用新的加工装置予以替换。该套生产流水线原价900 000元，已计提折旧150 000元。损坏的加工装置成本60 000元，公司已购买新的加工装置将其替换，新加工装置的成本为65 000元，应交增值税10 400元。其账务处理如下：

（1）注销生产流水线原价以及累计折旧：

借：在建工程   750 000

  累计折旧   150 000

 贷：固定资产   900 000

（2）购买新加工装置：

借：工程物资   65 000

  应交税费——应交增值税（进项税额） 10 400

 贷：银行存款   75 400

（3）安装新加工装置：

借：在建工程   65 000

 贷：工程物资   65 000

（4）终止确认旧加工装置：

$$旧加工装置累计折旧 = \frac{60000}{900000} \times 150000 = 10000（元）$$

旧加工装置账面净值 = 60 000 - 10 000 = 50 000（元）

借：营业外支出   50 000

 贷：在建工程   50 000

（5）生产流水线调试完毕，达到预定可使用状态。

生产流水线入账价值 = 750 000 + 65 000 - 50 000 = 765 000（元）

借：固定资产   765 000

  贷：在建工程   765 000

（4）修理。企业对固定资产进行的修理分为日常修理和大修理。固定资产日常修理是为保持和恢复固定资产正常工作而进行的经常性修理，特点是修理范围小、次数多、费用少、间隔时间短。固定资产大修理是指为保持和恢复固定资产正常工作而进行的定期修理，特点是修理范围大、费用多，间隔时间长。

会计上，对固定资产修理费用不再进行资本化处理，而是根据固定资产的用途计入当期损益。企业生产车间（部门）和行政管理部门等发生的固定资产修理费用等后续支出计入管理费用；企业设置专设销售机构的，其发生的与专设销售机构相关的固定资产修理费用等后续支出，计入销售费用。但如果有确凿证据表明固定资产大修理费用符合固定资产的确认条件，可以计入固定资产成本。

【例7-19】百盛公司7月5日对公司车间使用生产设备进行日常修理，用银行存款支付修理费用1 500元。其账务处理如下：

借：管理费用——修理费   1 500

  贷：银行存款   1 500

7.4 固定资产处置

7.4.1 固定资产终止确认的条件

当企业的固定资产需要退出生产经营过程时就发生了固定资产处置的行为，如固定资产的出售、转让、报废、毁损、对外投资、非货币性资产交换、债务重组等。按照《企业会计准则》的规定，满足下列条件之一的固定资产应当予以终止确认：

（1）该固定资产处于处置状态。处于处置状态的固定资产是指固定资产不再用于生产商品、提供劳务、出租或经营管理，因此不再符合固定资产的定义，应予终止确认。

（2）该固定资产预期通过使用或处置不能产生经济利益。会计准则规定固定资产的两个确认条件是"与该固定资产有关的经济利益很可能流入企业"和"该固定资产的成本能够可靠地计量"，如果一项固定资产预期通过使用或处置不能产生经济利益，就不再符合固定资产的定义和确认条件，应予终止确认。

需要说明的是，固定资产对外投资、非货币性资产交换、债务重组等处置业务本节不予阐述，这里只阐述固定资产的出售、转让、报废、毁损等处置问题。

7.4.2 固定资产处置的核算

企业出售、转让、报废固定资产或发生固定资产毁损，应当将处置收入扣除账面价值和相关税费后的金额计入当期损益。企业应设置"固定资产清理"科目核算固定资产处置的损益，该科目的借方用来核算处置固定资产的账面价值和发生的清理费用，该科目的贷方用来核算取得的出售价款、变价收入、各种赔款等。如果该科目借方发生额大于贷方发生额，说明发生了清理净损失，将差额从该科目的贷方转入当期损益；如果该科目的贷方发生额大于借方发生额，说明发生了清理净收益，将差额从该科目的借方转入当期损益，结转后该科目无余额。

7.4.2.1　固定资产出售

企业出售固定资产，其会计处理一般经过以下四个步骤：

（1）结转固定资产账面价值。企业出售固定资产时首先要做的就是计算出固定资产截止出售时的账面价值。固定资产账面价值是固定资产原值减去累计折旧和固定资产减值准备后的差额。

【例 7 - 20】百盛公司于 20 × 8 年 4 月 30 日将一项固定资产停止使用并出售。该固定资产于 20 × 4 年 3 月 20 日投入使用，固定资产原值为 150 000 元，预计净残值 1 200 元，预计使用年限为 8 年，采用年限平均法计提折旧。截至 20 × 8 年 4 月 30 日该项固定资产已提固定资产减值准备 2 000 元。

要求：根据以上资料计算该项固定资产的账面价值。

$$月折旧额 = \frac{150\ 000 - 1\ 200}{8 \times 12} = 1\ 550 \ （元）$$

$$\begin{aligned} 累计折旧额 &= （9 + 12 \times 3 + 4） \times 1\ 550 \\ &= 49 \times 1\ 550 \\ &= 75\ 950 \ （元） \end{aligned}$$

$$\begin{aligned} 固定资产净值 &= 150\ 000 - 75\ 950 \\ &= 74\ 050 \ （元） \end{aligned}$$

$$\begin{aligned} 固定资产账面价值 &= 74\ 050 - 2\ 000 \\ &= 72\ 050 \ （元） \end{aligned}$$

$$\begin{aligned} 或：固定资产账面价值 &= 150\ 000 - 75\ 950 - 2\ 000 \\ &= 72\ 050 \ （元） \end{aligned}$$

固定资产出售后，固定资产原值、累计折旧、与此固定资产有关的已计提的固定资产减值准备应一并予以注销，其账面价值转入"固定资产清理"科目。结转固定资产原值、累计折旧、固定资产减值准备时，应按其账面价值借记"固定资产清理"科目，按已计提的累计折旧和固定资产减值准备，借记"累计折旧""固定资产减值准备"科目，同时，按固定资产原值贷记"固定资产"科目。

（2）核算固定资产清理费用。固定资产在清理过程中往往需要拆除、清理、搬运等，会发生一些清理费用，这些清理费用有的以货币资金支付，有的需要领用单位材料，有的需要支付员工工资。在实际发生清理费用时，借记"固定资产清理"科目，根据可以抵扣的增值税额，借记"应交税费——应交增值税（进项税额）"科目，根据支付的价款、工资、领用的原材料，贷记"银行存款"或"库存现金""应付职工薪酬""原材料"等科目。

（3）核算固定资产出售收入。企业收到出售固定资产的价款应计入"固定资产清理"科目的贷方。按实际收到的出售价款借记"银行存款"科目，贷记"固定资产清理""应交税费——应交增值税（销项税额）"科目。

（4）结转出售固定资产的净损益。当企业出售固定资产的金额大于固定资产账面价值及清理费用时，发生了清理净收益，计入"资产处置损益"的贷方，即借记"固定资产清理"科目，贷记"资产处置损益"科目；当企业出售固定资产的金额小于固定资产账面价值及清理费用时，发生了清理净损失，计入"资产处置损益"的借方，即借记"资产处置损益"科目，贷记"固定资产清理"科目。结转后，"固定资产清理"科目应没有余额。

在企业出售固定资产时，应设置"资产处置损益"科目，反映企业出售划分为持有待售的非流动资产（金融工具、长期股权投资和投资性房地产除外）或处置组（子公司和业务除外）时确认的处置利得或损失，处置未划分为持有待售的固定资产、在建工程、生产性生物资产及无形资产而产生的处置利得或损失，以及债务重组中因处置非流动资产产生的利得或损失和非货币性资产交换中换出非流动资产产生的利得或损失。该科目借方反映资产处置损失，贷方反映资产处置收益。

【例7-21】百盛公司将一台机器设备出售，出售价款为600 000元（不含税），适用的增值税税率为16%，应交增值税96 000元，开具了增值税专用发票。该固定资产的原始价值为640 000元，累计折旧为50 000元，未计提固定资产减值准备。清理时以银行存款支付清理费用2 000元，未取得增值税专用发票。根据以上资料，编制会计分录如下：

（1）注销固定资产原值及累计折旧。

借：固定资产清理	590 000
累计折旧	50 000
贷：固定资产	640 000

（2）支付清理费用。

| 借：固定资产清理 | 2 000 |
| 贷：银行存款 | 2 000 |

（3）收到出售全部款项。

借：银行存款	696 000
贷：固定资产清理	600 000
应交税费——应交增值税（销项税额）	96 000

（4）结转净收益。

出售净收益=600 000-590 000-2 000=8 000（元）

| 借：固定资产清理 | 8 000 |
| 贷：资产处置损益 | 8 000 |

【例7-22】百盛公司将一幢办公楼出售，出售价款为1 800 000元（不含税），适用的增值税税率为10%，应交增值税180 000元，开具了增值税专用发票。该固定资产的原始价值为3 500 000元，累计折旧为1 600 000元，未计提固定资产减值准备。清理时以银行存款支付清理费用3 000元，未取得增值税专用发票。根据以上资料，编制会计分录如下：

（1）注销固定资产原价及累计折旧。

借：固定资产清理	1 900 000
累计折旧	1 600 000
贷：固定资产	3 500 000

（2）支付清理费用。

借：固定资产清理   3 000

 贷：银行存款   3 000

（3）收到出售全部款项。

借：银行存款   1 980 000

 贷：固定资产清理   1 800 000

  应交税费——应交增值税（销项税额）   180 000

（4）结转净收益。

净收益 = 1 800 000 - 1 900 000 - 3 000 = -103 000（元）

借：资产处置损益   103 000

 贷：固定资产清理   103 000

7.4.2.2　固定资产报废

固定资产报废分为正常报废和提前报废，正常报废的固定资产在报废时折旧已提足，其账面价值就是预计净残值，但在报废时回收的残料价值往往和预计净残值不同，还会有清理费用发生，所以仍需核算报废损益。提前报废的固定资产在报废时折旧还没有提足，但没提足的折旧也不再提取，在报废清理时一并考虑清理损益。

固定资产报废时企业所作的会计处理和固定资产出售差不多，均需要通过"固定资产清理"核算，其损益的计算方法也是一样的，但报废需要考虑残料变价收入，而且固定资产报废不属于日常经营活动，其损益应计入"营业外收入"或"营业外支出"。企业收回的残料价值和变价收入等，应冲减清理费用。按实际收到的残料或变价收入等，借记"原材料""银行存款"等科目，贷记"固定资产清理""应交税费——应交增值税（销项税额）"等科目。当企业报废固定资产发生清理净收益时，借记"固定资产清理"科目，贷记"营业外收入"科目；当企业报废固定资产发生清理净损失时，借记"营业外支出"科目，贷记"固定资产清理"科目。结转后，"固定资产清理"科目没有余额。

【例7-23】百盛公司一辆运输卡车进入报废程序。该卡车原价240 000元，累计折旧210 000元，未计提固定资产减值准备。报废时以现金支付清理费用500元，未取得增值税专用发票，残料计价4 000元入库。根据以上资料，编制会计分录如下：

（1）卡车报废，注销原价及累计折旧。

借：固定资产清理   30 000

  累计折旧   210 000

 贷：固定资产   240 000

（2）支付报废卡车清理费用。

借：固定资产清理   500

 贷：库存现金   500

（3）残料变价收入。

借：原材料   4 000

 贷：固定资产清理   4 000

（4）结转报废净损失。

报废净损失 = 30 000 + 500 - 4 000 = 26 500（元）

借：营业外支出 26 500
　贷：固定资产清理 26 500

7.4.2.3　固定资产毁损

有时由于自然灾害或企业人为等因素会造成固定资产受到损坏，给企业造成一定的损失。会计上对固定资产毁损的核算类似于固定资产报废，但固定资产毁损往往有一部分赔偿款，这部分赔偿款计入"固定资产清理"的贷方。企业在计算或收到应由保险公司或过失人赔偿的损失时，应冲减清理费用，借记"其他应收款""银行存款"等科目，贷记"固定资产清理"科目。

【例 7－24】百盛公司一台机器设备因自然灾害发生毁损。仓库原价为500 000元，累计折旧 240 000 元，已计提固定资产减值准备 20 000 元。清理过程中以银行存款支付清理费 3 000 元，增值税 180 元；残料变价收入 10 000 元，增值税 1 600 元；应收保险公司赔偿款 50 000 元。根据以上资料，编制会计分录如下：

（1）注销烧毁仓库原价及累计折旧。

借：固定资产清理 240 000
　　累计折旧 240 000
　　固定资产减值准备 20 000
　　贷：固定资产 500 000

（2）支付清理费用。

借：固定资产清理 3 000
　　应交税费——应交增值税（进项税额） 180
　　贷：银行存款 3 180

（3）残料验收入库。

借：原材料 16 000
　　贷：固定资产清理 10 000
　　　　应交税费——应交增值税（销项税额） 1 600

（4）收到保险公司赔款。

借：其他应收款 50 000
　　贷：固定资产清理 50 000

（5）计算并结转毁损净损失。

清理净损失 = 240 000 + 3 000 − 10 000 − 50 000 = 183 000（元）

借：营业外支出 183 000
　　贷：固定资产清理 183 000

7.4.2.4　固定资产盘亏

固定资产是一种价值较高、使用期限较长的有形资产，因此，在一个管理规范的企业中固定资产盘盈、盘亏较为少见。企业应当健全固定资产管理制度，加强控制，定期或者至少于每年年末对固定资产进行清查盘点，以确保固定资产核算的真实性和完整性。如果清查中发现固定资产损溢的应及时查明原因，在期末结账前处理完毕。

企业在财产清查中盘亏的固定资产，应通过"待处理财产损溢——待处理固定资产损溢"科目核算，固定资产盘亏造成的损失，应当计入当期损益。企业在发现盘亏时，未报经批准处理前，先注销固定资产原价和累计折旧，并将固定资产净值计入"待处理财产损溢——待处理固定资产损溢"科目的借方；在报经批准处理后，再将净损失转入"营业外支出——固定资产盘亏"。

【例7-25】百盛公司在固定资产的定期清查中，发现短缺一台机器设备。该设备账面原值15 000元，已提折旧12 000元，未计提固定资产减值准备。根据以上资料，编制会计分录如下：

（1）报经批准处理前，注销盘亏设备原值与累计折旧。

借：待处理财产损溢——待处理固定资产损溢 　　　　　　　　 3 000
　　累计折旧 　　　　　　　　　　　　　　　　　　　　　　 12 000
　　　贷：固定资产 　　　　　　　　　　　　　　　　　　　 15 000

（2）经批准，盘亏设备净值转入营业外支出。

借：营业外支出——固定资产盘亏 　　　　　　　　　　　　　 3 000
　　　贷：待处理财产损溢——待处理固定资产损溢 　　　　　 3 000

本章小结

固定资产是指同时具有下列特征的有形资产：①为生产商品、提供劳务、出租或经营管理而持有的；②使用寿命超过一个会计年度。固定资产确认需符合两个条件：一是与该固定资产有关的经济利益很可能流入企业；二是该固定资产的成本能够可靠地计量。核算固定资产时常用的计价标准有原始价值、重置完全价值和净值。

固定资产的初始计量指企业最初取得固定资产时所确定的成本。固定资产应当按照成本进行初始计量。它是企业为购建某项固定资产达到预定可使用状态前所发生的一切合理的、必要的支出。企业取得固定资产的成本的具体构成内容及确定方法因取得固定资产的方式不同而不同。一般来说，企业取得固定资产的方式有外购、自行建造、投资者投入以及非货币性资产交换、债务重组、企业合并和融资租赁等。

企业应在固定资产的经济使用寿命内计提折旧。折旧是指在固定资产的使用寿命内，按照确定的方法对应计折旧额进行的系统分摊。应计折旧额，是指应当计提折旧的固定资产的原价扣除其预计净残值后的金额。如果已对固定资产计提减值准备，还应当扣除已计提的固定资产减值准备累计金额。影响固定资产折旧的因素主要有四个：原始价值、预计净残值、固定资产减值准备和预计使用年限。企业应当根据与固定资产有关的经济利益的预期实现方式，合理选择固定资产折旧方法，可选用的折旧方法包括年限平均法、工作量法、双倍余额递减法和年数总和法等。

当企业的固定资产需要退出生产经营过程时，如出售、转让、报废或毁损，就发生了固定资产处置的行为，企业应当将处置收入扣除账面价值和相关税费后的金额计入当期损益。

企业应当定期或者至少于每年年末对固定资产进行清查盘点，以确保固定资产核算的真实性和完整性。清查中如果发现固定资产损溢应及时查明原因，在期末结账前处理完毕。

8　无形资产

学习目标

通过本章学习，了解无形资产的概念、特征与分类，理解企业从各种不同的来源渠道取得无形资产，无形资产的取得、摊销、出售、报废等业务，掌握无形资产初始计量及后续计量的会计规定，掌握无形资产各项业务的账务处理方法。

8.1　无形资产概述

8.1.1　无形资产的含义与特征

我国《企业会计准则第 6 号——无形资产》对无形资产是这样定义的：无形资产是指企业拥有或者控制的没有实物形态的可辨认非货币性资产。无形资产具有如下特征：

8.1.1.1　由企业拥有或者控制并能为其带来未来经济利益的资源

预计能为企业带来未来经济利益是作为一项资产的本质特征，无形资产也不例外。企业拥有或者控制的无形资产是指企业拥有该项资产的所有权；同时，该项资产能够为企业带来未来经济利益。但是在某些情况下，并不需要企业拥有其所有权，若企业有权获得某项无形资产所带来的经济利益，其他企业就不可以不受限制地取得和使用该项资产，则说明企业控制了该无形资产，相应的表现就是企业拥有该无形资产的法定所有权或者使用权，并受到法律的保护。例如，企业拥有靠自身科研力量获得某项专利技术，在一定期限内就拥有了该技术的法定所有权；若企业将该项专利转让给其他企业，那么专利的使用权转让方的相关权利受到法律的保护。

8.1.1.2　无形资产不具有实物形态

无形资产通常表现为某种权利、某种技术或是某种获取超额利润的综合能力，无形资产没有实物形态，看不见，摸不着，例如，土地使用权、非专利技术等。无形资产为企业带来经济利益的方式是通过自身所拥有的技术等优势为企业带来未来经济利益。

8.1.1.3　无形资产具有可辨认性

一项无形资产要进行核算，必须能够区别于其他资产可单独确认。具体来说，可辨认无形资产必须符合以下条件之一：第一，能够从企业中分立或者划分出来，并能够单独用于出售或者转让等，而不需要同时处置在同一获利活动中的企业资产，则说明该项无形资产可辨认。个别情况下，无形资产可能需要与有关的合同一起用于出售、转让等，此时，可以视为可辨认无形资产。第二，产生于合同性权利或者其他法定权利，无论这些权利是否可以从企业或者其他权利和义务中转移或者分离。

若企业拥有获得一项无形资产产生的未来经济利益的权利，并且具有排他性，即能约束其他方获取这些利益，那么也表明企业控制了该项无形资产、客户关系、人力资源等，由于企业无法控制其带来的未来经济利益，就不能确认为无形资产。

内部产生的品牌、报刊名称、刊头、客户名单和实质上类似项目的支出不能与整个业务开发成本区分开来，也不应该确认为无形资产。

8.1.1.4 无形资产属于非货币性资产

非货币性资产是指企业持有的货币资金和将以固定或可确定的金额收取的资产以外的其他资产。无形资产由于没有发达的交易市场，一般不容易转化成现金，即使可以转化为现金，能够取得的金额也比较难估计。

另外，值得注意的就是商誉。从可辨认性角度看，商誉是与企业的整体价值联系在一起的，它代表了购买方为从不能单独辨认并独立确认的资产中获得的预期未来经济利益而付出的代价，无形资产的确认条件之一就是要有可辨认性，确定的商誉不属于企业的无形资产。从计量角度看，商誉是企业合并成本大于合并中取得的各项可辨认资产、负债公允价值的份额的差额，也无法与企业自身区分开来，不具有可辨认性。综上，商誉也是不具有实物形态的非货币资产，但并不是无形资产。

8.1.2 无形资产的内容

无形资产通常包括专利权、非专利技术、商标权、著作权、特许权、土地使用权、特许经营权等。

8.1.2.1 专利权

专利权是国家依法授予专利发明人对某一产品的造型、外观设计、配方、结构、制造工艺和流程在一定期限内制造、出售或使用的特殊权利。并非所有的专利权都能给持有者带来经济利益，只有那些能够给企业带来较大经济利益，并且企业为此花费了支出的专利才能称为会计上的无形资产。发明专利权的期限是20年，造型专利权和外观设计专利权的期限为10年，都是自申请之日起计算。

8.1.2.2 非专利技术

非专利技术又称专有技术，是指不为外界所知、在生产经营活动中已采用了的、不享有法律保护的、可以带来经济利益的各种技术和诀窍。非专利技术并不是专利法的保护对象，非专利技术用自我保密的方式来维护其独占性，具有经济性、机密性和动态性等特点，不受法律保护。

8.1.2.3 著作权

著作权又称版权，指作者对其创作的文学、科学和艺术作品依法享有的某些特殊权利。包括发表权、署名权、修改权和保护作品完整权、复制权、出租权、发行权、展览权、表演权、放映权、广播权、信息网络传播权、摄制权、改编权、翻译权、汇编权、获得报酬权以及应当由著作权人享有的其他权利等。属于公民的，保护期为作者终生及其死亡后50年，截止于作者死亡后第50年的12月31日；属于合作作品，截止于最后死亡的作者死亡后第50年的12月31日；属于法人或者其他组织的，保护期为50年，截止于作品首次发表后 50 年的 12 月 31 日，但作品自创完成后 50 年内未发表的，法律不再保护；属于电影作品和以类似摄制电影的方法创作的作品的，保护期为 50 年，截止于作品首次发表后第 50 年的 12 月 31 日，但作品自创作完成后 50 年内未发表的，法律不再保护。

8.1.2.4　商标权

商标权是用来辨认特定商品或劳务的标记。商标权指专门在某类指定的商品或产品上使用特定的名称或图案的权利。经商标局核准注册的商标为注册商标，包括商品商标、服务商标和集体商标、证明商标；商标注册人享有商标专用权，受法律保护。注册商标的有效期为 10 年，自核准注册之日起计算。注册商标有效期满，需要继续使用的，应当在期满前 6 个月内申请续展注册；在此期间未能提出申请的，可以给予 6 个月的宽展期。宽展期满仍未提出申请的，注销其注册商标。每次续展注册的有效期为 10 年。

8.1.2.5　特许权

特许权又称特许经营权、专营权，指企业在某一地区经营或者销售某种特定商品的权利或是一家企业接受另一家企业使用商标、商号、技术秘密等的权利。通常情况下，包括两种形式：一种是由政府机构授权的，准许企业使用或者在一定地区享有某种业务的特权，如水、电、邮电通信、烟草专卖权等；另一种是由企业间依照签订的合同，有限期或者无限期使用的另一家企业的某些权利，例如连锁分店使用总店名称的权利等。会计上的无形资产是指后一种通过支付费用而获取的特许经营权。

8.1.2.6　土地使用权

土地使用权是指国家准许企业在一定期间对国有土地享有开发、利用、经营的权利。我国《土地管理法》规定，我国土地实行公有制，任何单位和个人都不得侵占、买卖或者以其他方式非法转让土地。企业依法获得的土地使用权可以依法转让。通常情况下，作为投资性房地产或者固定资产核算；以缴纳土地出让金等方式外购的和以投资者投入等方式取得的土地使用权，作为无形资产核算。

8.1.3　无形资产的确认

无形资产应当同时满足以下三个条件时，才能予以确认：

8.1.3.1　符合无形资产的定义

无形资产既要满足资产一般属性的要求（企业拥有或控制），同时也要满足无形资产没有实物形态和可辨认性的特殊要求。

8.1.3.2　与该资产有关的经济利益很可能流入企业

作为无形资产确认的项目，必须具备产生经济利益很可能流入企业的条件。在通常情况下，无形资产产生的未来经济利益可能包括在销售商品、提供劳务的收入中，或者企业使用该项无形资产而减少或节约的成本中，或体现在获得的其他利益中。例如，生产加工企业在生产工序中使用了某种知识产权，使其降低了未来生产成本，而不是增加了未来收入。在实务中，要确定无形资产创造的经济利益是否很可能流入企业，就应当对无形资产在预计使用寿命内可能存在的各种经济要素进行合理估计，并有明确的证据支持。

8.1.3.3　无形资产的成本能够可靠地计量

这点实质上是对无形资产的入账价值而言的。无形资产入账价值需要根据其取得的成本确定。成本能够可靠地计量是资产确认的一项基本条件，如果成本无法可靠地计量，那么无形资产的计价入账也就无从谈起。

8.1.4 无形资产的分类

根据需要不同,无形资产可以按下列标准进行分类:

(1) 按取得的来源不同,可以分为外购无形资产、自行开发的无形资产、投资者投入的无形资产、企业合并取得无形资产、债务重组取得的无形资产、以非货币性资产交换取得的无形资产以及政府补助取得的无形资产等。这样划分的目的在于更加合理准确地对无形资产进行初始计量,因为不同来源的无形资产,初始成本的确定方法和所包含的内容是不同的。

(2) 按使用寿命是否有期限,可以分为有期限无形资产和无期限无形资产。无形资产的使用寿命是否有期限应在企业取得无形资产时就加以分析和判断,其中需要考虑的因素很多。这样划分的目的在于合理地将无形资产的摊销金额在无形资产的使用寿命内合理而系统地摊销。因为按照《企业会计准则》的规定,使用寿命有限的无形资产才存在价值摊销的问题,使用寿命不确定的无形资产,其价值是不能进行摊销的。

8.2 无形资产的初始计量

当企业确信某项无形资产可以为企业带来未来经济利益,并且也具备应用该无形资产创造收益所需的各项条件后,可以在会计上加以确认,按照实际成本进行初始计量,即以取得无形资产并使之达到预定用途而发生的全部支出,作为无形资产的成本。对于不同来源取得的无形资产,其初始成本的构成也不尽相同。

8.2.1 外购的无形资产

外购的无形资产,其成本包括实际支付的价款、相关税费以及直接归属于使该无形资产达到预定用途所发生的其他支出。其中,直接归属于该无形资产达到预定用途所发生的支出包括使无形资产达到预定用途的专业服务费用、测试无形资产是否能够正常运行的费用等。但是下列各项费用不包括在无形资产的初始成本中:

为引入新产品进行宣传发生的广告费用、管理费用以及其他间接费用。

无形资产已经达到预定用途以后发生的费用。例如,无形资产在形成预定经济规模之前发生的初试运作损失,以及在无形资产达到预定用途之前发生的其他经营活动的支出,如果该经营活动并非是无形资产达到预定用途必不可少的,则有关经营活动的损益应于发生时计入当期损益,而不是计入无形资产的成本。

外购的无形资产,应该按其初始成本计量;如果购入的无形资产超过正常信用条件延期支付价款,通常是付款时间超过三年,实质上具有融资性质,应按所取得无形资产购买价款的现值计量其成本,现值与应付价款之间的差额作为未确认的融资费用,在付款期间按照实际利率法确认为利息费用。

【例8-1】百盛公司某项生产活动需要乙公司已获得的专利技术,若使用该技术,百盛公司预计其生产能力比原先提高 20%，销售利润率增长 15%，为此，百盛公司从乙公司购入一项专利权，按照协议约定以现金支付，实际支付的价款为 400 万元，相关专业服务费用 7 万元，增值税 24.42 万元款项已经通过银行转账支付。

分析：百盛公司购入的专利权符合无形资产的定义，即百盛公司能够拥有或者控制该项专利技术，符合可辨认条件，同时是不具有实物形态的非货币性资产。百盛公司购入的专利权符合无形资产的确认条件，首先，百盛公司的某项生产能力比原先提高 20%，销售利润率增长 15%，即经济利益很可能流入企业；其次，该专利权的成本为 400 万元，并支付相关专业服务费用 7 万元，即成本能够可靠计量。

无形资产的成本 = 400 + 7 = 407（万元）

其账务处理为：

借：无形资产——专利权   40 700 00

    应交税费——应交增值税（进项税额）   2442 00

  贷：银行存款   4 314 200

【例 8 - 2】百盛公司因生产业务需要，购入另一家公司商品商标，使用期限 8 年，一次性支付转让费 210 万元，增值税 12.6 万元。相关的手续已办妥。其账务处理：

借：无形资产   2 100 000

    应交税费——应交增值税（进项税额）   126 000

  贷：银行存款   2 226 000

8.2.2 投资者投入的无形资产

投资者投入企业的无形资产，其成本应当按照投资合同或协议约定价值确定，但合同或协议约定价值不公允的除外。

在投资合同或协议约定价值不公允的情况下，应按无形资产的公允价值入账，所确认初始成本与实收资本或股本之间的差额作为资本溢价，调整资本公积。

【例 8 - 3】因百盛公司创立的某项专利技术能够提高企业的生产能力，带来较高的利润增长率，百盛公司预计使用 A 公司的专利技术，能够使其利润增长 40%，因此，百盛、A 两公司协议商议，A 公司以其专利技术投资于百盛公司，双方协议价格即公允价值为 600 万元，百盛公司支付相关税费 4 万元，款项已通过银行存款支付。百盛公司的会计处理为：

借：无形资产——专利技术   6 040 000

  贷：实收资本   6 000 000

    银行存款   40 000

【例 8 - 4】百盛公司接受 T 公司以一项专利权向企业进行的投资，根据双方签订的投资合同，该项专利权的价值为 300 000 元，折合为公司的股票 200 000 股，每股面值 1 元。其账务处理：

借：无形资产   300 000

  贷：股本   200 000

    资本公积   100 000

8.2.3 非货币性资产交换取得的无形资产

非货币性资产交换，是指交易双方主要以存货、固定资产、无形资产和长期股权投资等非货币性资产进行的交换。该交换不涉及或只涉及少量的货币性资产（补价）。认定涉及少量货币性资产的交换为非货币性资产交换，通常以补价占整个资产交换金额的比例低于25%作为参考。企业通过非货币性资产交换取得无形资产，主要是指以投资、存货、固定资产或无形资产换入无形资产等。非货币性资产交换具有商业实质并且其公允价值能够可靠计量的，在发生补价的情况下，支付补价的一方应当以换出资产的公允价值加上支付的补价即换入资产的公允价值和应支付的相关税费，作为换入无形资产的成本；收到补价的一方，应当以换入无形资产的公允价值和应支付的相关税费，作为换入无形资产的成本。

8.2.4 债务重组获得的无形资产

通过债务重组获得无形资产是指企业作为债权人取得的债务人用于偿还债务的非现金资产，企业作为无形资产进行管理的资产。通过债务重组获得无形资产按照《企业会计准则第 12 号——债务重组》确定其成本，以其公允价值入账。

8.2.5 政府补助取得的无形资产

政府补助是指企业从政府无偿取得货币性资产或非货币性资产，但不包括政府作为所有者投入的资本。政府向企业提供补助具有无偿性的特点。政府并不因此而享有企业的所有权，企业未来也不需要以提供服务、转让资产等方式偿还。企业通过政府补助的方式取得的无形资产应当按照公允价值计量。具体包括：如果政府取得的无形资产附带有关文件、协议、发票、报关单等凭证，应当以有关凭据中注明的价值作为公允价值；没有注明或注明的价值与公允价值相差不大时，但有活跃交易市场的，应当根据有确凿证据表明的同类或类似市场交易价格作为公允价值；如没有注明价值，且没有活跃交易市场、不能可靠取得公允价值的，应当按照名义金额计量，名义金额为 1 元。

企业取得政府补助的无形资产时，一方面增加企业的无形资产，计入"无形资产"科目的借方；另一方面要作为递延收益，计入"递延收益"科目的贷方。"递延收益"科目主要核算企业确认的应在以后期间计入当期损益的政府补助。企业由于政府补助形成的无形资产而确认的递延收益应在无形资产的使用寿命内分配计入各期损益中。

【例 8-5】百盛公司收到政府行政划拨的土地使用权，根据有关凭证，该无形资产的公允价值为 2 000 000 元。

借：无形资产　　　　　　　　　　　　　　　　　　　　　　2 000 000
　　贷：递延收益　　　　　　　　　　　　　　　　　　　　　2 000 000

8.2.6 土地使用权形成的无形资产

企业取得的土地使用权，通常应当按照取得时付出的价款和相关税费确认为无形资产。土地使用权用于自行开发建造厂房等地上建筑物时，土地使用权的账面价值不与地上建筑物合并计算其成本，而仍作为无形资产进行核算，土地使用权与地上建筑物分别进行摊销和计提折旧。但下列情况除外：

（1）房地产开发企业取得的土地使用权用于建造对外出售的房屋建筑物，相关的土地使用权应当计入所建造的房屋建筑物成本。

（2）企业外购的房屋建筑物支付的价款应当在地上建筑物与土地使用权之间分配，无法合理分配的，应全部确认为固定资产。

（3）企业改变土地使用权的用途，将其作为用于出租或增值目的时，应将其账面价值转为投资性房地产。

【例 8 - 6】20×8 年 1 月 1 日，百盛公司购入一块土地的使用权，以银行存款转账支付价款 2 000 万元，增值税 120 万元，并在该土地上自行建造厂房等工程，发生材料支出 200 万元，工资费用 300 万元，其他相关费用 100 万元等。该工程已经完工达到预定可使用状态。假定土地使用权的使用年限为 50 年，该厂房的使用年限为 25 年，两者都没有净残值，都采用直线法进行摊销和计提折旧。为简化核算，不考虑其他相关税费。

分析：百盛公司购入土地使用权，使用年限为 50 年，表明它属于使用寿命有限的无形资产，在该土地上自行建造厂房，应将土地使用权和地上建筑物分别作为无形资产和固定资产进行核算，并分别摊销和计提折旧。百盛公司的账务处理如下：

（1）支付转让价款：

借：无形资产——土地使用权　　　　　　　　　　　　　　20 000 000
　　应交税费——应交增值税（进项税额）　　　　　　　　 1 200 000
　　贷：银行存款　　　　　　　　　　　　　　　　　　　21 200 000

（2）在土地上自行建造厂房：

借：在建工程　　　　　　　　　　　　　　　　　　　　　 6 000 000
　　贷：工程物资　　　　　　　　　　　　　　　　　　　 2 000 000
　　　　应付职工薪酬　　　　　　　　　　　　　　　　　 3 000 000
　　　　银行存款　　　　　　　　　　　　　　　　　　　 1 000 000

（3）厂房达到预定可使用状态：

借：固定资产　　　　　　　　　　　　　　　　　　　　　 6 000 000
　　贷：在建工程　　　　　　　　　　　　　　　　　　　 6 000 000

（4）每年分期摊销土地使用权和对厂房计提折旧：

借：管理费用　　　　　　　　　　　　　　　　　　　　　　 400 000
　　制造费用　　　　　　　　　　　　　　　　　　　　　　 240 000
　　贷：累计摊销　　　　　　　　　　　　　　　　　　　　 400 000
　　　　累计折旧　　　　　　　　　　　　　　　　　　　　 240 000

8.2.7　企业合并中取得的无形资产

企业合并中取得无形资产，按照企业合并的类型，分别处理：

（1）同一控制下的吸收合并，按照被合并企业的无形资产的账面价值确认为取得时的成本；同一控制下的控股合并，合并方在合并日编制合并报表时，应按照被合并方无形资产的账面价值作为合并的基础。

（2）非同一控制下的企业合并，购买方取得的无形资产应以其在购买日的公允价值计量，具体内容包括：

1）被购买企业原已确认的无形资产。

2）被购买企业原未确认的无形资产，但其公允价值能够可靠计量，购买方就应该在购买日将其独立于商誉确认为一项无形资产。例如，被购买方正在进行当中的一个研究开发项目，符合无形资产的定义并且其公允价值能够可靠计量，则购买方应将其独立于商誉确认为一项无形资产。

8.3 内部研究开发费用的确认和计量

8.3.1 研究阶段和开发阶段的划分

对于企业自行进行的研究开发项目，应当具体划分研究阶段和开发阶段分别进行确认核算。在实际工作中，关于研究与开发阶段的具体划分，企业应该根据自身实际情况以及相关信息加以判断。

8.3.1.1 研究阶段

研究阶段，是指为获取新的技术和知识等进行的有计划的调查，例如，企业为获取知识而进行的活动，研究成果或其他知识的应用研究、评价和最终选择，新的或经改进的材料、设备、产品、工序、系统或服务的可替代产品的配制、设计、评价和最终选择等。

研究活动具有计划性和探索性的特点，研究阶段是建立在有计划的调查基础上，着手收集相关资料，进行市场调查等，以比较市场中相关技术或产品等的市场前景等活动；研究阶段的活动都是探索性的，为进一步的开发活动进行资料及相关方面的准备，在这阶段不一定都会形成阶段性的成果。

综上，研究是否能形成未来成果，具有很大的不确定性，企业也无法证明该项活动能够带来未来经济利益的流入，也就无法确认为无形资产，所以，在研究阶段发生的支出，应该费用化计入当期损益。

8.3.1.2 开发阶段

开发阶段是指在进行商业性生产或者使用前，将研究结果或其他知识应用于某项计划或者设计，以生产出新的或者具有实质性改进的材料、装置、产品等。例如，含新技术的工具、夹具、模具的设计。

开发阶段具有针对性和形成成果的可能性较大等特点。企业的研发活动进入了开发阶段，往往也说明在很大程度上会形成企业的一项专有技术，那么，如果企业能够证明满足无形资产的定义和相关确认条件，所发生的相关支出可以资本化确认为无形资产的成本。

8.3.2 开发阶段费用资本化的条件

研究与开发阶段在各个阶段发生的费用在确认和计量上需要遵循的原则是不同的。

开发阶段的费用支出是否应计入无形资产的成本，要视其是否满足资本化的条件而定。不能满足资本化条件的费用支出应计入当期损益。开发阶段费用支出的资本化条件包括以下几个方面：

（1）完成该无形资产以使其能使用或出售在技术上具有可行性。企业在判断是否满足该条件时，应以目前的阶段成果为基础，说明在此基础上进一步开发所需的技术条件等已经具备，在技术上基本不存在障碍或其他不确定性。

（2）具有完成该无形资产并使用或者出售的意图。开发某产品或专利技术产品等，通常是根据管理当局对该项研发活动的目的或者意图所决定，即研发项目形成成果以后，是为出售还是为自己使用并从使用中获得经济利益，应根据管理当局的意图而定。企业管理当局应能够说明其持有拟开发无形资产的目的，并具有该项无形资产开发并使其能够使用或出售的可能性。

（3）无形资产产生的经济利益方式，包括能够证明运用该无形资产生产的产品存在市场或无形资产自身存在的市场，无形资产将在内部使用的，应当证明其有用性。若有关的无形资产在形成以后，主要是用于形成新产品或者新工艺的，企业应当对该项无形资产的市场情况进行估计，能证明所生产的产品存在市场，并能够带来经济利益的流入；若有关的无形资产在研发成功后主要是用于出售的，企业应该能够证明市场上存在对该类无形资产的需求，这种外在市场能够带来未来经济利益的流入；若研发出来的无形资产用于企业内部使用，企业应能够证明在企业使用时对企业的有用性。

（4）有足够的技术、财务资源和其他资源的支持，以完成无形资产的研发，并有能力使用或出售该无形资产。这一条件主要包括：①具有技术上的可靠性。②财务资源和其他资源的支持。③能够证明企业在开发过程中所需的技术、财务和其他资源，以及企业获得这些资源的相关计划等。④有能力使用或出售该无形资产以取得收益。

（5）归属于该无形资产开发阶段的支出能够可靠地计量。企业对于开发活动所发生的支出应该单独核算，如研发人员的工资薪酬等，在企业同时从事多项研发活动的情况，所发生的支出同时用于支持多项开发活动的，应按照一定的比例在各个研发活动中进行分配，无法明确分配的，应予费用化计入当期损益，不计入开发活动的成本。

8.3.3 内部研究开发费用的会计处理

8.3.3.1 基本原则

企业内部研究和开发无形资产，其在研究阶段的支出全部费用化，计入当期损益（管理费用）；开发阶段的支出符合条件的资本化，不符合资本化条件的计入当期损益（管理费用）。如果确实无法区分研究阶段的支出和开发阶段的支出，应将其所发生的研发支出全部费用化，计入当期损益。

8.3.3.2 具体账务处理方法

为了正确计算企业的利润以及合理地对无形资产进行确认，需要设置"研发支出"以反映企业内部在研发过程中发生的支出。"研发支出"科目按照研究开发项目分为"费用化支出""资本化支出"进行明细核算。企业的研发支出包括直接发生的和分配计入的两部分。直接发生的研发支出，包括研发人员工资、材料费以及相关设备折旧费等；分配计入的研发支出是指企业同时从事多项研究开发活动时，所发生的支出按照合理的标准在各项研究开发活动之间进行分配计入的部分。研发支出无法明确分配的，应当计入当期损益，不计入开发活动的成本。

（1）企业自行开发无形资产发生的研发支出，不满足资本化条件的，借记"研发支出——费用化支出"科目，满足资本化条件的，借记"研发支出——资本化支出"科目，贷记"原材料""银行存款""应付职工薪酬"等科目。

（2）企业以其他方式取得的正在进行中的研究开发项目，应按确定的金额，借记"研发支出——资本化支出"科目，贷记"银行存款"等科目。以后发生的研发支出，应当比照上述第一条原则进行处理。

（3）研究开发项目达到预定用途形成无形资产的，应按"研发支出——资本化支出"科目的余额，借记"无形资产"科目，贷记"研发支出——资本化支出"科目。

（4）期末，企业应将"研发支出"科目归集的费用化支出金额转入管理费用，借记"管理费用"科目，贷记"研发支出——费用化支出"科目。"研发支出"科目期末借方余额，反映企业正在进行中的研究开发项目中满足资本化条件的支出。

【例8-7】百盛公司20×8年1月开始对一项新产品专利技术进行研究开发。1月进入研究阶段，发生差旅费等10万元。2月进入开发阶段，领用材料50万元，人工费用20万元，以银行存款支付注册费、律师费等其他费用30万元，增值税1.8万元，其中符合资本化条件的支出80万元。形成的专利技术于3月达到预定使用状态。

1月研究阶段发生差旅费等费用：
借：研发支出——费用化支出　　　　　　　　　　100 000
　　贷：银行存款等　　　　　　　　　　　　　　　100 000
1月末时：
借：管理费用　　　　　　　　　　　　　　　　100 000
　　贷：研发支出——费用化支出　　　　　　　　　100 000
开发阶段发生的相关费用：
借：研发支出——费用化支出　　　　　　　　　　200 000
　　　　　　——资本化支出　　　　　　　　　　800 000
　　应交税费——应交增值税（进项税额）　　　　　18 000
　　贷：原材料　　　　　　　　　　　　　　　　500 000
　　　　应付职工薪酬　　　　　　　　　　　　　200 000
　　　　银行存款等　　　　　　　　　　　　　　318 000
2月末时：
借：管理费用　　　　　　　　　　　　　　　　200 000
　　贷：研发支出——费用化支出　　　　　　　　　200 000
3月达到预定使用状态时：
借：无形资产　　　　　　　　　　　　　　　　800 000
　　贷：研发支出——资本化支出　　　　　　　　　800 000

8.4　无形资产的后续计量

无形资产的后续计量是指在某一个时点上对无形资产价值余额的计量，主要业务包括无形资产的摊销以及减值损失的确定。无形资产能够给企业在一定时期内带来经济利益，因此无形资产的价值应按无形资产的收益期体现在各期的损益中，这在会计上称为无形资产的摊销。无形资产应以估计的使用寿命为基础确定使用过程中的累计摊销额，在估计使用寿命内采用系统合理的方法进行摊销。无形资产减值损失的确定在资产减值问题中单独阐述，本节只涉及无形资产的摊销问题。

8.4.1 无形资产的使用寿命

8.4.1.1 估计无形资产的使用寿命

会计上是以无形资产的使用寿命为摊销期进行无形资产价值的摊销。企业应在取得无形资产时对其使用寿命进行分析和判断，对无形资产的使用寿命作出合理估计。无形资产的使用寿命分为有限和无限两种。使用寿命无限的无形资产价值不再进行摊销；无形资产使用寿命有限的，应当估计该使用寿命的年限或者构成使用寿命的产量等类似计量单位数量。估计无形资产使用寿命应当考虑的主要因素包括：

（1）该资产通常的产品寿命周期，以及可获得的类似资产使用寿命的信息。

（2）技术、工艺等方面的现实情况及对未来发展的估计。

（3）以该资产在该行业运用的稳定性和生产的产品或服务的市场需求情况。

（4）现在或潜在的竞争者预期采取的行动。

（5）为维持该资产产生未来经济利益的能力所需要的维护支出，以及企业预计支付有关支出的能力。

（6）对该资产的控制期限，以及对该资产使用的法律或类似限制，如特许使用期间、租赁期间等。

（7）与企业持有的其他资产使用寿命的关联性等。

8.4.1.2 无形资产使用寿命的确定

由于企业持有的无形资产，通常源自合同性权利或其他法定权利取得的无形资产，其使用寿命通常不应超过合同性权利或其他法定权利的期限。例如，企业以支付土地出让金方式取得一块土地50年的使用权，如果企业准备持续持有，在50年期间内没有计划出售，该项土地使用权预期为企业带来未来经济利益的期间为50年。但如果企业使用无形资产预期期限短于合同性权利或其他法定权利规定的期限的，应当按照企业使用无形资产的预期期限确定其使用寿命。例如，企业取得的某项实用新型专利权，法律规定的保护期限为10年，企业预计运用该项实用新型专利权所生产的产品在未来6年内会为企业带来经济利益，则该项专利权的预计使用寿命为6年。如果合同性权利或其他法定权利能够在到期时因续约等延续，则仅当有证据表明企业续约不需要付出重大成本时，续约期才能够包括在使用寿命的估计中。

下列情况下，一般说明企业无须付出重大成本即可延续合同性权利或其他法定权利：有证据表明合同性权利或法定权利将被重新延续，如果在延续之前需要第三方同意，则还需有第三方将会同意的证据；有证据表明为获得重新延续所必需的所有条件将被满足，以及企业为延续持有无形资产所付出的成本相对于预期从重新延续中流入企业的未来经济利益相比不具有重要性。如果企业为延续无形资产持有期间而付出的成本与预期从重新延续中流入企业的未来经济利益相比具有重要性，则从本质上来看是企业获得的一项新的无形资产。

没有明确的合同或法律规定无形资产的使用寿命的，企业应当综合各方面因素判断，例如，聘请相关专家进行论证、与同行业的情况进行比较，或参考企业的历史经验等，来确定无形资产为企业带来未来经济利益的期限。

经过上述努力仍确实无法合理确定无形资产为企业带来经济利益的期限的，则该项无形资产应作为使用寿命不确定的无形资产而不进行摊销，但应进行减值测试。

8.4.1.3　无形资产使用寿命的复核

无形资产使用寿命确定以后不是一成不变的，随着相关影响因素的变化，有限的使用寿命可能延长或缩短；而使用寿命不能确定的无形资产，其使用寿命可能会变得能够确定。我国《企业会计准则》规定，企业至少应当于每年年度终了，对使用寿命有限的无形资产的使用寿命进行复核，如果有证据表明无形资产的使用寿命与以前估计不同的，应当改变其摊销期限，并按照会计估计变更进行处理。对于使用寿命不确定的无形资产，如果有证据表明其使用寿命是有限的，则应视为会计估计变更，应当估计其使用寿命并按照使用寿命有限的无形资产的处理原则进行处理。

8.4.2　使用寿命有限的无形资产摊销

使用寿命有限的无形资产，应以成本减去累计摊销额和累计减值损失后的余额进行后续计量。使用寿命有限的无形资产，应在其预计的使用寿命内采用系统合理的方法对应摊销金额进行摊销。

8.4.2.1　应摊销金额

无形资产的应摊销金额是指其成本扣除预计残值之后的金额。已计提减值准备的无形资产，还应扣除已计提的无形资产减值准备累计金额。无形资产的残值一般为零，但下列情况除外：

（1）有第三方承诺在无形资产使用寿命结束时购买该项无形资产。

（2）可以根据活跃市场得到无形资产与净残值信息，并且该市场在该项无形资产使用寿命结束时可能存在。

无形资产的残值意味着，在其经济寿命结束之前，企业预计将会处置该无形资产，并且从该无形资产中获得利益。估计无形资产的残值应以资产处置时的可收回金额为基础。此时的可收回金额是指在预计出售日，出售一项使用寿命已满且处于类似使用状况下，同类无形资产预计的处置价格（扣除相关税费）。残值确定以后，在持有无形资产的期间内，至少应于每年年末进行复核，预计其残值与原估计金额不同的，应按照会计估计变更进行处理。如果无形资产的残值重新估计以后高于其账面价值的，则无形资产不再摊销，直至残值降至低于账面价值时，再恢复摊销。

8.4.2.2　摊销期和摊销方法

无形资产的摊销期自其可供使用时（其达到预定用途）开始至终止确认时止。当月增加的无形资产，当月开始摊销；当月减少的无形资产，当月不再摊销。

可供企业选择的摊销方法很多，如直线法、余额递减法和生产总量法等。目前，国际上普遍采用的主要为直线法。企业摊销方法的选择主要取决于企业与无形资产有关经济利益的预期实现方式，并应一致地运用于不同会计期间。一般而言，受技术陈旧因素影响较大的专利权和专有技术等无形资产，可采用类似固定资产加速折旧的方法进行摊销；有特定产量限制的特许经营权或专利权，应采用产量法进行摊销；如果企业由于各种原因难以可靠确定消耗方式时，则应当采用直线法对无形资产的应摊销金额进行系统合理的摊销。持有待售的无形资产不进行摊销，按照账面价值与公允价值减去处置费用后的净额孰低进行计量。

8.4.2.3　使用寿命有限的无形资产摊销的账务处理

无形资产的摊销一般应确认为当期损益，计入管理费用。现行会计准则借鉴了国际会计准则的做法，规定无形资产的摊销金额一般应确认为当期损益，计入管理费用。但如果某项无形资产所包含的经济利益是通过所生产的产品或其他资产实现的，无形资产的摊销金额可以计入产品或其他资产的成本中。

企业摊销无形资产进行账务处理时，不是直接冲减无形资产的账面价值，需要单独设置"累计摊销"科目，反映摊销而减少的无形资产价值。企业按月计提无形资产摊销额时，借记"管理费用""制造费用""其他业务成本"等科目，贷记"累计摊销"科目。"累计摊销"科目期末贷方余额，反映企业无形资产的累计摊销额。

【例 8 - 8】百盛公司 20×8 年 1 月 1 日以 300 万元购入一项非专利技术。估计该项无形资产的预计使用年限为 10 年，百盛公司采用直线法进行摊销，残值为零。该项非专利技术用于产品生产。

（1）取得无形资产时：

借：无形资产　　　　　　　　　　　　　　　　　　　　　　　　3 000 000
　　贷：银行存款　　　　　　　　　　　　　　　　　　　　　　　3 000 000

（2）该无形资产用于生产，因此摊销金额应计入相关产品的制造成本。每年摊销时的账务处理为：

借：制造费用　　　　　　　　　　　　　　　　　　　　　　　　　300 000
　　贷：累计摊销　　　　　　　　　　　　　　　　　　　　　　　　300 000

（3）假如 20×8 年末，百盛公司对该无形资产进行减值测试，经计算 20×8 年末其可收回金额为 200 万元。

无形资产减值额为 70 万元［（300 - 30）- 200］。

借：资产减值损失　　　　　　　　　　　　　　　　　　　　　　　700 000
　　贷：无形资产减值准备　　　　　　　　　　　　　　　　　　　　700 000

假如 20×9 年末，百盛公司根据市场有关因素变化趋势判断，该非专利技术 5 年后将被淘汰，不能再为企业带来经济利益，决定使用 5 年后不再使用。为此，百盛公司应在 20×9 年 12 月 31 日据此变更该非专利技术的估计使用寿命，并按会计估计变更进行处理。

20×8 年无形资产摊销金额为 25 万元［200÷8 或（300 - 30 - 70）÷8］，20×9 年该项无形资产摊销金额为 35 万元［（200 - 25）÷5］。

（4）该公司 20×9 年对该项非专利技术按年摊销的账务处理如下：

借：制造费用　　　　　　　　　　　　　　　　　　　　　　　　　350 000
　　贷：累计摊销　　　　　　　　　　　　　　　　　　　　　　　　350 000

8.4.3　使用寿命不确定的无形资产

需要注意的是，对于没有期限，即使用寿命无法合理估计的无形资产虽然在持有期间不需要摊销，但按照《企业会计准则第 8 号——资产减值》的规定，在期末时经过重新复核使用寿命仍然不确定的，应当进行减值测试，减值时计提减值准备，并根据计提的减值准备金额，借记"资产减值损失"科目，贷记"无形资产减值准备"科目。

【例 8-9】百盛公司 20×8 年 1 月 1 日自行研发的某项非专利技术已经达到预定可使用状态。累计研究支出为 800 000 元，累计开发支出为 2 500 000 元（其中，符合资本化条件的支出为 2 000 000 元）。有关调查表明，根据产品生命周期、市场竞争等方面情况综合判断，该非专利技术将在不确定的期间内为企业带来经济利益。

由此，该非专利技术可视为寿命不确定的无形资产，在持有期间内不需要进行摊销。

20×9 年底，该公司对该非专利技术按照资产减值的原则进行减值测试，经测试表明其已发生减值。20×9 年底，该非专利技术的可收回金额为 1 800 000 元。

该公司的账务处理如下：

（1）20×8 年 1 月 1 日，非专利技术达到预定用途：

借：无形资产   2 000 000

 贷：研发支出——资本化支出   2 000 000

（2）20×9 年底，非专利技术发生减值时：

借：资产减值损失   2 000 00

 贷：无形资产减值准备   2 000 00

8.5 无形资产的处置

无形资产的处置，是指由于无形资产出售、对外出租、对外捐赠，或者是无法为企业未来带来经济利益时（报废），对无形资产的转销并终止确认。

8.5.1 无形资产的出售

企业出售无形资产，一方面应反映因转让而取得的收入，另一方面应将无形资产的摊余价值予以核销。如果出售的无形资产已计提了减值准备，在出售时还应将已计提的减值准备注销。同时，按现行税法的规定，出售无形资产还应按实际转让收入计算缴纳增值税。

企业出售无形资产的净收益，计入资产处置损益。

【例 8-10】20×8 年 1 月 1 日，百盛公司拥有某商标权成本为 300 万元，已摊销金额为 180 万元，已计提的减值准备为 20 万元。该公司于 20×8 年将该商标权出售给乙公司，取得出售收入 120 万元（适用增值税税率为 6%）。

借：银行存款   1 200 000

  累计摊销   1 800 000

  无形资产减值准备——商标权   200 000

 贷：无形资产——商标权   3 000 000

   应交税费——应交增值税（销项税额）   72 000

   资产处置损益   128 000

8.5.2 无形资产的出租

无形资产出租是指企业将所拥有的无形资产使用权让渡给他人并收取租金的、与企业日常活动相关的其他经营活动业务。出租无形资产应收取的租金一般可以按照固定金额或销售额的一定百分比等方法计算。在满足收入确认条件的情况下，应确认相关的收入和成本，并通过其他业务收支科目进行核算。

出租无形资产取得租金收入时，借记"银行存款"等科目，贷记"其他业务收入"等科目；摊销出租无形资产的成本和发生与转让有关的各种费用支出时，借记"其他业务成本"，贷记"累计摊销"科目；企业收取的租金应按6%的增值税税率向国家计算缴纳增值税，贷记"应交税费——应交增值税（销项税额）"科目。

【例8-11】20×8年1月1日，百盛公司将某专利权出租给乙公司使用，租期为5年，每年收取固定租金25万元。适用增值税税率为6%，百盛公司在出租期间内不再使用该专利权。该专利权初始入账价值为200万元，预计使用年限为10年，采用直线法摊销。会计处理如下：

（1）每年取得租金、确认收入时：

借：银行存款 265 000
    贷：其他业务收入 250 000
        应交税费——应交增值税（销项税额） 15 000

（2）出租期内每年对该专利权进行摊销时：

借：其他业务成本 200 000
    贷：累计摊销 200 000

8.5.3 无形资产的报废

无形资产未来能否给企业带来经济利益由于受到很多不可预知因素的影响而具有很大不确定性。如果无形资产预期不能为企业带来未来经济利益，例如，某无形资产已被其他新技术所替代或超过法律保护期，不能再为企业带来经济利益的，则不再符合无形资产的定义、应将其报废并予以转销。报废无形资产的账面价值作为非流动资产处置损失，应予转销，计入营业外支出。

【例8-12】百盛公司原拥有一项非专利技术已被内部研发成功的新技术所替代，并且根据市场调查该非专利技术生产的产品已没有市场，预期不能再为企业带来任何经济利益，故应当予以转销。报废处理时，该项非专利技术的账面余额为900万元，已摊销金额540万元，累计提减值准备240万元。会计处理如下：

借：累计摊销 5 400 000
    无形资产减值准备——非专利技术 2 400 000
    营业外支出——处置非流动资产损失 1 200 000
    贷：无形资产——非专利技术 9 000 000

本章小结

  无形资产是指企业拥有或者控制的没有实物形态的可辨认非货币性资产。无形资产通常包括专利权、非专利技术、商标权、特许权、土地使用权、特许经营权等。无形资产的确认应同时满足以下三个条件：符合无形资产的定义、与该资产有关的经济利益很可能流入企业、无形资产的成本能够可靠地计量。

  无形资产应当按照成本进行初始计量。由于取得方式不同，无形资产的成本构成有所不同。外购无形资产的成本包括实际支付的价款、相关税费以及直接归属于使该无形资产达到预定用途所发生的其他支出。投资者投入企业的无形资产，其成本应当按照投资合同或协议约定价值确定，但合同或协议约定价值不公允的除外。企业通过非货币性资产交换取得无形资产，主要是指以投资、存货、固定资产或无形资产换入无形资产等。非货币性资产交换具有商业实质并且其公允价值能够可靠计量的，在发生补价的情况下，支付补价的一方应当以换出资产的公允价值加上支付的补价即换入资产的公允价值和应支付的相关税费，作为换入无形资产的成本；收到补价的一方，应当以换入无形资产的公允价值和应支付的相关税费，作为换入无形资产的成本。通过债务重组获得无形资产按照《企业会计准则第12号——债务重组》确定其成本，以其公允价值入账。

  对于企业内部自行研究与开发项目所发生的支出，属于研究阶段的支出，应予以费用化；属于开发阶段的支出，符合资本化条件的，应计入无形资产价值。

  企业应选择恰当的摊销方法将无形资产成本在其使用寿命内摊销，使用寿命不确定的无形资产不予摊销。

  无形资产处置包括无形资产出售、无形资产出租和无形资产报废。无形资产出租属于日常经营中的其他业务。无形资产的出售和报废涉及资产的终止确认。

9 投资性房地产

学习目标

通过本章的学习，理解投资性房地产的概念及性质，熟悉外购、自行建造投资性房地产的会计处理；掌握投资性房地产的成本模式和公允价值模式的计量条件以及会计处理；掌握投资性房地产与非投资性房地产相互转换的会计处理；了解投资性房地产处置的会计处理。

9.1 投资性房地产概述

9.1.1 投资性房地产的概念及性质

房地产是房屋和土地及其权属的总称。我国实行土地公有制，土地所有权归国家或集体所有，任何企业和个人只能取得土地使用权。因此，房地产中的土地是指土地使用权。房屋是指土地上的房屋等建筑物及构筑物。

投资性房地产是指用于赚取租金或资本增值，或者两者兼而有之持有的房地产。赚取租金的主要形式是出租建筑物和土地使用权。资本增值是指持有并准备增值后转让的土地使用权，目的是增值后转让以赚取增值收益。因此，投资性房地产在一定程度上具备了金融资产的属性，所以需要作为一项单独的资产予以确认、计量和列报。也正因为如此，投资性房地产的计量模式有别于固定资产和存货的计量模式，可以在成本模式和公允价值模式中进行选择。公允价值模式的处理原则与交易性金融资产的处理原则基本一致。

但是在实务中也存在某些房产项目部分自用或作为存货出售、部分用于赚取租金或资本增值的情况，应当按照投资性房地产不同用途的部分能够单独计量和出售的，应当分别确认固定资产、无形资产、存货和投资性房地产。例如，某房地产开发商建造了一栋商住两用的楼盘，一层出租，并签订了出租合同；其余楼层作为普通住宅出售。这时，一层商铺能够单独计量和出售时，应当确认为公司的投资性房地产，其余楼层作为存货处理。

出租建筑物和土地使用权以及持有土地使用权并准备增值后转让属于企业的日常经营活动，所获得的经济利益流入构成企业的收入。对于某些企业而言，投资性房地产业务属于日常经营性活动，其形成的租金收入或转让增值收益确认为企业的主营业务收入；但对于大部分企业而言，投资性房地产业务是与经营性活动相关的其他经营活动，其形成的租金收入或转让增值收益构成企业的其他业务收入。

9.1.2 投资性房地产的范围

9.1.2.1 属于投资性房地产的项目

投资性房地产的范围包括：已出租的土地使用权、持有并准备增值后转让的土地使用权，以及已出租的建筑物。

（1）已出租的土地使用权。已出租的土地使用权，是指企业通过出让或转让方式取得的、以经营租赁方式出租的土地使用权。企业取得的土地使用权通常包括在一级市场上以交纳土地出让金的方式取得土地使用权，也包括在二级市场上接受其他单位转让的土地使用权。企业将通过上述方式取得的土地使用权以经营租赁方式出租给其他单位使用并获取租金的，属于投资性房地产。但是承租人以经营租赁方式租入的土地使用权再转租给其他单位的，则不能确认为投资性房地产。例如，甲公司与乙公司签署了土地使用权租赁协议，乙公司以经营租赁的方式使用甲公司拥有的土地使用权。那么，自租赁协议约定的租赁期开始日起，这项土地使用权属于甲公司的投资性房地产。如果乙公司将该项土地使用权又转租给丙公司，则不能确认为乙公司的投资性房地产。

（2）持有并准备增值后转让的土地使用权。持有并准备增值后转让的土地使用权，是指企业取得的、准备增值后转让的土地使用权。这类土地使用权很可能给企业带来资本增值收益，符合投资性房地产的定义。例如，企业发生转产或厂址搬迁，部分土地使用权停止自用，企业管理当局作出书面决议明确继续持有这部分土地使用权，待其增值后转让以赚取增值收益，该项土地使用权就属于投资性房地产。

企业依法取得土地使用权后，应当按照国有土地有偿使用合同或建设用地批准书规定的期限动工开发建设，如果未经原批准用地的人民政府同意，超过规定的期限未动工开发建设的建设用地属于闲置土地。按照国家有关规定认定的闲置土地，不属于持有并准备增值后转让的土地使用权，也就不属于投资性房地产。

（3）已出租的建筑物。已出租的建筑物是指企业拥有产权的、以经营租赁方式出租的建筑物，包括自行建造或开发活动完成后用于出租的建筑物。例如，甲公司将拥有的一栋办公楼整体出租给乙公司，租赁期为1年。对于甲公司而言，一般自租赁期开始日期起，这栋办公楼就属于投资性房地产。在判断和确认已出租的建筑物时，企业应当把握以下要点：

1）用于出租的建筑物是指企业拥有产权的建筑物。企业以经营租赁方式租入再转租的建筑物不属于投资性房地产。例如，甲企业与乙企业签订了一项经营租赁合同，甲企业将其持有产权的一栋门市楼出租给乙企业，为期3年。乙企业一开始将该门市房改装后用于自行经营餐馆。1年后，由于连续亏损，乙企业将餐馆转租给丙公司，以赚取租金差价。这种情况下，对于乙企业而言，该门市房不属于其投资性房地产。对于甲企业而言，则属于其投资性房地产。

2）已出租的建筑物是企业已经与其他方签订了租赁协议，约定以经营租赁方式出租的建筑物，一般应自租赁协议规定的租赁期开始日起，经营租出的建筑物才属于已出租的建筑物。但在通常情况对企业持有以备经营出租的空置建筑物，如企业管理当局作出书面决议，明确表明将其用于经营出租且持有意图短期内不再发生变化的，即使尚未签订租赁协议，也应视为投资性房地产。这里的"空置建筑物"，是指企业新购入、自行建造或开发完工但尚未使用的建筑物，以及不再用于日常生产经营活动且经整理后达到可经营出租状态的建筑物。

3）企业将建筑物出租，按租赁协议向承租人提供的相关辅助服务在整个协议中不重大的，应当将该建筑物确认为投资性房地产。例如，企业将其办公楼出租，同时向承租人提供维护、保安等日常辅助服务，企业应当将其确认为投资性房地产。

9.1.2.2 不属于投资性房地产的项目

企业自用房地产以及作为存货的房地产，不属于投资性房地产。

（1）自用房地产。自用房地产是指企业为生产商品、提供劳务或者经营管理而持有的房地产。如企业生产经营用的厂房和办公楼属于固定资产；企业生产经营用的土地使用权属于无形资产。自用房地产的特征在于服务于企业自身的生产经营活动，其价值将随着房地产的使用而逐渐转移到企业的产品或服务中去，通过销售商品或提供服务为企业带来经济利益，在产生现金流量的过程中与企业持有的其他资产密切相关。例如，企业出租给本企业职工居住的宿舍，虽然也收取租金，但间接为企业自身的生产经营服务，因此具有自用房地产的性质。又如，企业拥有并自行经营的旅馆饭店。旅馆饭店的经营者在向顾客提供住宿服务的同时，还提供餐饮、娱乐等其他服务，其经营目的主要是通过向客户提供服务取得服务收入。因此，企业自行经营的旅馆饭店是企业的经营场所，应当属于自用房地产。

（2）作为存货的房地产。作为存货的房地产通常是指房地产开发企业在正常经营过程中销售的或为销售而正在开发的商品房和土地。这部分房地产属于房地产开发企业的存货，其生产、销售构成企业的主营业务活动，产生的现金流量也与企业的其他资产密切相关。因此，具有存货性质的房地产不属于投资性房地产。

从事房地产经营开发的企业依法取得的、用于开发后出售的土地使用权，属于房地产开发企业的存货，即使房地产开发企业决定待增值后再转让其开发的土地，也不得将其确认为投资性房地产。

在实务中，存在某项房地产部分自用或作为存货出售、部分用于赚取租金或资本增值的情况。如某项投资性房地产不同用途的部分能够单独计量和出售的，应当分别确认为固定资产、无形资产、存货和投资性房地产。例如，甲房地产开发商建造了一栋商住两用楼盘，一层出租给一家大型超市，已签订经营租赁合同；其余楼层均为普通住宅，正在公开销售中。在这种情况下，如果一层商铺能够单独计量和出售，应当确认为甲企业的投资性房地产，其余楼层为甲企业的存货。

9.1.3 投资性房地产的确认条件

投资性房地产只有在符合定义的前提下，同时满足下列条件的，才能予以确认：

（1）与该投资性房地产有关的经济利益很可能流入企业。

（2）该投资性房地产的成本能够可靠地计量。

对已出租的土地使用权、已出租的建筑物，其作为投资性房地产的确认时点一般为租赁期开始日，即土地使用权、建筑物进入出租状态、开始赚取租金的日期。但对企业持有以备经营出租的空置建筑物，以管理当局作出书面决议的日期作为确认时点。对持有并准备增值后转让的土地使用权，其作为投资性房地产的确认时点为企业将自用土地使用权停止自用，准备增值后转让的日期。

9.1.4 投资性房地产的后续计量模式

投资性房地产的后续计量模式有成本模式和公允价值模式两种。企业通常应当采用成本模式对投资性房地产进行后续计量，只有在满足特定条件的情况下，即有确凿证据表明其所有投资性房地产的公允价值能够持续可靠取得的，也可以采用公允价值模式进行后续计量。但是，同一企业只能采用一种模式对所有投资性房地产进行后续计量，不得同时采用两种计量模式进行后续计量。也就是说，同一企业不得对一部分投资性房地产采用成本模式进行后续计量，而对另一部分投资性房地产采用公允价值模式进行后续计量。

9.2 投资性房地产的初始计量

投资性房地产无论采用哪一种后续计量模式，取得时均应当按照成本进行初始计量。投资性房地产的成本一般应当包括取得投资性房地产时和直至使该项投资性房地产达到预定可使用状态前所发生的各项必要的、合理的支出，如购买价款、土地开发费、建筑安装成本、应予以资本化的借款费用等。投资性房地产取得的方式不同，成本的具体构成也会有所差异。

9.2.1 外购投资性房地产的初始计量

企业外购房地产的成本包括购买价款、相关税费和可直接归属于该资产的其他支出。企业购入的房地产，部分用于出租（或资本增值）、部分自用，用于出租（或资本增值）的部分应当予以单独确认的，应按照不同部分的公允价值占公允价值总额的比例将成本在不同部分之间进行分配。

在成本模式计量下，外购的土地使用权和建筑物，按照取得时的实际成本进行初始计量，借记"投资性房地产"科目，贷记"银行存款"等科目。

在公允价值模式计量下，外购的投资性房地产应当按照取得时的实际成本进行初始计量。企业应当在"投资性房地产"科目下设置"成本"和"公允价值变动"两个明细科目，分别核算投资性房地产的取得成本和持有期间的累计公允价值变动金额。

【例9-1】20×7年4月，百盛公司计划购入一栋写字楼用于对外出租。4月15日，百盛公司与A公司签订了经营租赁合同，约定自写字楼购买日起将这栋写字楼出租给A公司，为期5年。5月31日，百盛公司实际购入写字楼，支付价款共计2 000万元（假设不考虑其他因素，该公司采用成本模式进行后续计量）。根据租赁合同，租赁开始日为6月1日。

（1）假设百盛公司采用成本模式进行后续计量，账务处理如下：

借：投资性房地产——写字楼　　　　　　　　　　　　　　　　20 000 000
　　贷：银行存款　　　　　　　　　　　　　　　　　　　　　　　　20 000 000

（2）假设百盛公司采用公允价值模式进行后续计量，账务处理如下：

借：投资性房地产——写字楼（成本）   20 000 000

  贷：银行存款   20 000 000

9.2.2 自行建造投资性房地产的初始计量

自行建造投资性房地产，其成本由建造该项资产达到预定可使用状态前发生的必要支出构成，包括土地开发费、建筑成本、安装成本、应予以资本化的借款费用、支付的其他费用和分摊的间接费用等。建造过程中发生的非正常性损失，直接计入当期损益，不计入建造成本。

采用成本模式计量的，应按照确定的成本，借记"投资性房地产"科目，贷记"在建工程"或"开发产品"科目。

采用公允价值模式计量的，应按照确定的成本，借记"投资性房地产——成本"科目，贷记"在建工程"或"开发产品"科目。

【例9-2】20×7年1月，百盛公司从其他单位购入一块土地的使用权，并在这块土地上开始自行建造三栋厂房。20×7年11月，百盛公司预计厂房即将完工，与B公司签订了经营租赁合同，将其中的一栋厂房租赁给B公司使用。租赁合同约定，该厂房于完工（达到预定可使用状态）时开始起租。20×7年12月1日，三栋厂房同时完工（达到预定可使用状态）。该块土地使用权的成本为900万元；三栋厂房的实际造价均为2 000万元，能够单独出售。会计处理如下：

$$转换为投资性房地产的土地使用权成本 = 900 \times \frac{2\,000}{6\,000} = 300（万元）$$

（1）假定百盛公司采用成本计量模式进行后续计量：

借：固定资产——厂房   40 000 000

    投资性房地产——厂房   20 000 000

  贷：在建工程   60 000 000

借：投资性房地产——土地使用权   3 000 000

  贷：无形资产——土地使用权   3 000 000

（2）假定百盛公司采用公允价值计量模式进行后续计量：

借：固定资产——厂房   40 000 000

    投资性房地产——厂房（成本）   20 000 000

  贷：在建工程   60 000 000

借：投资性房地产——土地使用权（成本）   3 000 000

  贷：无形资产——土地使用权   3 000 000

9.3 投资性房地产的后续计量

投资性房地产后续计量模式有成本模式和公允价值模式。企业通常应当采用成本模式，只有满足特定条件的情况下才可以采用公允价值模式。但是，同一企业只能采用一种模式对所有投资性房地产进行后续计量，不得同时采用两种计量模式。

9.3.1 采用成本模式进行后续计量的投资性房地产

投资性房地产采用成本模式进行后续计量的，会计处理要求同固定资产和无形资产相同，按期（月）计提折旧或摊销，借记"其他业务成本"等科目，贷记"投资性房地产累计折旧（摊销）"科目。取得的租金收入，借记"银行存款"等科目，贷记"其他业务收入"等科目。

投资性房地产存在减值迹象的，同样适用《企业会计准则第8号——资产减值》的相关规定。经减值测试后确定发生减值的，应当计提减值准备，借记"资产减值损失"科目，贷记"投资性房地产减值准备"科目。已经计提减值准备的投资性房地产，其减值损失在以后的会计期间不得转回。

【例9-3】百盛公司在20×3年6月30日与C公司签订合同，将其当日购入的一栋办公楼以经营租赁的方式出租。百盛公司实际支付购买此办公楼的价款和相关税费为4 800万元，使用寿命为20年，预计净残值为零，采用直线法计提折旧。合同约定，在20×3年6月30日百盛公司将该办公楼以经营租赁的方式出租给C公司使用，租期5年，年租金为300万元，C公司于每年的6月30日预先支付下一年的租金。百盛公司将该办公楼确认为投资性房地产，采用成本模式进行后续计量。20×7年12月31日，这栋办公楼发生减值迹象，经减值测试，其可收回金额为3 500万元，以前未计提减值准备。会计处理如下：

（1）20×3年6月30日预收租金300万元。

借：银行存款	3 000 000
贷：预收账款——C公司	3 000 000

（2）从20×3年7月开始，每月计提折旧：

每月计提的折旧额 = 4 800 ÷ 20 ÷ 12 = 20（万元）

借：其他业务成本	200 000
贷：投资性房地产累计折旧	200 000

（3）20×3年7月31日确认租金：

借：预收账款——C公司	250 000
贷：其他业务收入	250 000

（4）20×7年12月31日计提减值准备：

该投资性房地产账面价值 = 4 800 - 54 × 20 = 3 720（万元）

该投资性房地产减值金额 = 3 720 - 3 500 = 220（万元）

借：资产减值损失	2 200 000
贷：投资性房地产减值准备	2 200 000

9.3.2 采用公允价值模式进行后续计量的投资性房地产

9.3.2.1 采用公允价值模式计量的条件

采用公允价值模式计量的投资性房地产，应当同时满足下列条件：

（1）投资性房地产所在地有活跃的房地产交易市场。所在地，通常指投资性房地产所在的城市。对于大中型城市，应当为投资性房地产所在的城区。

（2）企业能够从活跃的房地产交易市场上取得同类或类似房地产的市场价格及其他相关信息，从而对投资性房地产的公允价值作出合理的估计。

投资性房地产的公允价值是指在公平交易中，熟悉情况的当事人之间自愿进行房地产交换的价格。确定投资性房地产的公允价值时，应当参照活跃市场上的同类或类似房地产的现行市场价格（市场公开报价）；无法取得同类或类似房地产现行市场价格的，应当参照活跃市场上同类或类似房地产的最近交易价格，并考虑交易情况、交易日期、所在区域等因素，从而对投资性房地产的公允价值作出合理的估计；也可以基于预计未来获得的租金收益和相关现金流量的现值计量。

9.3.2.2 采用公允价值模式计量的会计处理

投资性房地产采用公允价值模式进行后续计量的，不需要计提折旧或摊销，应当以资产负债表日的公允价值计量，公允价值的变动计入当期损益。资产负债表日，投资性房地产的公允价值高于其账面余额的差额，借记"投资性房地产——公允价值变动"科目，贷记"公允价值变动损益"科目；公允价值低于其账面余额的差额作相反的会计分录。

【例9-4】20×7年3月，百盛公司与D公司签订租赁协议，约定将百盛公司开发的一栋写字楼于开发完成的同时开始租赁给D公司使用，租赁期为3年。当年11月1日，该写字楼开发完成并开始起租，写字楼的造价为6 000万元。20×7年12月31日，该写字楼的公允价值为6 200万元。假设百盛公司采用公允价值计量模式。会计处理如下：

（1）20×7年11月1日，开发完成写字楼并出租：

借：投资性房地产——写字楼（成本） 60 000 000
　　贷：开发成本 60 000 000

（2）20×7年12月31日，按照公允价值为基础调整其账面价值；公允价值与原账面价值之间的差额计入当期损益：

借：投资性房地产——公允价值变动 2 000 000
　　贷：公允价值变动损益 2 000 000

9.3.3 投资性房地产后续计量模式的变更

为保证会计信息的可比性，投资性房地产的计量模式一经确定，不得随意变更。只有在房地产市场比较成熟、有证据表明公允价值能够持续可靠地获得，可以满足采用公允价值模式条件的情况下，才允许企业对投资性房地产从成本模式计量变更为公允价值模式计量。已采用公允价值模式计量的投资性房地产，不得从公允价值模式转为成本模式。

成本模式转为公允价值模式的，应当作为会计政策变更处理，按计量模式变更时投资性房地产的公允价值与账面价值的差额，调整期初留存收益。

【例9-5】20×6年，百盛公司将一栋办公楼对外出租，采用成本模式进行后续计量。20×8年1月1日，由于该房地产市场较为成熟，满足采用公允价值模式的条件，百盛公司决定将该办公楼计量模式改为公允价值模式计量。20×8年1月1日，该办公楼的原价为2 000万元，已计提折旧270万元，账面余值为1 730万元，公允价值为2 100万元。百盛公司按净利润的10%计提盈余公积。假定除上述对外出租的办公楼外，百盛公司无其他的投资性房地产。会计处理如下：

借：投资性房地产——办公楼（成本）   21 000 000

  投资性房地产累计折旧   2 700 000

 贷：投资性房地产   20 000 000

  利润分配——未分配利润   3 330 000

  盈余公积   370 000

9.4　投资性房地产的后续支出

9.4.1　投资性房地产后续支出的处理原则

投资性房地产的后续支出，是指已确认为投资性房地产的项目在持有期间发生的与投资性房地产使用效能直接相关的各种支出，比如改扩建支出、装修装潢支出、日常维修支出等。

投资性房地产发生的后续支出，如果能延长投资性房地产的使用寿命或明显改良投资性房地产的使用效能，从而使流入企业的经济利益超过了原先的估计，并能够满足投资性房地产确认条件的，应当计入投资性房地产的成本。

投资性房地产发生的后续支出，如果只是维护或恢复投资性房地产原有的使用效能，并不会导致可能流入企业的经济利益超过原先的估计，该支出应当在发生之时计入当期损益。

9.4.2　投资性房地产后续支出的资本化处理

企业对某项投资性房地产进行改扩建或是装修装潢等再开发后，仍作为投资性房地产的，在再开发期间应继续将其作为投资性房地产，再开发期间不计提折旧或摊销。

【例9-6】20×7年3月，百盛公司与E公司签订的一项写字楼经营租赁合同即将到期。该写字楼按照成本模式进行后续计量，原价为2 000万元，已计提折旧800万元。为了提高厂房的租金收入，百盛公司决定在租赁期满后对该写字楼进行重新装修和装潢，并与F公司签订了经营租赁合同，约定自装修完工时将写字楼出租给F公司。4月10日，与E公司的租赁合同到期，写字楼随即进入装修阶段。12月10日，写字楼装修完成，共发生支出220万元，即日按照租赁合同出租给F公司。

本例装修支出属于资本化的后续支出，应当计入投资性房地产的成本。会计处理如下：

（1）20×7年4月10日，该写字楼转入在建工程：

借：投资性房地产——写字楼（在建）   12 000 000

  投资性房地产累计折旧   8 000 000

 贷：投资性房地产——写字楼   20 000 000

（2）20×7年4月10日至12月10日：

借：投资性房地产——写字楼（在建）　　　　　　　　　　2 200 000

贷：银行存款　　　　　　　　　　　　　　　　　　　　2 200 000

（3）20×7年12月10日，改扩建工程完工：

借：投资性房地产——写字楼　　　　　　　　　　　　　14 200 000

贷：投资性房地产——写字楼（在建）　　　　　　　　14 200 000

【例9-7】接例【例9-6】资料，如果百盛公司对该写字楼采用的公允价值计量模式，20×7年4月10日，该写字楼账面余额为2 200万元，其中成本2 000万元，累计公允价值变动200万元。其他条件不变。会计处理如下：

（1）20×7年4月10日，投资性房地产转入在建工程：

借：投资性房地产——写字楼（在建）　　　　　　　　　22 000 000

贷：投资性房地产——写字楼（成本）　　　　　　　　20 000 000

　　　　　　　——写字楼（公允价值变动）　　　　　　2 000 000

（2）20×7年4月10日至12月10日：

借：投资性房地产——写字楼（在建）　　　　　　　　　　2 200 000

贷：银行存款　　　　　　　　　　　　　　　　　　　　2 200 000

（3）20×7年12月10日，改扩建工程完工：

借：投资性房地产——写字楼（成本）　　　　　　　　　24 200 000

贷：投资性房地产——写字楼（在建）　　　　　　　　24 200 000

9.4.3　投资性房地产后续支出的费用化处理

与投资性房地产有关的后续支出，如果不能满足投资性房地产确认条件的，应当在发生时计入当期损益。比如，企业对投资性房地产进行日常维护发生一些支出。企业在发生投资性房地产费用化的后续支出时，借记"其他业务成本"等科目，贷记"银行存款"等科目。

【例9-8】百盛公司对其某项投资性房地产进行日常维修，以银行存款方式支付维修费用4万元。会计处理如下：

借：其他业务成本　　　　　　　　　　　　　　　　　　　40 000

贷：银行存款等　　　　　　　　　　　　　　　　　　　40 000

9.5　投资性房地产与非投资性房地产的转换

9.5.1　投资性房地产的转换形式

房地产的转换，是因房地产用途发生改变而对房地产进行的重新分类。企业必须有确凿证据表明房地产用途发生改变，才能将投资性房地产转换为非投资性房地产或者将非投资性房地产转换为投资性房地产。这里的确凿证据包括两个方面，一是管理当局应当就改变房地产用途形成正式的书面决议，二是房地产因用途改变而发生实际状态上的改变。房地产转换形式主要包括：

（1）自用房地产转换为投资性房地产，主要涉及到土地使用权和自用的建筑物。一是自用的建筑物停止自用，改为出租，相应地应将该固定资产转换为投资性房地产。二是自用土地使用权停止自用，改为用于赚取租金或资本增值，相应地将该无形资产转换为投资性房地产。

（2）作为存货的房地产转换为投资性房地产，通常指房地产开发企业将其持有的开发产品（房地产）以经营租赁的方式出租，相应地由存货转换为投资性房地产。

（3）投资性房地产转换为自用房地产，相应地由投资性房地产转换为固定资产或无形资产。投资性房地产转为自用房地产也就是企业将原来用于赚取租金或资本增值的房地产改为用于生产商品、提供劳务或者经营管理使用，例如，企业将出租的厂房收回，用于生产本企业的产品。又如，从事房地产开发的企业将出租的开发产品收回，作为企业的固定资产使用。

（4）投资性房地产转换为存货，通常是指房地产企业将用于经营出租的房地产重新开发用于对外销售，从而使投资性房地产转为存货。

9.5.2 非投资性房地产转换为投资性房地产

9.5.2.1 自用的房地产转为投资性房地产

企业将原本用于日常生产商品、提供劳务或者经营管理的房地产改用于出租，通常应于租赁期开始日或是管理当局作出正式的书面决议日起，按照固定资产或无形资产的账面价值，将固定资产或无形资产相应地转换为投资性房地产。

（1）企业将自用土地使用权或建筑物转换为以成本模式计量的投资性房地产时，应当按该项建筑物或土地使用权在转换日的原价、累计折旧、减值准备等，分别转入"投资性房地产""投资性房地产累计折旧（摊销）""投资性房地产减值准备"科目，按其账面余额，借记"投资性房地产"科目，贷记"固定资产"或"无形资产"科目，按已计提的折旧或摊销，借记"累计摊销"或"累计折旧"科目，贷记"投资性房地产累计折旧（摊销）"科目，原已计提减值准备的，借记"固定资产减值准备"或"无形资产减值准备"科目，贷记"投资性房地产减值准备"科目。

【例9—9】百盛公司拥有一栋闲置的厂房。20×7年5月4日，百盛公司与B公司签订了经营租赁协议，将该栋厂房整体出租给G公司使用，租赁期开始日为20×7年6月1日，为期5年。20×7年5月31日，该栋厂房的账面余额为3 000万元，已计提折旧600万元。假设百盛公司采用成本计量模式，会计处理如下：

借：投资性房地产——厂房　　　　　　　　　　　　　　　　　30 000 000
　　累计折旧　　　　　　　　　　　　　　　　　　　　　　　6 000 000
　贷：固定资产　　　　　　　　　　　　　　　　　　　　　　30 000 000
　　投资性房地产累计折旧　　　　　　　　　　　　　　　　　6 000 000

（2）企业将自用房地产转换为以公允价值模式计量的投资性房地产时，应当按该项土地使用权或建筑物在转换日的公允价值，借记"投资性房地产——成本"科目，按已计提的累计摊销或累计折旧，借记"累计摊销"或"累计折旧"科目；原已计提减值准备的，借记"无形资产减值准备""固定资产减值准备"科目；按其账面余额，贷记"固定资产"或"无形资产"科目。同时，转换日的公允价值小于账面价值的，按其差额，借记"公允价值变动损益"科目；转换日的公允价值大于账面价值的，按其差额，贷记"其他综合收益"科目。

【例 9-10】20×7 年 5 月，百盛公司即将搬迁至新建办公楼，由于原办公楼处于商业繁华地段，百盛公司准备将其出租，以赚取租金收入。20×7 年 5 月 31 日，百盛公司完成了搬迁工作，原办公楼停止自用，并与 H 公司签订了租赁协议，将其原办公楼租赁给 H 公司使用，租赁期开始日为 20×7 年 6 月 1 日，租赁期限为 3 年。20×7 年 5 月 31 日，该办公楼原价为 3 000 万元，已提折旧 1 200 万元。假设百盛公司对投资性房地产采用公允价值模式计量。

（1）假定办公楼在 20×7 年 6 月 1 日公允价值为 1 500 万元。

借：投资性房地产——办公楼（成本）　　　　　　　　15 000 000
　　公允价值变动损益　　　　　　　　　　　　　　　 3 000 000
　　累计折旧　　　　　　　　　　　　　　　　　　　12 000 000
　　贷：固定资产——办公楼　　　　　　　　　　　　　　30 000 000

（2）假定办公楼在 20×7 年 6 月 1 日公允价值为 2 000 万元。

借：投资性房地产——办公楼（成本）　　　　　　　　20 000 000
　　累计折旧　　　　　　　　　　　　　　　　　　　12 000 000
　　贷：固定资产——办公楼　　　　　　　　　　　　　　30 000 000
　　　　其他综合收益　　　　　　　　　　　　　　　　 2 000 000

9.5.2.2 作为存货的房地产转换为投资性房地产

房地产开发企业将其持有的开发产品以经营租赁的方式出租，转换日通常为房地产的租赁期开始日。租赁期开始日是指承租人有权行使其使用租赁资产权利的日期。而对于企业自行建造或开发完成但尚未使用的建筑物，如果企业董事会或类似机构正式作出书面决议，明确表明其自行建造或开发产品用于经营出租、持有意图短期内不再发生变化的，应视为存货转换为投资性房地产，转换日为企业管理当局作出书面决议的日期。

（1）企业将作为存货的房地产转换为采用成本模式计量的投资性房地产，应当按该项存货在转换日的账面价值，借记"投资性房地产"科目，原已计提跌价准备的，借记"存货跌价准备"科目，按其账面余额，贷记"开发产品"等科目。

【例 9-11】20×8 年 3 月 10 日，百盛公司与 K 公司签订了租赁协议，将其开发的一栋原准备出售的写字楼出租给 K 公司使用，租赁期开始日为 20×8 年 4 月 1 日。20×8 年 3 月 31 日，该写字楼的账面余额 6 000 万元，未计提存货跌价准备。假设百盛公司采用成本模式对其投资性房地产进行后续计量。会计处理如下：

借：投资性房地产——写字楼　　　　　　　　　　　　60 000 000
　　贷：开发产品　　　　　　　　　　　　　　　　　　　60 000 000

（2）企业将作为存货的房地产转换为采用公允价值模式计量的投资性房地产，应当按该项房地产在转换日的公允价值入账，借记"投资性房地产——成本"科目，原已计提跌价准备的，借记"存货跌价准备"科目；按其账面余额，贷记"开发产品"等科目。同时，转换日的公允价值小于账面价值的，按其差额，借记"公允价值变动损益"科目；转换日的公允价值大于账面价值的，按其差额，贷记"其他综合收益"科目。

【例 9-12】20×6 年 11 月 10 日，百盛公司与 M 公司签订了租赁协议，将其开发的一栋写字楼出租给 M 公司。租赁期开始日为 20×7 年 1 月 1 日。20×6 年 12 月 31 日，该写字楼的账面余额为 6 000 万元，公允价值为 6 500 万元。会计处理如下：

20×7 年 1 月 1 日：

借：投资性房地产——写字楼（成本）	65 000 000	
贷：开发产品		60 000 000
其他综合收益		5 000 000

9.5.3 投资性房地产转换为非投资性房地产

9.5.3.1 投资性房地产转换为自用房地产

企业将原本用于赚取租金或资本增值的房地产改用于生产商品、提供劳务或者经营管理，投资性房地产相应地转换为固定资产或无形资产。

（1）采用成本模式进行后续计量的投资性房地产转换为自用房地产时，企业应当按该项投资性房地产在转换日的账面余额、累计折旧或摊销、减值准备等，分别转入"固定资产""累计折旧""固定资产减值准备"等科目；按投资性房地产的账面余额，借记"固定资产"或"无形资产"科目，贷记"投资性房地产"科目；按已计提的折旧或摊销，借记"投资性房地产累计折旧（摊销）"科目，贷记"累计折旧"或"累计摊销"科目；原已计提减值准备的，借记"投资性房地产减值准备"科目，贷记"固定资产减值准备"或"无形资产减值准备"科目。

【例 9-13】20×7 年 10 月 8 日，百盛公司将出租在外的厂房收回，开始用于本企业生产商品。该厂房账面原值为 1 300 万元，累计已提折旧 400 万元。假设百盛公司采用成本计量模式，会计处理如下：

借：固定资产——厂房	13 000 000	
投资性房地产累计折旧	4 000 000	
贷：投资性房地产——厂房		13 000 000
累计折旧		4 000 000

（2）采用公允价值模式进行后续计量的投资性房地产转为自用房地产，企业应当以其转换当日的公允价值作为自用房地产的账面价值，公允价值与原账面价值的差额计入当期损益。转换日，按该项投资性房地产的公允价值，借记"固定资产"或"无形资产"科目，按该项投资性房地产的成本，贷记"投资性房地产——成本"科目，按该项投资性房地产的累计公允价值变动，贷记或借记"投资性房地产——公允价值变动"科目，按其差额，贷记或借记"公允价值变动损益"科目。

【例 9-14】20×7 年 11 月 30 日，百盛公司因租赁期满，将出租的写字楼收回，准备作为办公楼用于本企业的行政管理。20×7 年 11 月 30 日，该写字楼的公允价值为 6 500 万元。该项房地产在转换前采用公允价值模式计量，原账面价值为 5 800 万元，其中，成本为 5 500 万元，公允价值变动为增值 300 万元。会计处理如下：

借：固定资产——写字楼	65 000 000	
贷：投资性房地产——写字楼（成本）		55 000 000
——写字楼（公允价值变动）		3 000 000
公允价值变动损益		7 000 000

9.5.3.2 投资性房地产转换为存货

房地产开发企业将用于经营出租的房地产重新开发用于对外销售的，应将投资性房地产转换为存货，转换日为租赁期届满、企业管理当局作出书面决议明确表明将其重新开发用于对外销售的日期。

（1）采用成本模式进行后续计量的投资性房地产转换为存货，企业应当按照该项房地产在转换日的账面价值，借记"开发产品"科目，按照已计提的折旧或摊销，借记"投资性房地产累计折旧（摊销）"科目，原已计提减值准备的，借记"投资性房地产减值准备"科目，按其账面余额，贷记"投资性房地产"科目。

【例9-15】百盛公司将其开发的写字楼以经营租赁方式出租给其他企业。20×8年5月31日租赁期满，百盛公司准备将写字楼收回，并作出书面决议，将写字楼重新开发并出售。该写字楼在转换前采用成本计量模式，原账面价值为5 500万元，已提折旧为800万元。会计处理如下：

借：开发产品 47 000 000

投资性房地产累计折旧 8 000 000

贷：投资性房地产——写字楼 55 000 000

（2）采用公允价值模式进行后续计量的投资性房地产转换为存货，企业应当以其转换当日的公允价值作为存货的账面价值，公允价值与原账面价值的差额计入当期损益。转换日，按该项投资性房地产的公允价值，借记"开发产品"等科目，按该项投资性房地产的成本，贷记"投资性房地产——成本"科目；按该项投资性房地产的累计公允价值变动，贷记或借记"投资性房地产——公允价值变动"科目；按其差额，贷记或借记"公允价值变动损益"科目。

【例9-16】20×8年9月30日，租赁期满，百盛公司将出租的写字楼收回，并作出书面决议，将该写字楼重新开发用于对外销售，当日的公允价值为5 800万元。该写字楼在转换前采用公允价值模式计量，原账面价值为5 600万元，其中，成本为5 000万元，公允价值增值为600万元。会计处理如下：

借：开发产品 58 000 000

贷：投资性房地产——写字楼（成本） 50 000 000

——写字楼（公允价值变动） 6 000 000

公允价值变动损益 2 000 000

9.6 投资性房地产的处置

投资性房地产的处置主要指投资性房地产的出售、报废和毁损，也包括对外投资、非货币性资产交换、债务重组等原因转出投资性房地产等情况。当投资性房地产的处置，或者永久退出使用且预计不能从其处置中取得经济利益时，应当终止确认该项投资性房地产。

投资性房地产在处置时会发生处置损益。企业出售、转让、报废投资性房地产或者发生投资性房地产毁损，应当将处置收入扣除其账面价值和相关税费后的差额计入当期损益。

9.6.1 采用成本模式计量的投资性房地产的处置

处置采用成本模式进行计量的投资性房地产时，应当按实际收到的金额，借记"银行存款"等科目，贷记"其他业务收入"科目；按该项投资性房地产的账面价值，借记"其他业务成本"科目，按其账面余额，贷记"投资性房地产"科目，按照已计提的折旧或摊销，借记"投资性房地产累计折旧（摊销）"科目，原已计提减值准备的，借记"投资性房地产减值准备"科目。

【例 9 - 17】百盛公司一栋办公楼出租，并确认为投资性房地产，采用成本模式计量。租赁期届满后，百盛公司将该栋办公楼出售给 N 公司，合同价款为 5 000 万元，N 公司用银行存款付清。出售时，该栋办公楼的原账面价值为 8 000 万元，已计提折旧 3 500 万元。假定不考虑相关税费，会计处理如下：

借：银行存款　　　　　　　　　　　　　　　　　　　　　　50 000 000
　　贷：其他业务收入　　　　　　　　　　　　　　　　　　　50 000 000
借：其他业务成本　　　　　　　　　　　　　　　　　　　　45 000 000
　　投资性房地产累计折旧　　　　　　　　　　　　　　　　35 000 000
　　贷：投资性房地产——写字楼　　　　　　　　　　　　　　80 000 000

9.6.2 采用公允价值模式计量的投资性房地产的处置

处置采用公允价值模式计量的投资性房地产，应当按实际收到的金额，借记"银行存款"等科目，贷记"其他业务收入"科目；按该项投资性房地产的账面余额，借记"其他业务成本"科目，按其成本，贷记"投资性房地产——成本"科目，按其累计公允价值变动，贷记或借记"投资性房地产——公允价值变动"科目。同时，结转投资性房地产累计公允价值变动损益。若存在原转换日计入其他综合收益的金额，也一并结转。

【例 9 - 18】百盛公司在 20×6 年 3 月 10 日与 P 公司签订了租赁协议，将其闲置的一栋写字楼出租给 P 公司使用，租赁期为 20×6 年 4 月 1 日至 20×8 年 4 月 1 日。该写字楼建造成本为 2 000 万元，截至 20×6 年 3 月 31 日，已提折旧为 200 万元。20×6 年 4 月 1 日该写字楼公允价值为 1 900 万元。20×6 年 12 月 31 日，该项投资性房地产的公允价值为 1 800 万元。20×7 年 12 月 31 日，该投资性房地产公允价值为 2 100 万元。20×8 年 4 月 1 日租赁期届满，百盛公司收回该项投资性房地产，并以 2 200 万元出售，出售款项已收入银行。百盛公司采用公允价值模式计量，假定不考虑相关税费，会计处理如下：

（1）20×6 年 4 月 1 日，自有房地产转换为投资性房地产：

借：投资性房地产——写字楼（成本）　　　　　　　　　　　19 000 000
　　累计折旧　　　　　　　　　　　　　　　　　　　　　　 2 000 000
　　贷：固定资产——写字楼　　　　　　　　　　　　　　　 20 000 000
　　　　其他综合收益　　　　　　　　　　　　　　　　　　　1 000 000

（2）20×6 年 12 月 31 日，公允价值变动：

借：公允价值变动损益　　　　　　　　　　　　　　　　　　 1 000 000
　　贷：投资性房地产——写字楼（公允价值变动）　　　　　　 1 000 000

（3）20×7 年 12 月 31 日，公允价值变动：

借：投资性房地产——写字楼（公允价值变动）　　　　　3 000 000

　　贷：公允价值变动损益　　　　　　　　　　　　　　　　　3 000 000

（4）20×8 年 4 月 1 日，出售投资性房地产：

借：银行存款　　　　　　　　　　　　　　　　　　22 000 000

　　贷：其他业务收入　　　　　　　　　　　　　　　　　　22 000 000

借：其他业务成本　　　　　　　　　　　　　　　　21 000 000

　　贷：投资性房地产——成本　　　　　　　　　　　　　　19 000 000

　　　　　　　　　　——公允价值变动　　　　　　　　　　　2 000 000

借：公允价值变动损益　　　　　　　　　　　　　　　2 000 000

　　贷：其他业务成本　　　　　　　　　　　　　　　　　　　2 000 000

借：其他综合收益　　　　　　　　　　　　　　　　　1 000 000

　　贷：其他业务成本　　　　　　　　　　　　　　　　　　　1 000 000

本章小结

　　投资性房地产是指为了赚取租金或资本增值，或两者兼而有之的房地产项目，主要包括已出租的土地使用权和建筑物，以及持有并准备增值后转让的土地使用权。

　　投资性房地产是按照取得成本进行初始计量的。投资性房地产的后续计量模式有成本模式和公允价值模式。只有在有确凿证据表明投资性房地产的公允价值能够可靠持续获得的，才可以采用公允价值计量模式，且同一企业只能采用一种计量模式。成本模式可以在一定条件下转为公允价值模式，但公允价值模式是不能转为成本模式的。投资性房地产的后续支出按照是否能明显改变投资性房地产的效能，并带来经济利益的增加而进行的资本化或是费用化的处理。

　　投资性房地产与非投资性房地产的转换有两类四种形式：第一类是非投资性房地产转换为投资性房地产，包括自用房地产转换为投资性房地产和作为存货的房地产转换投资性房地产；第二类是投资性房地产转换为非投资性房地产，包括投资性房地产转换为自用房地产和投资性房地产转换为存货。

　　投资性房地产的处置包括投资性房地产的出售、报废和毁损，也包括对外投资、非货币性资产交换、债务重组等原因转出投资性房地产等情况。投资性房地产在处置时发生的处置损益应计入当期损益。

10 资产减值

学习目标

通过本章的学习掌握资产减值的含义、资产公允价值减去处置费用后的净额的估计方法、资产预计未来现金流量的现值的估计方法以及资产减值准备的确认和计量方法。

10.1 资产减值概述

10.1.1 资产减值的含义

对企业而言资产是能够带来经济利益流入的经济资源，当资产的可收回金额低于其账面价值时资产发生了减值，此时应当确认资产减值损失，并把资产的账面价值减记至可收回金额。资产减值是指资产的可收回金额低于其账面价值，这里所指的资产主要包括单项资产和资产组。企业的任何资产在发生减值时，原则上都应当对所发生的减值损失及时加以确认和计量，因此资产减值包括所有资产的减值。由于具体资产的特性有所差异，在进行减值会计处理时所适用的具体准则也不尽相同，采用方法也会有所不同。

本章涉及的资产通常属于企业非流动资产，具体包括：①对子公司、联营企业和合营企业的长期股权投资。②采用成本模式进行后续计量的投资性房地产。③固定资产。④生产性生物资产。⑤无形资产。⑥商誉。⑦探明石油天然气矿区权益和井及相关设施。

10.1.2 资产减值的确认

从本质上看，可以把资产减值的确认理解成对资产价值的再一次确认，只要一项资产的价值减损能够被可靠地计量，而且这种价值减损的计量有助于信息使用者做出正确的决策，那么就应当在会计处理中确认资产价值的减少。为了及时进行资产减值的确认，企业应当在资产负债表日判断资产是否存在可能发生减值的迹象。如果确定资产存在发生减值的迹象，就应及时进行减值测试，同时估计资产的可收回金额。当可收回金额低于账面价值时，必须按照资产可收回金额低于资产账面价值的差额部分，计提减值准备，确认减值损失。需要注意的是，资产存在减值迹象是资产需要进行减值测试的必要前提，但是对于因为企业合并所形成的商誉和使用寿命不确定的无形资产，不管其是否存在减值迹象，企业都必须每年至少进行一次减值测试。因为不易确定其价值，对于尚未达到可使用状态的无形资产，也必须每年进行减值测试。对于资产可能发生的减值迹象，可以通过从外部信

息和内部信息两个方面加以判断。

从企业外部信息看，下列情况的发生意味着资产可能发生减值迹象，企业需要估计资产的可收回金额，同时确定是否需要确认减值损失：①资产的市价当期大幅度下跌，其跌幅明显高于因时间的推移或者正常使用而预计的下跌。②企业经营所处的经济、技术或者法律等环境以及资产所处的市场在当期或者将在近期发生重大变化，从而对企业产生不利影响。③市场利率或者其他市场投资报酬率在当期已经提高，从而影响企业计算资产预计未来现金流量现值的折现率，导致资产可收回金额大幅度降低。

从企业内部信息看，下列情况均意味着资产可能发生减值的迹象，企业需要据此估计资产的可收回金额，确定是否需要确认减值损失：①有证据表明资产已经陈旧过时或者其实体已经损坏。②资产已经或者将被闲置、终止使用或者计划提前处置。③企业内部报告的证据表明资产的经济绩效已经低于或者将低于预期，如资产所创造的净现金流量或者实现的营业利润（或者亏损）远远低于（或者高于）预计金额等。

10.2　资产可收回金额的计量

10.2.1　资产可收回金额的估计

为了正确地进行资产减值的确认和计量，必须对资产的可收回金额进行估计。所谓资产可收回金额指的是资产的公允价值减去处置费用后的净额和资产预计未来现金流量的现值两者中的数量较高者。发现资产出现减值迹象的，应当在估计其可收回金额后将所估计的资产可收回金额与资产账面价值相比较，以确定资产是否发生了减值，并判断是否需要计提资产减值准备并确认相应的减值损失。在估计资产可收回金额时应当以单项资产为基础，如果无法估计单项资产的可收回金额，应以资产所属的资产组为基础确定资产组的可收回金额。这里所指的资产除特别说明外，既包括单项资产也包括资产组。

在估计资产可收回金额的时候，是根据资产的公允价值减去处置费用后的净额与资产预计未来现金流量的现值两者之间较高者来确定的。一般情况下需要同时估计一项资产的公允价值减去处置费用后的净额和资产预计未来现金流量的现值，来估计资产的可收回金额，但以下情况可以视为例外而作特别处理。①在估计资产的公允价值减去处置费用后的净额与资产预计未来现金流量的现值的时候，只要其中一项数额超过了资产的账面价值，即可以认定资产没有发生减值，此时不需再估计另一项金额。②在没有确凿证据表明资产的预计未来现金流量现值显著高于其公允价值减去处置费用后的净额的情况下，应该把资产的公允价值减去处置费用后的净额作为资产的可收回金额予以确认。一般来说，企业持有待售的资产通常属于这种情况，由于此时资产的未来现金流量现值不大会显著高于其公允价值减去处置费用后的净额，可以把资产公允价值减去处置费用后的净额作为资产的可收回金额。③在无法可靠估计资产的公允价值减去处置费用后的净额的情况下，可以将这一资产预计未来现金流量的现值视为该资产的可收回金额进行处理。

10.2.2 资产公允价值减去处置费用后净额的估计

资产的公允价值减去处置费用后的净额，是指在出售或处置资产时企业可以收回的净现金收入。企业应当按照以下顺序对于资产的公允价值减去处置费用后的净额进行估计：①资产的公允价值减去处置费用后的净额可以根据公平交易中资产的销售协议价格减去可直接归属于该资产处置费用的金额来确定。②如果资产不存在销售协议但存在活跃交易市场，此时可以把同类资产的市场价格减去处置费用后的金额作为资产的公允价值减去处置费用后的净额。③如果既不存在资产销售协议又不存在资产活跃市场，企业可以根据所能获取的最佳信息作为估计基础。④如果按照上述要求仍然无法可靠估计资产的公允价值减去处置费用后的净额，可以把该资产预计未来现金流量的现值作为可收回金额。

10.2.3 资产预计未来现金流量的现值的估计

估计预计资产未来现金流量的现值的三个重要因素是资产的预计未来现金流量、资产的使用寿命和折现率。

10.2.3.1 资产未来现金流量的预计

为了合理预计资产未来现金流量，企业应当在最近财务预算或者预测数据的基础上有依据地对资产在剩余使用寿命内的整体经济状况进行评估，并据此估计资产的预计未来现金流量。

企业应当以该预算或者预测期之后年份稳定的或者递减的增长率为基础，对最近财务预算或者预测期之后的现金流量进行估计。如果可以证明递增的增长率是合理的，企业可以把递增的增长率作为估计的基础，但除非企业能够证明更高的增长率是合理的，否则所使用的增长率不能超过企业经营所在的国家和地区、所处行业、市场以及产品的长期平均增长率或者该资产所处市场的长期平均增长率。在恰当、合理的情况下，该增长率可以是零或者负数。

由于资产的实际现金流量与预计数可能出现差异，而且预计资产未来现金流量时的假设也有可能发生变化。因此，企业管理层在每次预计资产未来现金流量时，应当通过分析前期现金流量预计数与现金流量实际数的差异，来判断预计当期现金流量所依据假设的合理性。一般而言，企业管理层应当确保当期预计现金流量所依据的假设与前期实际结果相一致。预计资产未来现金流量应当包括以下项目：①资产持续使用过程中预计产生的现金流入。②为实现资产持续使用过程中产生的现金流入所必需的预计现金流出（包括为使资产达到预定可使用状态所发生的现金流出）。这一现金流出是指可直接归属于或可通过合理和一致的基础分配到资产中的现金流出，后者一般是指与资产直接相关的间接费用。企业在预计其未来现金流量时，对于在建工程、开发过程中的无形资产等，应将预期为使该类资产达到预定可使用（或者可销售状态）而发生的全部现金流出数包括在内。③资产使用寿命结束时，处置资产所收到或者支付的净现金流量。这一现金流量是指在公平交易中，熟悉情况的交易双方自愿进行交易时，企业预期可从资产的处置中获取或者支付的减去预计处置费用后的金额。

【例 10-1】百盛公司一台设备所生产的产品销售情况受宏观经济形式的影响较大，预计未来 5 年每年的现金流量情况如表 10-1 所示。

表 10 – 1　预计未来 5 年现金流量情况　　　　　　单位：万元

年份	产品行情好（20% 的可能性）	产品行情一般（60% 的可能性）	产品行情差（20% 的可能性）
第 1 年	500	400	200
第 2 年	480	360	150
第 3 年	450	350	120
第 4 年	480	380	150
第 5 年	480	400	180

采用期望现金流量法计算未来 5 年预计现金流量：

第 1 年的预计现金流量 = 500 × 20% + 400 × 60% + 200 × 20% = 380（万元）

第 2 年的预计现金流量 = 480 × 20% + 360 × 60% + 150 × 20% = 342（万元）

第 3 年的预计现金流量 = 450 × 20% + 350 × 60% + 120 × 20% = 324（万元）

第 4 年的预计现金流量 = 480 × 20% + 380 × 60% + 150 × 20% = 354（万元）

第 5 年的预计现金流量 = 480 × 20% + 400 × 60% + 180 × 20% = 372（万元）

10.2.3.2　折现率的预计

为了资产减值测试的目的，计算资产未来现金流量现值时使用的折现率应当是反映当前市场货币时间价值和资产特定风险的税前利率，该折现率是企业在购置或者投资资产时所要求的必要报酬率。折现率的确定应依据资产的市场利率，如不能从市场得到该利率可以使用替代利率估计。

10.2.3.3　资产未来现金流量现值的预计

在预计了资产的未来现金流量和折现率后，可以将该资产的预计未来现金流量按预计折现率在资产预计使用期内进行折现来确定资产未来现金流量的现值。

【例 10 – 2】百盛公司的一台设备出现了减值现象，百盛公司于 20 × 1 年 12 月 31 日对其进行减值测试，该设备账面价值为 32 000 万元，预计尚可使用年限为 8 年。假定公司管理层批准的 20 × 2 年至 20 × 9 年的该设备预计未来现金流量分别为：5 000 万元、4 920 万元、4 760 万元、4 720 万元、4 780 万元、4 940 万元、5 000 万元、5 020 万元。公司认为该设备的最低必要报酬率为 15%，判断该设备是否发生了减值损失。

假定该设备的公允价值减去处置费用后的净额难以确定，百盛公司需要计算其未来现金流量的现值确定资产的可收回金额。为了计算设备在 20 × 1 年末未来现金流量的现值，百盛公司首先必须预计其未来现金流量。据此计算该设备的未来现金流量现值，计算结果如表 10 – 2 所示。

表 10 – 2　折现计算表　　　　　　金额单位：万元

年份	预计未来现金流量	以折现率为 15% 的折现系数	预计未来现金流量的现值
20 × 2	5 000	0.869 6	4 348
20 × 3	4 920	0.756 1	3 720
20 × 4	4 760	0.657 5	3 130
20 × 5	4 720	0.571 8	2 699

年份	预计未来现金流量	以折现率为15%的折现系数	预计未来现金流量的现值
20×6	4 780	0.497 2	2 377
20×7	4 940	0.432 3	2 136
20×8	5 000	0.375 9	1 880
20×9	5 020	0.326 9	1 641
合计	39 140		21 931

由于在20×1年末，设备的账面价值为32 000万元，可回收金额为21 931万元，设备的账面价值高于其可收回金额，应当确认减值损失32 000 − 21 931 = 10 069（万元），并计提相应的资产减值准备。

10.3　资产减值损失的确认与计量

10.3.1　资产减值损失确认与计量的原则

企业在对资产进行减值测试后，如果资产的可收回金额低于其账面价值的，应当将资产的账面价值减记至可收回金额，减记的金额确认为资产减值损失，计入当期损益，同时计提相应的资产减值准备。

资产减值损失确认后，减值资产的折旧或者摊销费用应当在未来期间作相应调整，以使该资产在剩余使用寿命内，系统地分摊调整后的资产账面价值（扣除预计净残值）。资产减值损失一经确认，在以后会计期间不得转回。以前期间计提的资产减值准备，需要等到资产处置时才可转出。

10.3.2　资产减值损失的账务处理

为了正确核算企业确认的资产减值损失和计提的资产减值准备，企业应当设置"资产减值损失"科目，按照资产类别进行明细核算，反映各类资产在当期确认的资产减值损失金额；同时，应当根据不同的资产类别，分别设置"固定资产减值准备""在建工程减值准备""投资性房地产减值准备""无形资产减值准备""商誉减值准备""长期股权投资减值准备"等科目。

当企业确定资产发生了减值时，应当根据所确认的资产减值金额，借记"资产减值损失"科目，贷记"固定资产减值准备""在建工程减值准备""投资性房地产减值准备""无形资产减值准备""商誉减值准备""长期股权投资减值准备"等科目。在期末，企业应当将"资产减值损失"科目余额转入"本年利润"科目，结转后该科目应当没有余额。各资产减值准备科目累计每期计提的资产减值准备，直至相关资产被处置时才予以转出。

【例10−3】根据资产减值测试和计算结果，百盛公司的一台设备应确认的减值损失

为 300 万元，账务处理如下：

借：资产减值损失——固定资产减值损失　　　　　　　　　　　　　3 000 000

　　贷：固定资产减值准备　　　　　　　　　　　　　　　　　　　　　　　3 000 000

10.4　资产组减值

我国的资产减值准则规定，如果有迹象表明一项资产可能发生减值企业应当以单项资产为基础估计其可收回金额。但是当难以对单项资产的可收回金额进行估计时应以该资产所属的资产组为基础确定可收回金额。资产组是企业可以认定的最小资产组合，其产生的现金流入应当基本上独立于其他资产或者资产组，资产组应当由创造现金流入相关的资产组成。

10.4.1　资产组的认定

资产组的认定应当以资产组产生的主要现金流入是否独立于其他资产或者资产组的现金流入为依据，如果能够独立于其他部门创造收入、产生现金流，并且属于可认定的最小资产组合，通常可认定为一个资产组，资产组认定后不得随意变更。

【例 10-4】百盛公司生产某单一产品，并且只拥有 A、B、C 三家工厂。三家工厂分别位于三个不同的地区。A 工厂生产一种组件，由 B 工厂或者 C 工厂进行组装，最终产品由 B 工厂或者 C 工厂销往各地。B 工厂和 C 工厂的生产能力合在一起尚有剩余，并没有被完全利用。B 工厂和 C 工厂生产能力的利用程度依赖于百盛公司对销售产品在两地之间的分配。当 A 工厂生产的产品存在于活跃市场或不存在于活跃市场时，需要分别认定与 A、B、C 有关的资产组。

在 A 工厂生产的产品存在活跃市场的情况下，A 工厂很可能可以认定为一个单独的资产组，原因是它生产的产品尽管主要用于 B 工厂或者 C 工厂，但是，由于该产品存在活跃市场，可以带来独立的现金流量，因此，通常应当认定为一个单独的资产组。对于 B 工厂和 C 工厂而言，即使 B 工厂和 C 工厂组装的产品存在活跃市场，由于 B 工厂和 C 工厂的现金流入依赖于产品在两地之间的分配，B 工厂和 C 工厂的未来现金流入不可能单独地确定。因此，B 工厂和 C 工厂组合在一起是可以认定的、可产生基本上独立于其他资产或者资产组的现金流入的资产组合。B 工厂和 C 工厂应当认定为一个资产组。

在 A 工厂生产的产品不存在活跃市场的情况下，由于 A 工厂生产的产品不存在活跃市场，它的现金流入依赖于 B 工厂或者 C 工厂生产的最终产品的销售，因此，A 工厂很可能难以单独产生现金流入，其可收回金额很可能难以单独估计。对于 B 工厂和 C 工厂而言，其生产的产品虽然存在活跃市场，但是，B 工厂和 C 工厂的现金流入依赖于产品在两个工厂之间的分配，B 工厂和 C 工厂在产能和销售上的管理是统一的。因此，B 工厂和 C 工厂也难以单独产生现金流量，因而也难以单独估计其可收回金额。只有 A、B、C 三个工厂组合在一起才很可能是一个可以认定的、能够基本上独立产生现金流入的最小的资产组合，从而将 A、B、C 工厂的组合认定为一个资产组。

10.4.2　资产组账面价值和可收回金额的确定

资产组减值测试的原理和单项资产一致，通过预计资产组可收回金额和计算资产组账面价值，将两者进行数量比较，如果资产组可收回金额低于其账面价值就表明资产组发生了减值损失，需要予以确认。

资产组账面价值的确定基础应与其可收回金额的确定方式一致，资产组账面价值应包括可直接归属于资产组与可以合理和一致地分摊至资产组的资产账面价值，通常不应当包括已确认负债的账面价值。资产组的可收回金额应当按照该资产组的公允价值减去处置费用后的净额与其预计未来现金流量的现值两者之间较高者确定。

【例 10 - 5】百盛公司经营一座铁矿，20×7 年 12 月 31 日，随着开采进展，公司发现矿山中的铁储量远低于预期，因此公司对该矿山进行了减值测试。考虑到矿山的现金流量状况，整座矿山被认定为一个资产组。根据法律规定开采企业在矿山完成开采后应当将该地区恢复原貌。恢复费用主要为山体表层复原费用（如恢复植被等），因为山体表层必须在矿山开发前挖走。因此，企业在山体表层挖走后，就应当确认一项预计负债，并计入矿山成本，假定其金额为 100 万元。

该资产组在 20×7 年末的账面价值为 200 万元（包括确认的恢复山体原貌的预计负债）。矿山如于 20×7 年 12 月 31 日对外出售，买方愿意出价 164 万元（包括恢复山体原貌成本），预计处置费用为 4 万元，因此，该矿山的公允价值减去处置费用后的净额为 160 万元。矿山的预计未来现金流量的现值为 240 万元，不包括恢复费用。

根据上述资料，为了比较资产组的账面价值和可收回金额，在确定资产组的账面价值及其预计未来现金流量的现值时，应当将已确认的负债金额从中扣除。在本例中，资产组的公允价值减去处置费用后的净额为 160 万元，该金额已经考虑了恢复费用。该资产组预计未来现金流量的现值在考虑了恢复费用后为 140 万元。因此，该资产组的可收回金额为 160 万元。资产组的账面价值在扣除了已确认的恢复原貌预计负债后的金额为 100 万元。这样资产组的可收回金额大于其账面价值，所以资产组没有发生减值，不必确认减值损失。

10.4.3　资产组减值的会计处理

根据减值测试的结果，当资产组的可收回金额如低于其账面价值时应当确认相应的减值损失。减值损失金额应当按照以下顺序进行分摊：①抵减分摊至资产组中商誉的账面价值。②根据资产组中除商誉之外的其他各项资产的账面价值所占比重，按比例抵减其他各项资产的账面价值。以上资产账面价值的抵减，应当作为各单项资产（包括商誉）的减值损失处理，计入当期损益。抵减后的各资产的账面价值不得低于以下三者之中最高者：该资产的公允价值减去处置费用后的净额（如可确定的）、该资产预计未来现金流量的现值（如可确定的）和零。因此而导致的未能分摊的减值损失金额，应当按照相关资产组中其他各项资产的账面价值所占比重进行分摊。

【例 10 - 6】百盛公司有一条生产线，由甲、乙两部设备构成，各设备均无法单独产生现金流量，但整条生产线构成完整的产销单位属于一个资产组。由于该生产线所生产的产品受市场竞争影响销量锐减，因此对该生产线进行减值测试。20×7 年 12 月 31 日，该生产线账面价值100万元，甲、乙设备的账面价值分别为40万元、60万元。经相关专家确认该生产线的公允价值减去处置费用后的净额为90万元，未来现金流量现值为80万元，该资产组发生减值损失为10万元。

（1）根据该资产组内甲、乙设备的账面价值分摊减值损失。

甲设备应分摊减值损失 $=40 \div 100 \times 10 =4$（万元）

乙设备应分摊减值损失 $=60 \div 100 \times 10 =6$（万元）

（2）根据上述计算结果进行账务处理。

借：资产减值损失——计提固定资产减值损失   100 000

  贷：固定资产减值准备——甲设备   40 000

         ——乙设备   60 000

10.4.4 总部资产减值

企业总部资产包括企业集团或其事业部的办公楼等资产。总部资产难以脱离其他资产或者资产组产生独立的现金流入，其账面价值难以完全归属于某一资产组。因此总部资产减值测试，需要结合其他相关资产组进行。在资产负债表日，如果有迹象表明某项总部资产可能发生减值的，企业应当计算确定该总部资产所归属的资产组或者资产组组合的可收回金额，然后将其与相应的账面价值相比较，据以判断是否需要确认减值损失。

企业对某一资产组进行减值测试时，应当先认定所有与该资产组相关的总部资产，再根据相关总部资产能否按照合理和一致的基础分摊至该资产组分别下列情况处理：

（1）对于相关总部资产能够按照合理和一致的基础分摊至该资产组的部分，应当将该部分总部资产的账面价值分摊至该资产组，再据以比较该资产组的账面价值和可收回金额，并按照前述有关资产组减值测试的顺序和方法处理。

（2）对于相关总部资产中有部分资产难以按照合理和一致的基础分摊至该资产组的，应首先在估计和比较资产组的账面价值和可收回金额。其次认定由若干个资产组组成的最小的资产组组合，该资产组组合应当包括所测试的资产组与可以按照合理和一致的基础将该部分总部资产的账面价值分摊其上的部分。最后比较所认定的资产组组合的账面价值和可收回金额，并按照前述有关资产组减值测试的顺序和方法处理。

【例10-7】百盛公司在三地拥有A、B、C三家分公司，这三家分公司的经营活动由一个总部负责运作。由于A、B、C三家公司均能产生独立于其他分公司的现金流入，所以该公司将这三家分公司确定为三个资产组。20×7年12月1日，企业经营所处的技术环境发生了重大不利变化，出现减值迹象，需要进行减值测试。假设总部资产账面价值为2 000 000元，能够按照各资产组账面价值的比例进行合理分摊，A、B、C分公司和总部资产的使用寿命均为20年。

进行减值测试时，A、B、C三个资产组的账面价值分别为3 200 000元、1 600 000元和3 200 000元。百盛公司计算得出A分公司资产的可收回金额为4 200 000元，B分公司资产的可收回金额为1 600 000元，C分公司资产的可收回金额为3 800 000元。

要求：计算A、B、C三个资产组和总部资产计提的减值准备。

（1）将总部资产分配至各资产组。

总部资产应分配给A资产组的金额 $=200 \times 320 \div 800 =80$（万元）

总部资产应分配给 B 资产组的金额 $=200 \times 160 \div 800 = 40$（万元）

总部资产应分配给 C 资产组的金额 $=200 \times 320 \div 800 = 80$（万元）

分配后各资产组的账面价值为：

A 资产组的账面价值 $=320 + 80 = 400$（万元）

B 资产组的账面价值 $=160 + 40 = 200$（万元）

C 资产组的账面价值 $=320 + 80 = 400$（万元）

（2）进行减值测试。

A 资产组的账面价值为 400 万元，可收回金额为 420 万元，没有发生减值；

B 资产组的账面价值为 200 万元，可收回金额为 160 万元，发生减值 40 万元；

C 资产组的账面价值为 400 万元，可收回金额为 380 万元，发生减值 20 万元。

（3）将各资产组的减值额在总部资产和各资产组之间分配。

B 资产组减值额分配给总部资产的金额 $=40 \times 40 \div 200 = 8$（万元），分配给 B 资产组本身的金额 $=40 \times 160 \div 200 = 32$（万元）。

C 资产组减值额分配给总部资产的金额 $=20 \times 80 \div 400 = 4$（万元），分配给 C 资产组本身的金额 $=20 \times 320 \div 400 = 16$（万元）。

A 资产组没有发生减值，B 资产组发生减值 32 万元，C 资产组发生减值 16 万元，总部资产发生减值 $=8 + 4 = 12$（万元）。

10.5　商誉减值

企业商誉难以独立产生现金流量，商誉应结合与其相关的资产组或者资产组组合进行减值测试。为了达到资产减值测试的目的，对于因企业合并形成的商誉的账面价值，应当自购买日起按照合理的方法分摊至相关资产组；难以分摊至相关的资产组的，应当将其分摊至相关的资产组组合。

企业在对包含商誉的相关资产组或者资产组组合进行减值测试时，如与商誉相关的资产组或者资产组组合存在减值迹象的，应当首先对不包含商誉的资产组或者资产组组合进行减值测试，计算可收回金额，并与相关账面价值相比较，确认相应的减值损失。然后，再对包含商誉的资产组或者资产组组合进行减值测试，比较这些相关资产组或者资产组组合的账面价值与其可收回金额，如相关资产组或者资产组组合的可收回金额低于其账面价值的，应当就其差额确认减值损失，减值损失金额应当首先抵减分摊至资产组或者资产组组合中商誉的账面价值；然后，根据资产组或者资产组组合中除商誉之外的其他各项资产的账面价值所占比重，按比例抵减其他各项资产的账面价值。和资产减值测试的处理一样，以上资产账面价值的抵减，也都应当作为各单项资产（包括商誉）的减值损失处理，计入当期损益。抵减后的各资产的账面价值不得低于以下三者之中最高者：该资产的公允价值减去处置费用后的净额（如可确定的）、该资产预计未来现金流量的现值（如可确定的）和零。因此而导致的未能分摊的减值损失金额，应当按照相关资产组或者资产组组合中其他各项资产的账面价值所占比重进行分摊。

本章小结

资产减值是指资产的可收回金额低于其账面价值。资产出现减值迹象，应当在估计其可收回金额后将所估计的资产可收回金额与资产账面价值相比较，以确定资产是否发生了减值，并判断是否需要计提资产减值准备并确认相应的减值损失。通过本章学习应掌握各类资产减值损失的会计处理方法。

11 流动负债

学习目标

通过本章的学习，理解并掌握流动负债的概念、分类，掌握短期借款、应付票据、应付账款、预收账款、应付职工薪酬、应交税费、应付利息、应付股利及其他应付款的会计核算。

11.1 流动负债概述

11.1.1 流动负债的定义及内容

流动负债是指企业必须在1年以内或者超过1年的一个营业周期以内偿还的债务。

满足下列条件之一的负债，应当归类为流动负债：

（1）预计在一个正常营业周期内清偿的负债，比如企业购买原材料形成的应付账款、应付票据等。

（2）主要为交易目的而持有的负债。

（3）自资产负债表日起一年内（含一年）到期应予以清偿的负债，比如企业发行的将在一年内到期偿还的债券。

（4）企业无权自主地将清偿期限推迟至资产负债表日后一年以上的负债，应付账款、应付职工薪酬等都属于无权自主地将清偿期限推迟至资产负债表日后一年以上的负债，应作为流动负债。

流动负债通常包括短期借款、应付票据、应付账款、预收账款、应付职工薪酬、应交税费、应付利息、应付股利、其他应付款等。

11.1.2 流动负债的分类

11.1.2.1 按偿付金额是否确定分类

（1）偿付金额确定的流动负债。这类流动负债是根据合同、契约或法律规定，企业在到期日应予偿付的有确定金额的流动负债。如应付票据、短期借款、预收账款、应付职工薪酬、应付股利等。

（2）偿付金额需要估计的流动负债。这类流动负债是指没有确切的债权人和到期日，或者虽然有确切的债权人和到期日但其偿付金额需要估计的流动负债。如企业对于月末购买的已经入库但发票账单尚未到达的存货，其应付账款的金额需要在月末进行估计确定。

11.1.2.2　按偿付手段分类

（1）用货币资金偿付的流动负债。这类流动负债到期时，企业需要用货币资金来偿付，如应付账款、短期借款、应付股利、应交税费等。

（2）用商品或劳务偿付的流动负债。这类流动负债到期时，企业需要用商品偿还或者用劳务来抵偿，如预收账款。

11.1.2.3　按形成方式分类

（1）营业活动形成的流动负债。这类流动负债是企业在正常的生产经营活动中形成的，如应付账款、应付票据、预收账款、应付职工薪酬等。

（2）融资活动形成的流动负债。这类流动负债是企业从银行或其他金融机构筹措资金时形成的，如短期借款、应付利息。

11.1.3　流动负债的计价

从理论上讲，负债的计价应该以未来应付金额的现值来计量，即考虑货币的时间价值。但是由于流动负债一般都应在短期内偿付，到期应付金额与现值的差额不大，折现计算并不很必要，所以流动负债通常是按实际发生额，即未来应付金额计价入账的，这符合会计核算的重要性原则。

11.2　短期借款

11.2.1　短期借款的概念

短期借款是指企业向银行或其他金融机构等借入的偿还期在 1 年以内（含 1 年）的各种借款。短期借款通常是企业为维持正常的生产经营所需资金而借入或为抵偿某项债务所借入的款项。无论借入款项的来源如何，企业均需要向债权人按期偿还借款的本金及利息。

11.2.2　短期借款的会计核算

11.2.2.1　短期借款取得时的会计核算

企业从银行或其他金融机构取得短期借款时，借记"银行存款"科目，贷记"短期借款"科目。

11.2.2.2　短期借款利息计提与支付的会计核算

短期借款利息应作为财务费用直接计入当期损益，按以下两种情况分别进行会计处理。

（1）如果利息按季支付，或到期一次性与本金一起支付且数额较大的，根据权责发生制的要求，企业应当在每个月末计提借款利息，将当期应付未付的利息确认为一项流动负债，借记"财务费用"科目；贷记"应付利息"科目。实际支付时，按已计提而未付的利息金额，借记"应付利息"科目，贷记"银行存款"科目。

（2）如果利息按月支付，或到期一次性与本金一起支付但数额不大的，不必分期计提利息，可在支付时直接计入当期损益，借记"财务费用"科目，贷记"银行存款"科目。

11.2.2.3　短期借款到期偿还本金的会计核算

短期借款到期偿还本金时，借记"短期借款"科目，贷记"银行存款"科目。

【例11-1】百盛公司于20×8年1月1日向银行借款800 000元，期限为9个月，年利率为6%，该借款的利息按季支付，本金到期归还。

百盛公司对于该项短期借款的有关账务处理如下：

（1）20×8年1月1日，公司实际取得短期借款时：

借：银行存款		800 000
贷：短期借款		800 000

（2）20×8年1月31日，公司计提1月借款利息时：

本月应计提的利息=800 000×6%÷12=4 000（元）

借：财务费用		4 000
贷：应付利息		4 000

2月末预提当月利息的会计处理与1月相同。

（3）20×8年3月31日支付本季度利息时：

借：财务费用		4 000
应付利息		8 000
贷：银行存款		12 000

第二季度、第三季度的会计处理同上。

（4）20×8年10月1日偿还借款本金时：

借：短期借款		800 000
贷：银行存款		800 000

11.3　应付票据

11.3.1　应付票据概述

应付票据是指企业购买材料、商品和接受劳务供应等而开出并承兑的商业汇票。应付票据按承兑人不同可分为商业承兑汇票和银行承兑汇票，按是否带息可分为带息应付票据和不带息应付票据。在我国，商业汇票的付款期限最长不超过6个月，因此，企业应将应付票据作为一项流动负债。

企业应设置"应付票据"科目，核算各种签发、承兑的商业汇票。该科目贷方登记开出、承兑汇票的面值及带息票据期末计提的利息，借方登记实际支付票据的本金及无法偿付而转出的应付票据的票面金额。期末余额在贷方，反映尚未实际支付的本金及已计提的利息。

11.3.2 应付票据的会计核算

11.3.2.1 企业开出并承兑应付票据时的会计核算

企业因购买材料、商品或者接受劳务供应等开出并承兑商业汇票时，应当按照商业汇票的票面金额借记"原材料""库存商品""应交税费——应交增值税（进项税额）"等科目，贷记"应付票据"科目。对于企业申请并签发银行承兑汇票而支付给银行的手续费，直接计入当期财务费用，借记"财务费用"科目，贷记"银行存款"科目。

11.3.2.2 应付票据到期时的会计核算

企业应于到期日按照商业汇票的票面金额偿还应付票据，对于带息的商业汇票还应当根据票面金额和票面利率计算并支付相应的利息，借记"应付票据""财务费用"等科目，贷记"银行存款"科目。

11.3.2.3 应付票据到期而企业无力支付票款时会计处理

企业如果在商业汇票到期时无力按时支付票据款项，则应当考虑承兑人的不同而进行相应处理。如果是商业承兑汇票，企业应当将应付票据的账面余额转作应付账款，借记"应付票据"科目，贷记"应付账款"科目；如果是银行承兑汇票，由承兑银行支付票据款项给收款人，企业应当将应付银行的款项视同一项短期借款，借记"应付票据"科目，贷记"短期借款"科目。

【例11-2】百盛公司于20×8年6月1日签发一张面值为116 000元、期限为3个月的不带息银行承兑汇票，用以购买一批原材料，该批材料的成本为100 000元，增值税税率为16%，增值税税额为16 000元，该批材料已经验收入库。

百盛公司与该应付票据有关的账务处理如下：

（1）20×8年6月1日，甲公司签发银行承兑汇票时：

借：原材料 100 000

应交税费——应交增值税（进项税额） 16 000

贷：应付票据 116 000

（2）20×8年9月1日，商业汇票到期，百盛公司按期付款时：

借：应付票据 116 000

贷：银行存款 116 000

（3）假如20×8年9月1日票据到期时，百盛公司无力付款，则将其转为短期借款。

借：应付票据 116 000

贷：短期借款 116 000

11.4 应付账款

11.4.1 应付账款概述

应付账款是指企业因购买材料、商品或接受劳务供应等经营活动而形成的应付给供应单位的款项。主要是由于购销双方在取得货物与支付货款时间上的不一致而产生的负债。

应付账款的入账时间：应付账款的入账时间应以购买物资所有权有关的风险和报酬已经转移或劳务已经接受为标志。但在实务工作中应区别情况处理：

（1）在物资和发票账单同时到达情况下，在物资验收入库后，按发票账单登记入账。

（2）在物资和发票账单未同时到达的情况下，由于应付账款须根据发票账单入账，但有时货物已到，发票账单相隔较长时间才能到达，在实务工作中，在月份终了，先将所购物资和应付账款估计入账，待下月初用红字予以冲回。

应付账款的入账价值：应付账款一般按照购货发票载明的金额入账。需要强调的是，如果购入的物资在形成一笔应付账款时附带有现金折扣，应按照扣除现金折扣前的应付账款总额入账。获得的现金折扣，冲减财务费用。

11.4.2　应付账款的会计核算

11.4.2.1　发生应付账款时会计核算

（1）企业通过商业信用购买的货物和相关发票同时到达企业。在这种情况下，企业应当在确认原材料、库存商品等存货的同时，根据发票金额确认一项应付账款。

【例11-3】20×8年6月10日，百盛公司从乙公司购买一批原材料，材料价款为60 000元，增值税税额为9 600元。材料已经验收入库，货款尚未支付。乙公司为了鼓励百盛公司提前付款，给公司开出的现金折扣条件为"2/10，1/20，n/30"，假定计算现金折扣时不考虑增值税。

分析：本例中，百盛公司应当按照材料的总价和相关税费确认应付账款的金额。20×8年6月10日，甲公司收到材料时，具体的账务处理为：

借：原材料　　　　　　　　　　　　　　　　　　　　　　　60 000

　　应交税费——应交增值税（进项税额）　　　　　　　　　 9 600

　　贷：应付账款　　　　　　　　　　　　　　　　　　　　　69 600

（2）货物先到而发票未到。企业对于月末购买的存货已经入库但发票账单尚未到达的，应当按照暂估价值确定应付账款的入账价值，待下月初将暂估价值冲销，等收到发票账单时再重新入账。

【例11-4】20×8年6月20日，百盛公司购买一批原材料，材料已经入库，但到月末尚未收到发票账单，按暂估价80 000元入账。

20×8年6月30日，百盛公司应当编制的会计分录为：

借：原材料　　　　　　　　　　　　　　　　　　　　　　　80 000

　　贷：应付账款　　　　　　　　　　　　　　　　　　　　　80 000

20×8年7月1日，百盛公司冲销上月暂估的应付账款价值，应编制的会计分录为：

借：原材料　　　　　　　　　　　　　　　　　　　　　　 80 000

　　贷：应付账款　　　　　　　　　　　　　　　　　　　　 80 000

11.4.2.2　偿还应付账款时会计核算

企业偿还应付账款或开出商业汇票抵付应付账款时，借记"应付账款"科目，贷记"银行存款""应付票据"等科目。

【例11-5】承【例11-3】，假定百盛公司在20×8年6月19日支付货款。则百盛公司在10天之内付款，应享有的现金折扣为1 200元（60 000×2%），实际支付的价款为68 400元（69 600-1 200），应编制的会计分录为：

借：应付账款		69 600
贷：银行存款		68 400
财务费用		1 200

假定百盛公司在20×8年6月29日支付货款。则百盛公司在20天之内付款，应享有的现金折扣为600元（60 000×1%），实际支付的价款为69 000元（69 600-600），应编制的会计分录为：

借：应付账款		69 600
贷：银行存款		69 000
财务费用		600

假定百盛公司在20×8年7月8日支付货款。则百盛公司未在折扣期内付款，不享有现金折扣，实际支付的价款为69 600元，应编制的会计分录为：

借：应付账款		69 600
贷：银行存款		69 600

11.4.2.3　确实无法支付应付账款的会计核算

在某些情况下，付款人可能因为某些原因确实无法支付某项应付账款。例如，由于销货方破产导致债务人确实无法支付应付账款。此时，企业应当将该应付账款确认为一项利得，计入营业外收入。借记"应付账款"科目，贷记"营业外收入"科目。

11.5　预收账款

11.5.1　预收账款概述

预收账款是指企业按照合同规定向购货单位预收的款项。企业在销售商品、提供劳务等交易实现之前按照交易合同规定预先收取的货款、劳务款等，形成企业需要偿还的现实义务，属于负债而不属于收入。

对预收款业务较少的企业，也可以不设置"预收账款"科目，将发生的预收账款直接计入"应收账款"科目的贷方。虽然对企业应收账款、预收账款核算的完整性有一定影响，但可以简化核算手续。期末将"应收账款"账户中的应收和预收款项分别在资产负债表的"应收账款"和"预收账款"项目中列示，不能抵消。如甲公司和乙公司于20×8年6月20日签订一项劳务合同，双方约定乙公司在两个月内为甲公司提供劳务服务，在签约日乙公司根据合同约定收到4 000元定金，此时并没有向甲公司提供任何劳务，这时就形成一项现时义务，因而乙公司应当在收到4 000元定金时确认一项负债，计入预收账款。

11.5.2　预收账款的会计核算

11.5.2.1　预收款发生时的会计核算

企业因销售商品或接受劳务等按照合同规定预收款项时，应当按实际收到的金额借记"银行存款"等科目，贷记"预收账款"科目。

11.5.2.2　销售商品或提供劳务时的会计核算

企业如果采用预收账款的方式销售商品或提供劳务，应当在确认销售收入时按合同价款及相关税费，借记"预收账款"科目，贷记"主营业务收入""应交税费——应交增值税（销项税额）"等科目。

11.5.2.3　收到剩余价款或退回多余价款的会计核算

企业销售商品或提供劳务后，如果预收账款的金额不足支付全部价款和相关税费，则应当在收到剩余补付金额时，借记"银行存款"科目，贷记"预收账款"科目。

企业销售商品或提供劳务后，如果预收账款的金额超过全部价款和相关税费，则应当在办理转账手续退回多余价款时，借记"预收账款"科目，贷记"银行存款"科目。

【例11-6】20×8年9月10日，百盛公司根据合同规定收到乙公司支付的货款定金5 000元。20×8年9月20日，百盛公司按照合同规定向乙公司发出商品，注明的货款为30 000元，增值税税额为4 800元，该批商品的实际成本为15 000元。20×8年9月25日，百盛公司收到乙公司支付的剩余价款，金额为29 800元。

（1）20×8年9月10日，百盛公司收到预收账款时应编制的会计分录为：

借：银行存款　　　　　　　　　　　　　　　　　　　　　5 000
　　贷：预收账款　　　　　　　　　　　　　　　　　　　　　5 000

（2）20×8年9月20日，百盛公司发出商品确认收入时应编制的会计分录为：

借：预收账款　　　　　　　　　　　　　　　　　　　　　34 800
　　贷：主营业务收入　　　　　　　　　　　　　　　　　　　30 000
　　　　应交税费——应交增值税（销项税额）　　　　　　　　4 800

同时结转商品成本：

借：主营业务成本　　　　　　　　　　　　　　　　　　　15 000
　　贷：库存商品　　　　　　　　　　　　　　　　　　　　15 000

（3）20×8年9月25日，百盛公司收到剩余货款时应编制的会计分录为：

借：银行存款　　　　　　　　　　　　　　　　　　　　　29 800
　　贷：预收账款　　　　　　　　　　　　　　　　　　　　29 800

11.6　应付职工薪酬

11.6.1　职工薪酬的含义及内容

11.6.1.1　职工薪酬的含义

职工薪酬是指企业为获得职工提供的服务或解除劳动关系而给予的各种形式的报酬或

补偿。职工薪酬中所指的"职工"，涵盖的范围非常广泛，具体包括以下三类人员：与企业正式订立劳动合同的所有人员，包括全职、兼职和临时职工；虽未与企业订立劳动合同但由企业正式任命的人员，如公司的董事会成员和监事会成员；未与企业订立劳动合同或未由其正式任命，但向企业所提供服务与职工所提供服务类似的人员，比如劳务用工合同人员。

11.6.1.2　职工薪酬的内容

职工薪酬包括短期薪酬、离职后福利、辞退福利和其他长期职工福利。

短期薪酬是指企业在职工提供相关服务的年度报告期间结束后 12 个月内需要全部予以支付的职工薪酬，因解除与职工的劳动关系给予的补偿除外。短期薪酬具体包括职工工资、奖金、津贴和补贴、职工福利费、医疗保险费、工伤保险费和生育保险费等社会保险费，住房公积金、工会经费和职工教育经费、短期带薪缺勤、短期利润分享计划、非货币性福利以及其他短期薪酬。

离职后福利是指企业为获得职工提供的服务而在职工退休或与企业解除劳动关系后，提供的各种形式的报酬和福利，短期薪酬和辞退福利除外。

辞退福利是指企业在职工劳动合同到期之前解除与职工的劳动关系，或者为鼓励职工自愿接受裁减而给予职工的补偿。

其他长期职工福利是指除短期薪酬、离职后福利、辞退福利之外所有的职工薪酬，包括长期带薪缺勤、长期残疾福利、长期利润分享计划和长期奖金计划等。

11.6.2　职工薪酬的确认与计量

11.6.2.1　短期薪酬

（1）货币性短期薪酬。货币性短期薪酬主要包括职工的工资、奖金、津贴和补贴，大部分的职工福利费、各种社会保险、住房公积金、工会经费以及职工教育经费等。

企业发生的职工工资、津贴和补贴等短期薪酬，应当根据职工提供服务情况和工资标准等计算计入职工薪酬的工资总额，按照受益对象计入当期损益或相关资产成本，即借记"相关资产""成本科目""或当期费用"科目。如生产部门人员的职工薪酬，借记"生产成本""制造费用"科目；管理部门人员的职工薪酬，借记"管理费用"科目；销售人员的职工薪酬，借记"销售费用"科目；应由在建工程、研发支出负担的职工薪酬，借记"在建工程""研发支出"科目等；贷记"应付职工薪酬"科目。

企业发生的职工福利费，应在实际发生时根据发生额计入当期损益或相关资产成本。企业为职工缴纳的医疗保险费、工伤保险费和生育保险费等社会保险费和住房公积金，以及按规定提取的工会经费和职工教育经费，应当在职工为其提供服务的会计期间，根据规定的计提基础和计提比例计算确定相应的职工薪酬金额，并确认相关负债，按照受益对象计入当期损益或相关资产成本。

【例 11-7】百盛公司 20×8 年 8 月的职工薪酬明细如表 11-1 所示，假定百盛公司职工的医疗保险费、养老保险费、住房公积金、工会经费和职工教育经费分别按照工资总额的 10%、20%、10%、2% 和 1.5% 提取。

表 11-1 百盛公司职工薪酬明细表

20×8 年 8 月　　　　　　　　　　　　　　　　单位：元

部门 ＼ 薪酬	工资总额	医疗保险费（10%）	养老保险费（20%）	住房公积金（10%）	工会经费（2%）	职工教育经费（1.5%）	合计
基本生产车间	100 000	10 000	20 000	10 000	2 000	1 500	143 500
车间管理部门	20 000	2 000	4 000	2 000	400	300	28 700
行政管理部门	50 000	5 000	10 000	5 000	1 000	750	71 750
财务部门	30 000	3 000	6 000	3 000	600	450	43 050
销售部门	40 000	4 000	8 000	4 000	800	600	57 400
工程部门	10 000	1 000	2 000	1 000	200	150	14 350
研发部门	35 000	3 500	7 000	3 500	700	525	50 225
合计	285 000	28 500	57 000	28 500	5 700	4 275	408 975

百盛公司应编制的会计分录为：

借：生产成本	143 500
制造费用	28 700
管理费用	114 800
销售费用	57 400
在建工程	14 350
研发支出	50 225
贷：应付职工薪酬——工资	285 000
——社会保险费	85 500
——住房公积金	28 500
——工会经费	5 700
——职工教育经费	4 275

　　企业在实际支付货币性职工薪酬时，应当按照实际应支付给职工的金额，借记"应付职工薪酬"科目；按照实际支付的总额，贷记"银行存款"科目；将应由职工个人负担、由企业代扣代缴的职工个人所得税，贷记"应交税费——应交个人所得税"科目；将应由职工个人负担、由企业代扣代缴的医疗保险费、养老保险费以及住房公积金等，贷记"其他应付款"科目。

　　【例 11-8】百盛公司 20×7 年 7 月发放职工工资时，应付职工工资的总额为 275 000 元，其中应由公司代扣代缴的应由职工个人负担的各种社会保险费和住房公积金为 20 000 元，应由公司代扣代缴的个人所得税为 15 000 元，实发工资部分已经通过银行转账支付。

　　百盛公司应编制的会计分录为：

借：应付职工薪酬——工资	275 000
贷：银行存款	240 000
应交税费——应交个人所得税	15 000
其他应付款	20 000

（2）非货币性福利。

1）以自产产品或外购商品发放给职工作为福利。企业将自产产品作为非货币性福利发放给职工时，应当按照该产品的公允价值和相关税费进行计量，借记"管理费用""生产成本""制造费用"科目等。在产品发出时确认销售收入，同时结转产品成本。企业将外购商品作为非货币性福利发放给职工时，应当按照该商品的公允价值和相关税费进行计量，计入相关资产成本或当期损益。

【例 11-9】百盛公司为增值税一般纳税人，适用的增值税税率为 16%。20×8 年 7 月，公司董事会决定将本公司生产的 30 件 B 产品作为福利发放给公司管理人员。该批产品的单件成本为 1.5 万元，市场销售价格为每件 2 万元（不含增值税）。假定不考虑其他相关税费。

分析：

应确认的应付职工薪酬 = 30 × 20 000 + 30 × 20 000 × 16% = 696 000（元）

百盛公司具体的账务处理如下：

（1）公司决定发放非货币性福利时：

借：管理费用	696 000
贷：应付职工薪酬——非货币性福利	696 000

（2）公司实际发放 B 产品时：

借：应付职工薪酬——非货币性福利	696 000
贷：主营业务收入	600 000
应交税费——应交增值税（销项税额）	96 000
借：主营业务成本	450 000
贷：库存商品	450 000

2）将拥有的住房或租赁的住房等固定资产作为非货币性福利无偿提供给职工使用。企业将拥有的住房等固定资产作为非货币性福利无偿提供给职工使用，应当按照企业对该固定资产每期计提的折旧来计量应付职工薪酬，借记"管理费用""生产成本""制造费用"科目等，贷记"应付职工薪酬"科目。同时借记"应付职工薪酬"科目，贷记"累计折旧"科目。企业将租赁的住房等固定资产无偿提供给职工使用时，应当按照企业每期支付的租金来计量应付职工薪酬，借记"管理费用""生产成本""制造费用"科目，贷记"应付职工薪酬"科目。

（3）短期带薪缺勤。带薪缺勤是指企业支付工资或提供补偿的职工缺勤，包括年休假、病假、短期伤残、婚假、产假、丧假、探亲假等。带薪缺勤分为累计带薪缺勤和非累计带薪缺勤两类。

累计带薪缺勤是指带薪缺勤权利可以结转下期的带薪缺勤，本期尚未用完的带薪缺勤权利可以在未来期间使用。企业应当在职工提供服务从而增加了其未来享有的带薪缺勤权利时，确认与累计带薪缺勤相关的职工薪酬，并以累计未行使权利而增加的预期支付金额计量。

非累计带薪缺勤是指带薪权利不能结转至下期的带薪缺勤，本期尚未用完的带薪缺勤权利将予以取消，并且职工离开企业时也无权获得现金支付。我国企业职工休婚假、产假、丧假、探亲假、病假期间的工资通常属于非累计带薪缺勤。通常情况下，与非累计带薪缺勤相关的职工薪酬已经包括在企业每期向职工发放的工资等薪酬中，因此，不必额外作相应的账务处理。

（4）短期利润分享计划。短期利润分享计划是指因职工提供服务而与职工达成的基于利润或其他经营成果提供薪酬的协议。

利润分享计划同时满足下列条件的，企业应当确认相关的应付职工薪酬，并计入当期损益或相关资产成本：第一，企业因过去事项导致现在具有支付职工薪酬的法定义务或推定义务；第二，因利润分享计划所产生的应付职工薪酬义务金额能够可靠估计。

属于下列三种情形之一的，视为义务金额能够可靠估计：①在财务报告批准报出之前企业已确定应支付的薪酬金额。②该短期利润分享计划的正式条款中包括确定薪酬金额的方式。③过去的惯例为企业确定推定义务金额提供了明显证据。

需要说明的是，企业在计量利润分享计划产生的应付职工薪酬时，应当反映职工因离职而无法享受利润分享计划福利的可能性。如果企业在职工为其提供相关服务的年度报告期间结束后 12 个月内，不需要全部支付利润分享计划产生的应付职工薪酬，该利润分享计划应当适用其他长期职工福利的有关规定。

【例 11-10】百盛公司于 20×7 年初制订和实施了一项短期利润分享计划，以对公司管理层进行激励。该计划规定，公司全年的净利润指标为 2 000 万元，如果在公司管理层的努力下完成的净利润超过 2 000 万元，公司管理层将可以分享超过 2 000 万元净利润部分的 10% 作为额外报酬。假定至 20×7 年 12 月 31 日，百盛公司全年实际完成净利润 2 600 万元。如果不考虑离职等其他因素，则百盛公司管理层按照利润分享计划可以分享利润 60 万元[（2 600－2 000）×10%]作为其额外的薪酬。

百盛公司 20×7 年 12 月 31 日相关账务处理如下：

借：管理费用   600 000
　　贷：应付职工薪酬——利润分享计划   600 000

11.6.2.2　离职后福利

离职后福利计划是指企业与职工就离职后福利达成的协议，或者企业为向职工提供离职后福利制定的规章或办法等。企业应当按照企业承担的风险和义务情况，将离职后福利计划分类为设定提存计划和设定受益计划。

设定提存计划是指向独立的基金缴存固定费用后，企业不再承担进一步支付义务的离职后福利计划。企业应当在职工为其提供服务的会计期间，将根据设定提存计划计算的应缴存金额作为一项费用，并计入当期损益或相关资产成本。

设定受益计划，是指除设定提存计划以外的离职后福利计划。企业应当采用预期累计福利单位法和适当的精算假设，确认和计量设定受益计划所产生的义务。

11.6.2.3　辞退福利

辞退福利是指企业在职工劳动合同到期之前解除与职工的劳动关系，或者为鼓励职工自愿接受裁员而给予职工的补偿。

辞退福利的计量因辞退计划中职工有无选择权而有所不同：①对于职工没有选择权的辞退计划，应当根据计划条款规定拟解除劳动关系的职工数量、每一职位的辞退补偿等计提应付职工薪酬。②对于自愿接受裁减的建议，因接受裁减的职工数量不确定，企业应当根据《企业会计准则第 13 号——或有事项》规定，预计将会接受裁减建议的职工数量，根据预计的职工数量和每一职位的辞退补偿等计提应付职工薪酬。③企业应当按照辞退计划条款的规定，合理预计并确认辞退福利产生的应付职工薪酬。辞退福利预期在其确认的年度报告期间期末后 12 个月内完全支付的，应当适用短期薪酬的相关规定。④对于辞退福利预期在年度报告期间期末后 12 个月内不能完全支付的，应当适用准则关于其他长期职工福利的有关规定。即实质性辞退工作在一年内实施完毕但补偿款项超过一年支付的辞退计划，企业应当选择恰当的折现率，以折现后的金额计量应计入当期损益的辞退福利金额。

由于被辞退的职工不再为企业带来未来经济利益，所以，对于所有辞退福利，均应当于辞退计划满足负债确认条件的当期一次计入费用，借记"管理费用"科目，贷记"应付职工薪酬"科目。

11.6.2.4 其他长期职工福利

其他长期职工福利，是指除短期薪酬、离职后福利和辞退福利以外的其他所有职工福利。其他长期职工福利包括以下各项（假设预计在职工提供相关服务的年度报告期末以后 12 个月内不会全部结算）：长期带薪缺勤、其他长期服务福利、长期残疾福利、长期利润分享计划以及长期奖金计划、递延酬劳等。

企业向职工提供的其他长期职工福利，符合设定提存计划条件的，应当按照设定提存计划的有关规定进行会计处理。符合设定受益计划条件的，企业应当按照设定受益计划的有关规定，确认和计量其他长期职工福利净负债或净资产。

11.7 应交税费

11.7.1 应交税费的核算内容

应交税费是指企业由于取得营业收入或实现利润等按照税法和相关法规计算的应缴纳的各种税费。企业按照规定应缴纳的税费主要包括增值税、消费税、所得税、资源税、土地使用税、教育费附加、土地增值税、城市维护建设税、房产税、车船税等。企业代扣代缴的个人所得税，也通过应交税费核算。上述企业应交的各项税费根据税法等相关法规规定一般应当定期缴纳，因而在尚未缴纳之前形成企业的一项现时义务，应当确认为一项流动负债。

为了便于企业纳税申报和税务部门对应交税费金额的检查核算，企业应设置"应交税费"科目，用以全面反映企业所承担税金和附加费的应交、缴纳、欠交或预交等情况，并按应交税费项目开设明细账户。有些不需要申报应交金额和清缴结算的税金，如印花税、耕地占用税等，可不通过"应交税费"科目核算。

11.7.2 应交增值税的账务处理

增值税是对在我国境内销售货物，提供加工、修理修配劳务，销售服务、无形资产及不动产，以及进口货物的企业、单位和个人，就其销售货物、提供应税劳务、发生应税行为的增值额和货物进口金额为计税依据而课征的一种流转税。增值税的计算和交纳涉及企业作为增值税纳税人类型的认定。根据纳税人的经营规模和会计核算的健全程度不同，增值税的纳税人分为一般纳税人和小规模纳税人。

11.7.2.1 一般纳税人应交增值税的核算

一般纳税人销售货物或者提供应税劳务或者发生应税行为适用一般计税方法计税，计算公式为：

当期应纳增值税额 = 当期销项税额 - 当期进项税额

（1）当期销项税额的核算。企业销售货物、提供加工修理修配劳务、销售服务、无形资产或者不动产，按照营业收入和应收取的增值税额，借记"应收账款""银行存款"等科目，按照实现的营业收入，贷记"主营业务收入""其他业务收入"等科目，按专用发票上注明的增值税税额，贷记"应交税费——应交增值税（销项税额）科目。

【例 11 - 11】20×8 年 8 月 10 日，百盛公司销售给乙公司一批原材料，合同价款为 100 000 元（不含税），适用的增值税税率为 16%。百盛公司生产该批产品的成本为 85 000 元。产品已经发出，货款尚未收到。

分析：

销项税额 = 100 000 × 16% = 16 000（元）

20×8 年 8 月 10 日，百盛公司应编制的会计分录为：

借：应收账款——乙公司　　　　　　　　　　　　　　　116 000
　　贷：主营业务收入　　　　　　　　　　　　　　　　　100 000
　　　　应交税费——应交增值税（销项税额）　　　　　　 16 000

同时结转产品成本：

借：主营业务成本　　　　　　　　　　　　　　　　　　 85 000
　　贷：库存商品　　　　　　　　　　　　　　　　　　　 85 000

企业的某些行为虽然没有取得销售收入，也视同销售，应当交纳增值税。根据税法规定，对于企业将自产、委托加工或购买的货物分配给股东或投资者、无偿赠送他人，企业将自产或委托加工的货物用于集体福利或个人消费等行为，视同销售货物，需计算交纳增值税。在这些情况下，企业应当借记"长期股权投资""营业外支出""应付职工薪酬"等科目，贷记"应交税费——应交增值税（销项税额）科目等。

【例 11 - 12】20×8 年 8 月 20 日，百盛公司将自产的产品捐赠给乙企业，该批产品的成本为 60 000 元，计税价格为 80 000 元，适用的增值税税率为 16%。

分析：

该业务属于视同销售业务，百盛公司应当按照产品的计税价格和适用税率计算增值税的销项税额。

销项税额 = 80 000 × 16% = 12 800（元）

20×8 年 8 月 20 日，百盛公司应编制的有关会计分录为：

借：营业外支出　　　　　　　　　　　　　　　　　　　 72 800
　　贷：库存商品　　　　　　　　　　　　　　　　　　　 60 000
　　　　应交税费——应交增值税（销项税额）　　　　　　 12 800

（2）当期进项税额的核算。企业购进货物、加工修理修配劳务、服务和无形资产时，应根据增值税专用发票中货物、加工修理修配劳务、服务和无形资产的价款，借记"原材料""在建工程""固定资产""无形资产"等科目，根据增值税专用发票中的增值税额，借记"应交税费——应交增值税（进项税额）"科目，根据所花费的全部价款，贷记"银行存款"等科目。

【例 11 – 13】20×8 年 7 月 12 日，百盛公司购入一台不需要安装的生产用设备，取得的增值税专用发票上注明的设备价款为 2 000 000 元，增值税税率为 16%，另支付购进的运费 5 000 元，取得运输公司开具的增值税专用发票，运费增值税税率为 10%，款项全部用银行存款付清。

分析：

公司购置设备的成本 = 2 000 000 + 5 000 = 2 005 000（元）

可抵扣的进项税额 = 2 000 000 × 16% + 5 000 × 10% = 320 500（元）

则百盛公司应编制的会计分录为：

借：固定资产	2 005 000
应交税费——应交增值税（进项税额）	320 500
贷：银行存款	2 325 500

另外，关于进项税的核算，需要注意的是，根据《营业税改增值税试点实施办法》的规定，适用一般计税方法的纳税人，2016 年 5 月 1 日后取得并在会计制度上按固定资产核算的不动产或者 2016 年 5 月 1 日后取得的不动产在建工程，其进项税额自取得之日起分 2 年从销项税额中抵扣，第一年抵扣的比例为 60%，第二年抵扣的比例为 40%。

【例 11 – 14】百盛公司为增值税一般纳税人，本期从房地产开发企业购入不动产作为办公楼，按固定资产核算。公司为购置该项不动产共支付价款和相关税费 5 000 万元，其中含增值税 206 万元。

分析：

百盛公司购进的该项不动产，其当期可以抵扣的增值税额为 2 060 000 × 60% = 1 236 000 元，以后期间可抵扣的增值税额为 2 060 000 × 40% = 824 000（元）。

对于上述经济业务，百盛公司应编制的会计分录为：

（1）取得不动产时：

借：固定资产	47 940 000
应交税费——应交增值税（进项税额）	1 236 000
应交税费——待抵扣进项税额	824 000
贷：银行存款	50 000 000

（2）第二年允许抵扣剩余的增值税：

借：应交税费——应交增值税（进项税额）	824 000
贷：应交税费——待抵扣进项税额	824 000

在某些情况下，企业发生的进项税额不得从销项税额中抵扣。按照增值税法有关规定，一般纳税人购进货物、加工修理修配劳务、服务、无形资产和不动产，用于简易计税方法计税项目、免征增值税项目、集体福利或者个人消费等，其进项税额不得从销项税额中抵扣。在此种情况下，其发生的进项税额应当计入相关成本费用，不通过"应交税费——应交增值税（进项税额）"科目核算。另外，因发生非正常损失或者改变用途等，

导致原已计入进项税额但现行增值税制度规定不得从销项税额中抵扣的，应当将进项税额转出，借记"待处理财产损溢""应付职工薪酬"等科目，贷记"应交税费——应交增值税（进项税额转出）"科目。

【例 11 – 15】百盛公司于 20×8 年 8 月购进的一批原材料因管理不善发生霉烂，损失金额为 10 000 元，其进项税额为 1 600 元。百盛公司查明原因，应由责任人赔偿损失 5 000 元，其余部分为净损失。

分析：原材料发生非正常损失，进项税额不允许从销项税额中抵扣，应当予以转出。

（1）百盛公司发生材料损失时的账务处理为：

借：待处理财产损溢——待处理流动资产损溢　　　　　　　　　　　11 600
　　贷：原材料　　　　　　　　　　　　　　　　　　　　　　　　 10 000
　　　　应交税费——应交增值税（进项税额转出）　　　　　　　　　 1 600

（2）百盛公司查明原因批准处理后的账务处理为：

借：其他应收款　　　　　　　　　　　　　　　　　　　　　　　　 5 000
　　营业外支出　　　　　　　　　　　　　　　　　　　　　　　　　6 600
　　贷：待处理财产损溢——待处理流动资产损溢　　　　　　　　　 11 600

（3）转出多交增值税和未交增值税的会计核算。为了分别反映一般纳税人欠交增值税款和待抵扣增值税的情况，确保企业及时足额上缴增值税，避免企业用以前月份欠交增值税抵扣以后月份未抵扣的增值税，企业应在"应交税费"科目下设置"未交增值税"明细科目，核算企业月份终了从"应交税费——应交增值税"科目转入的当月未交或多交的增值税；同时，在"应交税费——应交增值税"科目下设置"转出未交增值税"和"转出多交增值税"专栏。月份终了，企业计算出当期应交未交的增值税，借记"应交税费——应交增值税（转出未交增值税）"科目，贷记"应交税费——未交增值税"科目；对于企业当期多交的增值税，应当借记"应交税费——未交增值税"科目，贷记"应交税费——应交增值税（转出多交增值税）"科目。期末，"应交税费——未交增值税"科目的余额如果在贷方，代表企业当期应交未交的增值税；"应交税费——未交增值税"科目的余额如果在借方，代表企业本月多交或尚未抵扣的增值税。

（4）缴纳增值税的会计核算。企业当月缴纳当月的增值税，按照实际缴纳的增值税金额，借记"应交税费——应交增值税（已交税金）"科目，贷记"银行存款"等科目。企业当月缴纳以前各期未交的增值税，借记"应交税费——未交增值税"科目，贷记"银行存款"等科目。

11.7.2.2　小规模纳税人增值税的会计核算

一般情况下，小规模纳税人增值税征收率为 3%。但是小规模纳税人（除其他个人外）销售自己使用过的固定资产，减按 2% 的征收率征收增值税；小规模纳税人销售、出租不动产的征收率为 5%；小规模纳税人提供劳务派遣服务等，可以选择差额征收，按照简易计税方法依 5% 的征收率计算缴纳增值税。

小规模纳税人的应纳增值税的计算公式为：

销售额 = 含税销售额 ÷（1 + 征收率）

应纳增值税税额 = 销售额 × 征收率

小规模纳税人增值税会计核算的主要特点有：

（1）小规模纳税人购买货物或接受劳务时，不论是否取得增值税专用发票，都不能将支付的增值税额用于抵扣销售货物或提供劳务时的应纳增值税额，而应将其计入货物或劳务成本。

（2）小规模纳税人销售货物或者提供应税劳务时，一般只能开具普通发票，不能开具增值税专用发票，账务处理时，以价税合计金额借记"银行存款""应收账款"等科目，以价税分离后的不含税价和增值税额分别贷记"主营业务收入""应交税费——应交增值税"等科目。

（3）小规模纳税人应纳增值税额采用简易计税方法计算，所以会计处理中不需要再对"应交税费——应交增值税"设置专栏核算。

【例 11 - 16】某工业生产企业为小规模纳税人，本期购入原材料，按照增值税专用发票上记载的原材料价款为 500 000 元，支付的增值税税额为 80 000 元，企业开出承兑的商业汇票，材料已到达并验收入库（材料按实际成本核算）。该企业本期销售产品的销售价格总额为 824 000 元（含税），假定符合收入确认条件，货款尚未收到，适用的增值税征收率为 3%。

分析：因为该企业是小规模纳税人，当其购进货物，虽然取得增值税专用发票，其支付的增值税额也不能抵扣，而应将其计入货物成本。

（1）购进货物时：

借：原材料   580 000
  贷：应付票据   580 000

（2）销售货物时：

不含税销售额 = 824 000 ÷（1 + 3%）= 800 000（元）

应纳增值税 = 800 000 × 3% = 24 000（元）

借：应收账款   824 000
  贷：主营业务收入   800 000
    应交税费——应交增值税（销项税额）   24 000

11.7.3 应交消费税的账务处理

消费税是指在我国境内生产、委托加工和进口应税消费品的单位和个人，按其流转额缴纳的一种税。

11.7.3.1 销售应税消费品的会计核算

企业将自产的应税消费品对外销售时，应按照税法规定计算应交消费税的金额，将其确认为一项负债，并直接进入当期损益，借记"税金及附加"科目，贷记"应交税费——应交消费税"科目。

【例 11 - 17】百盛公司为增值税一般纳税人。20 × 8 年 8 月，百盛公司销售一批应税消费品，该批产品的成本为 10 000 元，售价为 20 000 元，适用的增值税率为 16%，适用的消费税税率为 10%。产品已经发出，款项已收到并存入银行。

分析：

百盛公司销售应税消费品，要计算应交增值税，同时还要计算应交消费税。

应交增值税的销项税额 = 20 000 × 16% = 3 200（元）

应纳消费税税额 = 20 000 × 10% = 2 000（元）

百盛公司的账务处理为：

（1）百盛公司确认销售收入时：

借：银行存款　　　　　　　　　　　　　　　　　　　　　　　23 200

　　贷：主营业务收入　　　　　　　　　　　　　　　　　　　　20 000

　　　　应交税费——应交增值税（销项税额）　　　　　　　　　 3 200

同时结转产品成本：

借：主营业务成本　　　　　　　　　　　　　　　　　　　　　10 000

　　贷：库存商品　　　　　　　　　　　　　　　　　　　　　　10 000

（2）百盛公司确认应交消费税时：

借：税金及附加　　　　　　　　　　　　　　　　　　　　　　 2 000

　　贷：应交税费——应交消费税　　　　　　　　　　　　　　　 2 000

11.7.3.2　自产自销应税消费的会计核算

企业将生产的应税消费品用于在建工程等非生产性机构时，按应缴纳的消费税，借记"在建工程"等科目，贷记"应交税费——应交消费税"科目。

【例11-18】百盛公司为增值税一般纳税人。20×8年8月10日，百盛公司将一批自产的应税消费品用于一项工程。该批产品的生产成本为80 000元，售价为100 000元，该产品适用的消费税税率为5%。

分析：

工程项目领用自产产品应视同销售，按售价计算消费税。

应交消费税额 = 100 000 × 5% = 5 000（元）

20×8年8月10日，百盛公司的账务处理为：

借：在建工程　　　　　　　　　　　　　　　　　　　　　　　85 000

　　贷：库存商品　　　　　　　　　　　　　　　　　　　　　　80 000

　　　　应交税费——应交消费税　　　　　　　　　　　　　　　 5 000

11.7.3.3　委托加工应税消费品的会计核算

按照《税法》规定，企业委托加工的应税消费品，由受托方在向委托方交货时代收代缴消费税（除受托加工或翻新改制金银首饰按照规定由受托方交纳消费税外）。在会计处理时，受托方按应扣税款金额，借记"应收账款""银行存款"等科目，贷记"应交税费——应交消费税"科目。对于委托方，委托加工物资收回后，直接用于销售的，应将受托方代收代缴的消费税与委托加工费一并计入加工成本，借记"委托加工物资"等科目，贷记"应付账款""银行存款"等科目；委托加工物资收回后用于连续生产应税消费品，按规定准予抵扣的，应按已由受托方代收代缴的消费税，借记"应交税费——应交消费税"科目，贷记"应付账款""银行存款"等科目。

【例11-19】20×8年8月，百盛公司委托乙公司加工一批材料，该批材料为应税消费品，其实际成本为30 000元。百盛公司支付给受托方的加工费为10 000元，应支付的增值税进项税额为1 600元，由乙公司代收代缴的消费税为6 000元，全部价款已使用支票付讫。百盛公司收回该批委托加工物资后用于连续生产。该批材料已由乙公司加工完成，百盛公司全部收回并已验收入库。

分析：

由于委托加工的应税消费品收回后用于连续生产，因而支付的消费税允许抵扣，借记"应交税费——应交消费税"科目。

百盛公司的账务处理为：

（1）百盛公司发出材料时：

借：委托加工物资　　　　　　　　　　　　　　　　　　　　30 000

　　贷：原材料　　　　　　　　　　　　　　　　　　　　　　　30 000

（2）百盛公司支付加工费及相关税费时：

借：委托加工物资　　　　　　　　　　　　　　　　　　　　10 000

　　应交税费——应交增值税（进项税额）　　　　　　　　　1 600

　　　　　　　——应交消费税　　　　　　　　　　　　　　　6 000

　　贷：银行存款　　　　　　　　　　　　　　　　　　　　　17 600

（3）该批物资加工完成，百盛公司收回并验收入库时：

借：原材料　　　　　　　　　　　　　　　　　　　　　　　40 000

　　贷：委托加工物资　　　　　　　　　　　　　　　　　　　40 000

【例 11-20】20×8 年 8 月，百盛公司委托丙公司加工一批材料，该批材料为应税消费品，其实际成本为 30 000 元。百盛公司支付给受托方的加工费为 10 000 元，应支付的增值税进项税额为 1 600 元，由丙公司代收代缴的消费税为 6 000 元，全部价款已用支票付讫。百盛公司收回该批委托加工物资后直接出售。该批物资已由丙公司加工完成，百盛公司全部收回并已验收入库。

分析：由于百盛公司委托加工的应税消费品收回后直接出售，而根据税法规定由受托方交货时代收代缴消费税，因而百盛公司支付的消费税应当直接计入存货成本，借记"委托加工物资"科目。

百盛公司的账务处理为：

（1）百盛公司发出材料时：

借：委托加工材料　　　　　　　　　　　　　　　　　　　　30 000

　　贷：原材料　　　　　　　　　　　　　　　　　　　　　　　30 000

（2）百盛公司支付加工费和相关税费时：

借：委托加工物资　　　　　　　　　　　　　　　　　　　　16 000

　　应交税费——应交增值税（进项税额）　　　　　　　　　1 600

　　贷：银行存款　　　　　　　　　　　　　　　　　　　　　17 600

（3）该批物资加工完成，百盛公司收回并验收入库时：

借：库存商品　　　　　　　　　　　　　　　　　　　　　　46 000

　　贷：委托加工物资　　　　　　　　　　　　　　　　　　　46 000

11.7.3.4　进口应税消费品的会计核算

企业进口应税消费品应交的消费税，由海关代征，于报关进口时纳税。企业应当将进口应税消费品的消费税直接计入该进口消费品的成本，借记"固定资产""原材料"等科目，贷记"银行存款"等科目。

11.7.4　其他应交税费

其他应交税费包括应交资源税、应交土地增值税、应交城市维护建设税、教育费附加、应交房产税、土地使用税、车船税、印花税、应交耕地占用税及应交个人所得税。在这些应交税费中，我们要注意房产税、城镇土地使用税、车船税及印花税的核算。

企业应交的房产税、城镇土地使用税、车船税，借记"税金及附加"科目，贷记"应交税费——应交房产税（或应交城镇土地使用税、应交车船税）"科目。

企业缴纳的印花税不需要通过"应交税费"科目核算，而是于购买印花税票时，借记"税金及附加"科目，贷记"银行存款"科目。

11.8　其他流动负债

除了上述已介绍的流动负债科目外，企业的流动负债还包括应付利息、应付股利、其他应付款等。

11.8.1　应付利息

应付利息，是指企业按照合同约定应支付的利息，包括吸收存款、分期付息到期还本的长期借款、企业债券等应支付的利息。资产负债表日，企业应当按照借款或应付债券的摊余成本和实际利率计算确定当期的利息费用，属于筹建期间的借记"管理费用"科目；属于生产经营期间但不符合资本化条件的，借记"财务费用"等科目；属于生产经营期间符合资本化条件的，借记"在建工程"等科目；按照借款和应付债券本金和合同利率计算确定的当期应支付的利息，贷记"应付利息"科目；按照借贷方之间的差额，作为由于合同利率和实际利率不同产生的利息调整额，借记或贷记"长期借款——利息调整""应付债券——利息调整"等科目。在按照合同规定的付息日，企业应当按照合同约定实际支付利息的金额，借记"应付利息"科目，贷记"银行存款"等科目。

11.8.2　应付股利

应付股利是指企业根据股东大会或类似机构审议批准的利润分配方案确定分配给投资者的现金股利或利润。但企业董事会或类似机构做出的利润分配预案不能作为确认负债的依据，而只能在财务报表附注中予以披露。

股东大会或类似机构审议批准利润分配方案时，按照应支付的现金股利或利润金额，借记"利润分配——应付现金股利或利润"科目，贷记"应付股利"科目；实际支付现金股利或利润时，借记"应付股利"科目，贷记"银行存款"等科目。

11.8.3　其他应付款

其他应付款是指企业除应付票据、应付账款、预收账款、应付职工薪酬、应付利息、应付股利、应交税费、长期应付款等以外的其他经营活动产生的各项应付、暂收的款项。

其核算内容主要包括:

(1) 企业应付租入包装物的租金。

(2) 企业发生的存入保证金。

(3) 企业采用售后回购方式融入的资金。

(4) 企业代职工缴纳的社会保险费和住房公积金等。

企业发生的各种应付、暂收款项,借记相关费用类科目,贷记"其他应付款"科目;实际支付其他各种应付、暂收款项时,借记"其他应付款"科目,贷记"银行存款"科目。

本章小结

流动负债是指企业必须在1年以内或者超过1年的一个营业周期以内偿还的债务。其通常包括:短期借款、应付票据、应付账款、预收账款、应付职工薪酬、应交税费、应付利息、应付股利、其他应付款等。

对于短期借款、应付票据、应付账款、预收账款、应付利息、应付股利、其他应付款,本章主要从核算内容、会计核算两方面来进行反映。我们在学习这些科目的会计核算时,要把握记账时点,比如短期借款的会计核算注意三个环节:短期借款取得时的会计核算、短期借款利息计提与支付的会计核算、短期借款到期偿还本金的会计核算。

职工薪酬包括短期薪酬、离职后福利、辞退福利和其他长期职工福利。其中,短期薪酬的核算主要包括:货币性短期薪酬、非货币性福利、短期带薪缺勤、短期利润分享计划的核算。

应交税费是指企业由于取得营业收入或实现利润等按照税法和相关法规计算的应缴纳的各种税费。企业按照规定应缴纳的税费主要包括增值税、消费税、所得税、资源税、土地使用税、教育费附加、土地增值税、城市维护建设税、房产税、车船税等。其中应交增值税的核算包括一般纳税人应交增值税的核算和小规模纳税人增值税的核算。应交消费税的核算包括销售应税消费品的会计核算、自产自销应税消费的会计核算、委托加工应税消费品的会计核算、进口应税消费品的会计核算。

12　非流动负债

学习目标

通过本章的学习，掌握非流动负债的性质与种类；长期借款、应付债券的会计处理。了解预计负债的性质和确认。

12.1　非流动负债概述

非流动负债是流动负债以外的负债，通常是指偿还期限在1年以上的债务。与流动负债相比，非流动负债具有偿还期限较长、金额较大的特点，这就决定了其会计处理具有与流动负债不同的特点。

由于非流动负债的偿还期限较长且金额较大，未来的现金流出量（未来支付的利息与本金）与其现值之间的差额较大，因而从理论上讲，非流动负债应该按其现值入账，而不应该按其未来应偿付金额入账。由于非流动负债的利息额往往较大，所以利息的确认与计量，对于如实反映企业的财务状况与经营成果便显得十分重要。此外，非流动负债的利息既可以是分期支付，也可以于到期还本时一次支付，所以非流动负债的应付未付利息本身既可能是流动负债，也可能是非流动负债。

非流动负债主要包括长期借款、应付债券、专项应付款、长期应付款等。

12.2　长期借款

12.2.1　长期借款的核算内容

长期借款是指企业从银行或其他金融机构借入的期限在1年以上（不含1年）的借款。

12.2.2　长期借款的会计核算

企业应设置"长期借款"科目来核算长期借款的取得和归还以及利息确认等业务，并且设置"本金"和"利息调整"两个明细科目，核算长期借款的本金和因实际利率和合同利率不同产生的利息调整额。

12.2.2.1　取得长期借款的会计核算

企业取得长期借款时，按照实际收到的金额，借记"银行存款"科目；按照取得长期借款的本金，贷记"长期借款——本金"科目；二者若有差额，借记或贷记"长期借款——利息调整"科目。

12.2.2.2　长期借款利息的会计核算

在资产负债表日，企业应按长期借款的摊余成本和实际利率计算确定长期借款的利息费用，借记"在建工程""财务费用""制造费用"等科目；按借款本金和合同利率计算确定的应付未付利息，贷记"应付利息"科目；按其差额，贷记"长期借款——利息调整"科目。

企业在付息日实际支付利息时，按本期应支付的利息金额，借记"应付利息"科目，贷记"银行存款"科目。

12.2.2.3　偿还长期借款的会计核算

企业到期偿还长期借款时，按照偿还的长期借款本金金额，借记"长期借款——本金"科目，按转销的利息调整金额，贷记"长期借款——利息调整"科目，按实际偿还的款项，贷记"银行存款"科目，按其差额，借记"在建工程""财务费用""制造费用"等科目。

【例12-1】百盛公司为建造一幢厂房，20×7年1月1日借入期限为两年的长期专门借款2 000 000元，款项已存入银行。借款年利率为9%，每年付息一次，期满后一次还清本金。20×7年初，以银行存款支付工程价款共计1 200 000元，20×8年初，又以银行存款支付工程费用800 000元。该厂房于20×8年8月底完工，达到预定可使用状态。

要求：假定不考虑闲置专门借款资金存款的利息收入或者投资收益。做出该公司相关的账务处理。

该公司的账务处理如下：

（1）20×7年1月1日，取得借款时：

借：银行存款　　　　　　　　　　　　　　　　　　　2 000 000

　　贷：长期借款——本金　　　　　　　　　　　　　　　2 000 000

（2）20×7年年初，支付工程款：

借：在建工程　　　　　　　　　　　　　　　　　　　1 200 000

　　贷：银行存款　　　　　　　　　　　　　　　　　　　1 200 000

（3）20×7年12月31日，计算20×7年应计入工程成本的利息［2 000 000×9% = 180 000（元）］时：

借：在建工程　　　　　　　　　　　　　　　　　　　180 000

　　贷：应付利息　　　　　　　　　　　　　　　　　　　180 000

（4）20×7年12月31日支付借款利息时：

借：应付利息　　　　　　　　　　　　　　　　　　　180 000

　　贷：银行存款　　　　　　　　　　　　　　　　　　　180 000

（5）20×7年年初支付工程款时：

借：在建工程　　　　　　　　　　　　　　　　　　　800 000

　　贷：银行存款　　　　　　　　　　　　　　　　　　　800 000

（6）20×8年8月底，达到预定可使用状态，该期应计入工程成本的利息：

借：在建工程   120 000

  贷：应付利息   120 000

同时：

借：固定资产   2 300 000

  贷：在建工程   2 300 000

（7）20×8年12月31日计息时：

借：财务费用   60 000

  贷：应付利息   60 000

（8）20×8年12月31日付息时：

借：应付利息   180 000

  贷：银行存款   180 000

（9）20×9年1月1日还本时：

借：长期借款——本金   2 000 000

  贷：银行存款   2 000 000

12.3 应付债券

12.3.1 应付债券的核算内容及分类

企业发行的超过1年以上的债券，构成了企业的长期负债。发行债券是公司取得长期融资的主要形式。与银行借款相比，债券具有金额较大、期限较长的特点。债券根据发行主体的不同，可分为政府债券和公司债券。

债券存在两个利率：一个是债券契约中标明的利率，称为票面利率又称名义利率或合同利率；另一个是债券发行时的市场利率，又称实际利率，是计算债券未来现金流量现值时使用的折现率。根据票面利率和实际利率的不同，债券的发行方式可分为三种，即平价发行、溢价发行和折价发行，具体分类方法如表12－1所示。企业应设置"应付债券"科目，核算长期债券的发行和归还以及利息确认等业务，并按发行债券的种类设置"面值""利息调整"等明细科目核算。

表12－1 债券的发行方式

票面利率与实际利率的关系	债券的发行方式	发行价和面值的关系
票面利率＝实际利率	平价发行	发行价＝面值
票面利率＞实际利率	溢价发行	发行价＞面值
票面利率＜实际利率	折价发行	发行价＜面值

12.3.2 债券发行时的会计核算

12.3.2.1 债券发行价格的确定

债券的发行价格由债券发行期内的现金流量的现值来确定，包括债券本金的现金流量现值和债券利息的现金流量现值两部分。一般情况下，债券本金于到期日一次性支付，因而其现金流量的现值表现为复利现值；债券利息通常定期支付，比如每年支付一次，或者每半年支付一次，因而其现金流量的现值表现为年金现值。

【例 12-2】百盛公司 20×7 年 1 月 1 日发行债券，面值为 400 000 元，票面年利率为 5%，每年 12 月 31 日支付利息。债券期限为 5 年，债券发行时的市场利率为 6%。

分析：本例中，债券的发行价格包括本金和利息在内的未来现金流量按照实际利率折现的现值。该债券每年支付一次利息。由于债券的票面利率低于市场利率，因而债券是以折价的方式发行的。具体计算过程如下：

债券本金的现值 = 400 000 × (P/F, 6%, 5)
　　　　　　　 = 400 000 × 0.7473 = 298 920（元）
债券利息的现值 = 400 000 × 5% × (P/A, 6%, 5)
　　　　　　　 = 20 000 × 4.2124 = 84 248（元）
债券的发行价格 = 298 920 + 84 248 = 383 168（元）
(P/F, 6%, 5) = 0.747 3 是复利现值系数，(P/A, 6%, 5) = 4.212 4 是年金现值系数。

12.3.2.2 债券发行时的账务处理

企业发行债券时，假定不考虑债券的发行费用，应当按照债券的发行价格计入银行存款；按照发行债券的面值，贷记"应付债券——面值"科目；按其差额借记或贷记"应付债券——利息调整"科目。

在【例 12-2】中，20×7 年 1 月 1 日，百盛公司发行债券时的账务处理为：

借：银行存款　　　　　　　　　　　　　　　　　　　　　383168
　　应付债券——利息调整　　　　　　　　　　　　　　　 16 832
　　贷：应付债券——面值　　　　　　　　　　　　　　　　　　400 000

12.3.3 应付债券利息的会计核算

12.3.3.1 实际利率法

债券的利息费用应当在债券存续期间内采用实际利率法进行摊销。实际利率法是指按照应付债券的实际利率计算其摊余成本及各期利息费用的方法。其中，实际利率是指将应付债券在债券存续期间的未来现金流量，折现为该债券当前账面价值所使用的利率，即债券发行时的市场利率。实际利率一旦确定，在整个债券的存续期间内不得随意变更。

债券的利息费用按债券的摊余成本和实际利率计算确定。应付债券的摊余成本，是指应付债券的初始确认金额（债券的发行价减去发行费用的净额）经过下列调整后的结果：

（1）扣除已偿还的本金。

（2）加上或减去采用实际利率法将初始确认金额与到期日金额之间的差额进行摊销

形成的累计摊销额。

12.3.3.2　应付债券利息的账务处理

（1）资产负债表日的账务处理。在资产负债表日，企业按照债券面值和票面利率计算当期的应付利息，贷记"银行存款"或"应付利息"科目。同时，按照应付债券的摊余成本和实际利率计算当期的利息费用，并将利息费用符合资本化条件的予以资本化，计入资产成本，借记"在建工程"等科目；不符合资本化条件的直接计入当期损益，借记"财务费用"科目。应付利息和利息费用的差额为债券溢价或折价的调整额，借记或贷记"应付债券——利息调整"科目。

（2）付息日的账务处理。企业应当在规定的付息日支付利息。如果付息日与资产负债表日是同一天，则不需要单独编制支付利息的会计分录。如果付息日与资产负债表日不同，企业应当计算从上一个资产负债表日至付息日的利息费用和利息调整的金额，分别借记"在建工程"或"财务费用"等科目，借记或贷记"应付债券——利息调整"科目。

【例12-3】20×7年1月1日，百盛公司经批准发行5年期、面值为20 000 000元的债券。债券票面年利率为6%，债券利息于每年12月31日支付。债券本金于到期日一次偿还。该债券发行时的市场利率为6%。假定公司发行债券筹集的资金专门用于厂房建设，建设期为20×7年1月1日至20×8年12月31日。

分析：本例中，由于债券的票面利率与市场利率相同，债券是按平价发行的。债券各期的利息费用等于当期实际支付的利息。借款费用的资本化期间为20×7年1月1日至20×8年12月31日，在此期间债券的利息费用应予以资本化，计入"在建工程"科目；其余期间的利息费用应当直接计入各期的"财务费用"科目。

（1）20×7年1月1日，百盛公司发行债券时的账务处理：

借：银行存款　　　　　　　　　　　　　　　　　　　　　　20 000 000
　　贷：应付债券——面值　　　　　　　　　　　　　　　　　　20 000 000

（2）20×7年12月31日、20×8年12月31日，百盛公司支付利息的账务处理：

借：在建工程　　　　　　　　　　　　　　　　　　　　　　1 200 000
　　贷：银行存款　　　　　　　　　　　　　　　　　　　　　　1 200 000

20×9年12月31日后，连续三年计入"财务费用"。

借：财务费用　　　　　　　　　　　　　　　　　　　　　　1 200 000
　　贷：银行存款　　　　　　　　　　　　　　　　　　　　　　1 200 000

【例12-4】20×7年1月1日，百盛公司经批准发行5年期、面值为20 000 000元的债券。债券票面年利率为6%，债券利息于每年12月31日支付。债券本金于到期日一次偿还。该债券发行时的市场利率为5%。假定公司发行债券筹集的资金专门用于厂房建设，建设期为20×7年1月1日至20×8年12月31日。

分析：本例中，债券的票面利率大于市场利率，债券是按溢价发行的。借款费用的资本化期间为20×7年1月1日至20×8年12月31日，在此期间债券的利息费用应予以资本化，计入"在建工程"科目；其余期间的利息费用应当直接计入各期的"财务费用"科目。债券的发行价格为20 865 400元。

（1）20×7年1月1日，百盛公司发行债券时的账务处理：

借：银行存款   20 865 400

  贷：应付债券——面值   20 000 000

      ——利息调整   865 400

在债券发行的存续期间内，百盛公司应采用实际利率法计算每期的利息费用，实际利息计算如表12-2所示。

表12-2 实际利息计算表   单位：元

日期	现金流出（6%）	利息费用（5%）	溢价摊销	未摊销溢价	摊余成本
20×7年1月1日				865 400	20 865 400
20×7年12月31日	1 200 000	1 043 270	156 730	708 670	20 708 670
20×8年12月31日	1 200 000	1 035 434	164 566	544 104	20 544 104
20×9年12月31日	1 200 000	1 027 205	172 795	371 309	20 371 309
20×0年12月31日	1 200 000	1 018 565	181 435	189 874	20 189 874
20×1年12月31日	1 200 000	1 010 126*	189 874*	0	20 000 000
合计	6 000 000	5 134 600	865 400	—	—

注：*系尾数调整。

（2）20×7年1月1日以后，根据实际利率计算表，百盛公司支付利息并确认利息费用的账务处理如下：

20×7年12月31日，百盛公司支付利息时的账务处理：

借：在建工程   1 043 270

  应付债券——利息调整   156 730

  贷：银行存款   1 200 000

20×8年12月31日，百盛公司支付利息时的账务处理：

借：在建工程   1 035 434

  应付债券——利息调整   164 566

  贷：银行存款   1 200 000

20×9年12月31日之后三年，百盛公司支付利息时的账务处理：

借：财务费用   1 027 205

  应付债券——利息调整   172 795

  贷：银行存款   1 200 000

借：财务费用   1 018 565

  应付债券——利息调整   181 435

  贷：银行存款   1 200 000

借：财务费用   1 010 126

  应付债券——利息调整   189 874

  贷：银行存款   1 200 000

【例12-5】20×7年4月1日，百盛公司经批准发行5年期、面值为20 000 000元的债券。债券的票面年利率为 6%，债券利息于每年 4 月 1 日支付。债券本金于到期日一次偿还。该债券发行时的市场利率为 7%。假定公司发行债券筹集的资金专门用于厂房建设，建设期为 20×7 年 4 月 1 日至 20×8 年 12 月 31 日。

分析：本例中，债券的票面利率小于市场利率，债券是按折价发行的。借款费用的资本化期间为 20×7 年 4 月 1 日至 20×8 年 12 月 31 日，在此期间债券的利息费用应予以资本化，计入"在建工程"科目；其余期间的利息费用应当直接计入各期的"财务费用"科目。债券的发行价格为 19 180 240 元。

（1） 20×7 年 4 月 1 日，百盛公司发行债券时的账务处理：

借：银行存款　　　　　　　　　　　　　　　　　　　　　19 180 240
　　应付债券——利息调整　　　　　　　　　　　　　　　　　819 760
　　贷：应付债券——面值　　　　　　　　　　　　　　　　　20 000 000

在债券发行的存续期间内，百盛公司应采用实际利率法计算每期的利息费用，实际利息计算如表 12-3 所示。

表 12-3　实际利息计算表　　　　　　　　　　　单位：元

日期	现金流出（6%）	利息费用（7%）	折价摊销	未摊销折价	摊余成本
20×7 年 4 月 1 日				819 760	19 180 240
20×8 年 4 月 1 日	1 200 000	1 342 617	142 617	677 143	19 322 857
20×9 年 4 月 1 日	1 200 000	1 352 600	152 600	524 543	19 475 457
20×0 年 4 月 1 日	1 200 000	1 363 282	163 282	361 261	19 638 739
20×1 年 4 月 1 日	1 200 000	1 374 712	174 712	186 549	19 813 451
20×2 年 4 月 1 日	1 200 000	1 386 549*	186 549*	0	20 000 000
合计	6 000 000	6 819 760	819 760	—	—

注：*系尾数调整。

（2） 本例中，资产负债表日与债券的付息日不同，资产负债表日在两个付息日之间，而实际利率计算表是按照付息期计算的，因此在资产负债表日计提利息时需要将实际利息计算表中计算的当期票面利息、利息费用、折价摊销等金额按照时间比例进行分配。

20×7 年 12 月 31 日，百盛公司应当计提从 20×7 年 4 月 1 日至 20×7 年 12 月 31 日的利息费用，并按照票面利率确认当期的应付利息，差额计入利息调整。具体的账务处理如下：

20×7 年应确认的利息费用 = 1 342 617×9÷12 = 1 006 963（元）

20×7 年应确认的应付利息 = 1 200 000×9÷12 = 900 000（元）

借：在建工程　　　　　　　　　　　　　　　　　　　　　1 006 963
　　贷：应付利息　　　　　　　　　　　　　　　　　　　　900 000
　　　　应付债券——利息调整　　　　　　　　　　　　　　106 963

20×7 年 12 月 31 日，百盛公司资产负债表中应付债券项目应当以摊余成本列报，金额为 19 287 203 元（19 180 240 + 106 963）。

（3）20×8年4月1日，百盛公司支付第一年的债券利息，同时确认20×8年1月1日至4月1日的利息费用和利息调整，具体账务处理如下：

20×8年1月1日至4月1日的利息费用 = 1 342 616 - 1 006 962

$$= 335\ 654\ （元）$$

借：应付利息	900 000
在建工程	335 654
贷：银行存款	1 200 000
应付债券——利息调整	35 654

剩余各年的账务处理略。

12.3.4　应付债券提前赎回的会计核算

在个别情况下，债券契约允许发行人提前赎回债券。如当市场利率下跌时，企业为了节约债券利息成本，若债券契约允许而且企业有多余的现金，则会考虑提前赎回发行在外未到期的债券。此时，债券的赎回价格与赎回日债券摊余成本之间的差额，应当计入当期损益（财务费用）。

【例12-6】若在【例12-5】中，假定百盛公司20×1年4月1日以16 200 000元的价格提前一年赎回发行在外债券的80%。则百盛公司20×1年4月1日赎回债券时的账务处理为：

（1）支付债券利息时应编制的会计分录为：

20×1年1月1日至4月1日的利息费用 = 1 374 712 × 3 ÷ 12 = 343 678（元）

借：应付利息	900 000
财务费用	343 678
贷：银行存款	1 200 000
应付债券——利息调整	43 678

（2）赎回债券时编制的会计分录为：

赎回部分应付债券的面值 = 20 000 000 × 80% = 16 000 000（元）

赎回部分应付债券的摊余成本 = 19 813 451 × 80% = 15 850 761（元）

赎回部分应付债券的未摊销折价 = 16 000 000 - 15 850 761 = 149 239（元）

债券赎回的损失 = 16 200 000 - 15 850 761 = 349 239（元）

借：应付债券——面值	16 000 000
财务费用	349 239
贷：银行存款	16 200 000
应付债券——利息调整	149 239

12.3.5　可转换公司债券

我国企业发行的可转换公司债券采用记名式无纸化发行方式。可转换公司债券在"应付债券"科目下设置"可转换公司债券"明细科目核算。

企业发行的可转换公司债券，在初始确认时将其包含的负债成分确认为应付债券，将权益成分确认为其他权益工具。先对负债成分的未来现金流量进行折现确定负债成分的初始确认金额，然后按发行价格总额扣除负债成分初始确认金额后的金额确定权益成分的初始确认金额。可转换债券发行的交易费用，在负债成分和权益成分之间按照各自相对的公允价值进行分摊。企业按实际收到的款项，借记"银行存款"等科目，按可转换公司债券包含的负债成分面值，贷记"应付债券——可转换公司债券（面值）"科目，按权益成分的公允价值，贷记"其他权益工具"科目，按借贷双方之间的差额，借记或贷记"应付债券——可转换公司债券（利息调整）"科目。

【例 12-7】百盛公司经批准于 20×7 年 1 月 1 日按面值发行 5 年期一次还本、按年付息的可转换公司债券 100 000 000 元，款项已收存银行，债券票面年利率为 6%。债券发行 1 年后可转换为普通股股票，初始转股价为每股 10 元，股票面值为每股 1 元。债券持有人若在当期付息前转换股票的，应按债券面值和应计利息之和除以股价，计算转换的股份数。假定 20×8 年 1 月 1 日债券持有人将持有的可转换公司债券全部转换为普通股股票，百盛公司发行可转换公司债券时二级市场上与之类似的没有附带转换权的债券市场利率为 9%，百盛公司的账务处理如下：

（1）20×7 年 1 月 1 日发行可转换债券时：

借：银行存款	100 000 000
应付债券——可转换公司债券（利息调整）	11 671 800
贷：应付债券——可转换公司债券（面值）	100 000 000
其他权益工具	11 671 800

可转换公司债券负债成分的公允价值：

$100\ 000\ 000 \times 0.6499 + 100\ 000\ 000 \times 6\% \times 3.8897 = 88\ 328\ 200$（元）

可转换公司债券权益成分的公允价值：

$100\ 000\ 000 - 88\ 328\ 200 = 11\ 671\ 800$（元）

（2）20×7 年 12 月 31 日确认利息费用时：

借：财务费用等	7 949 538
贷：应付利息——可转换公司债券利息	6 000 000
应付利息——可转换公司债券（利息调整）	1 949 538

（3）20×8 年 1 月 1 日债券持有人行使转换权时（假定利息未付）转换的股数为：

$(100\ 000\ 000 + 6\ 000\ 000) \div 10 = 10\ 600\ 000$（股）

借：应付债券——可转换公司债券（面值）	100 000 000
应付利息——可转换公司债券利息	6 000 000
其他权益工具	11 671 800
贷：股本	10 600 000
应付债券——可转换公司债券（利息调整）	9 722 262
资本公积——股本溢价	97 349 538

利息调整 = 11 671 800 - 1 949 538 = 9 722 262（元）

股本溢价 = 100 000 000 + 6 000 000 + 11 671 800 - 10 600 000 - 9 722 262 = 97 349 538（元）

企业发行附有赎回选择权的可转换公司债券，在赎回日可能支付的利息补偿金，即债券约定赎回期届满日应当支付的利息减去应付债券票面利息的差额，应当在债券发行日至债券约定赎回届满日期间计提利息。计提的应付利息，分别计入相关资产成本或财务费用。

12.4 专项应付款

12.4.1 专项应付款的核算内容

专项应付款是指企业取得政府作为企业所有者投入的具有专项或特定用途的款项。专项应付款的主要特点有：

（1）政府投入款项的用途是事先指定的，不能挪作他用。

（2）政府投入的款项作为资本性投入。企业收到政府无偿的非资本性投入属于政府补助，不属于专项应付款核算的范围。

12.4.2 专项应付款的会计核算

12.4.2.1 企业取得专项应付款时的会计核算

企业在实际收到或应收政府的资本性拨款时，按实际收到或应收的金额，借记"银行存款"等科目，贷记"专项应付款"科目。

12.4.2.2 企业使用专项应付款时的会计核算

企业将专项或特定用途的拨款用于工程项目时，按实际使用的金额，借记"在建工程"等科目，贷记"银行存款""应付职工薪酬"等科目。

12.4.3 专项应付款结转时的会计核算

企业按指定用途使用政府拨款时，应在工程项目完工形成长期资产时，按长期资产的入账价值，借记"专项应付款"科目，贷记"资本公积——资本溢价"科目。对未形成长期资产需要核销的部分，借记"专项应付款"科目，贷记"在建工程"等科目。对于政府拨款结余需要返还的部分，借记"专项应付款"科目，贷记"银行存款"科目。

12.5 长期应付款

12.5.1 长期应付款的核算内容

长期应付款是指企业除长期借款和应付债券以外的其他各种长期应付款项，包括应付融资租入固定资产的租赁费、分期付款方式购入固定资产发生的应付款项等。

12.5.2 长期应付款的会计核算

12.5.2.1 应付融资租入固定资产的租赁费

企业采用融资租赁方式租入的固定资产，应当在租赁期开始日，将租赁开始日租赁资产公允价值与最低租赁付款额现值两者中的较低者，加上初始直接费用，作为租入资产的入账价值，借记"固定资产"等科目；按最低租赁付款额，贷记"长期应付款"科目；按发生的初始直接费用，贷记"银行存款"等科目；按其差额，借记"未确认融资费用"科目。企业在按照合同约定的付款日支付租金时，借记"长期应付款"科目，贷记"银行存款"等科目。

12.5.2.2　以分期付款方式购买资产的应付款项

企业如果在购买固定资产、无形资产等的过程中，如果延期支付的购买价款超过正常信用条件，实质上具有融资性质。企业应当按照未来分期付款的现值借记"固定资产""无形资产"等科目；按照应支付的价款总额，贷记"长期应付款"科目；按其差额，借记"未确认融资费用"科目。企业在按照合同约定的付款日分期支付价款时，借记"长期应付款"科目，贷记"银行存款"等科目。

12.6　或有事项

企业在生产经营活动中有时会面临诉讼、债务担保、产品质量保证等具有较大不确定性的经济事项，这些具有不确定性的事项可能会对企业的财务状况和经营成果产生较大影响，其最终结果须由某些未来事项的发生或不发生加以决定。企业应当提前考虑或有事项可能会给企业带来的风险，及时确认、计量或披露相关信息，如果符合负债的定义及确认条件应当予以确认。

12.6.1　或有事项的含义及特征

在《企业会计准则第 13 号——或有事项》（2006）中，或有事项是指过去的交易或事项形成的，其结果须由某些未来事项的发生或不发生加以决定的不确定事项。常见的或有事项主要包括：未决诉讼或未决仲裁、债务担保、产品质量保证、亏损合同、重组义务、环境污染整治等，或有事项具有以下三个特征：

12.6.1.1　或有事项是由过去的交易或事项形成的

或有事项作为一种不确定性事项，是由企业过去的交易或事项引起的客观存在状况。比如，未决诉讼是由过去的交易或事项发生的企业诉讼外单位或被外单位起诉的，而且尚未最终判决正在进行中的诉讼，是现存的一种状况，而不是未来将要发生的事项。因而，未来可能发生的自然灾害、交通事故、经营亏损等事项，都不属于或有事项。

12.6.1.2　或有事项的结果具有不确定性

或有事项的不确定性表现在两个层次：一是或有事项的结果是否发生具有不确定性。例如，企业因销售产品而提供的质量保证，未来是否发生经济利益的流出取决于在规定的质量保证期间内是否会提供产品维修、产品退换等服务。二是或有事项的结果预计将会发生，但发生的具体时间或金额具有不确定性。例如，企业因销售产品而提供的质量保证，预计将在保证期内发生产品维修或产品退换支出，但是何时发生维修或退换，以及维修或退换的支出金额是多少，可能是难以确定的。

12.6.1.3 或有事项的结果须由未来事项决定

或有事项的结果只能由未来不确定事项的发生或不发生才能决定。例如，企业为外单位提供债务担保，该担保最终是否会要求企业履行担保责任，取决于被担保方的未来经营状况和偿债能力。如果被担保方未来期间经营状况和财务状况良好且有较好的信用，能偿还到期债务，则企业作为担保人不会承担任何连带责任。但如果被担保方到期无力偿还到期债务时，担保方则会承担债务的连带责任。

或有事项的结果可能会产生预计负债、或有负债或者或有资产等。其中，预计负债属于负债范畴，符合负债的确认条件。

12.6.2 预计负债的含义及确认条件

与或有事项有关的义务如果同时满足以下三个条件，则应当确认为一项预计负债。

12.6.2.1 该义务是企业承担的现实义务

预计负债确认的第一个条件是与或有事项有关的经济业务是企业在当前条件下已经承担的现时义务，企业没有其他的选择，只能履行该现时义务。

12.6.2.2 履行该义务很可能导致经济利益流出企业

不确定事项根据其发生的可能性可以分为基本确定、很可能、可能和极小可能四种，从发生的概率来看，各种类型不确定事项对应的概率如表 12 - 4 所示。

表 12 - 4 不确定事项发生的概率

不确定事项	发生概率
基本确定	大于95%但小于100%
很可能	大于50%但小于等于95%
可能	大于5%但小于等于50%
极小可能	小于等于5%

因而，预计负债确认的第二个条件是履行与或有事项相关的现时义务时，导致经济利益流出企业的可能性超过50%但小于等于95%。例如，如果企业的未决诉讼根据律师的预计败诉并发生赔偿的可能性超过50%，则可以认为企业履行该义务很可能导致经济利益流出企业。如果或有事项属于多项类似的义务，在判断经济利益流出可能性时应当总体考虑才能确定。例如产品质量保证，对于单个产品来说经济利益流出的可能性较小，但对于全部产品承担的义务来说很可能导致经济利益流出企业，则应以总体来判断经济义务流出的可能性。

12.6.2.3 该义务的金额能够可靠地计量

预计负债确认的第三个条件是与该或有事项相关的现时义务的金额能够合理地估计。因或有事项产生现时义务的金额具有不确定性，故需要估计。例如，企业签订的合同成为亏损合同，如果企业采用一定的方法能够合理估计亏损的金额范围，则可以认为因亏损合同而承担现时义务的金额能够可靠地估计。

或有事项同时满足上述三个条件时，才能单独确认为一项预计负债。需要注意的是，预计负债应当与应付款项、应计费用等负债项目严格区分。预计负债是指未来履行经济义务的时间或金额具有一定的不确定性的负债，而应付账款、应计费用等其他负债尽管有时需要估计具体支付的金额，但其不确定性远远小于预计负债，因而应当作为应付账款或其他应付款等的一部分进行列报，而预计负债应当在资产负债表中单独列报。

12.6.3 预计负债的计量

预计负债的计量需要对未来经济利益的流出金额做出合理的估计，以确定最佳估计数，并考虑预期可获得的补偿金额。

12.6.3.1 最佳估计数的确定

最佳估计数是在考虑当前各种信息的条件下做出的最优估计结果，具体确定时应当分两种情况处理：

（1）所需支出存在一个连续范围，且该范围内各种结果发生的可能性相同，则最佳估计数应当按照该范围内的中间值确定，即按上下限金额的算数平均数确定。

【例 12-8】20×7 年 10 月，百盛公司因为合同违约而被 B 公司起诉，截至 20×7 年 12 月 31 日，法院尚未对该诉讼进行审理。百盛公司根据律师的估计很可能败诉，赔偿的金额根据相关法律规定估计在 100 万~140 万元，其中包括 A 公司应承担的诉讼费用 10 万元。

分析：本例中，20×7 年 12 月 31 日，尽管该诉讼尚未判决，但是根据律师的估计，百盛公司很可能败诉，赔偿的金额根据相关法律规定估计在 100 万~140 万元，而且这个区间内每个金额的可能性大致相同。因而，百盛公司应当在 20×7 年末按照估计范围的中间值确认一项预计负债 120 万元，同时在财务报表附注中进行披露。具体的账务处理如下：

借：管理费用　　　　　　　　　　　　　　　　　　　　　100 000
　　营业外支出　　　　　　　　　　　　　　　　　　　 1 100 000
　　贷：预计负债——未决诉讼　　　　　　　　　　　　 1 200 000

（2）所需支出不存在一个连续范围，或虽然存在一个连续范围，但在该范围内各种结果发生的可能性不相同。这种情况下，要进一步考虑或有事项涉及的是单个项目还是多个项目。如果或有事项涉及单个项目，如一项未决诉讼、一项未决仲裁或一项债务担保，最佳估计数按照最可能发生的金额确定；如果或有事项涉及多个项目，如产品质量保证中提出产品保修服务要求的可能有许多客户，最佳估计数按照各种可能结果及相关概率计算确定。

【例 12-9】20×7 年 1 月，百盛公司与 B 公司签订了债务担保协议，为 B 公司一项银行贷款作担保。20×7 年 11 月，由于 B 公司到期无法偿还该贷款被银行起诉，百盛公司因债务担保协议成为该诉讼的第二被告。截至 20×7 年 12 月 31 日，该诉讼尚未解决。根据律师的估计，由于 B 公司经营困难，百盛公司很可能要承担连带责任，承担还款责任 200 万元的可能性为 70%，承担还款责任 120 万元的可能性为 30%。

分析：本例中，由于百盛公司很可能因债务担保承担连带责任，而且赔偿的金额能够合理地估计，因而百盛公司应当根据最有可能发生的金额 200 万元确认一项预计负债，有关的账务处理如下：

借：营业外支出   2 000 000

 贷：预计负债——未决诉讼   2 000 000

【例12－10】百盛公司20×7年销售甲产品的收入共计4 000 000元，百盛公司根据惯例为甲产品提供一年的质量保证。质量保证条款规定，甲产品售出后一年内，如果发生正常质量问题，百盛公司负责免费修理。根据以往的销售经验，如果产品发生较小的质量问题，需要发生的修理费用为销售额的1%；如果发生较大的质量问题，需要发生的修理费用为销售额的3%，百盛公司预测本年销售的甲产品中有90%不会发生质量问题，有8%将发生较小的质量问题，有2%将发生较大的质量问题。

分析：本例中，尽管百盛公司销售的甲产品就单个产品来说，发生经济利益流出的可能性很小，但就总体而言，百盛公司很可能会发生产品质量保证费用，而且金额可以根据各种可能的结果及相关概率合理地估计，因而百盛公司应当于销售产品的当期确认一项预计负债，同时确认一项费用，与当期的销售收入相配比。

产品质量保证的最佳估计数＝4 000 000×（1%×8%＋3%×2%）

＝5 600（元）

百盛公司20×7年12月31日应编制的会计分录：

借：销售费用   5 600

 贷：预计负债——产品质量保证   5 600

假定百盛公司20×7年实际发生的甲产品修理费用为4 000元，其中，材料支出2 600元，人工成本1 400元。则百盛公司实际发生产品质量保证费用时应编制的会计分录为：

借：预计负债——产品质量保证   4 000

 贷：原材料   2 600

  应付职工薪酬   1 400

12.6.3.2　预期可能获得补偿的确定

某些情况下，企业在履行因或有事项产生的现时义务时，所需支出的全部或部分金额可能会得到第三方的补偿，比如因诉讼可能会从第三方得到的补偿。对于企业可能从第三方得到的补偿，存在很大的不确定性，因而企业只能在估计补偿金额基本确定能够收到时，才能将补偿金额作为资产单独确认，不能作为预计负债的抵减项目，而且确认的补偿金额不能超过预计负债的账面价值。

12.6.3.3　预计负债的计量需要考虑的其他因素

企业在确定最佳估计数时，应当综合考虑或有事项的有关风险、不确定性、货币时间价值和未来事项等因素的影响。

（1）风险和不确定性。风险是对过去的交易或事项结果的变化可能性的一种描述。企业在或有事项存在风险和不确定性的情况下，应当谨慎判断，不得低估负债和费用的金额。

（2）货币时间价值。在未来应支付金额与其现值相差较大的情况下，预计负债按照未来应支付金额的现值确定最佳估计数。例如，油气行业相关设施取得时应确认的弃置费用，由于时间跨度很长，货币时间价值影响重大，所以在确定预计负债金额时，应当采用现值进行计量，即通过对相关未来现金流出进行折现后确定最佳估计数。

（3）未来事项。在确定最佳估计数时，如果有足够的客观证据表明相关未来事项将会发生的，则应当考虑相关未来事项的影响，但不应考虑预期处置相关资产的利得。例如，核电站在确认弃置费用产生的预计负债时根据专家的判断预计未来技术更新会导致弃置费用的金额显著降低，那么，企业应当考虑该因素来确定弃置费用的最佳估计数。

（4）预计负债账面价值的复核。企业应当在资产负债表日对预计负债的账面价值进行复核。若有确凿证据表明该账面价值不能真实反映当前最佳估计数的，应当按照当前最佳估计数对该账面价值进行调整。

12.6.4　亏损合同

亏损合同，是指履行合同义务时不可避免地发生成本超过预期经济利益的合同。企业因亏损合同而产生的义务如果符合预计负债的确认条件，应当确认为一项预计负债。对于因亏损合同而产生的预计负债的计量，应当反映企业退出该合同的最低成本，即该亏损合同的成本与未能履行该合同而发生的违约成本两者之中的较低者。企业与其他单位签订的商品销售合同、劳务合同、租赁合同等待执行合同，均可能因环境发生变化而转化为亏损合同。

【例 12-11】百盛公司 20×7 年 9 月 1 日与 B 公司签订了一笔甲产品的销售合同。双方约定百盛公司在 20×8 年 4 月 30 日向 B 公司销售 200 件甲产品，合同单价为每件 3 200元。百盛公司签订合同时，估计甲产品的单位成本为每件 2 400 元。该合同还规定，如果百盛公司 20×8 年 4 月 30 日未能按期交货，须向 B 公司支付未按期交货部分合同价款的20% 的违约金。

由于百盛公司在组织生产甲产品时原材料价格突然大幅度上涨，预计生产甲产品的单位成本升至每件 3 400 元。

分析：本例中，由于原材料上涨导致生产甲产品的成本超过合同单价，所以百盛公司与 B 公司签订的销售合同变为亏损合同，销售每件甲产品亏损 200 元，总亏损金额为20 000 元。而如果百盛公司不能按期交货支付的违约金金额为 64 000 元。因而，百盛公司应确认预计负债的金额为两者中的较低者 20 000 元。有关账务处理如下：

（1）20×7 年 12 月 31 日，确认亏损合同产生的预计负债：

借：营业外支出　　　　　　　　　　　　　　　　　　　　　　 20 000
　　贷：预计负债——亏损合同　　　　　　　　　　　　　　　　　　　　 20 000

（2）待相关产品生产完成后，再将已确认的预计负债冲减产品成本：

借：预计负债　　　　　　　　　　　　　　　　　　　　　　　 20 000
　　贷：库存商品　　　　　　　　　　　　　　　　　　　　　　　　　　 20 000

需要说明的是，如果亏损合同存在标的资产，企业应当首先对标的资产进行减值测试，并先确认减值损失。如果预计亏损超过已确认的减值损失，再将超过部分确认为预计负债。

12.6.5　或有负债

或有负债，是指过去的交易或事项形成的潜在义务，其存在须通过未来不确定事项的发生或不发生予以证实；或过去的交易或事项形成的现时义务，履行该义务导致经济利益流出企业或该义务的金额不能可靠计量。当或有事项产生的义务不能同时满足预计负债确认的三个条件时,则作为或有负债进行处理。例如,企业签订的债务担保合同,如果企业预计不是很可能发生经济利益的流出,则不能确认为预计负债,应作为或有负债进行处理。对于或有负债,不论是来源于潜在义务还是来源于现时义务,均不符合负债的确认条件,因而或有负债不能确认为一项负债。但考虑到财务报告使用者对信息了解的要求,企业一般情况下应当披露当期发生的与或有负债相关的信息,在会计报表附注中披露内容主要包括:

或有负债的种类及其形成的原因,包括已贴现商业承兑汇票、未决诉讼、未决仲裁、对外提供担保形成的或有负债。

因或有负债产生的经济利益流出不确定性的说明。

或有负债预计产生的财务影响及获得补偿的可能性,无法预计的,应当说明原因。

为了保护企业的利益,当或有负债涉及未决诉讼、未决仲裁的情况下,如果披露全部或部分信息预期会对企业造成重大不利影响,则无须披露这些信息,但应当披露该未决诉讼、未决仲裁的性质,以及没有披露其他信息的事实和原因。此外,对于导致经济利益极小可能流出企业的或有负债也不需要披露。

需要注意的是,随着或有负债形成因素的不断变化,或有负债对应的潜在义务可能转化为现时义务,未来经济利益流出的可能性也会增大,金额也能可靠地计量,此时或有负债就会转化为真正的负债,企业应当及时地将该或有事项确认为一项预计负债。

12.6.6 重组义务

重组是指企业制定和控制的,将显著改变企业组织形式、经营范围或经营方式的计划实施行为,重组的事项主要包括:

(1)出售或终止企业部分业务。

(2)对企业的组织结构进行较大的调整。

(3)关闭企业部分营业场所,或将营业活动由一个国家或地区迁移到其他国家或地区。

当同时存在下列情况时,表明企业承担了一项重组义务:

企业有详细、正式的重组计划,包括重组涉及的业务、主要地点、需要补偿的职工人数、预计重组支出、计划实施时间等。

企业已经将该重组计划对外公告,重组计划已开始实施,或已经向受影响的各方通告了计划的主要内容,从而使受影响的各方形成了对企业将实施重组的合理预期。

当企业因重组而承担了重组义务,且同时满足预计负债的确认条件时,才能将重组义务确认为一项预计负债。

对于重组义务产生的预计负债的计量,企业应当按照与重组有关的直接支出确定预计负债金额,计入当期损益。重组义务的直接支出不包括留用职工岗前培训、市场推广、新系统和营销网络投入等支出。

本章小结

非流动负债，是指流动负债以外的负债。非流动负债主要是企业为筹集长期投资项目所需资金而发生的。非流动负债主要包括长期借款、应付债券、长期应付款、专项应付款等。

应付债券核算企业发行超过一年以上的债券，构成企业的一项长期负债。债券发行方式包括平价发行、溢价发行与折价发行三种。应付债券会计核算包括发行时、利息计算、提前赎回会计核算。债券的利息费用应当在债券的存续期内采用实际利率法进行摊销。实际利率法是指按照应付债券的实际利率计算其摊余成本及各期利息费用的方法。

或有事项是指过去的交易或者事项形成的、其结果须由某些未来事项发生或不发生才能决定的不确定事项。常见的或有事项主要包括预计负债、亏损合同、重组义务、或有负债等。

13 所有者权益

学习目标

通过本章学习，使学生理解所有者权益的含义和内容，了解所有者权益与负债的主要区别，掌握实收资本（股本）、资本公积、其他综合收益和留存收益的会计处理。

13.1 所有者权益概述

13.1.1 所有者权益的含义及其特征

关于所有者权益的含义，国际会计准则委员会在《关于编报财务报表的框架》中，对所有者权益表述为："所有者权益是指企业的资产中扣除企业全部负债后的剩余权益。"美国财务会计准则委员会在其发布的《财务报表要素》中，定义所有者权益为："所有者权益（或净资产）是某个会计主体的资产减去负债后的剩余权益。"上述这两个定义都是侧重于从定量方面对所有者权益进行界定。我国《企业会计准则——基本准则》对所有者权益的定义为："所有者权益是指企业资产扣除负债后，由所有者享有的剩余权益。"

所有者权益是企业投资人对企业净资产的所有权，又称为股东权益。从定义中可以看出所有者权益具有如下特征：

（1）所有者权益是企业投资人对企业净资产的所有权，它受总资产和总负债变动的影响而发生增减变动。

（2）所有者权益包含所有者以其出资额的比例分享企业利润，同时也意味着以其出资额承担企业的经营风险。

（3）所有者权益还意味着所有者有法定的管理企业和委托他人管理企业的权利。

所有者权益的表现形式取决于企业的组织形式。对于独资和合伙企业而言，所有者权益可以称为业主权益和合伙人权益，对股份公司来说，则通常称为股东权益。

企业资金来源包括负债和所有者权益。负债（债权人权益）和所有者权益统称为权益，均是对企业资产的要求权，但二者之间又存在明显的区别。主要表现在以下几个方面：

（1）在企业持续经营的情况下，所有者权益可供企业长期、持续地使用，一般不存在收回的问题。而负债则须明确偿还日期，按期返还给债权人。

（2）企业所有者凭其对企业投入的资本，享受税后分配利润的权利。所有者权益是企业分配税后净利润的主要依据，而债权人除按规定取得利息外，无权分配企业的盈利。

（3）企业所有者有权行使企业的经营管理权，或者授权管理人员行使经营管理权，但债权人并没有经营管理权。

（4）企业所有者对企业的债务和亏损负有无限的责任或有限的责任，而债权人对企业的其他债务不发生关系，一般也不承担企业的亏损。

13.1.2 所有者权益的构成内容

我国《企业会计准则》规定，所有者权益包括所有者投入的资本、资本增值和经营中获得的利润。具体核算时，一般将所有者权益分为实收资本（或股本）、其他权益工具、资本公积、其他综合收益、盈余公积和未分配利润等项目进行核算。

所有者权益的来源通常由实收资本（或股本）、其他权益工具、资本公积、其他综合收益和留存收益（盈余公积和未分配利润）构成。

实收资本是投资者作为资本投入企业的所有财产，是企业注册登记的法定资本总额的来源。实收资本的构成比例是企业向投资者进行利润以及股利分配的主要依据。

其他权益工具是指核算企业发行的除普通股以外的归类为权益工具的各种金融工具。主要包括归类于权益工具的优先股、认股权、可转换公司债券等金融工具。

资本公积是指企业收到投资者的超过其在企业注册资本（或股本）中所占份额的投资，以及直接计入所有者权益的利得和损失等。资本公积包括资本溢价（或股本溢价）和其他资本公积。其中资本溢价（或股本溢价）是指企业收到投资者的超出其在企业注册资本（或股本）中所占份额的投资。

其他综合收益是指企业根据其他会计准则规定未在当期损益中确认的各项利得和损失，主要包括以公允价值计量且其变动计入其他综合收益的金融资产公允价值变动，权益法下被投资单位所有者权益其他变动等。

留存收益是指归所有者所有的、企业以前年度实现的净利润留存于企业的部分，主要包括盈余公积和未分配利润。

13.1.3 所有者权益的确认

所有者权益是企业资产扣除负债后由所有者享有的剩余权益，因此，所有者权益的确认主要从属于资产和负债的确认；所有者权益金额的确定也主要取决于资产和负债的计量。例如，企业收到投资者投入的资产，在该资产符合资产确认标准时，就相应地符合了所有者权益确认的条件；当该资产的价值能够可靠计量时，所有者权益的金额也就可以计量。

13.2 投入资本

13.2.1 投入资本概述

13.2.1.1 投入资本的含义

我国有关法律规定，投资者设立企业必须首先投入资本。投入资本是指投资者按照企业章程或合同、协议的约定，实际投入企业的资本。企业申请开业，必须具备国家规定的和其生产经营与服务规模相适应的资金。所有者向企业投入的资本可以长期使用，一般情况下无须返还，它是企业持续经营最稳定的物质基础。

投入资本可划分为实收资本（或股本）与资本公积。实收资本（或者股本）其实衡量的就是所有者投入公司的资本金有多少，同注册资本在数额上是相等的。投资者投入的资本只有按投资者占被投资企业实收资本（或股本）比例计算的部分，才作为实收资本（或股本）；实际投入的资本超过实收资本（或股本）的部分，作为资本溢价（或股本溢价），单独进行核算，不包括在实收资本（或股本）的核算范围内。

13.2.1.2　投入资本的分类

按照投资主体，投入资本一般可分为国家投入资本、法人投入资本、个人投入资本和外商投入资本。国家投入资本是有权代表国家投资的政府部门或机构，以国有资产投入的资本；法人投入资本是其他企业法人以其依法可支配的财产投入企业的资本；个人投入资本是社会个人或企业内部职工以个人合法财产投入企业的资本；外商投入资本是中国境外的法人和个人以其外币、设备、无形资产或其他资产投入的资本。

从形态上，可以分为接受货币投资、实物投资、无形资产投资和股权投资等。

13.2.2　投入资本的会计处理

所有者权益是企业资产扣除负债后由所有者享有的剩余权益，其在会计上的确认和计量主要依赖于资产或负债的确认和计量。企业收到投资者投入的货币资金，应以实际收到的金额登记入账；企业收到投资者投入的非货币性资产，应以投资双方合同、协议约定的价值入账（不是公允价值的除外）。

13.2.2.1　一般企业投入资本的会计处理

一般企业是指除股份有限公司以外的企业，主要包括国有独资公司和有限责任公司。国有独资公司在组建时，国家投入的资本全部作为实收资本入账，不发行股票，不会产生资本溢价。有限责任公司在创立时，由于各投资者将按照合同、协议或公司章程投入企业的资本全部作为企业的注册资本，因此会计上应全部计入"实收资本"科目。在企业增资时，如有新投资者加入，当新加入的投资者缴纳的出资额大于其按约定比例计算的其在注册资本中所占份额部分，计入"资本公积——资本溢价"科目。企业在收到原材料、固定资产和无形资产等非货币性资产投入资本时，应根据双方协议约定的价值（公允价值），作为收到的非货币性资产的入账价值，同时，根据投资者投入资本在注册资本中所占的份额，贷记"实收资本"科目，两者之间的差额，贷记"资本公积——资本溢价"科目。

【例13-1】百盛公司收到股东投入的材料一批，不含增值税的评估价值为1 000 000元，增值税为170 000元。百盛公司作如下会计处理：

借：原材料　　　　　　　　　　　　　　　　　　　　　1 000 000

　　应交税费——应交增值税（进项税额）　　　　　　　　170 000

　　贷：实收资本　　　　　　　　　　　　　　　　　　　1 170 000

【例13-2】百盛公司是由A、B、C三个投资者各出资500 000元成立的。两年后D投资者愿出资750 000元拥有该企业25%的所有权。公司收到D投资者投资时，作如下会计处理：

借：银行存款　　　　　　　　　　　　　　　　　　　　　750 000
　　贷：实收资本——D投资者　　　　　　　　　　　　　　　500 000
　　　　资本公积——资本溢价　　　　　　　　　　　　　　　250 000

【例13-3】百盛公司收到天宇公司按合同出资的非现金资产，包括一台设备和一项专利权。双方协议确认的设备价值（公允价值）为1 400 000元，专利权价值（公允价值）为250 000元，固定资产已达到可使用状态。天宇公司投入的资本在注册资本中所占的份额为1 500 000元。百盛公司作如下会计分录：

借：固定资产　　　　　　　　　　　　　　　　　　　　1 400 000
　　无形资产　　　　　　　　　　　　　　　　　　　　　250 000
　　贷：实收资本——B公司　　　　　　　　　　　　　　1 500 000
　　　　资本公积——资本溢价　　　　　　　　　　　　　　150 000

13.2.2.2　股份有限公司投入资本的会计处理

股份有限公司是指企业全部资本由等额股份构成并通过发行股票筹集资本、股东以其投入资本对公司承担有限责任、公司以其全部财产对公司债务承担责任的企业法人。

股份有限公司的设立有发起式和募集式两种方式。发起式设立是指公司的股份全部由发起人认购，不向发起人之外的任何人募集股份；募集式设立的特点是发起人认购一部分公司股份外，其余部分向社会公众募集，其中发起人认购的公司股份不得低于发行股份总额的35%。公司设立方式不同，筹集资本的风险也不同。发起式设立公司，其所需资本由发起人一次认足，一般不会发生设立公司失败的情况，因此，其筹资风险小。募集式设立公司，其筹资对象广泛，在资本市场不景气或股票的发行价格不恰当的情况下，有发行失败（即股票未被全部认购）的可能，因此，其筹资风险大。

股份有限公司的实收资本划分为股份，每股的金额相等。因此，股份公司的实收资本称为股本。

值得注意的是：企业发行股票取得的收入与股本总额往往不一致，公司发行股票取得的收入大于股本总额的，为溢价发行；小于股本总额的，为折价发行；等于股本总额的，为面值发行。我国不允许企业折价发行股票。在采用溢价发行股票的情况下，企业应将相当于股票面值的部分计入"股本"科目，其余部分在扣除发行手续费、佣金等费用后计入"资本公积——股本溢价"科目。

【例13-4】百盛公司发行普通股5000万股，每股面值为1元，发行价格为12元/股。股款已经全部收到，假定不考虑发行过程中的发行费用。百盛公司发行股票时应进行如下会计处理：

收到的投入资本金额=50 000 000×12=600 000 000（元）
计入股本的金额=50 000 000×1=50 000 000（元）

借：银行存款　　　　　　　　　　　　　　　　　　　600 000 000
　　贷：股本　　　　　　　　　　　　　　　　　　　　50 000 000
　　　　资本公积——股本溢价　　　　　　　　　　　　550 000 000

13.2.2.3　其他权益工具

其他权益工具是指核算企业发行的除普通股以外的归类为权益工具的各种金融工具。

本科目应按发行金融工具的种类等进行明细核算。

企业发行的除普通股（作为实收资本或股本）以外，按照金融负债和权益工具区分原则分类为权益工具的其他权益工具，按照以下原则进行会计处理：

（1）其他权益工具会计处理的基本原则。对于归类为权益工具的金融工具，无论其名称中是否包含"债"，其利息支出或股利分配都应当作为发行企业的利润分配，其回购、注销等作为权益的变动处理；对于归类为金融负债的金融工具，无论其名称中是否包含"股"，其利息支出或股利分配原则上按照借款费用进行处理，其回购或赎回产生的利得或损失等计入当期损益。

企业（发行方）发行金融工具，其发生的手续费、佣金等交易费用，如分类为债务工具且以摊余成本计量的，应当计入所发行工具的初始计量金额；如分类为权益工具的，应当从权益（其他权益工具）中扣除。

（2）科目设置。

1）应付债券：发行方对于归类为金融负债的金融工具。

2）衍生工具：对于需要拆分且形成衍生金融负债或衍生金融资产。

3）交易性金融负债（金融工具）：发行的且嵌入了非紧密相关的衍生金融资产或衍生金融负债的金融工具，如果发行方选择将其整体指定为以公允价值计量且其变动计入当期损益的。

4）其他权益工具：企业发行的除普通股以外的归类为权益工具的各种金融工具。

13.2.2.4　资本公积

资本公积是指企业收到投资者的超出企业注册资本（或股本）中所占份额的投资，以及直接计入所有者权益的利得和损失等。在不同类型的企业中，所有者投入资本大于其在注册资本中所占份额的差额的表现形式有所不同。在股份有限公司，表现为超面值缴入股本，即实际出资额大于股票面值的差额；在其他企业，则表现为资本溢价。直接计入所有者权益的利得和损失，是指不应计入当期损益、会导致所有者权益发生增减变动的、与所有者投入资本或向所有者分配利润无关的利得或损失。

企业形成的资本公积在"资本公积"科目核算。该科目按"资本溢价"和"其他资本公积"两个明细科目进行会计核算。其贷方登记企业资本公积的增加数，借方登记资本公积的减少数，期末余额在贷方，反映企业资本公积实有数。

（1）资本溢价。

1）一般企业资本溢价。企业创立时，要经过筹建、试运营、开辟市场等过程，投资具有一定的风险性。当企业进入正常生产经营后，资本利润率一般要高于创立阶段，这是企业创立者付出的代价。为了维护原有所有者的权益，所以新加入的投资者要付出大于原投资者的出资额，才能取得与原有投资者相同的投资比例。投资者投入的资本中按其投资比例计算的出资额部分，应计入"实收资本"科目，超出部分计入"资本公积——资本溢价"科目。

2）股份有限公司股本溢价。股本溢价是指股东的出资额大于其在企业注册资本中所占份额的差额。股份有限公司在按面值发行股票的情况下，企业发行股票取得的收入，应全部计入"股本"科目；股票溢价发行时，公司发行股票的收入，相当于股票面值部分计入"股本"科目，超过股票面值的溢价收入（含股票发行冻结期间的利息收入）计入"资本公积"科目。与发行权益性证券直接相关的手续费、佣金等交易费用，借记"资本公积——股本溢价"等科目，贷记"银行存款"等科目。资本公积（资本溢价或股本溢价）主要用于转增资本。企业按规定的程序增资时，应按资本溢价或股本溢价转增资本的数额，借记"资本公积"科目，贷记"实收资本"（或"股本"）科目。

（2）其他资本公积。其他资本公积是由特定资产计价变动而形成的，而并非在交易活动中形成的所得，所以当特定资产处置时，"其他资本公积"也应随之一并处置，因此具有临时归集过渡的性质，主要是权益结算的股份支付，授予日按照权益工具的公允价值贷方计入"资本公积——其他资本公积"科目，行权时，按照实际行权数量确定的金额，将"资本公积——其他资本公积"从借方转出，贷方计入"股本"科目，差额计入"资本公积——股本溢价/资本溢价"科目，另外还有一种情况就是被投资单位除净损益、其他综合收益和利润分配以外的所有者权益的其他变动，投资方按持股比例计算应享有的份额确认计入"资本公积——其他资本公积"科目。

13.2.2.5　其他综合收益

其他综合收益是指企业根据其他会计准则规定未在当期损益中确认的各项利得和损失，包括以后会计期间不能重分类进损益的其他综合收益和以后会计期间满足规定条件时将重分类进损益的其他综合收益两类。

（1）以后会计期间不能重分类进损益的其他综合收益项目，主要包括重新计量设定受益计划净负债或净资产导致的变动，以及按照权益法核算因被投资单位重新计量设定受益计划净负债或净资产变动导致的权益变动，投资企业按持股比例计算确认的该部分其他综合收益项目，以及在初始确认时，企业可以将非交易性权益工具指定为以公允价值计量且其变动计入其他综合收益的金融资产。该指定后不得撤销，即当该类非交易性权益工具终止确认时原计入其他综合收益的公允价值变动损益不得重分类进损益。

（2）以后会计期间满足规定条件时将重分类进损益的其他综合收益项目。

1）可供出售金融资产公允价值的变动。

2）可供出售外币非货币性项目的汇兑差额。

3）金融资产的重分类。

4）采用权益法核算的长期股权投资，被投资单位其他综合收益变动，投资方按持股比例计算应享有的份额。

5）存货或自用房地产转换为投资性房地产。

6）现金流量套期工具产生的利得或损失中属于有效套期的部分。

7）外币财务报表折算差额。

13.2.2.6　投入资本增减变动的会计处理

一般情况下，企业的实收资本应保持不变。但在某些情况下，实收资本也可能发生变化。

公司增加注册资本的，应当自变更决议或者决定作出之日起30日内申请变更登记。

公司减少注册资本的，应当自公告之日起45日后申请变更登记，并应当提交公司在报纸上登载公司减少注册资本公告的有关证明和公司债务清偿或者债务担保情况的说明。

（1）投入资本增加的会计处理。

1）将资本公积或盈余公积转增资本。除投资者投入资本使公司的实收资本（或股本）增加外，企业还可以通过将资本公积转增资本、将盈余公积转增资本的方式增加企业的实收资本（或股本）。

企业将资本公积转为实收资本或者股本时，应借记"资本公积——资本溢价"或"资本公积——股本溢价"科目，贷记"实收资本"或"股本"科目。企业将盈余公积转为实收资本时，应借记"盈余公积"科目，贷记"实收资本"或"股本"科目。需要注意的是，资本公积和盈余公积均属所有者权益，应按原投资者所持股份同比例增加各股东的股权。

2）股份有限公司发放股票股利。股份有限公司采用发放股票股利实现增资的，在发放股票股利时，按照股东原来持有的股数分配，如股东所持股份按比例分配的股利不足一股时，应采用恰当的方法处理。例如，股东会决议按股票面额的10%发放股票股利时（假定新股发行价格及面额与原股相同），对于所持股票不足10股的股东，将会发生不能领取一股的情况。在这种情况下，有两种方法可供选择：一是将不足一股的股票股利改为现金股利，用现金支付；二是由股东相互转让，凑为整股。股东大会批准的利润分配方案中分配的股票股利，应在办理增资手续后，借记"利润分配"科目，贷记"股本"科目。

3）企业将重组债务转为资本。债务人应当将债权人放弃债权而享有的股份面值的总额确认为股本或实收资本，股份公允价值和股本之间的差额确认为资本公积，重组债务的账面价值与股份的公允价值总额之间的差额计入当期损益。

4）可转换公司债券持有人行使转换权利。

5）以权益结算的股份支付的行权。

对债务人而言，将债务转为资本，应当将债权人放弃债权而享有股份的面值总额（或者股权份额）确认为股本（或者实收资本），股份（或者股权）的公允价值总额与股本（或者实收资本）之间的差额确认为股本溢价（或者资本溢价）计入资本公积。将重组债务的账面价值与股权的公允价值之间的差额，计入营业外收入。

对债权人而言，在债务重组日，应将享有股权的公允价值确认为对债务人的投资，重组债权的账面余额与因放弃债权而享有的股权的公允价值之间的差额，应当先将该差额冲减减值准备，冲减后债权尚有余额的，差额在借方，计入营业外支出；差额在贷方冲减当期资产减值损失。

（2）投入资本减少的会计处理。企业减资的原因大体有两种，一是资本过剩，二是企业发生重大亏损而需要减少实收资本。企业因资本过剩而减少注册资本的，一般要返还投资款。

有限责任公司和一般企业返还投资款的会计处理比较简单，按法定程序报经批准减少注册资本时，借记"实收资本"科目，贷记"库存现金""银行存款"等科目。

股份有限公司由于采用发行股票的方式筹集股本，发还股款时，则要回购发行的股票。股份公司因减少注册资本而回购本公司的股票时，在"库存股"中核算，会计处理较为复杂。本书不进行研究。

13.3　留存收益

13.3.1　留存收益的构成

留存收益是所有者权益的组成部分,是由企业历年积累税后利润形成的。因此,企业经营活动的好坏直接影响到留存收益的大小。企业赚取的净利润,虽然归属于所有者,能够增加所有者权益,但是,并不意味着企业赚取的净利润可以全部分配给投资者。它会受到法规、公司章程、股东大会决议、与债权人签订的契约等条件的限制。企业的净利润在弥补以前年度亏损和指定用途之后,剩下的才是可分配给股东的留存收益。留存收益是指企业在历年生产经营活动中取得净利润的留存额。留存收益主要由盈余公积和未分配利润两部分组成。

按照有关的规定,股份公司的税后利润应按照下列顺序进行分配。

(1)企业在税前利润弥补亏损之后仍存在的亏损(不超过税法规定的弥补期限的亏损可在税前弥补)。

(2)提取法定盈余公积。

(3)提取公积金。

(4)支付优先股股利,是指企业按照利润分配方案分配给优先股股东的现金股利。

(5)提取任意盈余公积,是指企业按规定提取的任意盈余公积。

(6)支付普通股股利,是指企业按照利润分配方案给普通股股东的现金股利或分配给投资者的利润。

(7)转作资本(或股本)的普通股股利,是指企业按照利润分配方案以分派股票股利的形式转作的资本(或股本)。

为了反映留存收益的形成,以及税后利润分配事项,企业一般设置"盈余公积"科目和"未分配利润"科目。

13.3.2　盈余公积

13.3.2.1　盈余公积概述

(1)盈余公积的概念。盈余公积是企业按照规定从净利润中提取的各种积累资金。公司制企业的盈余公积分为法定盈余公积和任意盈余公积,两者的区别就在于其各自计提的依据不同,前者以国家法律或行政规章为依据提取,后者则由企业自行决定提取。在我国,公司制企业的法定盈余公积按本年税后利润10%的比例提取,当法定盈余公积累计额达到公司注册资本的50%以上时,可以不再提取。在计算提取法定盈余公积的基数时,不应包括企业年初未分配利润,因为年初未分配利润是公司以前年度实现的利润。

公司从税后利润中提取法定盈余公积后,经股东会或者股东大会决议,还可以从税后利润中提取任意公积金,提取的比例由公司自行决定。非公司制企业经类似权力机构批准后,也可提取任意盈余公积。

（2）盈余公积的用途。企业提取盈余公积主要可以用于以下几个方面：

1）弥补亏损。企业发生的亏损，应在以后年度自行弥补。弥补亏损的渠道主要有三条：

一是用以后年度税前利润弥补。按照现行制度规定，企业发生亏损时，可以用以后五年内实现的税前利润弥补，即税前利润弥补亏损的期间为五年。

二是用以后年度税后利润弥补。企业发生的亏损经过五年期间未弥补足额的，尚未弥补的亏损应用所得税后的利润弥补。

三是以盈余公积弥补亏损。公司制企业以提取的盈余公积弥补亏损时，应当由公司董事会提议，并经股东大会批准。

2）转增资本。公司制企业必须经股东大会决议批准，才能将盈余公积转增资本。转增后留存的盈余公积的数额不得少于注册资本的25%。

3）扩大企业生产经营。企业提取的盈余公积，是将以前年度实现的利润留存在企业中的累计数，是企业所有者权益的组成部分，也是企业生产经营可用资金的一个重要来源。

13.3.2.2　盈余公积的确认和计量

为反映盈余公积的形成及使用情况，企业应设置"盈余公积"科目，并分别设置"法定盈余公积""任意盈余公积"两个明细科目进行明细核算。企业提取法定盈余公积和任意盈余公积时，分别借记"利润分配——提取法定盈余公积""利润分配——提取任意盈余公积"科目，同时分别贷记"盈余公积——法定盈余公积""盈余公积——任意盈余公积"科目。

企业用法定盈余公积或任意盈余公积弥补亏损或转增资本时，分别借记"盈余公积——法定盈余公积""盈余公积——任意盈余公积"科目，同时分别贷记"利润分配——盈余公积补亏""实收资本"或"股本"等科目。经股东大会决议，用法定盈余公积或任意盈余公积派送新股，按派送新股计算的金额，分别借记"盈余公积——法定盈余公积""盈余公积——任意盈余公积"科目，同时按股票面值和派送新股总数计算的股票面值总额，贷记"股本"科目。

13.3.3　未分配利润

未分配利润是企业留待以后年度进行分配的结存利润，属于未指定用途的结存利润，是企业所有者权益的组成部分。企业对未分配利润的使用分配有较大的自主权。从数量上来讲，未分配利润是期初未分配利润，加上本期实现的净利润，减去提取的各种盈余公积和分配利润后的余额。在会计处理上，未分配利润是通过"利润分配"科目进行核算的。

13.3.3.1　分配股利或利润的会计处理

为反映企业的利润分配过程，"利润分配"科目应当分别设置"提取法定盈余公积""提取任意盈余公积""应付现金股利或利润""转作股本的股利""盈余公积补亏"和"未分配利润"等明细科目进行核算。

企业向股东或投资者分配现金股利或利润，需经股东大会或类似机构决议，根据决议分配给股东或投资者的现金股利或利润时，应借记"利润分配——应付现金股利或利润"科目，贷记"应付股利"科目；待实际向股东或投资者分配现金股利或利润时，借记

"应付股利"科目，贷记"银行存款"科目。

13.3.3.2 期末结转的会计处理

企业在期末结转利润时，应将所有损益类科目的余额转入"本年利润"科目，结平各损益类科目。结转后"本年利润"如果出现贷方余额，则表示当期实现了净利润；如果出现借方余额，则表示当期发生了净亏损。在年度终了，企业应将本年实现的净利润或净亏损，转入"利润分配——未分配利润"科目。同时，将"利润分配"科目所属的其他明细科目的余额，转入"未分配利润"明细科目。结转后，"未分配利润"明细科目如果出现贷方余额，表示企业当期未分配利润的金额；如果出现借方余额，则表示企业当期出现未弥补亏损的金额。应当注意的是，在期末结转之后"利润分配"科目所属的其他明细科目应无余额。

13.3.3.3 弥补亏损的会计处理

企业当年发生的亏损，应当将本年发生的亏损自"本年利润"科目转入"利润分配——未分配利润"科目，即借记"利润分配——未分配利润"科目，贷记"本年利润"科目，结转后"利润分配"科目的借方余额，即为未弥补亏损的数额。

企业5年内出现的以前年度未弥补亏损，可以用当年实现的税前利润弥补；而在5年前出现的以前年度亏损，则须用税后利润弥补。以当年实现的利润弥补以前年度的未弥补亏损，不需要进行专门的账务处理。企业应将当年实现的利润自"本年利润"科目转入"利润分配——未分配利润"科目的贷方，其贷方发生额与"利润分配——未分配利润"的借方余额自然抵补。无论是以税前利润还是以税后利润弥补亏损，其会计处理方法均相同，只是两者在计算缴纳所得税时的处理不同。在以税前利润弥补亏损的情况下，其弥补的数额可以抵减当期企业应纳税所得额，而以税后利润弥补的数额，则不能作为纳税所得扣除处理。

【例 13-5】百盛公司 20×3 年发生亏损 1 300 000 元。在年度终了时，公司应当结转本年发生的亏损，本例不考虑由未弥补亏损确认的递延所得税资产，编制如下会计分录：

借：利润分配——未分配利润　　　　　　　　　　　　　　　1 300 000

　　贷：本年利润　　　　　　　　　　　　　　　　　　　　　　1 300 000

假设 20×4～20×8 年，公司每年均实现利润 200 000 元。按照现行制度规定，公司在发生亏损以后的五年内可以税前利润弥补亏损，在 20×4～20×8 年度终了时，公司应作如下会计处理：

借：本年利润　　　　　　　　　　　　　　　　　　　　　　　200 000

　　贷：利润分配——未分配利润　　　　　　　　　　　　　　　200 000

20×8 年"利润分配——未分配利润"科目期末借方余额 300 000 元，即至 20×8 年未弥补亏损 300 000 元。假设公司 20×9 年实现税前利润 600 000 元，按现行制度规定，只能用税后利润弥补以前年度亏损。在 20×9 年度终了时，公司首先应当按照当年实现的税前利润计算交纳当年应负担的所得税，然后再将当期扣除计算交纳的所得税后的净利润转入"利润分配"科目。在本例中，假设适用的所得税税率为 25%，在 20×9 年度计算交纳所得税时，其纳税所得额为 600 000 元，当年应交纳的所得税为 600 000 × 25% = 150 000（元）。百盛公司应作如下会计处理：

（1）计算应交所得税：

借：所得税费用 150 000

　　贷：应交税费——应交所得税 150 000

借：本年利润 150 000

　　贷：所得税费用 150 000

（2）结转本年利润，弥补以前年度未弥补亏损：

借：本年利润 450 000

　　贷：利润分配——未分配利润 450 000

（3）上述核算的结果，该公司 20×9 年"利润分配——未分配利润"科目的期末贷方余额为 150 000（-300 000 + 450 000）。

表 13 - 1　利润分配——未分配利润科目

20×3 年末：未弥补亏损 1 300 000	
	20×4 年：税前利润 200 000
	20×5 年：税前利润 200 000
	20×6 年：税前利润 200 000
	20×7 年：税前利润 200 000
	20×8 年：税前利润 200 000
	20×9 年：税后利润 450 000
	20×9 年末：未分配利润 150 000

本例中，未弥补亏损确认的递延所得税资产，应按《企业会计准则第 18 号——所得税》规定处理。

【例 13 - 6】百盛公司的股本为 10 000 000 元，每股面值 1 元。20×7 年年初未分配利润为贷方 5 000 000 元，20×7 年实现净利润 6 000 000 元。假定公司按照 20×7 年实现净利润的 10% 提取法定盈余公积，5% 提取任意盈余公积，同时向股东按每股 0.2 元派发现金股利，按每 10 股送 3 股的比例派发股票股利。20×8 年 3 月 15 日，公司以银行存款支付了全部现金股利，新增股本也已经办理完股权登记和相关增资手续。百盛公司的账务处理如下：

（1）20×7 年度终了时，公司结转本年实现的净利润：

借：本年利润 6 000 000

　　贷：利润分配——未分配利润 6 000 000

（2）提取法定盈余公积和任意盈余公积：

借：利润分配——提取法定盈余公积 600 000

　　　　　　　——提取任意盈余公积 300 000

　　贷：盈余公积——法定盈余公积 600 000

　　　　　　　　——任意盈余公积 300 000

（3）结转"利润分配"的明细科目：

借：利润分配——未分配利润   900 000

  贷：利润分配——提取法定盈余公积   600 000

        ——提取任意盈余公积   300 000

百盛公司 20×7 年底"利润分配——未分配利润"科目的余额为：

5 000 000 + 6 000 000 - 900 000 = 10 100 000（元）

（4）发放现金股利时：

10 000 000 × 0.2 = 2 000 000（元）

借：利润分配——应付现金股利   2 000 000

  贷：应付股利   2 000 000

20×8 年 3 月 15 日，发放现金股利：

借：应付股利   2 000 000

  贷：银行存款   2 000 000

（5）20×8 年 3 月 15 日，发放股票股利：

10 000 000 × 1 × 30% = 3 000 000（元）

借：利润分配——转作股本的股利   3 000 000

  贷：股本   3 000 000

13.3.4 股利分派

公司制企业的股东享有分配股利权。股利是指公司制企业依据公司章程规定发放给股东的投资报酬，其实质是公司财富中属于股东收益盈余的一部分。

13.3.4.1 股利分派的有关日期

（1）宣告日。宣告日是指董事会宣告分派股利的日期。它表明向股东支付股利的义务在这一天成立，也是公司在会计上应登记有关股利负债的日期。

（2）股权登记日。股权登记日是指公司宣告股利后所定下的在该日截止过户登记的日期，也称为停止过户日。其意义是，只有在该日公司股东名册所记载的股东有权享有股利，而该日以后取得股票的股东，则无权获取股利。因此，这一日又可称为除息日。

（3）分派日。分派日也称付息日，是指实际支付股利的日期，通常公司是在股权登记截止后的若干天开始支付股利。

13.3.4.2 股利的种类

（1）现金股利。以现金形式向公司股东分派的股利。它是股利支付的主要方式。公司支付现金股利，除了要有累计盈余（特殊情况下可用弥补亏损后的盈余公积金支付）外，还要有足够的现金。

（2）财产股利。以非现金资产向公司股东分派的股利，主要是以公司所拥有的其他企业的有价证券，如债券、股票作为股利支付给股东。财产股利应当按照所支付的财产的公允市价计价，并确认所发生的损益。在派发财产股利时，需要对用于派发股利的财产进行分割。但由于企业通常都有大量的零星股份存在，财产分割往往很难顺利进行，因此，财产股利的形式并不多见。

（3）股票股利。以公司的股票向股东分派的股利，即按比例向股东派发公司的股票。

它是公司以增发股票的方式所支付的股利，我国实业中通常也将其称为"红股"。股票股利对公司来说，并没有现金流出，也不会导致公司的财产减少，而只是将公司的留存收益转化为股本。但股票股利会增加流通在外的股票数量（股数），同时降低股票的每股价值。它不会改变公司股东权益总额，但会改变股东权益的构成结构。从表面上看，分配股票股利除了增加所持股数外好像并没有给股东带来直接收益，事实上并非如此。因为市场和投资者普遍认为，公司如果发放股票股利往往预示着公司会有较大的发展和成长，这样的信息传递不仅会稳定股票价格甚至可能使股票价格上升。另外，如果股东把股票股利出售，变成现金收入，还会带来资本利得在纳税上的好处。

（4）负债股利。也称票据股利，当公司由于某种原因无法发放股利时，可发行一种票据，要求公司于未来某个时刻支付股利。发放负债股利时，公司应于宣派日和支付日编制正式的会计记录，确认负债，减少留存利润。由此而产生的利息费用不作为股利，而作为当期费用。

13.3.5 股票分割

13.3.5.1 股票分割的含义

股票分割又称股票拆细，即将一张较大面值的股票拆成几张较小面值的股票。股票分割对公司的资本结构不会产生任何影响，一般只会使发行在外的股票总数增加，资产负债表中股东权益各科目（股本、资本公积、留存收益）的余额都保持不变，股东权益的总额也保持不变。

股票分割给投资者带来的不是现实的利益，但是使投资者持有的股票数增加了，给投资者带来了今后可多分股息和更高收益的希望，因此股票分割往往比增加股息派发对股价上涨的刺激作用更大。

13.3.5.2 股票股利与股票分割

从会计的角度看，股票分割对公司的资本结构、资产的账面价值、股东权益的各科目（普通股、资本公积、留存收益等）等都不产生影响，只是使公司发行在外的股票总数增加，每股股票代表的账面价值降低，因此，股票分割与发放股票股利的作用非常相似，都是在不增加股东权益的情况下增加股票的数量。所不同的是，股票分割导致的股票数量的增加量可以远大于发放股票股利，而且在会计处理上也有所不同。另外，股票分割必定能够促使股票市价下降，而股票股利则不一定。一般来说，股票股利的数额较大时，才可能使股票市价大幅下降。因此，只有在公司股价急剧上涨且预期难以下降时，才较多采用股票分割的方法降低股价。而在公司股价上涨幅度不大时，通常采用发放股票股利的方法将股价维持在合理的范围之内。

从实务上看，由于股票分割与股票股利非常接近，所以一般要根据证券管理部门的具体规定对两者加以区分。有些国家的证券交易机构规定，发放 25% 以上的股票股利即属于股票分割。

本章小结

　　所有者权益指所有者在企业资产中享有的经济利益，其金额为资产减去负债后的金额。国际会计准则委员会将所有者权益表述为"所有者权益是指企业的资产中扣除企业全部负债后的剩余权益。"即说明了所有者权益的量化办法。

　　所有者权益通常由实收资本（或股本）、其他权益工具、资本公积、其他综合收益和留存收益（盈余公积和未分配利润）构成。实收资本（或股本）是投资者作为资本投入企业的所有财产，是企业注册登记的法定资本总额的来源。其构成比例是企业向投资者进行利润以及股利分配的主要依据。资本公积则是企业收到的投资者超出其在企业注册资本（或股本）中所占份额的投资，以及直接计入所有者权益的利得和损失。其他综合收益是指企业根据其他会计准则规定未在当期损益中确认的各项利得和损失，主要包括以公允价值计量且其变动计入其他综合收益的金融资产公允价值变动，权益法下被投资单位所有者权益其他变动等。留存收益是企业以前年度的净收益累积而成的资本，是股东权益的一个重要项目。留存收益由盈余公积和未分配利润构成，其中，盈余公积又包括法定盈余公积和任意盈余公积。

14 费 用

学习目标

通过本章的学习，要求学生理解费用、生产成本和期间费用的概念、区别及联系；掌握费用类科目的核算。

14.1 费用概述

14.1.1 费用的特征

费用有广义和狭义之分。本章所讲的费用，是广义的费用。广义费用（Expense）泛指企业生产经营过程中的资产消耗或负债的承诺，包括企业各种费用和损失。狭义费用仅指与当期营业收入直接相配比的耗费，包括营业成本、税金及附加和期间费用。

广义的费用包括营业成本、税金及附加、销售费用、管理费用、财务费用、投资损失、公允价值变动损失、资产减值损失、资产处置损失、营业外支出和所得税费用。营业成本是指为了取得营业收入发生的成本；税金及附加是指应缴纳的除应交增值税、应交所得税以外的各种税金及附加；销售费用是指销售过程中发生的耗费；管理费用是指生产经营管理过程中发生的耗费；财务费用是指筹资过程中发生的耗费；投资损失是指企业在从事各项对外投资活动中发生的净损失；公允价值变动损失是指以公允价值计量且其变动计入当期损益的金融资产，以公允价值计量的投资性房地产等公允价值变动产生的损失；资产减值损失是指各项资产下跌过程中发生的损失；资产处置损失主要是指固定资产、在建工程及无形资产处置过程中发生的净损失；营业外支出是指企业在营业利润以外的与企业日常经营活动无关的支出；所得税费用是指应在税前利润中扣除的所得税费用。

企业的费用具有以下特征：

（1）费用发生最终会导致企业经济资源的减少。具体表现为企业的实际现金或非现金支出（如消耗原材料等），也可能是预期的支出（如承担一项在未来期间履行的债务）。费用的本质就是一种现实或预期的现金流出。

（2）费用最终会减少企业的所有者权益。费用的增加会减少企业利润，从而会减少盈余公积和未分配利润。

费用是资产的耗费，资产的耗费有的形成费用，有的形成另一种资产。费用有时与支出相伴，但支出却不一定是当期费用。如企业偿还债务不形成费用，企业向投资者分配股利和利润，虽然减少了企业的资产，但不是经营活动的结果，也不应作为费用。

14.1.2 费用、支出与成本的关系

在实际工作中，我们应该区分费用、支出与成本的关系。支出是指企业在生产经营过程中为获得另一项资产或为清偿债务所发生的耗费资产的流出。支出可分为收益性支出、资本性支出、偿付性支出和利润分配性支出等。除偿付性支出外，其他支出迟早会转化为费用。费用既包括企业生产经营过程中所发生的全部收益性支出，也包括在该会计期间内受益的部分资本性支出。成本有广义与狭义之分。广义成本泛指取得资产的代价，它是按一定对象所归集的支出，既包括资本性支出，也包括收益性之出；前者形成资产的成本，后者形成产品的成本。狭义成本仅指产品制造成本。成本是对象化的费用。生产成本是相对于一定的产品对象所发生的费用，它是按照成本计算对象对当期发生的费用进行归集所形成的。生产费用发生的过程也是产品成本归集的过程。费用是指某一期间为进行生产而发生的，与一定期间相联系；产品成本指为生产产品而消耗的费用，与一定种类和数量的产品相联系。

支出与费用、成本之间的关系可以概括为：支出是指资产的减少，不仅包括费用性支出和成本性支出，还包括其他支出；费用是一种引起利润减少的耗费，费用性支出形成费用，然而费用中还包括未形成却支出的耗费，如应付的利息费用等；成本是一种对象化的耗费，成本性支出形成成本，然而成本性支出中也包括未形成支出的耗费，如自建固定资产应付的工资款等。

14.2 营业成本的核算

在日常会计处理中，企业的营业成本可分为主营业务成本和其他业务成本两部分。

主营业务成本是指企业销售产品、提供劳务等经常性活动所发生的成本。企业一般在确认销售商品、提供劳务等主营业务收入或在月末时，将已销售商品、已提供劳务的成本结转入主营业务成本。主营业务收入大于主营业务成本的差额，为主营业务毛利（反之为主营业务亏损）。

其他业务成本是指除主营业务活动以外的其他经营活动所发生的成本。其他业务收入大于其他业务成本的差额，为其他业务毛利（反之为其他业务亏损）。

【例 14-1】百盛公司采用托收承付方式销售给 A 公司商品一批，增值税专用发票上注明的售价是 100 000 元，增值税额 16 000 元。商品已办妥托收手续；该批商品的成本为 50 000 元。会计处理如下：

借：应收账款——A 公司 116 000
　贷：主营业务收入 100 000
　　　应交税费——应交增值税（销项税额） 16 000
同时，结转产品销售成本：
借：主营业务成本 50 000
　贷：库存商品 50 000

【例 14 -2】百盛公司在 12 月 9 日销售一批原材料，增值税专用发票上注明的价款为 40 000 元，税款为 6 400 元，款项已收存银行，该批材料的实际成本为 20 000 元。会计处理如下：

借：银行存款 46 400
　　贷：其他业务收入 40 000
　　　　应交税费——应交增值税（销项税额） 6 400

同时，结转材料的销售成本：

借：其他业务成本 20 000
　　贷：原材料 20 000

14.3 期间费用的核算

会计实务中把企业本期发生的、不能直接或间接归入营业成本，而是直接计入当期损益的各项费用称为期间费用，包括管理费用、销售费用和财务费用。

14.3.1 管理费用

14.3.1.1 管理费用的内容

管理费用是指企业为组织和管理生产经营活动而发生的各项费用，包括企业在筹建期间内发生的开办费、董事会和行政管理部门在企业的经营管理中发生的或者应当由企业统一负担的公司经费（包括行政管理部门职工工资及福利费、物料消耗、低值易耗品摊销、办公费和差旅费等）、工会经费、董事会费（包括董事会成员津贴、会议费和差旅费等）、聘请中介机构费、咨询费（含顾问费）、诉讼费、业务招待费、房产税、车船税、土地使用税、印花税、技术转让费、矿产资源补偿费、无形资产摊销、研究费用、排污费等。

14.3.1.2 账户设置

"管理费用"科目属于损益类科目，用来核算企业为组织和管理生产经营所发生的管理费用。发生管理费用时，借记"管理费用"科目，贷记"库存现金""银行存款""累计折旧""应付职工薪酬""累计摊销""研发支出"等科目。期末，应将本科目的余额转入"本年利润"科目，结转后本科目应无余额。本科目应按费用项目设置明细账。

14.3.1.3 管理费用的账务处理

【例 14 -3】百盛公司本月某报销日发生如下报销事项：业务招待费 2 300 元，咨询费 4 000 元，董事张某的差旅费 1 500 元，所有费用均以现金付讫。根据有关原始凭证，编制如下会计分录：

借：管理费用——业务招待费 2 300
　　　　　　——咨询费 4 000
　　　　　　——董事会费 1 500
　　贷：库存现金 7 800

14.3.2 销售费用

14.3.2.1 销售费用的内容

销售费用是指企业在销售商品和材料、提供劳务的过程中发生的各种费用，包括运输费、装卸费、包装费、保险费、展览费和广告费、商品维修费、预计产品质量保证损失以及为销售本企业商品而专设的销售机构（含销售网点、售后服务网点）的职工薪酬、业务费、折旧费等经营费用。

14.3.2.2 账户设置

"销售费用"科目属于损益类科目，用来核算企业在销售商品和材料、提供劳务的过程中发生的各项费用。发生销售费用时，借记"销售费用"科目，贷记"库存现金""银行存款""应付职工薪酬""累计折旧"等科目。期末，将本科目的余额转入"本年利润"科目，结转后本科目应无余额。本科目可按费用项目设置明细账户，进行明细分类核算。

14.3.2.3 销售费用的账务处理

【例14-4】百盛公司本月发生如下有关产品销售费用事项：

（1）以银行存款支付运输费用1 500元。根据有关原始凭证，编制如下会计分录：

借：销售费用——运输费　　　　　　　　　　　　　　　　　　　1 500

　　贷：银行存款　　　　　　　　　　　　　　　　　　　　　　　　1 500

（2）以银行存款支付产品广告费80 000元。根据有关原始凭证，编制如下会计分录：

借：销售费用——广告费　　　　　　　　　　　　　　　　　　　80 000

　　贷：银行存款　　　　　　　　　　　　　　　　　　　　　　　80 000

（3）应付销售部门人员工资7 200元。根据有关原始凭证，编制如下会计分录：

借：销售费用——工资　　　　　　　　　　　　　　　　　　　　7 200

　　贷：应付职工薪酬　　　　　　　　　　　　　　　　　　　　　7 200

14.3.3 财务费用

14.3.3.1 财务费用的内容

财务费用是指企业为筹集生产经营所需资金等而发生的筹资费用，包括利息净支出（减利息收入）、汇兑损益以及相关的手续费、企业发生的现金折扣和收到的现金折扣等。

为购建或生产满足资本化条件的资产发生的应予资本化借款费用，在"在建工程""制造费用"等科目中进行核算，不在本科目核算。

14.3.3.2 账户设置

"财务费用"科目属于损益类科目，用来核算企业为筹集生产经营所需资金等而发生的筹资费用。发生财务费用时，借记"财务费用"科目，贷记"应付利息""银行存款""未确认融资费用"等科目。发生利息收入、汇兑收益、现金折扣时，借记"银行存款""应付账款"等科目，贷记"财务费用"科目。期末，将本科目的余额转入"本年利润"科目，结转后本科目应无余额。本科目可按费用项目设置明细账户，进行明细分类核算。

14.3.3.3 财务费用的账务处理

【例14-5】百盛公司本月发生以下与财务费用有关的业务：

（1）预提本月短期借款利息2 400元。根据有关原始凭证，编制如下会计分录：

借：财务费用——利息支出   2 400

    贷：应付利息   2 400

（2）收到银行通知，存款利息600元已入账。根据有关原始凭证，编制如下会计分录：

借：银行存款   600

    贷：财务费用——利息收入   600

14.4　其他费用的核算

14.4.1　税金及附加

税金及附加是指应收销售收入（包括主营业务收入和其他业务收入）补偿的各种税金及附加费，主要包括消费税、城市维护建设税、教育费附加、环境保护税、水资源税、房产税、土地使用税、车船税、印花税等。

14.4.1.1　消费税的核算

企业销售应纳消费税商品，应按规定计算应交消费费，借记"税金及附加"科目，贷记"应交税费——应交消费税"科目。

14.4.1.2　城市维护建设税和教育费附加的核算

企业取得营业收入后，应按税法规定计算结转应交城市维护建设税和应交教育费附加，借记"税金及附加"科目，贷记"应交税费——应交城建税"和"应交税费——应交教育费附加"科目。

14.4.1.3　房产税、土地使用税、车船税和印花税的核算

企业应按税法规定计算结转应交房产税、土地使用税、车船税，借记"税金及附加"科目，贷记"应交税费——应交房产税""应交税费——应交土地使用税""应交税费——应交车船税"科目。

企业按规定应缴纳的印花税，以购买印花税票方式支付，应根据实际购买印花税票的金额，借记"税金及附加"，贷记"银行存款"科目。

【例14-6】百盛公司12月根据发生的税金及附加业务，编制会计分录如下：

（1）计算应交城市维护建设税800元，应交教育费附加200元。

借：税金及附加   1 000

    贷：应交税费——应交城建税   800

              ——应交教育费附加   200

（2）计算应交房产税500元，应交车船税500元。

借：税金及附加   1 000

    贷：应交税费——应交房产税   500

              ——应交车船税   500

（3）购买印花税票100元。

借：税金及附加 100

　　贷：银行存款 100

14.4.2　资产减值损失

资产减值损失是指企业应收账款、存货、长期股权投资、长期债权投资、固定资产、在建工程、工程物资和无形资产等发生减值确认的减值损失。

企业应根据确认的减值损失，借记"资产减值损失"科目，贷记"坏账准备""存货跌价准备""长期股权投资减值准备""债权投资减值准备""固定资产减值准备""在建工程减值准备""工程物资减值准备""无形资产减值准备"等科目。

【例14-7】12月末，百盛公司计算本年度应计提坏账准备3 000元。

借：资产减值损失 3 000

　　贷：坏账准备 3 000

【例14-8】12月末，百盛公司固定资产的账面价值200 000元（与计税基础相同），可回收金额为190 000元，以前年度未发生减值。则12月末应计提的固定资产减值准备为10 000元。

借：资产减值损失 10 000

　　贷：固定资产减值准备 10 000

14.4.3　公允价值变动损益

公允价值变动损益是指以公允价值计量且其变动计入当期损益的金融资产和以允价值计量的投资性房地产等，由于公允价值变动形成的损益。

相关资产的公允价值高于其账面价值时，应确认公允价值变动收益，借记有关资产科目，贷记"公允价值变动损益"科目；反之，相关资产的公允价值低于其账面价值时，应确认公允价值变动损失，做相反会计处理。

【例14-9】百盛公司年末根据公允价值变动情况，应确认的交易性金融资产公允价值变动损失为50 000元。

借：公允价值变动损益 50 000

　　贷：交易性金融资产——公允价值变动 50 000

14.4.4　营业外支出

营业外支出是指企业发生的与其日常经营活动无直接关系的各项损失。主要包括非流动资产处置损失、盘亏损失、罚没支出、公益性捐赠支出和非常损失等。

企业发生营业外支出时，借记"营业外支出"科目，贷记"固定资产清理""待处理财产损溢""银行存款"等科目。

【例14-10】百盛公司以银行存款20 000元支付税款滞纳金罚款。

借：营业外支出 20 000

　　贷：银行存款 20 000

本章小结

　　费用有广义和狭义之分，本章主要介绍了广义上的费用内容和相关会计科目的核算，其中所得税费用在后面章节中介绍。本章对成本、费用与支出三个概念进行了区分，成本核算中的生产成本的核算在其他课程中讲解，本章未作介绍。

15 收入和利润

学习目标

通过本章学习，了解收入的概念和分类、利润的概念；理解各种特定方式下收入的确认与计量、提供服务收入的确认与计量、营业外收入与营业外支出的主要内容；掌握销售商品收入的确认与会计处理、利润的构成、所得税费用的会计处理方法、本年利润的计算结转、净利润的分配程序与会计处理方法。

15.1   收   入

15.1.1   收入的概念和分类

15.1.1.1   收入的概念

收入是指企业在日常活动中形成的、会导致所有者权益增加的、与所有者投入资本无关的经济利益的总流入。其中，日常活动是指企业为完成其经营目标所从事的经常性活动以及与之相关的其他活动。例如，工业企业制造并销售产品，商品流通企业销售商品，咨询公司提供咨询服务、软件公司为客户开发软件、安装公司提供安装服务、建筑企业提供建造服务等，都属于企业的日常活动。

15.1.1.2   收入的分类

按不同的标准，收入可以有不同的分类。

（1）按照企业经济业务的内容分类，可将收入分为销售商品收入、提供服务收入等。

1）销售商品收入。销售商品收入是指企业通过销售产品或商品取得的收入，如工业企业制造并销售产品、商业企业销售商品等实现的收入。

2）提供服务收入。提供服务收入是指企业通过提供服务取得的收入，如咨询公司提供咨询服务、软件开发企业为客户开发软件、安装公司提供安装服务等实现的收入。建造合同收入可视为企业提供服务所取得收入的一种特殊类型。

（2）按照企业经济业务的核心性分类，可将收入分为主营业务收入、其他业务收入。

1）主营业务收入。主营业务收入是指企业为完成经营目标从事的主要经营活动而取得的收入。如工业企业制造并销售产品、商业企业销售商品、保险公司签发保单、咨询公司提供咨询服务、软件开发企业为客户开发软件、安装公司提供安装服务、商业银行对外贷款等实现的收入。这些活动形成的经济利益的总流入构成收入，是利润的主要来源，属于企业的主营业务收入。

2）其他业务收入。其他业务收入是指企业为完成其经营目标所从事的经常性活动相关的非核心业务活动而取得的收入。例如，工业企业对外出售不需用的原材料、对外转让无形资产使用权、出租固定资产、出租包装物和商品、用材料进行非货币性交换（非货币性交换具有商业实质且公允价值能够可靠计量）或债务重组等实现的收入。这些活动形成的经济利益的总流入构成企业的其他业务收入。

15.1.2 收入的确认

收入确认的核心原则是：收入的确认方式应当反映企业向客户转让商品或提供服务的模式。企业应当在履行了合同中的履约义务，即在客户取得相关商品控制权时确认收入。合同，是指双方或多方之间订立有法律约束力的权利义务的协议，包括书面形式、口头形式以及其他形式（如隐含于商业惯例或企业以往的习惯做法中等）。客户是指与企业订立合同以向该企业购买其日常活动产出的商品并支付对价的一方。如果合同对方与企业订立合同的目的是共同参与一项活动（如合作开发一项资产），合同对方和企业一起分担（或者分享）该活动产生的风险（或者收益），而不是获取企业日常活动产出的商品，则该合同对方不是企业的客户，企业与其签订的该份合同也不属于《企业会计准则第 14 号——收入》（2017）规范的范围。履约义务是指合同中企业向客户销售商品、提供服务等的承诺，既包括合同中明确的承诺，也包括由于企业已公开宣布的政策、特定声明或以往的习惯做法等导致合同订立时客户合理预期企业将履行的承诺。

取得相关商品控制权，是指能够主导该商品的使用并从中获得几乎全部的经济利益，也包括有能力阻止其他方主导该商品的使用并从中获得经济利益。企业在判断商品的控制权是否发生转移时，应当从客户的角度进行分析，即客户是否取得了相关商品的控制权以及何时取得该控制权。

15.1.2.1 收入的确认条件

企业与客户之间的合同同时满足以下五项条件的，企业应当在履行了合同中的履约义务，即在客户取得相关商品控制权时确认收入：

（1）合同各方已经批准该合同并承诺将履行各自义务。

（2）该合同明确了合同各方与所转让商品相关的权利和义务。

（3）该合同有明确的与所转让商品相关的支付条款。

（4）该合同具有商业实质，即履行该合同将改变企业未来现金流量的风险、时间分布或金额。

（5）企业因向客户转让商品而有权取得的对价很可能收回。

企业在进行上述条件的判断时，大多数企业在开展经营活动中均需与客户签订销售合同，例如工业企业与客户签订商品销售合同、施工企业与客户签订承接建造合同等，在该种情况下，应按照规定在履行了合同中的履约义务，即在客户取得相关商品的控制权时确定收入。需要注意的是，商品零售企业等的商品销售大多是在客户付款后直接发出商品，不需要签订合同，则在这种情况下，应按照实质重于形式的要求，可以视为履行了合同的履约义务，直接确认收入。

15.1.2.2 收入的确认时间

企业履行了合同中的履约义务,将商品的控制权转移给客户,客户取得相关商品的控制权时确认收入。该商品控制权的转移可能在某一时段内(履行履约义务的过程中)发生,也可能是在某一时点(履约义务完成时)发生。企业应当根据实际情况,首先应当对合同进行评估,识别该合同所涉及的履约义务,判断履约义务是否满足在某一时段内履行的条件;对于在某一时段内履行的履约义务,企业应当选取恰当的方法来确定履约进度;对于在某一时点履行的履约义务,企业应当综合分析控制权转移的迹象,判断其转移的时点。

(1)在某一时段内确认收入。

满足下列条件之一的,属于在某一时段内履行履约义务,相关收入需要在该履行义务履行的期间内进行确认:

1)客户在企业履约的同时即取得并消耗企业履约所带来的经济利益。企业在履约的过程中是持续地向客户转移企业履约所带来的经济利益的,该履约义务属于在某一时段内履行的履约义务,企业应当在履行履约义务的期间内确认收入。

2)客户能够控制企业履约过程中在建的商品或服务等。企业在履约过程中在建的商品包括在产品、在建工程、尚未完成的研发项目、正在进行的服务等,由于客户控制了在建的商品或服务,客户在企业提供商品或服务的过程中获得其利益,因此该履约义务属于在某一时段内履行的履约义务,应当在该履约义务履行的期间内确认收入。

【例15-1】百盛公司与某客户签订合同,在客户拥有的土地上按照客户的设计要求为其建造厂房。在建造的过程中客户有权修改厂房的设计,并与百盛公司重新协商设计变更后的合同价款。客户每月末按当月工程进度向百盛公司支付工程款。如果客户终止合同,已完成建造部分的厂房归客户所有。

本例中,百盛公司为客户建造厂房,该厂房位于客户的土地上,当客户终止合同时,已建造的厂房归客户所有。这些情况均表明客户在该厂房建造的过程中就能够控制该在建的厂房。因此,百盛公司提供的建造服务属于在某一时段内履行的履约义务,百盛公司应当在提供该服务的期间内确认收入。

3)企业履约的过程中所产出的商品或服务等具有不可替代用途,且该企业在整个合同期间内有权就累计至今已完成的履约部分收取款项。具有不可替代用途,是指因合同限制或实际可行性限制,企业不能轻易地将商品用于其他用途。当企业产出的商品只能提供给某特定客户,而不能被轻易地用于其他用途(如销售给其他客户)时,该商品就具有不可替代用途。有权就累计至今已完成的履约部分收取款项,是指在由于客户或其他方原因终止合同的情况下,企业有权就累计至今已完成的履约部分收取能够补偿其已发生成本和合理利润的款项,并且该权利具有法律约束力。

【例15-2】百盛公司与客户某签订合同,针对客户的实际情况和存在的具体问题,为改善其业务流程提供咨询服务,并出具专业的咨询意见。双方约定,百盛公司仅需要向客户提交最终的咨询意见,而无须提交任何其在工作过程中编制的工作底稿和其他相关资料;在整个合同期间内,如果该客户单方面终止合同,其需要向百盛公司支付违约金,违约金的金额等于百盛公司已发生的成本加上20%的毛利率,该毛利率与百盛公司在类似合同中能够赚取的毛利率大致相同。

本例中，在合同执行的过程中，由于客户无法获得百盛公司已经完成工作的工作底稿和其他任何资料，假设在执行合同的过程中，因百盛公司无法履约而需要由其他公司继续提供后续咨询服务并出具咨询意见时，其需要重新执行百盛公司已经完成的工作，表明该客户并未在百盛公司履约的同时即取得并消耗了百盛公司履约所带来的经济利益。而由于该咨询服务是针对客户的具体情况而提供的，百盛公司无法将最终的咨询意见用作其他用途，表明其具有不可替代用途。

此外，在整个合同期间内，如果该客户单方面终止合同，百盛公司根据合同条款可以主张其已发生的成本及合理利润，表明百盛公司在整个合同期间内有权就累计至今已完成的履约部分收取款项。

所以，百盛公司向该客户提供的咨询服务属于在某一时段履行的履约义务，百盛公司应当在其提供服务的期间内按照适当的进度确认收入。

【例 15-3】百盛公司与客户签订了一份机床制造合同，按照客户的具体要求设计和制造机床。百盛公司在自己的厂区内完成机床的制造，客户无法控制在建过程中的机床。百盛公司如果想把该机床出售给其他客户，需要发生重大的改造成本。双方约定，如果客户单方面解约，其需要向百盛公司支付相当于合同总价 25% 的违约金，且制造中的机床归百盛公司所有。假定该合同仅包含一项履约义务，即设计和制造机床。

本例中，机床是按照该客户的具体要求进行设计和制造的，百盛公司需要发生重大的改造成本将该机床改造之后才能将其出售给其他客户，因此该机床具有不可替代用途。然而，若该客户单方面解约，仅需要向百盛公司支付相当于合同总价 25% 的违约金，表明百盛公司无法在整个合同期间内都有权就累计至今已完成的履约部分收取款项，以补偿其已发生的成本和合理利润。所以，百盛公司为该客户设计和制造机床不属于在某一时段内履行的履约义务。

（2）在某一时点确认营业收入。

对于不属于在某一时段内履行的履约义务，应当属于在某一时点履行的履约义务，企业应当在客户取得相关商品或服务等控制权的时点确认收入。在判断客户是否已取得商品或服务等控制权时，企业应当考虑以下迹象：

1）企业就该商品或服务等享有现时收款权利，即客户就该商品或服务负有现时付款的义务。当企业就该商品或服务等享有现时收款权利时，可能表明客户已经有能力主导该商品等的使用，并从中获得几乎全部的经济利益。

2）企业已将该商品或服务等的法定所有权转移给客户，即客户已经拥有该商品等的法定所有权。当客户取得了商品或服务等的法定所有权时，可能表明其有能力主导该商品等的使用并从中获得几乎全部的经济利益，即客户已经取得对该商品的控制权。

3）企业已将该商品实物转移给客户，即客户已占有该商品实物。客户如果已经占有该商品实物，则可能表明其有能力主导该商品的使用并从中获得几乎全部的经济利益，或者使其他企业无法获得这些利益。需要说明的是，客户虽然占有了某项商品实物但并不意味着其就一定取得了该商品的控制权；反之亦然。

委托代销。委托代销是指委托方和受托方签订代销合同或协议，委托受托方向终端客户销售商品。在这种安排下，企业应当评估受托方在企业向其转让商品时是否已获得对该商品的控制权，如果没有，企业不应在此时确认收入，通常应当在受托方售出商品时确认销售商品收入；受托方应当在商品销售后，按合同或协议约定的方法计算确定的手续费确认收入。

售后代管。售后代管商品是指根据企业与客户签订的合同，已经就销售的商品向客户收款或取得了收款权利，但是直到在未来某一时点将该商品交付给客户之前，仍然继续持有该商品实物的安排。业务活动中，客户可能会由于缺乏足够的仓储空间或因为生产进度延迟而要求与销售方订立此类合同。在该种情况下，尽管企业仍然持有商品的实物，但当客户已经取得了对该商品的控制权时，即使客户决定暂不行使实物占有的权利，其依然有能力主导该商品的使用并从中获得几乎全部的经济利益。因此，企业不再控制该商品，而只是向客户提供了代管服务。

需要说明的是，售后代管除了应当考虑客户是否取得商品控制权的迹象之外，还应当同时满足下列四项条件，才表明客户取得了该商品的控制权：一是必须具有商业实质，例如，售后代管是应客户的要求而订立的；二是属于客户的商品必须能够单独识别，如将属于客户的商品单独存放在指定地点；三是该商品可以随时交付给客户；四是企业不能自行使用该商品或将该商品提供给其他客户。如果在满足上述条件的情况下，企业对尚未发货的商品确认了收入，则企业应当考虑是否还承担了其他的履约义务，如向客户提供保管服务等，从而应当将部分交易价格分至该履约义务。

【例 15 - 4】百盛公司生产并销售机床零件。20×8 年，百盛公司与客户签订销售合同，向其销售 20 000 套零件。由于该客户的仓储能力有限，无法在 20×8 年底前接收这批零件，双方约定百盛公司在 20×9 年按照客户的指令按时发货，并将零件送至客户指定的地点。20×8 年 12 月 31 日，百盛公司共有该批零件库存 25 000 套，其中包括 20 000 套将要销售给该客户的零件。这 20 000 套零件和其余 5 000 套零件一起存放并统一管理，且彼此之间可以互相替换。

本例中，尽管是由于客户没有足够的仓储空间才要求百盛公司暂不发货，并按照其指定的时间发货，但由于这 20 000 套零件与百盛公司的其他产品可以互相替换，且未单独存放保管，百盛公司在向客户交付这些零件之前，能够将其提供给其他客户或者自行使用。所以，这 20 000 套零件在 20×8 年 12 月 31 日不满足售后代管商品确认收入的条件。

4）企业已将该商品等所有权上的主要风险和报酬转移给客户，即客户已取得该商品或服务等所有权上的主要风险和报酬。其中，与商品所有权有关的风险，是指商品可能发生减值或毁损等形成的损失；与商品所有权有关的报酬，是指商品价值增值或通过使用商品等形成的经济利益。也就是说，与商品所有权有关的损失和与商品所有权有关的经济利益均与企业无关，即与商品有关的风险和经济报酬均由客户承担。企业向客户转移了该商品等所有权上的主要风险和报酬，可能表明客户已经取得了主导该商品等的使用并从中获得其几乎全部经济利益的能力。

【例 15 - 5】百盛公司向天龙公司销售一部中央空调，中央空调已经运抵天龙公司，发票账单已经交付，同时收到部分货款。合同约定，百盛公司应负责该中央空调的安装工作，在安装工作结束并经天龙公司验收合格后，天龙公司应立即支付剩余货款。中央空调安装调试工作通常是中央空调销售合同的重要组成部分，在安装过程中可能会发生一些不确定因素，影响中央空调销售收入的实现。因此，中央空调实物的交付不表明商品所有权的主要风险和报酬随之转移，故不能确认收入。如果在需要安装或检验的销售中，安装程序比较简单或检验是为了最终确定合同或协议价格而必须进行的程序，企业可以在发出商品时确认收入。

5）客户已接受该商品或服务等。如果客户已经接受了企业提供的商品或服务等，例如企业销售给客户的商品通过了客户的验收，可能表明客户已经取得了该商品的控制权。

6）其他表明客户已取得商品或服务等控制权的迹象。

需要注意的是，"企业已将该商品实物转移给客户""客户已接受该商品"需根据具体情况确定，如果企业已公开宣布的政策、特定声明或以往的习惯做法等能够证明业务发生时企业已经履行了承诺的履约义务，则可以视为客户已接受该商品，否则应在客户签收商品时才能确认行了承诺的履约义务。若该商品属于标准产品，根据以往的经验，几乎未出现过客户拒收商品的现象，则可视为客户已接受该商品，则在收款时可以确认营业收入；若该商品属于客户特殊定制的商品，且客户能否接受该商品尚不能确定，则企业收款时不应确认为营业收入，应在商品安装调试完成且客户签收商品时确认营业收入。

15.1.3 收入的计量

收入计量的核心原则为：计量的金额应反映企业预计因交付这些商品或服务而有权获得的对价。

企业应当按照各单项履约义务的交易价格计量收入。交易价格是指企业因向客户转让商品而预期有权收取的对价金额。企业代第三方收取的款项以及企业预期将退还给客户的款项，应当作为负债进行会计处理，不计入交易价格。

合同标价不一定代表交易价格，企业应根据合同条款，并结合以往的习惯做法确定交易价格。在确定交易价格时，企业应当考虑可变对价、合同中存在的重大融资成分，以及应付客户对价等因素的影响，并应当假定将按照现有合同的约定向客户转移商品，且该合同不会被取消、续约或者变更。

15.1.3.1 可变对价

可变对价是指对最终交易价格产生影响的不确定的对价，如价格折让、退款、赊销商品承诺给予客户的现金折扣等。合同中存在可变对价的，企业应当按照期望值或最可能发生金额确定可变对价的最佳估计数。每一资产负债表日，企业应当重新估计应计入交易价格的可变对价金额。可变对价金额发生变动的，对于已履行的履约义务，后续变动额应当调整变动当期的营业收入。

【例 15-6】百盛公司 20×8 年 6 月 10 日采用赊销的方式销售产品，赊销期为 60 天，不含增值税的价款为 100 万元，现金折扣条件为"2/20，1/30，n/60"。赊销当日，企业已履行承诺的履约义务。

本例中，假定百盛公司根据经验等判断客户很可能在 20 天内付款，则该项义务的交易价格为 98 万元（100-100×2%），确认营业收入为 98 万元。6 月 30 日，该客户未付款，估计客户将于合同签订后 30 天内付款，则百盛公司将交易价格调整为 99 万元（100-100×1%），当期调增营业收入 1 万元。

假设百盛公司根据经验等判断客户很可能不会提前支付货款，则该项义务的交易价格为 100 万元，确认营业收入为 100 万元。6 月 26 日，该客户支付货款，取得现金折扣 2 万元（100×2%），则百盛公司应将交易价格调整为 98 万元（200-2），当期调减营业收入 2 万元。

15.1.3.2 存在重大融资成分

重大融资成分是指销售商品或提供服务等收款期较长导致分期收款总对价高于其现销价格的差额。企业与客户签订的合同中存在重大融资成分的，应当按照假定客户在取得商品控制权时即以现金支付的应付金额（现销价格）确定交易价格。该交易价格与合同对价之间的差额，应当在合同期内采用实际利率法摊销。百盛公司与客户签订一项分期收款商品销售合同，向其销售一批产品，不含增值税的总对价为 600 万元，收款期为 4 年，每年末收款 150 万元。该商品的现销价格为 540 万元，该合同存在重大融资成分，其交易价格应按照商品的现销价格 540 万元确定，而不应按照分期收款总对价 600 万元确定。

如果在合同开始日，企业预计客户取得商品控制权与客户支付价款间隔不超过一年，可以不考虑合同中存在的重大融资成分，分期收款总金额即为交易价格。

15.1.3.3 应付客户对价

应付客户对价是指企业销售商品明确承诺给予客户的优惠等，如优惠券、兑换券等。企业与客户签订的合同含有应付客户对价的，应当将该应付客户对价冲减交易价格，并在确认相关收入与支付客户对价二者孰晚的时点冲减当期收入。

如果企业应付客户对价是为了向客户取得其他可明确区分的商品，则企业应当采用与本企业采购其他商品相一致的方式确认所取得的商品。企业应付客户对价超过向客户取得可明确区分商品公允价值的，超过金额应当冲减交易价格。向客户取得的可明确区分商品公允价值不能合理估计的，企业应当将应付客户对价全额冲减交易价格。百盛公司采取以旧换新的方式销售一批商品，商品单价为 6 000 元，承诺回收旧商品的对价为 150 元。若回收旧商品的公允价值为 150 元，则百盛公司销售该商品的交易价格为 6 000 元，回收旧商品的对价 150 元为旧商品的采购价格；若回收旧商品的公允价值为 120 元，则应付客户对价超过其公允价值的 30 元应冲减销售价格，企业销售商品的交易价格为 5 970 元，回收旧商品的采购价格为 120 元。

15.1.4 收入确认与计量核心原则的应用步骤

如前所述，收入确认与计量的核心原则，是指企业确认收入的方式应反映向客户转让商品或服务的模式，计量的金额应反映企业因交付这些商品或服务而有权获得的对价。企业可以通过下列步骤确认与计量收入：

15.1.4.1 识别客户合同

识别客户合同是指识别合同各方是否已批准该合同并承诺将履行各自义务（在同一客户与企业签订多项合同且合同内容基本相同的情况下，企业可以将多项合同合并，并将其作为单个合同进行会计处理）。

15.1.4.2 识别合同中的单项履约义务

合同包括企业向客户转让商品或服务的承诺。合同开始日，企业应当对合同进行评估，如果该商品或服务可明确区分，则对应的承诺即为单项履约义务；另外还要识别该单项履约义务是在一段时期内分期履行，还是在某一时点履行，企业应根据不同情况分别进行会计处理。该商品或服务可明确区分，是指客户能够从单独使用某项商品（或服务）或将其与客户易于获得的其他资源一起使用中获益，且企业向客户转让该商品或服务的承诺可与合同中的其他承诺单独区分。

15.1.4.3 确定交易价格

交易价格是企业因向客户转让商品而预期有权收取的对价金额。交易价格一般是固定的，但有时也可能包含可变对价、重大融资成分及应付客户对价等，企业应考虑这些因素的影响，确定最终交易价格。

15.1.4.4 将交易价格分摊至各单项履约义务

当合同中包含两项或多项履约义务时，企业应当在合同开始日，需要将多项履约义务对价之和的交易价格，按照一定标准（各单项履约义务所承诺商品的单独售价的相对比例）分摊至各单项履约义务。分配标准一般为各单项履约义务的市场价格；如果无法取得各单项履约义务的市场价格，也可以将各单项履约义务的预计成本作为分配标准。

15.1.4.5 履行每一单项履约义务时确认收入

企业应在履行了向客户转让已承诺的商品或服务的履约义务时确认营业收入，营业收入的计量金额为分摊至已履行的履约义务的金额。

需要说明的是，如果企业的业务为简单业务，有些步骤不一定存在，则不需要完全按照上述步骤进行营业收入的确认与计量。如商品零售企业销售商品，不需要签订合同，就不需要识别客户合同和识别合同中的履约义务。而当客户合同中不存在可变对价、重大融资成分和应付客户对价等因素的影响时，合同规定的交易价格即为最终交易价格。而当客户合同中的商品为单件商品，则无须再单独识别合同中的履约义务和分摊交易价格。

15.1.5 销售商品或出售原材料的一般会计处理

企业发生销售商品的业务，在满足销售商品收入确认的条件时，即可确认销售收入实现，对实现的销售收入进行会计处理，并结转销售成本。确认销售商品收入时，根据不同结算方式，借记"银行存款""应收账款""应收票据"等科目，按确定的收入金额，贷记"主营业务收入""其他业务收入"等科目，按应收取的增值税额，贷记"应交税费——应交增值税（销项税额）"科目。企业不论采用现销方式还是赊销方式销售商品，均应结转已销商品（扣除销售退回）的成本，借记"主营业务成本"科目，贷记"库存商品"科目。

【例15-7】百盛公司20×8年5月10日向客户销售一批商品，开出的增值税专用发票上注明的销售价格为200 000元，增值税税额为32 000元，该批商品成本为120 000元。百盛公司发出商品，客户收到商品后验收入库。根据合同约定，客户20天内付款。

百盛公司履行了合同规定的履约义务，按照惯例，客户验收商品入库，取得商品的控制权，确认营业收入。

（1）根据资料百盛公司5月10日开出增值税专用发票，发出商品：

借：应收账款　　　　　　　　　　　　　　　232 000
　　贷：主营业务收入　　　　　　　　　　　　200 000
　　　　应交税费——应交增值税（销项税额）　32 000

结转销售成本：

借：主营业务成本　　　　　　　　　　　　　120 000
　　贷：库存商品　　　　　　　　　　　　　　120 000

（2）根据合同约定，客户20天内付款，百盛公司收到款项时：

借：银行存款   232 000

  贷：应收账款   232 000

企业经常把闲置不用的材料物资对外销售，不属于主营业务，取得收入时应确认为其他业务收入，其确认条件与销售商品基本相同。企业出售材料时，根据具体情况，借记"银行存款""应收账款""应收票据"等科目；根据不含增值税的价款，贷记"其他业务收入"科目；涉及增值税贷记"应交税费——应交增值税（销项税额）"科目。结转成本时，借记"其他业务成本"，贷记"原材料"等科目。

【例15-8】百盛公司向客户转让一批闲置的原材料，价款30 000元，增值税额4 800元，该批材料的库存成本27 000元。收到客户开来的转账支票。

（1）销售材料收到价款时：

借：银行存款   34 800

  贷：其他业务收入   30 000

    应交税费——应交增值税（销项税额）   4 800

（2）结转该批材料的实际成本时：

借：其他业务成本   27 000

  贷：原材料   27 000

15.1.6 销售商品涉及现金折扣、销售折让与退回的处理

15.1.6.1 现金折扣

现金折扣的目的是鼓励债务人在规定的期限内尽快付款，折扣条件通常用分式表示。如一笔销售赊销期为30天，销售方规定的现金折扣条件为10天内付款购货方可得到2%的现金折扣，超过10天但在20天内付款可得到1%的现金折扣，超过20天付款须按发票金额全额付款，则该现金折扣条件可表示为"2/10，1/20，n/30"。企业销售商品附有现金折扣条件的，则其对价为可变对价，企业应根据最可能收取的对价确认营业收入。资产负债表日，应重新估价可能收到的对价，按其差额调整营业收入。

【例15-9】百盛公司在20×8年11月25日与客户签订合同，当日采用赊销的方式销售一批商品，开出的增值税专用发票上注明的销售价款为10 000元，增值税税额为1 600元，当日客户收到了商品。为及早收回货款，合同规定的现金折扣条件为"2/30，1/60，n/90"，百盛公司估计客户能够在12月25日前付款，取得现金折扣200元。假定计算现金折扣时不考虑增值税税额。百盛公司的账务处理如下：

（1）11月25日销售实现时，确认营业收入9 800元。

借：应收账款   11 400

  贷：主营业务收入   9 800

    应交税费——应交增值税（销项税额）   1 600

（2）12月31日，客户尚未支付货款。百盛公司与客户沟通商议后，估计客户能够在20×9年1月25日前支付货款，只能取得100元的现金折扣，百盛公司调整营业收入100元。

借：应收账款   100

    贷：主营业务收入   100

（3）20×9年1月20日，百盛公司收到客户支付的全部货款11 500元。

借：银行存款   11 500

    贷：应收账款   11 500

15.1.6.2　销售折让

销售折让是指因售出商品的质量不合格等原因而客户仍可继续使用，企业在售价上可能给予客户的减让。对于销售折让，企业应分别不同情况进行处理：①发生在销货方确认收入之前，销货方应直接从原定的销售价格中扣除给予购货方的销售折让作为实际销售价格，确认收入；发生在销货方确认收入之后，销货方应按实际给予购货方的销售折让，冲减销售收入。②销售折让属于资产负债表日后事项的，应当根据不同情况分别作为资产负债表日后调整事项或非调整事项进行会计处理。

【例15-10】百盛公司向客户销售一批商品，开出的增值税专用发票上注明的销售价款为500 000元，增值税税额为80 000元，该商品的生产成本为300 000元。合同约定交款提货，百盛公司收到货款。3日后客户在使用过程中发现部分商品质量不合格，要求在价格上给予5%的折让，百盛公司同意给予折让，已取得税务机关开具的红字增值税专用发票。百盛公司的账务处理如下：

（1）销售实现时：

借：银行存款   580 000

    贷：主营业务收入   500 000

        应交税费——应交增值税（销项税额）   80 000

借：主营业务成本   300 000

    贷：库存商品   300 000

（2）发生销售折让时：

借：主营业务收入   25 000

    应交税费——应交增值税（销项税额）   4 000

    贷：银行存款   29 000

假定合同约定验货付款，百盛公司向客户发出商品时，不能满足收入确认的全部条件，发出商品时应从"库存商品"科目转入"发出商品"科目核算；待客户验货后，百盛公司按销售折让后的实际价格给客户开具发票，并据以确认销售收入，收到客户转来的货款。在此情况下百盛公司的账务处理如下：

（1）百盛公司发出商品时：

借：发出商品   300 000

    贷：库存商品   300 000

（2）百盛公司按销售折让后价格确认销售实现时：

实际销售价格 = 500 000 × (1 - 5%) = 475 000（元）

增值税销项税额 = 80 000 × (1 - 5%) = 76 000（元）

借：银行存款	551 000
贷：主营业务收入	475 000
应交税费——应交增值税（销项税额）	76 000
借：主营业务成本	300 000
贷：发出商品	300 000

15.1.6.3　销售退回

销售退回是指企业售出的商品由于质量、品种不符合要求等原因而发生的退货。发生销售退回时，企业应根据是否已经确认销售收入，是否已经结转销售成本，以及是否属于资产负债表日后事项等具体情况，分别进行会计处理。

（1）对于未确认收入的售出商品发生退回的，企业应按已计入"发出商品"科目的商品成本金额，借记"库存商品"科目，贷记"发出商品"科目。

（2）对于已确认收入的售出商品发生退回的，企业收到退回的商品和销售退回证明单时，应开具红字增值税专用发票，退还货款或冲减应收账款，并冲减当期销售商品收入，同时冲减当期销售商品成本。冲减销售商品收入时，借记"主营业务收入""应交税费——应交增值税（销项税额）"等科目，贷记"银行存款""应收账款""应收票据"等科目。应由企业负担的发货及退货运杂费，计入销售费用。

【例15-11】百盛公司在20×8年8月11日向客户销售一批商品，合同约定价款为40 000元，增值税税额为6 400元。该批商品成本为22 000元。根据合同约定，客户对商品验收后再付款，百盛公司在客户验货后再开具增值税发票。甲公司在8月14日验货发现该批商品有质量问题，百盛公司同意退货。8月18日百盛公司为客户办理退货。百盛公司的会计处理如下：

（1）8月11日百盛公司向客户发出商品时：

| 借：发出商品 | 22 000 |
| 贷：库存商品 | 22 000 |

（2）8月18日百盛公司为客户办理退货时：

| 借：库存商品 | 22 000 |
| 贷：发出商品 | 22 000 |

假定百盛公司采取委托收款方式进行结算，20×8年8月11日发出商品办理好收款手续；客户在8月14日验货发现该批商品有质量问题，向其开户行提出拒付货款，并向百盛公司提出退货。百盛公司同意退货，8月18日百盛公司为客户办理退货。百盛公司的会计处理如下：

（1）8月11日百盛公司发出商品办理好收款手续时，表明其履行了合同规定的履约义务，按照惯例，视为客户收到该商品并取得控制权，确认营业收入。

借：应收账款	46 400
贷：主营业务收入	40 000
应交税费——应交增值税（销项税额）	6 400
借：主营业务成本	22 000
贷：库存商品	22 000

（2）8月18日发生销售退回时：

借：主营业务收入　　　　　　　　　　　　　　　　　　　　40 000

　　应交税费——应交增值税（销项税额）　　　　　　　　　6 400

　　贷：应收账款　　　　　　　　　　　　　　　　　　　　　46 400

借：库存商品　　　　　　　　　　　　　　　　　　　　　　22 000

　　贷：主营业务成本　　　　　　　　　　　　　　　　　　　22 000

（3）已确认收入的售出商品发生的销售退回属于资产负债表日后事项的，应当按照有关资产负债表日后事项的相关规定进行会计处理，调整损益，企业需要设置"以前年度损益调整"科目。

15.1.7　特殊销售商品业务的处理

商品的销售方式是多种多样的，在不同的销售方式下，销售商品收入确认和计量原则运用于特殊销售商品收入的会计处理时，应结合这些特殊销售商品交易的形式，并注重交易的实质。特殊销售商品业务如为复杂的业务，需要按照前述销售商品确认和计量的五个步骤进行分析判断；如为简单的业务，则可以根据具体业务内容，省略某些步骤的分析判断。

15.1.7.1　委托代销

委托代销是指委托方根据协议，委托受托方代为销售商品的一种销售方式。委托代销商品分别以下情况处理：

（1）视同买断方式委托代销商品。视同买断方式代销商品，是指委托方和受托方签订合同或协议，委托方按合同或协议收取代销的货款，实际售价由受托方自定，实际售价与合同或协议价之间的差额归受托方所有。

视同买断方式下，如果委托方和受托方之间的协议明确标明，受托方在取得代销商品后，无论是否能够卖出、是否获利，均与委托方无关，那么，委托方和受托方之间的代销商品交易，与委托方直接销售商品给受托方没有实质区别，在符合销售商品收入确认条件时，委托方应确认相关销售商品收入。

【例15-12】百盛公司委托乙公司销售商品200件，协议价为600元/件，成本为360元/件。代销协议约定，乙公司在取得代销商品后，无论是否能够卖出、是否获利，均与百盛公司无关。这批商品已经发出，货款尚未收到，百盛公司开出的增值税专用发票上注明的增值税税额为19 200元。乙公司按720元/件的价格将商品全部出售，收取增值税23 040元，并给百盛公司开代销清单，结清协议价款。

（1）百盛公司的账务处理如下：

①百盛公司在发出商品时：

借：应收账款——乙公司　　　　　　　　　　　　　　　　139 200

　　贷：主营业务收入　　　　　　　　　　　　　　　　　　120 000

　　　　应交税费——应交增值税（销项税额）　　　　　　　19 200

借：主营业务成本　　　　　　　　　　　　　　　　　　　72 000

　　贷：库存商品　　　　　　　　　　　　　　　　　　　　72 000

②收到乙公司开来的代销清单及货款时：

借：银行存款   139 200

  贷：应收账款——乙公司   139 200

（2）乙公司的账务处理如下：

①收到受托代销商品时：

借：库存商品   120 000

  应交税费——应交增值税（进项税额）   19 200

  贷：应付账款——百盛公司   139 200

②售出代销商品时：

借：银行存款   167 040

  贷：主营业务收入   144 000

    应交税费——应交增值税（销项税额）   23 040

借：主营业务成本   120 000

  贷：库存商品   120 000

③将协议价款汇给百盛公司时：

借：应付账款——百盛公司   139 200

  贷：银行存款   139 200

如果委托方和受托方之间的合同明确标明，将来受托方没有将商品售出时可以将商品退回给委托方，或受托方因代销商品出现亏损时可以要求委托方补偿，那么，委托方在交付商品时通常不确认收入，发出商品时通过"发出商品"科目进行核算，也可单独设置"委托代销商品"科目核算；受托方也不作购进商品处理，收到的代销商品通过"受托代销商品"科目核算，受托方将商品销售后，按实际售价确认销售收入，并向委托方开具代销清单；委托方收到代销清单时，再根据代销清单所列的已销商品确认商品的销售收入。

【例15-13】按上例资料，假定乙公司将来没有受托代销商品售出时，可以将商品退还给百盛公司，其他条件不变。

（1）百盛公司的账务处理如下：

①百盛公司在发出商品时：

借：发出商品（或委托代销商品）   72 000

  贷：库存商品   72 000

②收到乙公司开来的代销清单及货款时：

借：应收账款——乙公司   139 200

  贷：主营业务收入   120 000

    应交税费——应交增值税（销项税额）   19 200

借：主营业务成本   72 000

  贷：发出商品（或委托代销商品）   72 000

③收到乙公司汇入的货款时：

借：银行存款   139 200

  贷：应收账款——乙公司   139 200

（2）乙公司的账务处理如下：

①收到受托代销商品时：

借：受托代销商品　　　　　　　　　　　　　　　　　120 000

　　贷：受托代销商品款　　　　　　　　　　　　　　　　　120 000

②售出代销商品时：

借：银行存款　　　　　　　　　　　　　　　　　　　167 040

　　贷：主营业务收入　　　　　　　　　　　　　　　　　　144 000

　　　　应交税费——应交增值税（销项税额）　　　　　　　 23 040

借：主营业务成本　　　　　　　　　　　　　　　　　120 000

　　贷：受托代销商品　　　　　　　　　　　　　　　　　　120 000

借：受托代销商品款　　　　　　　　　　　　　　　　120 000

　　贷：应付账款——百盛公司　　　　　　　　　　　　　　120 000

③将协议价款汇给百盛公司并收到增值税专用发票时：

借：应交税费——应交增值税（进项税额）　　　　　　 19 200

　　贷：应付账款——百盛公司　　　　　　　　　　　　　　 19 200

借：应付账款——百盛公司　　　　　　　　　　　　　139 200

　　贷：银行存款　　　　　　　　　　　　　　　　　　　　139 200

（2）收取手续费方式委托代销商品。

收取手续费方式委托代销商品，是指委托方在发出商品时通常不应确认销售商品收入，而应在收到受托方开出的代销清单时确认销售商品收入；受托方应在商品销售后，按合同或协议约定的方法计算确定的手续费确认收入。

委托方发出商品时不确认销售收入，转入"发出商品"或"委托代销商品"科目核算，根据已销售商品金额确认收入，支付的代销手续费计入当期销售费用；受托方收到商品时也不作购货处理，设置"受托代销商品""受托代销商品款"科目进行核算，商品售出后，计算手续费，作为劳务收入，计入"其他业务收入"科目，不确认销售商品收入。

【例15-14】百盛公司委托乙公司销售商品200件，商品已经发出，每件成本为360元。合同约定乙公司应按每件600元对外销售，百盛公司按不含增值税的售价的10%向乙公司支付手续费。乙公司对外实际销售100件，开出的增值税专用发票上注明的销售价款为60 000元，增值税税额为9 600元，款项已经收到。百盛公司收到乙公司开具的代销清单时，向乙公司开具一张相同金额的增值税专用发票。假定百盛公司发出商品时纳税义务尚未发生，不考虑其他因素。

百盛公司将商品发送至乙公司后，乙公司虽然已经实物占有商品，但仅是接受百盛公司的委托销售商品，并根据实际销售的数量赚取一定比例的手续费。百盛公司有权要求收回商品或将其销售给其他的客户，乙公司并不能主导这些商品的销售，这些商品对外销售与否、是否获利以及获利多少等不由乙公司控制，乙公司没有取得这些商品的控制权。因此，百盛公司将商品发送至乙公司时，不应确认收入，而应当在乙公司将商品销售给最终客户时确认收入。

（1）百盛公司的账务处理如下：

①发出商品时：

借：发出商品（或委托代销商品）	72 000
贷：库存商品	72 000

②收到代销清单时：

借：应收账款——乙公司	69 600
贷：主营业务收入	60 000
应交税费——应交增值税（销项税额）	9 600
借：主营业务成本	36 000
贷：发出商品（或委托代销商品）	36 000
借：销售费用	6 000
应交税费——应交增值税（进项税额）	360
贷：应收账款——乙公司	6 360

③收到乙公司支付的货款时：

借：银行存款	63 240
贷：应收账款——乙公司	63 240

（2）乙公司的账务处理如下：

①收到商品时：

借：受托代销商品	120 000
贷：受托代销商品款	120 000

②对外销售时：

借：银行存款	69 600
贷：受托代销商品	60 000
应交税费——应交增值税（销项税额）	9 600

③收到增值税专用发票时：

借：受托代销商品款	60 000
应交税费——应交增值税（进项税额）	9 600
贷：应付账款——百盛公司	69 600

④支付货款并计算代销手续费时（手续费适用的增值税税率为6%）时：

借：应付账款——百盛公司	69 600
贷：银行存款	63 240
其他业务收入	6 000
应交税费——应交增值税（销项税额）	360

15.1.7.2 商品销售后经济利益不能流入企业

如果企业在商品销售后得到客户信息，购货单位因突发财务困难无法支付货款，则不符合收入确认条件，因此企业不能确认收入，应将已经销售商品的成本转为发出商品，借记"发出商品"科目（也可以单独设置"应收退货成本"科目），贷记"库存商品"科目；待已销商品退回后，做相反的会计处理。

如果企业已经开具增值税专用发票，则纳税义务已经发生，应确认应交增值税，借记

"应收账款"科目,贷记"应交税费——应交增值税(销项税额)"科目;待已销商品退回后,收回原增值税专用发票或开具红字增值税专用发票,冲减应交增值税,借记"应交税费——应交增值税(销项税额)"科目,贷记"应收账款"等科目;根据收回商品的成本,借记"库存商品"科目,贷记"发出商品"科目。

【例15-15】20×8年7月5日,百盛公司采用托收承付结算方式销售一批商品30 000元,增值税4 800元,用银行存款代垫运杂费300元,已开具增值税专用发票,办妥托收手续。该批商品的实际成本为22 500元。在办妥托收手续后得到信息,客户突发财务困难,近期无法支付货款,客户承诺将商品退回。8月9日,百盛公司收到客户退回的增值税专用发票及该批商品,验收入库。

7月5日,百盛公司得知客户突发财务困难,与该项交易相关的经济利益不一定能够流入企业,不符合营业收入确认的条件,不能确认为收入。应结转库存商品的成本并确认应交增值税。百盛公司编制会计分录如下:

(1) 7月5日:

借:发出商品 22 500
　贷:库存商品 22 500
借:应收账款 5 100
　贷:应交税费——应交增值税(销项税额) 4 800
　　银行存款 300

(2) 8月9日:

收到客户退回的增值税专用发票,冲减增值税销项税额;代垫运费无法收回,计入销售费用。

借:应交税费——应交增值税(销项税额) 4 800
　销售费用 300
　贷:应收账款 5 100
借:库存商品 22 500
　贷:发出商品 22 500

15.1.7.3 需要安装和检验的商品销售

企业销售的商品若需要经过安装调试,且安装调试运行的结果需经购货方检验合格后购销合同才能生效,则企业在商品安装调试程序完成之前,客户并未真正接受该商品,不满足收入确认的条件,不应确认为收入,收取的款项应确认为预收账款。等安装调试工作完成后,客户接受该商品并获得该商品控制权时再确认收入。

如果商品的安装程序比较简单,或检验是交货必须进行的程序,根据以往的经验,客户不会拒收该商品,那么企业在满足收入确认其他条件的情况下,可以在发出商品时就予以确认收入。如企业销售空调并负责安装调试,但由于空调的安装调试程序比较简单,则在空调销售时就可以确认收入。

【例15-16】20×8年11月12日,百盛公司销售1件A商品,价款为15 000元,增值税销项税额为2 400元,实际成本为9 000元,合同规定百盛公司负责安装,但安装工作比较简单。百盛公司已经开具增值税专用发票,并收取全部价款。根据以往经验,客户不会拒收该商品。11月23日,百盛公司销售1件B商品,价款为40 000元,增值税销项税额为 6 400 元，款项收到存入银行，实际成本 24 000 元，合同规定百盛公司负责安装，安装费包含在商品价格中，安装调试程序完成后客户才能签收该商品。百盛公司已经开具增值税专用发票，并收取 B 商品全部价款。

（1）11 月 12 日：

由于百盛公司销售 A 商品的安装工作比较简单，根据以往经验，客户不会拒收该商品。所以在发出商品 A 时确认收入，百盛公司编制会计分录如下：

借：银行存款   17 400

 贷：主营业务收入   15 000

  应交税费——应交增值税（销项税额）   2 400

借：主营业务成本   9 000

 贷：库存商品   9 000

（2）11 月 23 日：

由于客户在 B 商品安装调试程序完成后才能签收，所以在发出商品 B 时不能确认收入，百盛公司编制会计分录如下：

借：银行存款   46 400

 贷：预收账款   40 000

  应交税费——应交增值税（销项税额）   6 400

借：发出商品   24 000

 贷：库存商品   24 000

B 商品安装调试程序完成后，客户正式签收该商品，确认收入百盛公司编制会计分录如下：

借：预收账款   40 000

 贷：主营业务收入   40 000

借：主营业务成本   24 000

 贷：发出商品   24 000

15.1.7.4 附有销售退回条款的商品销售

附有退货条款的商品销售，是指客户依照有关合同有权退货的销售方式。客户选择退货时，可能有权要求返还其已经支付的全部或部分对价、抵减其对企业已经产生或将会产生的欠款或者要求换取其他商品。客户取得商品控制权之前退回该商品不属于销售退回。企业应当遵循可变对价的处理原则来确定其预期有权收取的对价金额，即交易价格不应包含预期将会被退回的商品的对价金额。

企业应当在客户取得相关商品控制权时，按照因向客户转让商品而预期有权收取的对价金额（不包含预期因销售退回将退还的金额）确认收入，按照预期因销售退回将退还的金额确认负债；同时，按照预期将退回商品转让时的账面价值，扣除收回该商品预计发生的成本（包括退回商品的价值减损）后的余额，确认一项资产；按照所转让商品转让时的账面价值，扣除上述资产成本的净额结转成本。每一资产负债表日，企业应当重新估计未来销售退回情况，并对上述资产和负债进行重新计量。如有变化，应当作为会计估计变更进行会计处理。附有销售退回条款的销售，在客户要求退货时，如果企业有权向客户收取一定金额的退货费，则企业在估计预期有权收取的对价金额时，应当将该退货费包括在内。

企业应将不会退货的已销商品价款确认为主营业务收入，借记"银行存款""应收账款"等科目，贷记"主营业务收入"科目；同时结转主营业务成本，借记"主营业务成本"科目，贷记"库存商品"科目。将可能退货的已销商品，借记"应收退货成本"科目，贷记"库存商品"科目。如果企业已经收取可能退货商品的价款，应确认为预计负债，借记"银行存款"等科目，贷记"预计负债"科目。如果企业已经开具增值税专用发票，则应确认应交增值税，借记"银行存款""应收账款"等科目，贷记"应交税费——应交增值税（销项税额）"科目。如果企业无法合理确定退货的可能性，则应全部确认为发出商品，于退货期满时确认营业收入。

【例 15-17】百盛公司于 20×8 年 11 月 1 日向客户销售一批商品，总成本 200 000 元，开出的增值税专用发票上注明的销售价格为 250 000 元，增值税为 40 000 元。商品已经发出，但款项尚未收到。根据协议约定，客户应于同年 12 月 1 日之前支付货款，在 20×9 年 3 月 31 日之前有权退还商品。发出该批商品时，百盛公司根据过去的经验，估计该批商品的退货率约为 20%。在 20×8 年 12 月 31 日，百盛公司对退货率进行了重新评估，认为只有 10% 的商品会被退回。百盛公司为增值税一般纳税人，商品发出时纳税义务已经发生，实际发生退回时取得税务机关开具的红字增值税专用发票。假定商品发出时控制权转移给客户。20×9 年 3 月 31 日实际发生销售退回 8%，退货款项已经支付。

（1）20×8 年 11 月 1 日发出商品：

借：应收账款		290 000
贷：主营业务收入		200 000
预计负债——应付退货款		50 000
应交税费——应交增值税（销项税额）		40 000
借：主营业务成本		160 000
应收退货成本		40 000
贷：库存商品		200 000

（2）20×8 年 12 月 1 日前收到货款：

借：银行存款		290 000
贷：应收账款		290 000

（3）20×8 年 12 月 31 日百盛公司对退货进行重新评估：

借：预计负债——应付退货款		25 000
贷：主营业务收入		25 000
借：主营业务成本		20 000
贷：应收退货成本		20 000

（4）20×9 年 3 月 31 日发生销售退回：

借：库存商品		16 000
应交税费——应交增值税（销项税额）		3 200
预计负债——应付退货款		25 000

贷：应收退货成本	16 000
主营业务收入	5 000
银行存款	23 200
借：主营业务成本	4 000
贷：应收退货成本	4 000

15.1.7.5 以旧换新的商品销售

企业在销售商品的同时收购旧商品，收购的旧商品确认为存货。如果收购旧商品的价款为其公允价值，收购旧商品支付的价款不得冲减收入，应当计入存货成本。企业收购旧商品的价款直接抵减新商品价款时，应根据新商品的价款扣除旧商品收购价款后的净额，借记"银行存款"等科目；根据收购旧商品的收购价款，借记"原材料"等科目；根据新商品的销售价格，贷记"主营业务收入"科目；根据应缴纳的增值税，贷记"应交税费——应交增值税（销项税额）"科目。如果收购旧商品的价款超过其公允价值，差额属于新商品交易价格的调整，收购的旧商品应按其公允价值入账，差额抵减新商品的收入。

【例15-18】百盛公司于20×8年7月10日销售商品一批，价款为60 000元，增值税销项税额为9 600元，总成本为42 000元。百盛公司已经开具增值税专用发票，并收取全部价款。百盛公司在销售该批商品的同时收购旧商品一批，收购价款3 000元为其公允价值，直接抵扣商品的销售价款，实际收到价款66 600元。收购的旧商品作为原材料验收入库。

百盛公司编制会计分录如下：

借：银行存款	66 600
原材料	3 000
贷：主营业务收入	60 000
应交税费——应交增值税（销项税额）	9 600
借：主营业务成本	42 000
贷：库存商品	42 000

如果收购旧商品的公允价值为2 000元，则收购旧商品价款高于公允价值的差额1 000元应冲减收入。百盛公司编制会计分录如下：

借：银行存款	66 600
原材料	2 000
贷：主营业务收入	59 000
应交税费——应交增值税（销项税额）	9 600
借：主营业务成本	42 000
贷：库存商品	42 000

15.1.7.6 合同包含多项履约义务及可变对价

如果企业与客户签订的合同中包含多项履约义务，交易价格的确定存在可变对价等因素，且既有在一段期间内履行的履约义务，也有在某一时点履行的履约义务，则需要按照营业收入确认与计量的步骤进行分析，分别进行会计处理。企业应当根据其履行履约义务与客户之间的关系，确认合同资产和合同负债。

合同资产，核算企业已向客户转让商品而有权收取对价的权利，且该权利取决于时间流逝因素之外的其他因素。企业在客户实际支付合同对价或在该对价到期应付之前，已经向客户转让了商品的，应当按已转让商品而有权收取的对价金额，借记本科目或"应收账款"科目，贷记"主营业务收入""其他业务收入"等科目；企业取得无条件收款权时，借记"应收账款"等科目，贷记本科目。涉及增值税的，还应进行相应的处理。

合同负债，核算企业已收或应收客户对价而应向客户转让商品的义务。企业在向客户转让商品之前，客户已经支付了合同对价或企业已经取得了无条件收取合同对价权利的，企业应当在客户实际支付款项与到期应支付款项孰早时点，按照该已收或应收的金额，借记"银行存款""应收账款""应收票据"等科目，贷记本科目；企业向客户转让相关商品时，借记本科目，贷记"主营业务收入""其他业务收入"等科目。涉及增值税的，还应进行相应的处理。本科目期末贷方余额，反映企业在向客户转让商品之前，已经收到的合同对价或已经取得的无条件收取合同对价权利的金额。

【例15-19】百盛公司于20×8年3月10日经双方批准，与客户签订一款软件销售及后续技术服务合同。该合同规定，百盛公司应于20×8年9月30日交付软件，于20×8年10月1日至20×9年9月30日提供与该软件相关的技术服务（软件无须改进，在编写过程中客户无法控制）。软件与技术服务不含增值税的总价为100 000元，客户在收到软件且能够正常使用时一次付清，假定该项交易属于混合行为，增值税税率均为16%。若该客户于20×8年6月30日前预付全部价款，则不含增值的总价为96 000元。增值税专用发票于收到全部价款时开具。百盛公司单独销售该软件不含增值税的价款为81 600元，单独提供一年技术服务不含增值税的价款为20 400元，合计102 000元。

该合同已经双方批准生效，合同包含的履约义务为多项履约义务，一项为销售软件，另一项为提供一年技术服务。按照单独销售软件价款和提供技术服务价款的比例进行分配，交易价格总额若为100 000元，则软件交易价格为80 000元（100 000×81 600÷102 000），一年技术服务交易价格为20 000元（100 000×20 400÷102 000）；交易价格总额若为96 000元，则软件交易价格为76 800元（96 000×81 600÷102 000），一年技术服务交易价格为19 200元（96 000×20 400÷102 000）。由于软件在编写过程中客户无法控制，应于客户收到软件且能够正常使用时确认营业收入，一年技术服务费应在20×8年10月1日至20×9年9月30日间各月末提供技术服务后分期确认营业收入。

百盛公司编制会计分录如下：

（1）20×8年6月30日，收到客户预付的全部价款96 000元：

借：银行存款   111 360
 贷：合同负债   96 000
   应交税费——应交增值税（销项税额）   15 360

（2）20×8年9月30日，百盛公司交付软件且客户可以正常使用，该软件的成本为60 000元。

借：合同负债   76 800
 贷：主营业务收入   76 800
借：主营业务成本   60 000
 贷：库存商品   60 000

（3）20×8年10月31日，确认当月技术服务收入1 600元（19 200÷12），提供该项技术服务的成本为1 000元。

借：合同负债　　　　　　　　　　　　　　　　　　　　　　　　　1 600
　　贷：主营业务收入　　　　　　　　　　　　　　　　　　　　　　　　1 600
借：主营业务成本　　　　　　　　　　　　　　　　　　　　　　　　1 000
　　贷：合同履约成本　　　　　　　　　　　　　　　　　　　　　　　　1 000

15.1.7.7 附有客户额外购买选择权的销售

某些情况下，企业在销售商品的同时，会向客户授予选择权，允许客户可以据此免费或者以折扣价格购买额外的商品。企业向客户授予额外的购买选择权的形式包括销售激励、客户奖励积分、未来购买商品的折扣券以及合同续约的选择权等。该选择权向客户提供了重大权利的，应当作为单项履约义务。在这种情况下，客户在该合同下支付的价款实际上购买了两项单独的商品：一是客户在该合同下原本购买的商品；二是客户可以免费或者以折扣价格购买额外商品的权利。企业提供的额外购买选择权构成单项履约义务的，企业应当按交易价格分摊的相关原则，将交易价格分摊至该履约义务。

【例15—20】百盛公司以100 000元的价格向客户销售商品，购买该商品的客户可得到一张40%的折扣券，客户可以在未来的30天内使用该折扣券购买百盛公司销售价格不超过100 000元的任一商品。同时，百盛公司计划推出季节性促销活动，在未来30天内针对所有产品均提供10%的折扣。上述两项优惠不能叠加使用。根据历史经验，百盛公司预计有80%的客户会使用该折扣券，额外购买的商品的金额平均为50 000元。上述金额均不包含增值税，且假定不考虑相关税费影响。

购买商品的该客户能够取得40%的折扣券，其远高于所有客户均能享有的10%的折扣，因此，百盛公司认为该折扣券向客户提供了重大权利，应当作为单项履约义务。考虑到客户使用该折扣券的可能性以及额外购买的金额，百盛公司估计该折扣券的单独售价为50 000×80%×（40%－10%）=12 000元。百盛公司按照商品和折扣券单独售价的相对比例对交易价格进行分摊，商品分摊的交易价格为100 000÷（100 000＋12 000）×100 000＝89 286（元），折扣券选择权分摊的交易价格为12 000÷（100 000＋12 000）×100 000＝10 714（元）。

百盛公司在销售商品时的编制会计分录如下：

借：银行存款　　　　　　　　　　　　　　　　　　　　　　　　100 000
　　贷：主营业务收入　　　　　　　　　　　　　　　　　　　　　　　89 286
　　　　合同负债　　　　　　　　　　　　　　　　　　　　　　　　　10 714

15.1.7.8 短期分期收款商品销售

分期收款销售商品，是指企业销售商品时，商品已经交付，货款分期收回的一种销售方式。如果收款期较短，在满足收入确认条件的情况下，不需要考虑分期收款总额中包含的融资成分，应全额确认收入，借记"应收账款"等科目，贷记"主营业务收入"科目；同时结转商品销售成本，借记"主营业务成本"科目，贷记"库存商品"科目。按照增值税相关规定，在合同规定的收款日期确认应交增值税，在发出商品应确认待转销项税额，借记"应收账款"等科目，贷记"应交税费——待转销项税额"科目。在合同规定的收款日期，开具增值税专用发票，根据收到的全部价款，借记"银行存款"等科目，贷记"应收账款"科目；根据确认的增值税，借记"应交税费——待转销项税额"科目，贷记"应交税费——应交增值税（销项税额）"科目。在合同规定的收款日期，如果未收到价款，也应确认应交增值税。

【例 15 - 21】20×8 年 5 月 20 日，百盛公司用分期收款方式销售商品一批，不含增值税的价款为 300 000 元，合同规定分三次收款，收款日期为当年 6 月 15 日、8 月 15 日和 10 月 15 日，总成本为 240 000 元。百盛公司在各收款日均收取货款 116 000 元，并开具增值专用发票。

百盛公司编制会计分录如下：

（1）5 月 20 日销售商品：

待转销项税额 = 300 000 × 16% = 48 000（元）

借：应收账款	348 000
贷：主营业务收入	300 000
应交税费——待转销项税额	48 000
借：主营业务成本	240 000
贷：库存商品	240 000

（2）6 月 15 日、8 月 15 日和 10 月 15 日收取货款：

借：银行存款	116 000
贷：应收账款	116 000
借：应交税费——待转销项税额	16 000
贷：应交税费——应交增值税（销项税额）	16 000

15.1.7.9　具有重大融资性质的分期收款商品销售

如果分期收取的货款期限较长有融资性质，在符合收入确认条件时，企业应当按照商品的现销价格确定收入金额。不含增值税的分期收款总额与确认收入之间的差额作为未实现融资收益，在合同或协议期间内采用实际利率法进行分配，冲减各期财务费用。其中，实际利率是指具有类似信用等级的企业发行类似工具的现时利率，或者将应收的合同或协议价款折现为商品现销价格时的折现率等。在实务中，基于重要性要求，未实现融资收益按照应收款项的摊余成本和实际利率进行摊销与采用直线法进行摊销结果相差不大的，也可以采用直线法进行摊销。

企业发出商品时，应根据含增值税的分期收款总额，借记"长期应收款"科目；根据未来应收增值税销项税额总额，贷记"应交税费——待转销项税额"科目；根据确认收入的金额贷记"主营业务收入"科目；根据其差额，贷记"未实现融资收益"科目。在合同约定的收款日期，应根据实际收到的款项（含增值税），借记"银行存款"等科目，贷记"长期应收款"科目，同时将待转销项税额确认为销项税额，借记"应交税费——待转销项税额"科目，贷记"应交税费——应交增值税（销项税额）"科目。此外，还应根据不含待转销项税额的长期应收款账面价值（扣除待转销项税额的"长期应收款"科目借方余额与"未实现融资收益"科目贷方余额的差额）和实际利率计算未实现融资收益的摊销额，确认为利息收入，借记"未实现融资收益"科目，贷记"财务费用"科目。

【例 15 - 22】20×5 年 1 月 1 日，百盛公司采用分期收款方式向客户销售一套大型设备, 合同约定的销售价格为 10 000 000 元, 分 5 次于每年 12 月 31 日等额收取。该大型设备成本为 7 800 000 元。在现销方式下, 该大型设备的销售价格为 8 000 000 元。百盛公司在各收款日均收到货款, 并开具增值税专用发票。

本例中, 百盛公司应当确认的销售商品收入金额为 8 000 000 元。

根据下列公式: 未来五年收款额的现值 = 现销方式下应收款项金额

可以得出: $2\ 000\ 000 \times (P/A, r, 5) = 8\ 000\ 000$ (元)

可在多次测试的基础上, 用插值法计算折现率。

当 r = 7% 时, $2\ 000\ 000 \times 4.1002 = 8\ 200\ 400 > 8\ 000\ 000$

当 r = 8% 时, $2\ 000\ 000 \times 3.9927 = 7\ 985\ 400 < 8\ 000\ 000$

因此, 7% < r < 8%。用插值法计算如下:

现值   利率

8 200 400   7%

8 000 000   r

7 985 400   8%

$(8\ 200\ 400 - 8\ 000\ 000) \div (8\ 200\ 400 - 7\ 985\ 400) = (7\% - r) \div (7\% - 8\%)$

r = 7.93%

每期计入财务费用的金额见表 15-1。

表 15-1 融资收益分配表 (实际利率法)　　　　　　单位: 元

日　　期	收现总额 (a)	财务费用(b) = 期初(d) × 7.93%	已收本金(c) = (a) − (b)	未收本金(d) = 期初(d) − (c)
20×5.01.01				8 000 000
20×5.12.31	2 000 000	634 400	1 365 600	6 634 400
20×6.12.31	2 000 000	526 107.92	1 473 892.08	5 160 507.92
20×7.12.31	2 000 000	409 228.28	1 590 771.72	3 569 736.20
20×8.12.31	2 000 000	283 080.08	1 716 919.92	1 852 816.28
20×9.12.31	2 000 000	147 183.82 *	1 852 816.28	0
合计	10 000 000	2 000 000	8 000 000	—

* 系尾数调整: 2 000 000 − 1 852 816.28 = 147 183.82 (元)

根据表 15-1 的计算结果, 百盛公司各期编制的会计分录如下:

(1) 20×5 年 1 月 1 日销售实现:

待转销项税额 = 10 000 000 × 16% = 1 600 000 (元)

长期应收款总额 = 10 000 000 + 1 600 000 = 11 600 000 (元)

借: 长期应收款　　　　　　　　　　　　　　　　　　　　　11 600 000

　贷: 主营业务收入　　　　　　　　　　　　　　　　　　　　　　8 000 000

　　　应交税费——待转销项税额　　　　　　　　　　　　　　　　1 600 000

　　　未实现融资收益　　　　　　　　　　　　　　　　　　　　　2 000 000

借: 主营业务成本　　　　　　　　　　　　　　　　　　　　　7 800 000

　贷: 库存商品　　　　　　　　　　　　　　　　　　　　　　　　7 800 000

（2）20×5 年 12 月 31 日收取款项：

借：银行存款 2 320 000
  贷：长期应收款——甲公司 2 320 000
借：应交税费——待转销项税额 320 000
  贷：应交税费——应交增值税（销项税额） 320 000
借：未实现融资收益 634 400
  贷：财务费用 634 400

（3）20×6 年 12 月 31 日收取款项：

借：银行存款 2 320 000
  贷：长期应收款——甲公司 2 320 000
借：应交税费——待转销项税额 320 000
  贷：应交税费——应交增值税（销项税额） 320 000
借：未实现融资收益 526 107.92
  贷：财务费用 526 107.92

（4）20×7 年 12 月 31 日收取款项：

借：银行存款 2 320 000
  贷：长期应收款——甲公司 2 320 000
借：应交税费——待转销项税额 320 000
  贷：应交税费——应交增值税（销项税额） 320 000
借：未实现融资收益 409 228.28
  贷：财务费用 409 228.28

（5）20×8 年 12 月 31 日收取款项：

借：银行存款 2 320 000
  贷：长期应收款——甲公司 2 320 000
借：应交税费——待转销项税额 320 000
  贷：应交税费——应交增值税（销项税额） 320 000
借：未实现融资收益 283 080.08
  贷：财务费用 283 080.08

（6）20×9 年 12 月 31 日收取款项：

借：银行存款 2 320 000
  贷：长期应收款——甲公司 2 320 000
借：应交税费——待转销项税额 320 000
  贷：应交税费——应交增值税（销项税额） 320 000
借：未实现融资收益 147 183.82
  贷：财务费用 147 183.82

15.1.7.10　售后回购

售后回购，是指企业销售商品的同时承诺或有权选择日后再将该商品购回的销售方式。对售后回购交易，企业应当区分不同情况进行会计处理。企业因存在与客户的远期安排而负有回购义务或企业享有回购权利的，表明客户在销售时点未取得相关商品控制权，企业应当作为租赁交易或融资交易进行相应的会计处理。其中，回购价格低于原售价的，应当视为租赁交易，即视为客户租赁该资产，差额为客户承担的资产使用费；回购价格高于原售价的，应当视为融资交易，即质押贷款，在收到客户款项时确认金融负债，并将其差额在回购期间内确认为利息费用等。

售后回购，如果属于融资交易，收取的价款应确认为负债。企业应根据收取的全部价款，借记"银行存款"等科目；根据收取的不含增值税的价款，贷记"其他应付款"科目；根据应交增值税，贷记"应交税费——应交增值税（销项税额）"科目。同时，还要根据发出商品的成本，借记"发出商品"科目，贷记"库存商品"科目。企业回购商品的价格超过销售商品价格的差额，实质上属于商品回购期内支付的利息费用，应在回购期内分期平均确认为利息支出，借记"财务费用"科目，贷记"其他应付款"科目。企业回购商品时，应根据回购商品不含增值税的价款，借记"其他应付款"科目；根据支付的增值税额，借记"应交税费——应交增值税（进项税额）"等科目；根据支付的全部价款，贷记"银行存款"等科目，同时，根据收回的商品成本，借记"库存商品"科目，贷记"发出商品"科目。

【例15-23】20×8年9月30日，百盛公司销售商品一批，不含增值税的价款为100 000元，增值税为16 000元，该批商品实际成本为90 000元，已开具增值税专用发票，并收取全部价款。销售合同规定，该企业在11月30日将该商品购回，购回价格为101 000元，增值税为16 160元。

百盛公司编制会计分录如下：

（1）9月16日销售商品，由于存在回购条款，客户不能控制该批商品，因而不确认收入。

借：银行存款　　　　　　　　　　　　　　　　　　　　　　　　116 000
　　贷：应交税费——应交增值税（销项税额）　　　　　　　　　　　16 000
　　　　其他应付款　　　　　　　　　　　　　　　　　　　　　　100 000
借：发出商品　　　　　　　　　　　　　　　　　　　　　　　　　90 000
　　贷：库存商品　　　　　　　　　　　　　　　　　　　　　　　　90 000

（2）10~11月每月末计提利息费用。销售至回购期间的利息支出为101 000 - 100 000 = 1 000元，10~11月每月计提利息支出500元。

借：财务费用　　　　　　　　　　　　　　　　　　　　　　　　　　500
　　贷：其他应付款　　　　　　　　　　　　　　　　　　　　　　　　500

（3）11月30日回购商品。

借：其他应付款　　　　　　　　　　　　　　　　　　　　　　　101 000
　　应交税费——应交增值税（进项税额）　　　　　　　　　　　　16 160
　　贷：银行存款　　　　　　　　　　　　　　　　　　　　　　　117 160
借：库存商品　　　　　　　　　　　　　　　　　　　　　　　　　90 000
　　贷：发出商品　　　　　　　　　　　　　　　　　　　　　　　　90 000

15.1.8　提供服务

企业提供的服务如果属于在某一时点履约的义务，应采用与前述商品销售相同的方法确认营业收入；如果属于在某一段期间履行的义务，则应考虑服务的性质，采用产出法或投入法确定恰当的履约进度，分期确认营业收入。

产出法是根据已转移给客户的商品对于客户的价值确定履约进度的方法，通常可采用实际测量的完工进度、评估已实现的结果、已达到的里程碑、时间进度、已完工或交付的产品等产出指标确定履约进度。投入法是根据企业履行履约义务的投入确定履约进度的方法，通常可采用投入的材料数量、花费的人工工时或机器工时、发生的成本和时间进度等投入指标确定履约进度。

资产负债表日，企业应按照合同收入总额乘以履约进度再扣除以前会计期间累计确认的合同收入后的金额，确认当期收入；同时，按照履行合同估计发生的总成本乘以履约进度再扣除以前会计期间累计确认的合同成本后的金额，结转当期成本。即：

本期确认的收入＝合同总收入×本期末止履行进度－以前期间已确认的收入

本期确认的成本＝合同总成本×本期末止履行进度－以前期间已确认的成本

当履约进度不能合理确定时，企业已经发生的成本预计能够得到补偿的，应当按照已经发生的成本确认营业收入，直到履约进度能够合理确定为止；如果已发生的成本预计不能全部得到补偿的，应当按照预计能够得到补偿的部分确认营业收入。例如，百盛公司与客户签订一项服务合同，合同总收入为600万元，合同总成本预计为400万元，期限为3年，百盛公司无法合理确定履约进度。资产负债表日，该项服务的累计服务成本为80万元，已经发生的成本预计能够得到补偿，则应累计确认营业收入80万元。如果预计只有60万元能得到补偿，则应确认营业收入为60万元。

企业发生的服务成本，可以设置"合同履约成本"科目进行核算，可按合同分别设置"服务成本""工程施工"等进行明细核算。企业实际发生上述合同履约成本时，应借记"合同履约成本"科目，贷记"原材料""应付职工薪酬"等科目；确认服务收入时，应借记"银行存款"等科目，贷记"主营业务收入"等科目；结转相关服务成本时，应借记"主营业务成本"等科目，贷记"合同履约成本"。

【例15－24】20×8年10月1日，百盛公司与客户签订一项服务合同，不含增值税的总收入为1 600 000元，适用的增值税税率为6%，完工日为20×9年3月31日，采用产出法确认营业收入。合同签订日预收含增值税总收入25%的保证金，其余服务款分别于20×8年11月30日、20×9年1月31日和20×9年3月31日各收取25%，百盛公司预计该项服务的总成本为1 250 000元。20×8年10月，百盛公司实际发生服务成本140 000元（假定全部为职工薪酬），月末专业测量师测算的履约进度为10%；20×8年11月，百盛公司实际发生服务成本260 000元（假定全部为职工薪酬），月末专业测量师测算的履约进度为30%。

百盛公司编制会计分录如下：

（1）20×8年10月1日收取保证金：

1 600 000×(1＋6%)×25%＝424 000（元）

借：银行存款 424 000

　贷：合同负债 424 000

（2）20×8年10月31日，确认服务成本、服务收入，结转服务成本。

①发生服务成本：

借：合同履约成本——服务成本　　　　　　　　　　　　　　140 000

　　贷：应付职工薪酬　　　　　　　　　　　　　　　　　　　　　　　140 000

②确认服务收入：

1 600 000×10%＝160 000（元）

借：合同负债　　　　　　　　　　　　　　　　　　　　　　169 600

　　贷：主营业务收入　　　　　　　　　　　　　　　　　　　　　　160 000

　　　　应交税费——应交增值税（销项税额）　　　　　　　　　　　　9 600

③结转服务成本：

1 250 000×10%＝125 000（元）

借：主营业务成本　　　　　　　　　　　　　　　　　　　　125 000

　　贷：合同履约成本　　　　　　　　　　　　　　　　　　　　　　125 000

"合同履约成本"科目余额＝140 000－125 000＝15 000（元）

"合同负债"科目余额＝424 000－169 600＝254 400（元）

（3）20×8年11月30日，确认服务成本、服务收入，结转服务成本，收取服务款。

①发生服务成本：

借：合同履约成本——服务成本　　　　　　　　　　　　　　260 000

　　贷：应付职工薪酬　　　　　　　　　　　　　　　　　　　　　　260 000

②确认服务收入：

1 600 000×30%－160 000＝320 000（元）

借：合同负债　　　　　　　　　　　　　　　　　　　　　　339 200

　　贷：主营业务收入　　　　　　　　　　　　　　　　　　　　　　320 000

　　　　应交税费——应交增值税（销项税额）　　　　　　　　　　　19 200

③结转服务成本：

1 250 000×30%－125 000＝250 000（元）

借：主营业务成本　　　　　　　　　　　　　　　　　　　　250 000

　　贷：合同履约成本　　　　　　　　　　　　　　　　　　　　　　250 000

④收取服务费：

借：银行存款　　　　　　　　　　　　　　　　　　　　　　424 000

　　贷：合同负债　　　　　　　　　　　　　　　　　　　　　　　　424 000

"合同履约成本"科目余额＝15 000＋260 000－250 000＝25 000（元）

"合同负债"科目余额＝254 400－339 200＋424 000＝339 200（元）

以后月份以此类推。

【例15－25】接【例15－23】，假定百盛公司采用投入法确定履约进度。

（1）20×8年10月1日收取保证金：

1 600 000×(1＋6%)×25%＝424 000（元）

借：银行存款　　　　　　　　　　　　　　　　　　　　　　424 000

　　贷：合同负债　　　　　　　　　　　　　　　　　　　　　　　　424 000

（2）20×8年10月31日，确认服务成本、服务收入，结转服务成本。

①发生服务成本：

借：合同履约成本——服务成本   140 000

  贷：应付职工薪酬   140 000

②确认服务收入：

履约进度 $= 140\ 000 \div 1\ 250\ 000 \times 100\% = 11.2\%$

服务收入 $= 1\ 600\ 000 \times 11.2\% = 179\ 200$（元）

借：合同负债   189 952

  贷：主营业务收入   179 200

    应交税费——应交增值税（销项税额） 10 752

③结转服务成本：

$1\ 250\ 000 \times 11.2\% = 140\ 000$（元）

借：主营业务成本   140 000

  贷：合同履约成本   140 000

"合同履约成本"科目余额 $= 140\ 000 - 140\ 000 = 0$（元）

"合同负债"科目余额 $= 424\ 000 - 189\ 952 = 234\ 048$（元）

（3）20×8 年 11 月 30 日，确认服务成本、服务收入，结转服务成本，收取服务款。

①发生服务成本：

借：合同履约成本——服务成本   260 000

  贷：应付职工薪酬   260 000

②确认服务收入：

履约进度 $=（140\ 000 + 260\ 000）\div 1\ 250\ 000 \times 100\% = 32\%$

服务收入 $= 1\ 600\ 000 \times 32\% - 179\ 200 = 332\ 800$（元）

借：合同负债   352 768

  贷：主营业务收入   332 800

    应交税费——应交增值税（销项税额） 19 968

③结转服务成本：

$1\ 250\ 000 \times 32\% - 140\ 000 = 260\ 000$（元）

借：主营业务成本   260 000

  贷：合同履约成本   260 000

④收取服务费：

借：银行存款   424 000

  贷：合同负债   424 000

"合同履约成本"科目余额 $= 260\ 000 - 260\ 000 = 0$（元）

"合同负债"科目余额 $= 234\ 048 - 352\ 768 + 424\ 000 = 305\ 280$（元）

以后月份以此类推。

15.2 利　润

15.2.1 利润及其构成

企业作为独立的经济实体,应当以自己的经营收入抵补其成本费用,并且实现盈利。企业盈利的大小在很大程度上反映企业生产经营的经济效益,表明企业在每一会计期间的最终经营成果。

15.2.1.1 利润的概念

利润是指企业在一定会计期间的经营成果。利润包括收入减去费用后的净额、直接计入当期利润的利得和损失等。其中,收入减去费用后的净额,反映企业日常活动的业绩;直接计入当期利润的利得和损失,是指应当计入当期损益、最终会引起所有者权益发生增减变动的、与所有者投入资本或者向所有者分配利润无关的利得或者损失,反映企业非日常活动的业绩。

利润的确认主要取决于收入和费用以及直接计入当期利润的利得和损失的确认,利润金额的计量主要取决于收入和费用以及直接计入当期利润的利得和损失的计量。

15.2.1.2 利润的构成

在利润表中,利润的金额分为营业利润、利润总额和净利润三个层次。

(1)营业利润。营业利润,是指企业一定期间的日常活动取得的利润。营业利润的具体构成,可用公式表示如下:

营业利润 = 营业收入 − 营业成本 − 税金及附加 − 销售费用 − 管理费用 − 研发费用 − 财务费用 − 资产减值损失 − 信用减值损失 + 其他收益 ± 投资净损益 ± 公允价值变动收益 ± 资产处置净损益

其中,营业收入是指企业经营业务所实现的收入总额,包括主营业务收入和其他业务收入。营业成本是指企业经营业务所发生的实际成本总额,包括主营业务成本和其他业务成本。税金及附加是指企业经营业务应负担的税金及附加费用。研发费用是指企业在研究与开发过程中发生的费用支出,是管理费用的一部分,在利润表中应将其从管理费用中分离,单独列报。资产减值损失是指企业计提各项资产减值准备所形成的损失。其他收益是指与企业日常活动相关,但不宜冲减成本费用而应计入其他收益的政府补助,如增值税即征即退、与资产相关的政府补助确认为递延收益后的分期摊销额等。投资收益(或损失)是指企业以各种方式对外投资所取得的收益(或发生的损失)。公允价值变动收益(或损失)是指企业交易性金融资产等公允价值变动形成的应计入当期损益的利得(或损失)。资产处置净损益是指企业出售划分为持有待售的非流动资产(金融资产、长期股权投资和投资性房地产除外)或处置组(子公司和业务除外)时确认的处置利得或损失,以及处置(包括抵债、投资、非货币性资产交换、捐赠等)未划分为持有待售的固定资产、在建工程、生产性生物资产及无形资产而产生的处置利得或损失。债务重组中因处置非流动资产产生的利得或损失和非货币性资产交换产生的利得

或损失也包括在本项目内。

（2）利润总额。利润总额是指企业一定期间的营业利润，加上营业外收入减去营业外支出后的所得税前利润总额，即：

利润总额＝营业利润＋营业外收入－营业外支出

营业外收入（或支出）是指企业发生的与日常活动无直接关系的各项利得（或损失）。

1）营业外收入。营业外收入是指企业取得的与日常生产经营活动没有直接关系的各项利得。营业外收入并不是由企业经营资金耗费所产生的，不需要企业付出代价，实际上是一种纯收入，不可能也不需要与有关费用进行配比。因此，在会计处理上，应当严格区分营业外收入与营业收入的界限。营业外收入主要包括债务重组利得、与企业日常活动无关的政府补助、盘盈利得、捐赠利得等。

债务重组利得是指重组债务的账面价值超过清偿债务的现金、非现金资产的公允价值、债权人放弃债权而享有股份的公允价值，或者重组后债务账面价值之间的差额。

罚没利得是指企业收取的滞纳金、违约金及其他形式的罚款，在弥补了由于对方违约而造成的经济损失后的净收益。

无法支付的应付款项是指由于债权单位撤销或其他原因而无法支付，按规定程序报经批准后转入当期损益的应付款项。

盘盈利得是指企业在财产清查中发现的库存现金实存数额超过账面数额而获得的资产溢余利得。企业对于现金等资产清查盘点中盘盈的资产，报经批准后计入营业外收入的金额。

捐赠利得是指企业接受外部现金和非现金资产捐赠而获得的利得。

企业应当通过"营业外收入"科目，核算营业外收入的取得和结转情况。该科目可按营业外收入项目进行明细核算。期末，应将该科目余额转入"本年利润"科目，结转后该科目无余额。

2）营业外支出。营业外支出是指企业发生的与日常活动无直接关系的各项损失。营业外支出主要包括：债务重组损失、非流动资产毁损报废损失、罚款支出、捐赠支出、非常损失、盘亏损失等。

债务重组损失是指企业在进行债务重组时，债权人重组债权的账面价值高于接受抵债取得的现金及非现金资产公允价值、放弃债权而享有股份的公允价值、重组后债权的账面价值的差额所形成的损失。

非流动资产毁损报废损失是指因自然灾害等发生毁损、已丧失使用功能而报废的固定资产等非流动资产所产生的清理净损失。

罚款支出是指企业由于违反合同、违法经营、偷税漏税、拖欠税款等而支付的违约金、罚款、滞纳金等支出。

捐赠支出是指企业对外进行捐赠发生的支出。

非常损失是指企业对于因客观因素（如自然灾害等）造成的损失，在扣除保险公司赔偿后计入营业外支出的净损失。

企业应通过"营业外支出"科目，核算营业外支出的发生及结转情况。该科目可按营业外支出项目进行明细核算。期末，应将该科目余额转入"本年利润"科目，结转后该科目无余额。

需要注意的是：营业外收入和营业外支出应当分别核算。在具体核算时，不得以营业外支出直接冲减营业外收入，也不得以营业外收入冲减营业外支出，即企业在会计核算时，应当区别营业外收入和营业外支出进行核算。

（3）净利润。净利润是指企业一定期间的利润总额减去所得税费用后的净额，即：

净利润 = 利润总额 - 所得税费用

所得税费用是指企业按照会计准则的规定确认的应从当期利润总额中扣除的当期所得税费用和递延所得税费用。

15.2.2　利润的结转与分配

15.2.2.1　利润的结转

企业应设置"本年利润"科目，核算企业当期实现的净利润（或发生的净亏损）。

（1）将损益转入"本年利润"。

会计期末，企业应将收入类科目贷方余额转入"本年利润"科目贷方登记。即借记"主营业务收入""其他业务收入""营业外收入"等科目，贷记"本年利润"；将支出类科目借方余额转入"本年利润"科目借方登记，即借记"本年利润"科目，贷记"主营业务成本""税金及附加""其他业务成本""销售费用""管理费用""财务费用""资产减值损失""营业外支出""所得税费用"等科目；公允价值变动损益、投资收益科目如为净收益，借记"公允价值变动损益""投资收益"等科目，贷记"本年利润"科目；如为净损失，借记"本年利润"科目，贷记"公允价值变动损益""投资收益"等科目。

企业期末结转利润时，将各损益类科目的金额转入"本年利润"科目后，结平各损益类科目。结转后"本年利润"科目的贷方余额为当期实现的净利润；借方余额为当期发生的净亏损。

（2）结转本年净利润。

年度终了，应将本年收入、利得和费用、损失相抵后，结出的本年实现的净利润，转入"利润分配——未分配利润"科目，借记"本年利润"科目，贷记"利润分配——未分配利润"科目；如为净亏损作相反的会计分录。结转后"本年利润"科目应无余额。

为了简化核算，企业在中期期末可以不进行上述利润结转，年内各期实现的利润直接通过利润表计算；年度终了时，再将各损益类科目全年累计余额一次转入"本年利润"科目。

【例15-26】百盛公司20×8年度取得主营业务收入2 500万元，其他业务收入900万元，投资净收益350万元，营业外收入125万元；发生的主营业务成本1 750万元，其他业务成本700万元，税金及附加30万元，销售费用190万元，管理费用170万元，财务费用60万元，资产减值损失75万元，公允价值变动净损失50万元，营业外支出100万元；本年度确认的所得税费用为260万元。百盛公司中期期末不进行利润结转，年末一次结转利润。其编制会计分录如下：

（1）20×8年12月31日，结转本年损益类科目余额。

借：主营业务收入 25 000 000

其他业务收入 9 000 000

投资收益 3 500 000

营业外收入 1 250 000

贷：本年利润 38 750 000

借：本年利润 33 850 000

贷：主营业务成本 17 500 000

税金及附加 300 000

其他业务成本 7 000 000

销售费用 1 900 000

管理费用 1 700 000

财务费用 600 000

资产减值损失 750 000

公允价值变动净损益 500 000

营业外支出 1 000 000

所得税费用 2 600 000

（2）20×8年12月31日，结转本年净利润。

借：本年利润 4 900 000

贷：利润分配——未分配利润 4 900 000

15.2.2.2 利润的分配

企业当期实现的净利润，加上年初未分配利润（或减去年初未弥补亏损）后的余额，为可供分配的利润。可供分配的利润，一般按下列顺序分配：

（1）弥补以前年度亏损。

按所得税法规定企业某年度发生的纳税亏损，在其后五个年度内可以用应纳税所得额弥补，从第六年开始，只能用净利润弥补。如果净利润不够弥补亏损，则可以用以前年度提取的盈余公积来弥补。

（2）提取法定盈余公积。

提取法定盈余公积是指企业根据有关法律的规定，按照净利润的10%提取的盈余公积。法定盈余公积累计金额超过企业注册资本的50%以上时，可以不再提取。

（3）提取任意盈余公积。

提取任意盈余公积是指企业按股东大会决议提取的任意盈余公积。

（4）应付现金股利或利润。

应付现金股利或利润是指企业按照利润分配方案分配给股东的现金股利，也包括非股份有限公司分配给投资者的利润。

（5）转作股本的股利。

转作股本的股利是指企业按照利润分配方案以分派股票股利的形式转作股本的股利，也包括非股份有限公司以利润转增的资本。

企业应当设置"利润分配"科目，核算利润的分配（或亏损的弥补）情况，以及历年积存的未分配利润（或未弥补亏损）。该科目还应当分别设置"提取法定盈余公积""提取任意盈余公积""应付现金股利或利润""转作股本的股利""盈余公积补亏"和"未分配利润"等进行明细核算。

企业用盈余公积弥补以前年度亏损时，借记"盈余公积"科目，贷记"利润分配——未分配利润"科目。

企业的净利润弥补以前年度亏损后，如果还有剩余，按有关法律规定提取的法定盈余公积，借记"利润分配——提取法定盈余公积"科目，贷记"盈余公积——法定盈余公积"科目；按股东大会或类似机构决议提取的任意盈余公积，借记"利润分配——提取任意盈余公积"科目，贷记"盈余公积——任意盈余公积"科目；按股东大会或类似机构决议分配给股东的现金股利，借记"利润分配——应付现金股利或利润"科目，贷记"应付股利"科目；按股东大会或类似决议分配给股东的股票权利，在办理增资手续后，借记"利润分配——转作股本的股利"科目，贷记"股本"科目，如有差额，贷记"资本公积——股本溢价"科目。企业用盈余公积弥补亏损，借记"盈余公积——法定盈余公积或任意盈余公积"，贷记"利润分配——盈余公积补亏"科目。

年度终了，企业应将"利润分配"科目所属其他明细科目余额转入"未分配利润"明细科目。结转后，除"未分配利润"明细科目外，其他明细科目应无余额。

【例15-27】百盛公司20×8年度实现净利润1 960万元，按净利润的10%提取法定盈余公积，按净利润的15%提取任意盈余公积，向股东分派现金股利700万元，同时分派每股面值1元的股票股利500万股。

（1）提取盈余公积：

借：利润分配——提取法定盈余公积 　　　　1 960 000
　　　　——提取任意盈余公积 　　　　2 940 000
　贷：盈余公积——法定盈余公积 　　　　1 960 000
　　　　——任意盈余公积 　　　　2 940 000

（2）分配现金股利：

借：利润分配——应付现金股利 　　　　7 000 000
　贷：应付股利 　　　　7 000 000

（3）分配股票股利，已办妥增资手续：

借：利润分配——转作股本的股利 　　　　5 000 000
　贷：股本 　　　　5 000 000

（4）结转"利润分配"其他明细科目余额：

借：利润分配——未分配利润 　　　　16 900 000
　贷：利润分配——提取法定盈余公积 　　　　1 960 000
　　　　——提取任意盈余公积 　　　　2 940 000
　　　　——应付现金股利 　　　　7 000 000
　　　　——转作股本的股利 　　　　5 000 000

15.3　所得税费用

所得税费用是指企业确认的应从当期利润总额中扣除的当期所得税费用和递延所得税费用。按照资产负债表债务法进行核算的情况下，利润表中的所得税费用由两个部分组成：当期所得税和递延所得税。我国现行会计准则规定，所得税费用的确认采用资产负债表债务法。

15.3.1　当期所得税费用

当期所得税费用是指企业针对当期发生的交易和事项，按税法规定计算的应缴纳所得税金额，即当期应交所得税。当期所得税应当以适用的税收法规为基础计算确定。

在会计利润的基础上，按照适用税收法规的要求进行调整（纳税调整），计算出当期应纳税所得额，按照应纳税所得额与适用所得税税率计算确定当期应交所得税。一般情况下，应纳税所得额可在会计利润的基础上，考虑会计与税法规定之间的差异，按照以下公式计算确定：

应纳税所得额＝会计利润＋按照会计准则规定计入利润表但计税时不允许税前扣除的费用±计入利润表的费用与按照税法规定可予税前抵扣的金额之间的差额±计入利润表的收入与按照税法规定应计入应纳税所得额的收入之间的差额－税法规定的不征税收入±其他需要调整的因素

当期所得税＝应纳税所得额×适用的所得税税率

【例 15 – 28】百盛公司 20×8 年会计利润总额 8 520 万元，计算应纳税所得额时有如下事项需要调整，国债利息收入 300 万元，非公益救济性捐赠支出 200 万元，资产减值损失 480 万元，公允价值变动收益 1 000 万元。计算当期应纳税所得额和当期应纳的所得税。

当期应纳税所得额 ＝8 520 – 300 + 200 + 480 – 1 000 = 7 900（万元）

当期应纳的所得税 ＝7 900 × 25% = 1 975（万元）

借：所得税费用——当期所得税费用　　　　　　　　　　　　　　1 975 000

　　贷：应交税费——应交所得税　　　　　　　　　　　　　　　　　　1 975 000

15.3.2　递延所得税费用

由于会计准则和税法两者的目的不同，对收益、费用、资产、负债等的确认、计量标准不同，从而导致企业税前会计利润与应纳税所得之间产生差异，这种差异可以分为永久性差异和暂时性差异。

永久性差异是指某一会计期间，由于会计准则和税法在计算收益、费用或损失时的口径不同所产生的税前会计利润与应纳税所得额之间的差异。这种差异不会影响其他会计期间，也不会在其他会计期间得到转回。例如，税法规定国债利息收入不计入应纳税所得额，不需要缴纳所得税，而按会计准则规定则计入收益，增加会计利润；再如税法规定各种赞助支出在计算应纳税所得额时不允许扣减，而会计准则规定计入当期支出，冲减当期会计利润。永久性差异只在本期发生，不会在以后期间转回。我国《企业会计准则》规定，所得税会计采用资产负债表债务法，不考虑永久性差异，因为永久性差异对企业在未来期间计税没有影响，不产生递延所得税。

暂时性差异是指资产、负债的账面价值与其计税基础不同产生的差异。暂时性差异影响未来期间的应纳税所得额。由于资产、负债的账面价值与其计税基础不同，在未来收回资产或清偿负债的期间内，使应纳税所得额增加或减少，并导致未来期间应交所得税增加或减少，即形成了递延所得税费用。也就是说，递延所得税费用是指由于暂时性差异的发生或转回确认的所得税费用。

根据暂时性差异对未来期间应纳税所得额的影响不同，分为应纳税暂时性差异和可抵扣暂时性差异。暂时性差异发生的当期，应当确认相应的递延所得税资产或递延所得税负债。

15.3.2.1 应纳税暂时性差异和可抵扣暂时性差异

（1）应纳税暂时性差异。应纳税暂时性差异是指在确定未来收回资产或清偿负债期间的应纳税所得额时，将导致产生应税金额的暂时性差异。该差异在未来期间转回时，会增加转回期间的应纳税所得额，从而增加应交所得税金额。在应纳税暂时性差异产生当期，应当确认相关的递延所得税负债。应纳税暂时性差异一般产生于以下情况：

资产的账面价值大于其计税基础。资产的账面价值代表的是企业在持续使用或最终出售该项资产时会取得的经济利益的总额，而计税基础代表的是一项资产在未来期间可予税前扣除的总金额。资产的账面价值大于其计税基础，该项资产未来期间产生的经济利益不能全部税前抵扣，两者之间的差额需要交所得税，产生应纳税暂时性差异。例如，20×8年12月25日，百盛公司购入一套环保设备，实际成本为400万元，预计使用年限为8年，预计净残值为零，采用年限平均法计提折旧。假定税法对该类固定资产折旧年限和净残值的规定与会计相同，但可以采用加速折旧法计提折旧并于税前扣除。百盛公司在计税时采用双倍余额递减法计列折旧费用。20×9年12月31日，百盛公司确定的该项固定资产的账面价值和计税基础如下：

账面价值 = 400 − 400 ÷ 8 = 350（万元）

计税基础 = 400 − 400 × 25% = 300（万元）

该项固定资产因会计处理和计税时采用的折旧方法不同，导致其账面价值大于计税基础50万元，该差额属于资产的账面价值大于其计税基础导致的应纳税暂时性差异。

负债的账面价值小于其计税基础。负债的账面价值为企业预计在未来期间清偿该项负债时的经济利益流出，而其计税基础代表的是账面价值在扣除税法规定未来期间允许税前扣除的金额之后的差额。负债的账面价值与其计税基础不同产生的暂时性差异，实质上是税法规定该项负债在未来期间可以税前扣除的金额为负数，即应在未来期间应纳税所得额的基础上调增，增加应纳税所得额和应交所得税金额，产生应纳税暂时性差异。

（2）可抵扣暂时性差异。可抵扣暂时性差异是指在确定未来期间收回资产或清偿负债期间的应纳税所得额时，将导致产生可抵扣金额的暂时性差异。可抵扣暂时性差异在未来期间转回时会减少转回期间的应纳税所得额和相应的应交所得税。在可抵扣暂时性差异产生当期，符合确认条件的情况下，应当确认相关的递延所得税资产。可抵扣暂时性差异一般产生于以下情况：

资产的账面价值小于其计税基础。资产的账面价值小于其计税基础表明资产在未来期间产生的经济利益少，按照税法规定允许税前扣除的金额多，则企业在未来期间可以减少应纳税所得额并减少应交所得税，产生可抵扣暂时性差异。例如，20×8 年 12 月 25 日，百盛公司购入一套环保设备，实际成本为 400 万元，预计使用年限为 8 年，预计净残值为零，采用年限平均法计提折旧。假定税法对该类固定资产折旧年限为 10 年，其他规定与会计相同。则百盛公司 20×9 年 12 月 31 日确定的固定资产的账面价值和计税基础如下：

账面价值 = 400 − 400 ÷ 8 = 350（万元）

计税基础 = 400 − 400 ÷ 10 = 360（万元）

该项固定资产因会计处理和计税时采用的折旧年限不同，导致其账面价值小于计税基础 10 万元，该差异属于可抵扣暂时性差异，该差额将于未来期间减少企业的应纳税所得额。

负债的账面价值大于其计税基础。负债的账面价值大于其计税基础表明该项负债在未来期间可于税前抵扣的金额为正数，按照税法规定构成负债的全部或部分金额可以自未来应税经济利益中扣除，减少未来期间的应纳税所得额和相应应交所得税，产生可抵扣暂时性差异。例如百盛公司对销售的产品承诺提供 3 年的保修服务，20×8 年 12 月 31 日，百盛公司资产负债表中列示的因提供产品售后服务而确认的预计负债金额为 200 万元。按照税法规定，与产品售后服务相关的费用在实际发生时允许税前扣除。20×8 年 12 月 31 日，百盛公司确定的该项预计负债的账面价值和计税基础如下：

账面价值 = 入账金额 = 200（万元）

计税基础 = 0

该项预计负债的账面价值与计税基础之间产生了 200 万元的差额，将于未来期间减少企业的应纳税所得额。

15.3.2.2　递延所得税资产和递延所得税负债

（1）递延所得税资产。递延所得税资产是指按照可抵扣暂时性差异和适用税率计算确定的资产，其性质属于预付的税款，在未来期间抵扣税款，应确认为递延所得税资产，冲减所得税费用，借记"递延所得税资产"科目，贷记"所得税费用"科目；反之增加所得税费用，借记"所得税费用"科目，贷记"递延所得税资产"科目。

【例 15-29】20×8 年 12 月 31 日，百盛公司库存 A 商品的账面余额为 300 万元，经减值测试，确定 A 商品的可变净值为 250 万元，百盛公司计提了存货跌价准备 50 万元；20×9 年度，百盛公司将库存 A 商品全部售出，收到出售价款（不包括收取的增值税销项税额）240 万元。假定除该项库存商品计提存货跌价准备产生的会计与税法之间的差异外，不存在其他会计与税法的差异。百盛公司预计在未来期间能够产生足够的应纳税所得额用来抵扣可抵扣暂时性差异，适用的所得税税率为 25%。百盛公司各年资产负债表日确认递延所得税资产的会计处理如下：

（1）20×8 年 12 月 31 日：

库存 A 商品期末账面价值小于计税基础的差额 50 万元（300 − 250）属于可抵扣暂时性差异，因预计未来期间能够产生足够的应纳税所得额用来抵扣可抵扣暂时性差异，百盛公司应确认递延所得税资产 12.5 万元（50×25%），会计处理如下：

借：递延所得税资产　　　　　　　　　　　　　　　　　　　125 000

　　贷：所得税费用　　　　　　　　　　　　　　　　　　　　　　　　125 000

（2）20×9年12月31日：

百盛公司出售A商品时确认的损失为10万元（250－240），而20×9年度计税时，出售A商品允许从当期应纳税所得额中扣除的损失则为60万元（300－240），二者之差50万元为20×8年度产生的可抵扣暂时性差异在20×9年度全部转回所减少的本年应纳税所得额，并相应地减少了本年应交所得税12.5万元（50×25%）。由于20×8年度产生的可抵扣暂时性差异在20×9年度已经全部转回，即与递延所得税资产相关的经济利益已经全部实现，因此，20×9年资产负债表日，百盛公司应将上年确认的递延所得税资产全部转回。

借：所得税费用　　　　　　　　　　　　　　　　　　　　125 000

　　贷：递延所得税资产　　　　　　　　　　　　　　　　　　　　　125 000

（2）递延所得税负债。递延所得税负债是应纳税暂时性差异在转回期间将增加未来期间的应纳税所得额和应交所得税，导致企业经济利益的流出。这种经济利益的流出构成企业应支付税金的义务，应作为负债确认，即应纳税暂时性差异产生递延所得税负债。借记"所得税费用"科目，贷记"递延所得税负债"科目；反之应冲减递延所得税负债，并作为所得税的收益处理，借记"递延所得税负债"科目，贷记"所得税费用"科目。

【例15-30】百盛公司于2×18年12月25日购入一台数控设备，成本为525 000元，预计使用年限为6年，预计净残值为零。会计上按直线法计提折旧，税法规定计税时可采用年数总和法计提折旧，假定税法规定的使用年限及净残值均与会计相同。本例中假定百盛公司各会计期间均未对固定资产计提减值准备，除该项固定资产产生的会计与税法之间的差异外，不存在其他会计与税法的差异。

该公司每年因固定资产账面价值与计税基础不同应予确认的递延所得税情况如表15-2所示。

表15-2　递延所得税情况　　　　　　　　　　　　　　　　　　单位：元

	2×19年	2×20年	2×21年	2×22年	2×23年	2×24年
实际成本	1 050 000	1 050 000	1 050 000	1 050 000	1 050 000	1 050 000
累计会计折旧	175 000	350 000	525 000	700 000	875 000	1 050 000
账面价值	875 000	700 000	525 000	350 000	175 000	0
累计计税折旧	300 000	550 000	750 000	900 000	1 000 000	1 050 000
计税基础	750 000	500 000	300 000	150 000	50 000	0
暂时性差异	125 000	200 000	225 000	200 000	125 000	0
适用税率	25%	25%	25%	25%	25%	25%
递延所得税负债余额	31 250	50 000	56 250	50 000	31 250	0

分析：

该项固定资产各年度账面价值与计税基础确定如下：

（1）2×19 年 12 月 31 日：

账面价值 = 实际成本 - 会计折旧 = 1 050 000 - 175 000 = 875 000（元）

计税基础 = 实际成本 - 税前扣除的折旧额 = 1 050 000 - 300 000 = 750 000（元）

因账面价值 875 000 元大于其计税基础 750 000 元，两者之间产生的 125 000 元差异会增加未来期间的应纳税所得额和应交所得税，属于应纳税暂时性差异，应确认与其相关的递延所得税负债 31 250 元（125 000 × 25%），账务处理如下：

借：所得税费用　　　　　　　　　　　　　　　　　　　　　　　　　31 250

　　贷：递延所得税负债　　　　　　　　　　　　　　　　　　　　　　　　31 250

（2）2×20 年 12 月 31 日：

账面价值 = 1 050 000 - 350 000 = 700 000（元）

计税基础 = 实际成本 - 累计已税前扣除的折旧额

　　　　 = 1 050 000 - 550 000 = 500 000（元）

因资产的账面价值 700 000 元大于其计税基础 500 000 元，两者之间的差异为应纳税暂时性差异，应确认与其相关的递延所得税负债 50 000 元，但递延所得税负债的期初余额为 31 250 元，当期应进一步确认递延所得税负债 18 750 元，账务处理如下：

借：所得税费用　　　　　　　　　　　　　　　　　　　　　　　　　18 750

　　贷：递延所得税负债　　　　　　　　　　　　　　　　　　　　　　　　18 750

（3）2×21 年 12 月 31 日：

账面价值 = 1 050 000 - 525 000 = 525 000（元）

计税基础 = 1 050 000 - 750 000 = 300 000（元）

因账面价值 525 000 元大于其计税基础 300 000 元，两者之间为应纳税暂时性差异，应确认与其相关的递延所得税负债 56 250 元，但递延所得税负债的期初余额为 50 000 元，当期应进一步确认递延所得税负债 6 250 元，账务处理如下：

借：所得税费用　　　　　　　　　　　　　　　　　　　　　　　　　6 250

　　贷：递延所得税负债　　　　　　　　　　　　　　　　　　　　　　　　6 250

（4）2×22 年 12 月 31 日：

账面价值 = 1 050 000 - 700 000 = 350 000（元）

计税基础 = 1 050 000 - 900 000 = 150 000（元）

因其账面价值 350 000 元大于计税基础 150 000 元，两者之间为应纳税暂时性差异，应确认与其相关的递延所得税负债 50 000 元，但递延所得税负债的期初余额为 56 250 元，当期应转回原已确认的递延所得税负债 6 250 元，账务处理如下：

借：递延所得税负债　　　　　　　　　　　　　　　　　　　　　　　6 250

　　贷：所得税费用　　　　　　　　　　　　　　　　　　　　　　　　　6 250

（5）2×23 年 12 月 31 日：

账面价值 = 1 050 000 - 875 000 = 175 000（元）

计税基础 = 1 050 000 - 1 000 000 = 50 000（元）

因其账面价值 175 000 元大于计税基础 50 000 元，两者之间的差异为应纳税暂时性差异，应确认与其相关的递延所得税负债 31 250 元，但递延所得税负债的期初余额为 50 000 元，当期应转回递延所得税负债 18 750 元，账务处理如下：

借：递延所得税负债 18 750

  贷：所得税费用 18 750

（6）2×24 年 12 月 31 日：

该项固定资产的账面价值及计税基础均为零，两者之间不存在暂时性差异，原已确认的与该项资产相关的递延所得税负债应予全额转回，账务处理如下：

借：递延所得税负债 31 250

  贷：所得税费用 31 250

企业确定了当期所得税以及递延所得税后，将两者之和确认为利润表中的所得税费用，即：

所得税费用 = 当期所得税 + 递延所得税

【例 15-31】百盛公司 20×8 年度利润表中利润总额为 6 000 万元，该公司适用的所得税税率为 25%。递延所得税资产及递延所得税负债不存在期初余额。与所得税核算有关的情况如下：

20×8 年发生的有关交易事项中，会计处理与税收处理存在差别的有：

（1）20×8 年 1 月开始计提折旧的一项固定资产，成本为 3 000 万元，使用年限为 10 年，净残值为 0，会计处理按双倍余额递减法计提折旧，税收处理按直线法计提折旧。假定税法规定的使用年限及净残值与会计规定相同。则 20×8 年会计利润中扣除的折旧额为 600 万元，计算应纳税所得额时扣除的折旧额为 300 万元。

（2）向关联企业捐赠现金 1 000 万元。假定按照税法规定，企业向关联方的捐赠不允许税前扣除。

（3）当期取得作为交易性金融资产核算的股票投资成本为 1 600 万元，20×8 年 12 月 31 日的公允价值为 2 400 万元。税法规定，以公允价值计量的金融资产持有期间市价变动不计入应纳税所得额。

（4）违反环保法规定应支付罚款 500 万元。

（5）期末对持有的存货计提了 150 万元的存货跌价准备。

百盛公司 20×8 年资产负债表相关项目金额及其计税基础如表 15-3 所示。

表 15-3 资产、负债账面价值与计税基础比较 单位：万元

项目	账面价值	计税基础	差异	
			应纳税暂时性差异	可抵扣暂时性差异
存货	4 000	4 150		150
固定资产				
固定资产原价	3 000	3 000		
减：累计折旧	600	300		
减：固定资产减值准备	0	0		
固定资产账面价值	2 400	2 700		300
交易性金融资产	2 400	1 600	800	
其他应付款	500	500		
合计			800	450

分析：

（1）20×8年度当期应交所得税：

应纳税所得额 =6 000 +300 +1 000 -800 +500 +150 =7 150（万元）

应交所得税 =7 150 ×25% =1 787.5（万元）

（2）20×8年度递延所得税：

递延所得税资产 =450 ×25% =112.5（万元）

递延所得税负债 =800 ×25% =200（万元）

递延所得税 =200 -112.5 =87.5（万元）

（3）20×8年度利润表中应确认的所得税费用：

所得税费用 =1 787.5 +87.5 =1 875（万元）

确认所得税费用编制的会计分录如下：

借：所得税费用		18 750 000
递延所得税资产		1 125 000
贷：应交税费——应交所得税		17 875 000
递延所得税负债		2 000 000

本章小结

　　收入是指企业在日常活动中形成的、会导致所有者权益增加的、与所有者投入资本无关的经济利益的总流入。收入确认和计量大致分为五步：第一步，识别与客户订立的合同；第二步，识别合同中的单项履约义务；第三步，确定交易价格；第四步，将交易价格分摊至各单项履约义务；第五步，履行各单项履约义务时确认收入。其中，第一步、第二步和第五步主要与收入的确认有关，第三步和第四步主要与收入的计量有关。利润是指企业在一定会计期间的经营成果。营业收入确认的核心原则是：营业收入的确认方式应当反映企业向客户转让商品或服务的模式。营业收入计量的核心原则为：计量的金额应反映企业预计因交付这些商品或服务而有权获得的对价。利润包括收入减去费用后的净额、直接计入当期利润的利得和损失等，反映企业日常活动的业绩。收入的多少直接关系到利润总额的大小，利润总额扣除所得税费用后计算出企业的净利润。通过本章的学习，要求很好地掌握收入、利润和所得税的确认、计量及核算。

16　财务报告

学习目标

通过本章学习，理解财务报告的含义及财务报表列报的基本要求；掌握资产负债表、利润表、现金流量表及所有者权益变动表的定义及如何编制与填列财务报表；了解财务报表附注的主要内容。

16.1　财务报告概述

16.1.1　财务报告的含义与构成

16.1.1.1　财务报告的含义

财务报告也称财务会计报告，是企业正式对外揭示或表述财务信息的总结性书面文件。根据我国《企业会计准则——基本准则》，财务报告是指企业对外提供的反映企业某一特定日期的财务状况和某一会计期间的经营成果、现金流量等会计信息的文件。财务报告的含义至少包括以下几个方面：

（1）财务报告应当是对外报告，其服务对象主要是以投资者、债权人为代表的外部使用者，专门面向内部管理需要的报告不属于财务报告的范畴。

（2）财务报告应当综合反映企业的生产经营状况，包括特定时点的财务状况和特定时期的经营成果与现金流量等信息，以勾画出企业运营的整体和全貌。

（3）财务报告必须形成一个系统的文件，而不是零星的或者不完整的信息。

16.1.1.2　财务报告的构成

（1）财务报表。根据我国《企业会计准则第 30 号——财务报表列报》，财务报表是对企业财务状况、经营成果和现金流量的结构性表述。在《企业会计准则讲解（2010）》又进一步指出，财务报表是会计要素确认、计量的结果和综合性描述。会计准则中对会计要素确认、计量过程中所采用的各项会计政策被企业实际应用后将有助于促进企业可持续发展，反映企业管理层受托责任的履行情况。

对于全面执行《企业会计准则》的企业，一套完整的财务报表应当包括"四表一注"，即资产负债表、利润表、现金流量表、所有者权益（或股东权益，下同）变动表以及附注。

（2）其他相关信息和资料。财务报表是财务报告的核心内容，但是财务报告还应包

括财务报表之外其他应当披露的相关信息和资料，如企业承担的社会责任、对社区的贡献、可持续发展能力等信息。

16.1.2 财务报表的分类

16.1.2.1 年度财务报表与中期财务报表

年度财务报表是以一个完整会计年度的报告期间为基础编制的财务报表，企业每年年底必须编制并报送年度财务报表。中期财务报表是以短于一个完整会计年度的报告期间为基础编制的财务报表，包括月报、季报和半年报等。

16.1.2.2 个别财务报表与合并财务报表

个别财务报表是由企业在自身会计核算基础上对账簿记录进行加工而编制的财务报表，它主要用以反映企业自身的财务状况、经营成果和现金流量等情况。合并财务报表是以母公司和子公司组成的企业集团为会计主体，根据母公司和所属子公司的财务报表，由母公司编制的综合反映企业集团财务状况、经营成果及现金流量等的财务报表。

16.1.2.3 静态财务报表与动态财务报表

静态财务报表反映企业在一定时点相对静止状态下资金运动的结果，如资产负债表。动态财务报表反映企业在一定时期内资金运动的过程，如利润表、现金流量表和所有者权益变动表。

16.1.3 财务报表列报的基本要求

16.1.3.1 依据各项会计准则确认和计量的结果编制财务报表

对实际发生的交易和事项，企业应当遵循各项具体会计准则的规定进行确认和计量，并据以编制财务报表。

16.1.3.2 列报基础

正常情况下，企业应当以持续经营为基础编制财务报表。如果企业处于非持续经营状态，就应当采用其他基础编制财务报表，并在附注中予以披露。

16.1.3.3 权责发生制

除现金流量表按照收付实现制编制外，企业应当按照权责发生制编制财务报表。

16.1.3.4 列报的一致性

财务报表项目的列报应当在各个会计期间保持一致，不得随意变更，包括报表项目名称、报表项目分类、排列顺序等。

16.1.3.5 依据重要性原则单独或汇总列报项目

项目在财务报表中是单独列报还是合并列报，应当依据重要性原则来判断。具有重要性的项目应当单独列报，不具有重要性的项目则可与其他项目合并列报。

16.1.3.6 财务报表项目金额间的相互抵销

财务报表项目应当以总额列报，资产和负债、收入和费用不能相互抵销，即不得以净额列报，但企业会计准则另有规定的除外。

16.1.3.7 比较信息的列报

企业在列报当期财务报表时，应当提供上一可比会计期间的比较数据，以及有助于理解当期财务报表的相关说明。

16.1.3.8　财务报表表首的列报要求

财务报表一般分为表首、正表两部分。其中，在表首部分应当概括地说明编报企业的名称、资产负债表日，利润表、现金流量表及所有者权益变动表涵盖的会计期间，货币名称和单位等基本信息，财务报表是合并财务报表的，应当予以标明。

16.1.3.9　报告期间

企业至少应当编制年度财务报表。

16.2　资产负债表

16.2.1　资产负债表概述

根据《企业会计准则——基本准则》，资产负债表是指反映企业在某一特定日期的财务状况的报表。其中某一特定日期指的是资产负债表日或报告期末，如 2015 年 12 月 31 日。

资产负债表的作用主要包括：①揭示某一日期的资产总额及其结构，反映企业拥有或控制的资源总量及其分布情况。②揭示某一日期的负债总额及其结构，反映企业未来需要用多少资产或劳务清偿债务以及清偿时间。③揭示所有者拥有的权益总额及其结构，据以判断资本保值、增值的情况以及对负债的保障程度。④揭示报表项目之间的相互关系，反映企业的偿债能力、资本结构、财务弹性等信息。

资产负债表的格式有报告式和账户式之分。报告式资产负债表为上下结构，账户式资产负债表为左右结构。我国资产负债表的格式采用账户式，左侧列报资产各项目，右侧列报负债和所有者权益各项目。

16.2.2　资产负债表的列报要求

16.2.2.1　资产负债表列报的总体要求

（1）分类别列报。资产负债表应当按照资产、负债和所有者权益三大类别分类列报。

（2）资产和负债按流动性列报。资产和负债应当按照流动性分为流动资产和非流动资产、流动负债和非流动负债，应先列报流动性强的资产或负债，再列报流动性弱的资产或负债。

（3）列报相关的合计、总计项目。资产负债表中应当列示的合计项目至少应包括流动资产合计、非流动资产合计、流动负债合计、非流动负债合计、负债合计、所有者权益合计。资产负债表应当分别列示资产总计项目和负债与所有者权益之和的总计项目，并且遵循会计恒等式"资产 = 负债 + 所有者权益"的平衡关系。

16.2.2.2　资产的列报

资产应当按照流动资产和非流动资产两大类别在资产负债表中列示，在流动资产和非流动资产类别下进一步按性质分项列示。

（1）流动资产和非流动资产的划分。资产满足下列条件之一的，应当归类为流动

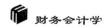

资产：

　　1）预计在一个正常营业周期中变现、出售或耗用。

　　2）主要为交易目的而持有。

　　3）预计在资产负债表日起一年内（含一年，下同）变现。

　　4）自资产负债表日起一年内，交换其他资产或清偿负债的能力不受限制的现金或现金等价物。

　　（2）正常营业周期。正常营业周期是指企业从购买用于加工的资产起至收回现金或现金等价物的期间。正常营业周期通常短于一年，但也存在长于一年的情况，如房地产开发企业开发用于出售的房地产产品，造船企业制造的用于出售的大型船只等。

16.2.2.3　负债的列报

　　负债应当按照流动负债和非流动负债在资产负债表中进行列示，在流动负债和非流动负债类别下再进一步按性质分项列示。

　　负债满足下列条件之一的，应当归类为流动负债：

　　（1）预计在一个正常营业周期中清偿。

　　（2）主要为交易目的而持有。

　　（3）自资产负债表日起一年内到期应予以清偿。

　　（4）企业无权自主地将清偿推迟至资产负债表日后一年以上。

16.2.2.4　所有者权益的列报

　　所有者权益一般根据净资产的不同来源和特定用途进行分类，应当按照实收资本（或股本）、资本公积、其他综合收益、盈余公积、未分配利润等项目分项列示。

16.2.3　资产负债表的编制与填列

　　根据财务报表列报准则的规定，企业需要提供比较资产负债表，表中各项目应按"期末余额"和"年初余额"两栏分别填列。

16.2.3.1　"期末余额"栏

　　本栏一般应根据资产、负债和所有者权益类科目的期末余额填列。

　　"货币资金"项目，应根据"库存现金""银行存款""其他货币资金"等科目期末余额的合计数填列。

　　"交易性金融资产"项目，应根据"交易性金融资产"科目及所属明细科目的期末余额分析填列。

　　"衍生金融资产"项目，应根据"衍生金融资产"科目的期末余额填列。

　　"应收票据及应收账款"项目，应根据"应收票据"科目余额及"应收账款""预收账款"和"坏账准备"明细科目余额分析填列。其中，应收票据金额为"应收票据"科目期末余额减去"坏账准备"科目中有关应收票据的坏账准备期末余额。应收账款金额为"应收账款"和"预收账款"科目所属各明细科目的期末借方余额合计数，减去"坏账准备"科目中有关应收账款的坏账准备期末余额。如果"应收账款"明细科目有贷方余额，应计入流动负债中的"预收款项"项下。

　　"预付款项"项目，应根据"预付账款"和"应付账款"科目所属各明细科目的期末借方余额合计数，减去"坏账准备"科目中有关预付款项计提的坏账准备期末余额后的金额填列。如果"预付账款"明细科目有贷方余额，应计入流动负债中的"应付账款"项下。

"其他应收款"项目，应根据"其他应收款""应收利息"和"应收股利"等科目的期末余额之和，减去"坏账准备"科目中有关其他应收款的坏账准备期末余额后的金额填列。

"存货"项目，应根据"材料采购""原材料""发出商品""库存商品""周转材料""委托加工物资""生产成本""受托代销商品"等科目的期末余额，以及"合同履约成本"科目所属明细科目中初始确认时摊销期限不超过一年或一个正常营业周期的期末余额合计数，减去"受托代销商品款""存货跌价准备"科目期末余额及"合同履约成本减值准备"科目所属明细科目中相应期末余额后的金额填列。材料采用计划成本核算，以及库存商品采用计划成本核算或售价核算的企业，所填列的存货金额还应考虑材料成本差异、产品成本差异或商品进销差价。

"合同资产"项目，应根据"合同资产"科目及相关明细科目期末余额分析填列。

"持有待售资产"项目应根据"持有待售资产"科目期末余额，减去"持有待售资产减值准备"科目期末余额后的金额填列。

"一年内到期的非流动资产"项目，应根据有关非流动资产科目所属明细科目的期末余额分析填列。

"其他流动资产"项目，应根据相关总账科目、明细科目的期末余额分析填列。

"债权投资"项目，应根据"债权投资"科目的相关明细科目期末余额，减去"债权投资减值准备"科目期末余额后的金额分析填列。

"其他债权投资"项目，应根据"其他债权投资"科目的期末余额填列。

"长期应收款"项目，应根据"长期应收款"科目的期末余额，减去相应的"未实现融资费用"科目期末余额及"坏账准备"科目相关明细科目期末余额后的金额填列。

"长期股权投资"项目，应根据"长期股权投资"科目的期末余额填列减去"长期股权投资减值准备"科目期末余额后的金额填列。

"其他权益工具投资"项目，应根据"其他权益工具投资"科目的期末余额填列。

"其他非流动金融资产"项目，应根据"交易性金融资产"科目所属明细科目的期末余额分析填列。

"投资性房地产"项目，采用成本模式计量时，本项目应根据"投资性房地产"科目期末余额，减去"投资性房地产累计折旧（或摊销）"和"投资性房地产减值准备"科目期末余额后的金额填列。采用公允价值计量时，本项目应根据"投资性房地产"科目的期末余额填列。

"固定资产"项目，应根据"固定资产"科目期末余额减去"累计折旧"和"固定资产减值准备"科目期末余额，再加上"固定资产清理"科目期末余额分析填列。

"在建工程"项目，应根据"在建工程"和"工程物资"科目期末余额之和，减去"在建工程减值准备"科目期末余额后的金额填列。

"生产性生物资产"项目，应根据"生产性生物资产"科目期末余额，减去"生产性生物资产累计折旧"和"生产性生物资产减值准备"科目期末余额后的金额填列。

"油气资产"项目，应根据"油气资产"科目期末余额，减去"累计折耗"科目期末余额和"油气资产减值准备"科目期末余额后的金额填列。

"无形资产"项目，应根据"无形资产"科目期末余额，减去"无形资产累计摊销"和"无形资产减值准备"科目期末余额后的金额填列。

"开发支出"项目，应根据"研发支出"科目中所属的"资本化支出"明细科目期末余额填列。

"商誉"项目，应根据"商誉"科目的期末余额填列，已计提减值准备的，还应扣减相应的减值准备。

"长期待摊费用"项目，应根据"长期待摊费用"科目的期末余额填列。

"递延所得税资产"项目，应根据"递延所得税资产"科目的期末余额填列。

"其他非流动资产"项目，应根据有关科目的期末余额减去将于一年内到期的数额后的金额填列。

"短期借款"项目，应根据"短期借款"科目的期末余额填列。

"交易性金融负债"项目，应根据"交易性金融负债"科目的相关明细科目期末余额填列。

"衍生金融负债"项目，应根据"衍生金融负债"科目的期末余额填列。

"应付票据及应付账款"项目，应根据"应付票据"科目的期末余额，以及"应付账款"和"预付账款"科目所属相关明细科目的期末贷方余额合计数填列。如果"应付账款"明细科目有借方余额，应计入流动资产中的"预付款项"项下。

"预收款项"项目，应根据"预收账款"和"应收账款"两个科目所属的相关明细科目的期末贷方余额合计数填列。如果"预收账款"明细科目有借方余额，应计入流动资产中的"应收账款"项下。

"合同负债"项目，应根据"合同负债"科目及相关明细科目期末余额分析填列。

"应付职工薪酬"项目，应根据"应付职工薪酬"科目所属明细科目期末余额分析填列。

"应交税费"项目，应根据"应交税费"科目期末贷方余额填列，如为借方余额则以"－"号填列。

"其他应付款"项目，应根据"其他应付款""应付利息"和"应付股利"等科目的期末余额合计数填列。

"持有待售负债"项目，应根据"持有待售负债"科目的期末余额填列。

"一年内到期的非流动负债"项目，应根据有关非流动负债类科目的明细科目期末余额分析填列。

"其他流动负债"，应根据相关总账科目、明细科目的期末余额分析填列。

"长期借款"项目，应根据"长期借款"科目所属明细科目的期末余额分析填列。

"应付债券"项目，应根据"应付债券"科目所属明细科目期末余额分析填列。其中，"优先股"和"永续债"项目分别反映企业发行的归类为债务工具的优先股和永续债的账面价值。

"长期应付款"项目，应根据"长期应付款"科目的期末余额减去相应的"未实现融资费用"科目期末余额，加上"专项应付款"科目期末余额后的金额填列。

"预计负债"项目，应根据"预计负债"科目的明细科目期末余额分析填列。

"递延收益"项目,应根据"递延收益"科目的期末余额填列。

"递延所得税负债"项目,应根据"递延所得税负债"科目的期末余额填列。

"其他非流动负债"项目,应根据有关科目的期末余额减去将于一年内到期偿还数后的金额填列。

"实收资本(或股本)"项目,应根据"实收资本(或股本)"科目的期末余额填列。

"其他权益工具"项目,应根据"其他权益工具"科目的期末余额填列。其中,"优先股"和"永续债"项目分别反映企业发行的归类为权益工具的优先股和永续债的账面价值。

"资本公积"项目,应根据"资本公积"科目的期末余额填列。

"库存股"项目,应根据"库存股"科目的期末余额填列。

"其他综合收益"项目,应根据"其他综合收益"科目的期末余额填列。

"盈余公积"项目,应根据"盈余公积"科目的期末余额填列。

"未分配利润"项目,应根据"本年利润"科目的期末余额和"利润分配"科目所属"未分配利润"等明细科目的期末余额计算填列。如为未弥补亏损则以"-"号填列。

16.2.3.2　"年初余额"栏

本栏通常根据上年末资产负债表有关项目的期末余额填列,且与上年"期末余额"栏相一致。企业在首次执行新准则时,应对首次执行新准则当年的"年初余额"栏及相关项目进行调整;以后期间,如果企业发生会计政策变更、前期差错更正,应对"年初余额"栏中的有关项目进行相应调整。此外,如果上年度资产负债表规定的项目名称和内容与本年度不一致,应按本年度的规定进行调整,填入"年初余额"栏。

16.2.4　资产负债表编制与填列示例

【例16-1】假设百盛公司为一般纳税人,适用的增值税税率为16%、企业所得税税率为25%。已知本公司未单独设置"预收账款"及"预付账款"科目。"应收账款"总账科目年初为借方余额800 000元,其中,"应收账款——A公司"明细科目为借方余额900 000元,"应收账款——B公司"明细科目为贷方余额100 000元;与应收账款有关的"坏账准备"明细科目年初为贷方余额1 800元。"应付账款"总账科目年初为贷方余额1 389 070元,其中,"应付甲工厂账款"明细科目为贷方余额1 589 070元,"应付乙工厂账款"明细科目为借方余额200 000元。"应交税费"总账科目年初为贷方余额393 730元,其中,"应交所得税"明细科目为贷方余额173 730元,"未交增值税"明细科目为贷方余额200 000元,"应交城市维护建设税"明细科目为贷方余额14 000元,"应交教育费附加"明细科目为贷方余额6 000元。期初交易性金融资产中没有属于现金等价物的部分。期初应付职工薪酬中没有属于在建工程人员的部分。

20×8年度,百盛公司共发生如下经济业务。

(1)销售产品一批,开出的增值税专用发票上注明的价款为1 400 000元,增值税额为224 000元,款项已存入银行。销售产品的实际成本为840 000元。

(2)从甲工厂购入原材料一批,收到的增值税专用发票上注明的原材料价款为600 000元,增值税进项税额96 000元,材料已验收入库,款项尚未支付。

(3)收到原材料一批,实际成本200 000元,材料已验收入库,货款已于上期支付。

（4）基本生产车间领用直接材料 1 400 000 元，领用一般消耗用低值易耗品 100 000 元（采用一次转销法核算）。

（5）将交易性金融资产（股票）出售取得价款 33 000 元，该投资的成本为 26 000 元，公允价值变动为增值 4 000 元，处置收益为 3 000 元。

（6）购入工程物资一批用于建造厂房，收到的增值税专用发票上注明的价款和增值税额为 550 000 元，款项已通过银行转账支付。

（7）用银行存款缴纳增值税 200 000 元，城市维护建设税 14 000 元，教育费附加 6 000 元。用银行存款缴纳企业所得税 173 730 元。

（8）在建工程领用工程物资 200 000 元。

（9）发行普通股取得认股款 1 100 000 元存入银行，股票面值 1 000 000 元，股本溢价 100 000 元。

（10）用银行存款偿还应付甲工厂货款 1 050 000 元。

（11）从银行借入 3 年期借款 2 000 000 元，款项已存入银行账户。

（12）收到银行通知，用银行存款支付到期的商业承兑汇票 1 250 000 元。

（13）将一张到期的面值为 400 000 元的无息银行承兑汇票，连同解讫通知和进账单交银行办理转账。收到银行盖章退回的进账单一联，款项银行已收妥。

（14）出售一台不需用设备，收到价款 600 000 元，该设备原价 800 000 元，已提折旧 300 000 元，未发生减值损失。该设备已由购入单位运走，不考虑相关税费。

（15）通过公开交易取得交易性金融资产（股票），价款 206 000 元，交易费用 4 000 元，已用银行存款支付。

（16）向 A 公司销售产品一批，开出的增值税专用发票上注明的价款为 1 300 000 元，增值销项税额为 208 000 元，货款尚未收到。该产品实际成本 780 000 元，产品已发出。

（17）用银行存款支付本年水电费 200 000 元，其中基本生产车间负担 180 000 元，行政管理部门负担 20 000 元。

（18）通过银行转账收取 A 公司偿还的货款 702 000 元。

（19）用银行存款支付广告费 21 220 元。

（20）采用商业承兑汇票结算方式销售商品一批，开出的增值税专用发票上注明的价款为 500 000 元，增值税额为 80 000 元，收到 580 000 元的无息商业承兑汇票一张。所售产品的实际成本为 300 000 元。

（21）将上述 580 000 元的无息商业承兑汇票到银行办理贴现，贴现息为 40 000 元。

（22）上年度销售产品一批，购货方开出商业承兑汇票 23 400 元。本年由于购货方发生财务困难，无法按合同规定偿还债务，经双方协议，百盛公司同意购货方用产品抵偿该应收票据。用于抵债的产品售价为 16 000 元，适用的增值税税率为 16%。

（23）计提长期借款利息 310 000 元，其中，在建工程应负担的金额为 300 000 元，应计入当期损益的金额为 10 000 元，长期借款为分期付息。

（24）计提短期借款利息 30 972 元。

（25）归还长期借款本金 1 200 000 元，支付长期借款利息 310 000 元。

（26）归还短期借款本金 500 000 元，支付短期借款利息 30 972 元。

（27）一项工程完工交付生产使用，已办理竣工手续，固定资产价值 2 800 000 元。

（28）业务（15）中购入的交易性金融资产（股票）年末公允价值为210 000元。

（29）支付工资1 000 000元，其中包括在建工程人员工资400 000元。

（30）分配应支付的工资1 000 000元，其中生产人员工资550 000元，车间管理人员工资20 000元，行政管理部门人员工资30 000元，在建工程人员工资400 000元。

（31）发生职工福利费140 000元，其中生产人员福利费77 000元，车间管理人员福利费2 800元，行政管理部门人员福利费4 200元，在建工程人员福利费56 000元，全部福利费已通过银行存款支付。

（32）计提固定资产折旧291 000元，其中计入制造费用232 800元，计入管理费用58 200元。

（33）计提应收账款坏账准备1 800元。

（34）计提固定资产减值准备60 000元。

（35）对行政管理部门使用的无形资产进行摊销，金额为120 000元。

（36）结转本期制造费用535 600元。

（37）结转完工产品成本2 562 600元（本期生产的产品全部完工入库，期末无在产品）。

（38）结转本期产品销售成本1 920 000元。

（39）计提城市维护建设税28 940.80元、教育费附加12 403.20元。

（40）计提应交所得税250 556元，确认递延所得税资产15 450元（假设除计提固定资产减值准备及应收账款坏账准备产生可抵扣暂时性差异外，无其他纳税影响项目，并且预计未来期间公司能够取得足够的应纳税所得额以充分利用可抵扣暂时性差异）。

（41）结转本期应交的增值税413 440元，其中本月销项税额为512 000元，本月进项税额（全部允许抵扣）为98 560元。

（42）本年度取得主营业务收入3 200 000元，资产处置收益100 000元，投资收益3 000元；发生主营业务成本1 920 000元，税金及附加43 928元，销售费用21 220元，管理费用232 400元，财务费用80 972元，资产减值损失61 800元，营业外支出4 840元；确认所得税费用235 106元（其中，当期所得税费用250 556元）。年末将上述损益类科目结转本年利润。

（43）结转本年净利润705 318元。

（44）按净利润的10%提取法定盈余公积金，宣告发放现金股利240 000元。

（45）结转"利润分配"科目所属各明细科目的余额。

百盛公司20×8年12月31日科目余额表如表16-1所示。

表16-1　20×8年12月31日科目余额表　　　单位：元

科目名称	期末余额		科目名称	期末余额	
	借方	贷方		借方	贷方
库存现金	1 960		短期借款		100 000
银行存款	972 718		应付票据		250 000
交易性金融资产	210 000		应付账款		1 041 070②

续表

科目名称	期末余额		科目名称	期末余额	
	借方	贷方		借方	贷方
应收票据	68 600		应付职工薪酬		220 000
应收账款	1 619 000①		应交税费		733 158
坏账准备		3 600	应付股利		240 000
其他应收款	610 000		其他应付款		100 000
原材料	200 000		长期借款		2 000 000
周转材料	469 000		股本		8 000 000
库存商品	2 249 600		资本公积		100 000
长期股权投资	1 000 000		盈余公积		270 350
固定资产	5 000 000		利润分配(未分配利润)		493 150
累计折旧		1 391 000			
固定资产减值准备		60 000			
在建工程	1 156 000				
工程物资	350 000				
无形资产	1 200 000				
累计摊销		120 000			
递延所得税资产	15 450				

①"应收账款"所属明细科目期末余额为:"应收 A 公司账款"借方余额 1 706 000 元,"应收 B 公司账款"贷方余额 100 000 元。

②"应付账款"所属明细科目期末余额为:"应付甲工厂账款"贷方余额 1 235 070 元,"应付乙工厂账款"借方余额 200 000 元。

根据上述资料编制百盛公司 20×8 年 12 月 31 日的资产负债表,如表 16-2 所示。

表 16-2 资产负债表　　　　　　　　　　会企 01 表

编制单位:百盛公司　　　　　　　　　20×8 年 12 月 31 日　　　　　　　　　单位:元

资产	期末余额	年初余额	负债及所有者权益(或股东权益)	期末余额	年初余额
流动资产:			流动负债:		
货币资金	955 678	812 600	短期借款	100 000	600 000
交易性金融资产	210 000	30 000	交易性金融负债		
衍生金融资产			衍生金融负债		
应收票据及应收账款	1 771 000	1 390 200	应付票据及应付账款	1 485 070	3 089 070
预付款项	200 000	200 000	预收款项	100 000	100 000
其他应收款	610 000	610 000	合同负债		
存货	2 918 600	3 160 000	应付职工薪酬	220 000	220 000

续表

资产	期末余额	年初余额	负债及所有者权益 （或股东权益）	期末余额	年初余额
合同资产			应交税费	705 340	393 730
持有待售资产			其他应付款	340 000	100 000
一年内到期的非流动资产			持有待售负债		
其他流动资产			一年内到期的非流动负债		
流动资产合计	6 665 278	6 202 800	其他流动负债		
非流动资产：			流动负债合计	2 950 410	4 502 800
债权投资			非流动负债：		
其他债权投资			长期借款	2 000 000	1 200 000
长期应收款			应付债券		
长期股权投资	1 000 000	1 000 000	其中：优先股		
其他权益工具投资			永续债		
其他非流动金融资产			长期应付款		
投资性房地产			预计负债		
固定资产	3 549 000	1 600 000	递延收益		
在建工程	1 506 000	3 000 000	递延所得税负债		
生产性生物资产			其他非流动负债		
油气资产			非流动负债合计	2 000 000	1 200 000
无形资产	1 080 000	1 200 000	负债合计	4 950 410	5 702 800
开发支出			所有者权益（或股东权益）：		
商誉			实收资本（或股本）	8 000 000	7 000 000
长期待摊费用			其他权益工具		
递延所得税资产	15 450		其中：优先股		
其他非流动资产			永续债		
非流动资产合计	7 150 450	6 800 000	资本公积	100 000	
			减：库存股		
			其他综合收益		
			盈余公积	270 531.80	200 000
			未分配利润	494 786.20	100 000
			所有者权益（或股东权益）合计	8 865 318	7 300 000
资产总计	1 3815 728	13 002 800	负债和所有者权益 （或股东权益）总计	1 3815 728	13 002 800

16.3   利润表

16.3.1   利润表概述

利润表也称损益表、收益表，根据《企业会计准则——基本准则》，利润表是指反映企业在一定会计期间的经营成果的报表。

利润表的作用主要包括：①反映企业一定会计期间收入及利得的实现情况，如实现多少营业收入、投资收益、营业外收入等。②反映一定会计期间费用及损失的发生情况，如发生多少营业成本、税金及附加、期间费用、营业外支出等。③反映企业生产经营活动的成果，即净利润的实现情况，是判断资本保值、增值状况的重要依据。④将利润表中的信息与资产负债表中的信息相结合，可以提供财务分析的基本资料，便于报表使用者判断企业未来的发展趋势，做出经济决策。

利润表的格式有单步式和多步式之分。单步式利润表将当期所有的收入列在一起，然后将所有的费用列在一起，两者相减得出当期净损益。多步式利润表通过对当期的收入、费用、支出项目按性质加以归类，按利润形成的主要环节列示一些中间性利润指标，分步计算当期净损益。我国利润表的格式采用多步式，便于使用者理解企业经营成果的不同来源。

16.3.2   利润表的列报要求

16.3.2.1   利润表列报的总体要求

企业的经营活动包括生产、销售、管理、融资等不同环节，在各环节上发生的费用所具有的功能并不相同。按照功能不同，可将费用划分为从事经营业务发生的成本、管理费用、销售费用和财务费用等。费用也可以按照性质分类，划分为耗用的原材料、职工薪酬费用、折旧费用、摊销费用等。根据我国《企业会计准则》的规定，企业在利润表中应当按照功能法列报费用。

16.3.2.2   综合收益的列报

综合收益，是指企业在某一期间除与所有者以其所有者身份进行的交易之外的其他交易或事项所引起的所有者权益变动。综合收益总额项目反映净利润和其他综合收益扣除所得税影响后的净额相加后的合计金额。其他综合收益，是指企业根据其他会计准则规定未在当期损益中确认的各项利得和损失。

16.3.3   利润表的编制与填列

根据财务报表列报准则的规定，企业需要提供比较利润表，表中各项目应按"本期金额"和"上期金额"两栏分别填列。

16.3.3.1   "本期金额"栏

利润表"本期金额"栏一般应根据损益类科目的发生额分析填列，具体包括：

"营业收入"项目，应根据"主营业务收入"和"其他业务收入"科目的发生额分析填列。

"营业成本"项目，应根据"主营业务成本"和"其他业务成本"科目的发生额分析填列。

"税金及附加"项目，应根据"税金及附加"科目的发生额分析填列。

"销售费用"项目，应根据"销售费用"科目的发生额分析填列。

"管理费用"项目，应根据"管理费用"科目的发生额分析填列。

"研发费用"项目，可以根据"管理费用"科目的发生额分析填列，或根据"研发费用"明细科目发生额填列。

"财务费用"项目，应根据"财务费用"科目的发生额分析填列。其中的利息费用和利息收入项目，应根据"财务费用"科目的相关明细科目发生额分析填列。

"资产减值损失"项目，应根据"资产减值损失"科目的发生额分析填列。

"信用减值损失"项目，应根据"信用减值损失"科目的发生额分析填列。

"其他收益"项目，应根据"其他收益"科目的发生额分析填列。

"投资收益"项目，应根据"投资收益"科目的发生额分析填列，如为投资损失则以"－"号填列。"其中：对联营企业和合营企业的投资收益"，应根据"投资收益"科目的相关明细科目发生额分析填列。

"净敞口套期收益"项目，应根据"净敞口套期损益"科目的发生额分析填列，如为套期损失则以"－"号填列。

"公允价值变动收益"项目，应根据"公允价值变动损益"科目的发生额分析填列，如为净损失则以"－"号填列。

"资产处置收益"项目，应根据"资产处置损益"科目的发生额分析填列，如为处置损失则以"－"号填列。

"营业利润"项目，应根据本表中相关项目计算填列，如为亏损则以"－"号填列。

"营业外收入"项目，应根据"营业外收入"科目的发生额分析填列。

"营业外支出"项目，应根据"营业外支出"科目的发生额分析填列。

"利润总额"项目，应根据本表中相关项目计算填列，如为亏损则以"－"号填列。

"所得税费用"项目，应根据"所得税费用"科目的发生额分析填列。

"净利润"项目，应根据本表中相关项目计算填列，如为净亏损则以"－"号填列。其中的"（一）持续经营净利润"项目和"（二）终止经营净利润"项目，分别反映净利润中与持续经营相关的净利润和与终止经营相关的净利润。

"其他综合收益的税后净额"项目及其各组成部分，应根据"其他综合收益"科目及其所属明细科目的本期发生额分析填列。

"综合收益总额"项目，应根据本表中"净利润"和"其他综合收益的税后净额"项目的合计数计算填列。

"每股收益"项目，适用于普通股或潜在普通股（如可转换债券、认股权证、股票期权等）已公开交易的企业，以及正处于公开发行普通股或潜在普通股过程中的企业。其中："基本每股收益"项目，是在只考虑当期实际发行在外普通股股份的基础上计算而得的每股收益。"稀释每股收益"项目，是在假设企业所有发行在外的稀释性潜在普通股均已转换为普通股的基础上计算而得的每股收益。发生亏损企业的每股收益项目以"－"号填列。

16.3.3.2 "上期金额"栏

"上期金额"栏应根据上年该期利润表"本期金额"栏内所列数字填列。若上年该期利润表规定的项目名称和内容与本期不一致，应按本期规定进行调整，填入"上期金额"栏。

16.3.4 利润表编制与填列示例

【例16-2】沿用【例16-1】的资料，百盛公司20×8年度有关损益类科目本年累计发生额如表16-3所示。

表16-3 损益类科目20×8年度累计发生净额　　　　　　　单位：元

科目名称	借方发生额	贷方发生额
主营业务收入		3 200 000
投资收益		3 000
资产处置收益		100 000
主营业务成本	1 920 000	
税金及附加	41 344	
销售费用	21 220	
管理费用	232 400	
财务费用	80 972	
资产减值损失	61 800	
营业外支出	4 840	
所得税费用	235 106	

根据上述资料，编制百盛公司20×8年度利润表如表16-4所示。

表16-4 利润表　　　　　　　　　　　　　　　　　　会企02表

编制单位：百盛公司　　　　　　　20×8年度　　　　　　　　单位：元

项目	本期金额	上期金额（略）
一、营业收入	3 200 000	
减：营业成本	1 920 000	
税金及附加	41 344	
销售费用	21 220	
管理费用	232 400	
研发费用		
财务费用	80 972	
其中：利息费用	80 972	

续表

项目	本期金额	上期金额（略）
利息收入		
资产减值损失	61 800	
信用减值损失		
加：其他收益		
投资收益（损失以"－"号填列）	3 000	
其中：对联营企业和合营企业的投资收益		
净敞口套期收益（损失以"－"号填列）		
公允价值变动收益（损失以"－"号填列）		
资产处置收益（损失以"－"号填列）	100 000	
二、营业利润（亏损以"－"号填列）	945 264	
加：营业外收入		
减：营业外支出	4 840	
三、利润总额（亏损总额以"－"号填列）	940 424	
减：所得税费用	235 106	
四、净利润（净亏损以"－"号填列）	705 318	
（一）持续经营净利润（净亏损以"－"号填列）	705 318	
（二）终止经营净利润（净亏损以"－"号填列）		
五、其他综合收益的税后净额		
（一）不能重分类进损益的其他综合收益		
1. 重新计量设定受益计划变动额		
2. 权益法下不能转损益的其他综合收益		
3. 其他权益工具投资公允价值变动		
4. 企业自身信用风险公允价值变动		
……		
（二）将重分类进损益的其他综合收益		
1. 权益法下可转损益的其他综合收益		
2. 其他债权投资公允价值变动		
3. 金融资产重分类计入其他综合收益的金额		
4. 其他债权投资信用减值准备		
5. 现金流量套期储备		
6. 外币财务报表折算差额		
……		
六、综合收益总额	705 318	
七、每股收益		
（一）基本每股收益	（略）	
（二）稀释每股收益	（略）	

16.4　现金流量表

16.4.1　现金流量表概述

现金流量表能够有效弥补资产负债表和利润表的不足，充分反映有关现金结存与流转、来源与用途的信息。

16.4.1.1　现金流量表的定义与作用

根据《企业会计准则第31号——现金流量表》，现金流量表是指反映企业在一定会计期间现金和现金等价物流入和流出的报表。

现金流量表的作用主要体现在：①有助于评价企业支付能力、偿债能力和周转能力。②有助于预测企业未来现金流量。③有助于分析企业收益质量及影响现金净流量的因素，为分析和判断企业的财务前景提供信息。

16.4.1.2　现金流量表的编制基础

现金流量表以现金及现金等价物为基础编制。

（1）现金。现金是指企业库存现金以及可以随时用于支付的存款。现金主要包括库存现金、银行存款及其他货币资金。

（2）现金等价物。现金等价物是指企业持有的期限短、流动性强、易于转换为已知金额现金、价值变动风险很小的投资。权益性投资的变现金额通常不确定，不属于现金等价物。

（3）现金及现金等价物范围的确定和变更。不同企业现金及现金等价物的范围可能不同。企业应根据经营特点等具体情况确定现金及现金等价物的范围，一经确定不得随意变更。如发生变更，应按会计政策变更处理。

16.4.1.3　现金流量的分类及列示

（1）现金流量的分类。现金流量指企业现金和现金等价物的流入和流出。根据业务活动的性质和现金流量的来源，企业一定期间产生的现金流量可分为以下三类：

1）经营活动现金流量指与企业经营活动相关的现金流量。经营活动是指企业投资活动和筹资活动以外的所有交易和事项。

2）投资活动现金流量指与企业投资活动相关的现金流量。投资活动是指企业长期资产的购建和不包括在现金等价物范围内的投资及其处置活动。

3）筹资活动现金流量指与企业筹资活动相关的现金流量。筹资活动是指导致企业资本及债务规模和构成发生变化的活动。一般而言，应付账款、应付票据等相关业务属于经营活动，不属于筹资活动。

（2）现金流量的列示。现金流量应当分别按照现金流入和现金流出总额列报，全面揭示现金流量的方向、规模和结构，但企业会计准则另有规定允许按净额列报的项目除外。

16.4.1.4 现金流量表的编制方法

编制现金流量表的方法通常是指列报经营活动现金流量时采用的两种不同方法：直接法和间接法。直接法按现金收入和现金支出的主要类别，如销售商品、提供劳务收到的现金，购买商品、接受劳务支付的现金等项目，直接反映企业经营活动产生的现金流量。采用直接法编制现金流量表，便于分析企业经营活动产生的现金流量的来源和用途，预测现金流量的未来前景。间接法以净利润为起算点，调整不涉及现金的收入、费用、营业外收支等有关项目，剔除投资活动、筹资活动对现金流量的影响，并分析与净利润没有直接关系但属于经营活动的项目，据此计算出经营活动产生的现金流量。采用间接法编制现金流量表，便于将净利润与经营活动产生的现金流量净额进行比较，了解二者产生差异的原因，从现金流量的角度分析净利润的质量。我国现金流量表准则规定，企业应当采用直接法编报现金流量表，同时要求在附注中按间接法披露以净利润为基础调节到经营活动现金流量的信息。

16.4.2　现金流量表的编制与填列

编制现金流量表的过程就是将权责发生制下的盈利信息转换为收付实现制下的现金流量信息的过程。根据现金流量表准则的规定，现金流量表采用报告式结构，并需要企业提供比较现金流量表，表中各项目应按"本期金额"和"上期金额"两栏分别填列。

16.4.2.1 "经营活动产生的现金流量"项目

（1）销售商品、提供劳务收到的现金。本项目包括销售收入和应向购买者收取的增值税销项税额，具体包括：本期销售商品、提供劳务收到的现金，加上前期销售商品、提供劳务本期收到的现金和本期预收的款项，减去本期销售本期退回的商品和前期销售本期退回的商品支付的现金。企业销售材料和代购代销业务收到的现金，也在本项目中反映。本项目可根据"库存现金""银行存款""应收票据""应收账款""预收账款""主营业务收入""其他业务收入"科目的记录分析填列。

【例16-3】百盛公司本期销售一批商品，开出的增值税专用发票上注明销售价款为1 500 000元，增值税销项税额为255 000元，以银行存款收讫；应收票据期初余额为135 000元,期末余额为30 000元；应收账款期初余额为500 000元，期末余额为200 000元；本期核销坏账10 000元。另外，本期因商品质量问题发生退货，通过银行转账支付退货款15 000元。

本期销售商品、提供劳务收到的现金计算如下：

本期销售商品收到的现金	1 755 000
加：本期收到前期的应收票据（135 000 - 30 000）	105 000
本期收到前期的应收账款（500 000 - 200 000 - 10 000）	290 000
减：本期因销售退回支付的现金	15 000
本期销售商品、提供劳务收到的现金	2 135 000

（2）收到的税费返还。本项目反映企业收到返还的各种税费，如收到的增值税、营业税、所得税、消费税、关税和教育费附加返还款等，可根据有关科目的记录分析填列。

（3）收到的其他与经营活动有关的现金。本项目反映企业除上述各项目外，收到的其他与经营活动有关的现金，如罚款收入、经营租赁固定资产收到的现金、投资性房地产收到的租金收入、流动资产损失中由个人赔偿的现金收入、除税费返还外的其他政府补助收入等；如果金额较大，应单列项目反映。本项目可根据"库存现金""银行存款""管理费用""营业费用"等科目的记录分析填列。

（4）购买商品、接受劳务支付的现金。本项目反映企业购买材料、商品、接受劳务实际支付的现金，包括支付的货款以及与货款一并支付的增值税进项税额，具体包括本期购买商品、接受劳务支付的现金，加上本期支付前期购买商品、接受劳务的未付款项和本期预付款项，减去本期发生的购货退回收到的现金。为购置存货而发生的借款利息资本化部分，应在"分配股利、利润或偿付利息支付的现金"项目中反映。本项目可根据"库存现金""银行存款""应付票据""应付账款""预付账款""主营业务成本""其他业务支出"等科目的记录分析填列。

【例16-4】百盛公司本期购买原材料，收到的增值税专用发票上注明材料价款为75 000元，增值税进项税额为12 750元，款项已通过银行转账支付；本期支付应付票据50 000元；购买工程用物资75 000元，货款已通过银行转账支付。

本期购买商品、接受劳务支付的现金计算如下：

本期购买原材料支付的价款	75 000
加：本期购买原材料支付的增值税进项税额	12 750
本期支付的应付票据	50 000
本期购买商品、接受劳务支付的现金	137 750

（5）支付给职工以及为职工支付的现金。本项目包括企业为获得职工提供的服务，本期实际给予各种形式的报酬以及其他相关支出，如支付给职工的工资、奖金、各种津贴和补贴等，以及为职工支付的其他费用。支付的在建工程人员工资不属于本项目，而应在"购建固定资产、无形资产和其他长期资产所支付的现金"项目中反映。本项目可根据"库存现金""银行存款""应付职工薪酬"等科目的记录分析填列。

（6）支付的各项税费。本项目包括本期发生并支付的税费，以及本期支付以前各期发生的税费和预交的税金，如支付的营业税、增值税、消费税、所得税、教育费附加、印花税、房产税、土地增值税、车船使用税等。本期退回的增值税、所得税等，不属于本项目，而应在"收到的税费返还"项目中反映。本项目可根据"应交税费""库存现金""银行存款"等科目分析填列。

（7）支付的其他与经营活动有关的现金。本项目反映企业除上述各项目外，支付的其他与经营活动有关的现金，如罚款支出、支付的差旅费、业务招待费、保险费、经营租赁支付的现金等；如果金额较大，应单列项目反映。本项目可根据有关科目的记录分析填列。

16.4.2.2 "投资活动产生的现金流量"项目

（1）收回投资收到的现金。本项目反映企业出售、转让或到期收回除现金等价物以外的交易性金融资产、债权投资、其他债权投资、其他权益工具投资、长期股权投资、投资性房地产而收到的现金。不包括债权性投资收回的利息、收回的非现金资产，以及处置子公司及其他营业单位收到的现金净额。债权性投资收回的本金在本项目反映，债权性投资收回的利息不在本项目中反映，而在"取得投资收益收到的现金"项目中反映。处置子公司及其他营业单位收到的现金净额单设项目反映。本项目可根据"交易性金融资产""债权投资""其他债权投资""其他权益工具投资""长期股权投资""投资性房地产"

"库存现金""银行存款"等科目的记录分析填列。

【例 16 - 5】百盛公司出售某项长期股权投资，收回的全部投资金额为 240 000 元；出售某项长期债权性投资，收回的全部投资金额为 205 000 元，其中 30 000 元是债券利息。

本期收回投资收到的现金计算如下：

收回长期股权投资金额	240 000
加：收回长期债权性投资本金（205 000 – 30 000）	175 000
本期收回投资收到的现金	415 000

（2）取得投资收益收到的现金。本项目反映企业因股权性投资而分得的现金股利，因债权性投资而取得的现金利息收入。股票股利由于不产生现金流量，不在本项目中反映。包括在现金等价物范围内的债券性投资，其利息收入在本项目中反映。本项目可根据"应收股利""应收利息""投资收益""库存现金""银行存款"等科目的记录分析填列。

【例 16 - 6】百盛公司期初长期股权投资余额 1 000 000 元，其中 750 000 元投资于 A 企业（占其股本的 25%），100 000 元投资于 B 企业（占其股本的 5%），150 000 元投资于 C 企业（占其股本的 10%）；当年 A 企业盈利 1 000 000 元，分配现金股利 400 000 元，B 企业亏损没有分配股利，C 企业盈利 300 000 元，分配现金股利 100 000 元。企业已通过银行存款收到现金股利。

本期取得投资收益收到的现金计算如下：

取得 A 企业实际分回的投资收益（400 000 × 25%）	100 000
加：取得 B 企业实际分回的投资收益	0
取得 C 企业实际分回的投资收益（100 000 × 10%）	10 000
本期取得投资收益收到的现金	110 000

（3）处置固定资产、无形资产和其他长期资产收回的现金净额。本项目反映企业出售固定资产、无形资产和其他长期资产（如投资性房地产）所取得的现金，减去为处置这些资产而支付的有关费用后的净额。由于自然灾害等原因所造成的固定资产等长期资产报废、毁损而收到的保险赔偿收入，在本项目中反映。如净额为负数，则应作为投资活动产生的现金流量，在"支付的其他与投资活动有关的现金"项目中反映。本项目可根据"固定资产清理""库存现金""银行存款"等科目的记录分析填列。

（4）处置子公司及其他营业单位收到的现金净额。本项目反映企业处置子公司及其他营业单位所取得的现金减去子公司或其他营业单位持有的现金和现金等价物以及相关处置费用后的净额，如净额为负数，则将该金额填列至"支付其他与投资活动有关的现金"项目中。

（5）收到的其他与投资活动有关的现金。本项目反映企业除上述各项目外，收到的其他与投资活动有关的现金；如果金额较大，应单列项目反映。

（6）购建固定资产、无形资产和其他长期资产支付的现金。本项目反映企业购买、建造固定资产，取得无形资产和其他长期资产（如投资性房地产）支付的现金，包括购买机器设备所支付的现金、建造工程支付的现金、支付在建工程人员的工资等现金支出，不包括为购建固定资产、无形资产和其他长期资产而发生的借款利息资本化部分，以及融资租入固定资产所支付的租赁费。为购建固定资产、无形资产和其他长期资产而发生的借款利息资本化部分，在"分配股利、利润或偿付利息支付的现金"项目中反映；融资租入固定资产所支付的租赁费，在"支付的其他与筹资活动有关的现金"项目中反映。本项目可根据"固定资产""在建工程""工程物资""无形资产""库存现金""银行存款"等科目的记录分析填列。

（7）投资支付的现金。本项目反映企业进行权益性投资和债权性投资所支付的现金，包括企业取得的除现金等价物以外的交易性金融资产、债权投资、其他债权投资而支付的现金，以及支付的佣金、手续费等交易费用。企业购买股票和债券时，实际支付的价款中包含的已宣告但尚未领取的现金股利或已到付息期但尚未领取的债券利息，应在"支付的其他与投资活动有关的现金"项目中反映；收回购买股票和债券时支付的已宣告但尚未领取的现金股利或已到付息期但尚未领取的债券利息，应在"收到的其他与投资活动有关的现金"项目中反映。本项目可根据"交易性金融资产""债权投资""其他债权投资""其他权益工具投资""长期股权投资""投资性房地产""库存现金""银行存款"等科目的记录分析填列。

（8）取得子公司及其他营业单位支付的现金净额。本项目反映企业取得子公司及其他营业单位购买出价中以现金支付的部分，减去子公司或其他营业单位持有的现金和现金等价物后的净额。该净额如为负数，应在"收到其他与投资活动有关的现金"项目中反映。本项目可根据有关科目的记录分析填列。

（9）支付的其他与投资活动有关的现金。本项目反映企业除上述各项目外，支付的其他与投资活动有关的现金；如果金额较大，应单列项目反映。本项目可根据有关科目的记录分析填列。

16.4.2.3 "筹资活动产生的现金流量"项目

（1）吸收投资收到的现金。本项目反映企业以发行股票、债券等方式筹集资金实际收到的款项净额（发行收入减去支付的佣金等发行费用后的净额）。以发行股票等方式筹集资金而由企业直接支付的审计、咨询等费用等，在"支付的其他与筹资活动有关的现金"项目中反映；本项目可根据"实收资本（或股本）""资本公积""库存现金""银行存款"等科目的记录分析填列。

【例16-7】百盛公司对外公开募集股份1 000 000股，每股1元，发行价每股1.5元，代理发行的证券公司为其支付的各种费用，共计16 000元。百盛公司已收到全部发行价款。

本期吸收投资收到的现金计算如下：

发行股票取得的现金	1 484 000
其中：发行总额（1 000 000×1.5）	1 500 000
减：发行费用	16 000
本期吸收投资收到的现金	1 484 000

（2）取得借款收到的现金。本项目反映企业举借各种短期、长期借款而收到的现金，以及发行债券实际收到的款项净额（发行收入减去直接支付的佣金等发行费用后的净额）。本项目可根据"短期借款""长期借款""交易性金融负债""应付债券""库存现金""银行存款"等科目的记录分析填列。

（3）收到的其他与筹资活动有关的现金。本项目反映企业除上述各项目外，收到的其他与筹资活动有关的现金；如果金额较大，应单列项目反映。本项目可根据有关科目的记录分析填列。

（4）偿还债务支付的现金。本项目反映企业以现金偿还的债务本金，包括归还金融企业的借款本金、偿付企业到期的债券本金等。企业偿还的借款利息、债券利息，在"分配股利、利润或偿付利息所支付的现金"项目中反映。本项目可根据"短期借款""长期借款""交易性金融负债""应付债券""库存现金""银行存款"等科目的记录分析填列。

（5）分配股利、利润或偿付利息支付的现金。本项目反映企业实际支付的现金股利、支付给其他投资单位的利润或用现金支付的借款利息、债券利息。不同用途的借款产生的利息，不论其开支渠道是否相同，如计入在建工程或财务费用等，均在本项目中反映。本项目可根据"应付股利""应付利息""利润分配""财务费用""在建工程""制造费用""研发支出""库存现金""银行存款"等科目的记录分析填列。

（6）支付的其他与筹资活动有关的现金。本项目反映企业除上述各项外，支付的其他与筹资活动有关的现金，如以发行股票、债券等方式筹集资金而由企业直接支付的审计、咨询等费用，融资租赁各期支付的现金、以分期付款方式购建固定资产、无形资产等各期支付的现金；如果金额较大，应单列项目反映。本项目可根据有关科目的记录分析填列。

16.4.2.4 "汇率变动对现金及现金等价物的影响"项目

企业外币现金流量及境外子公司的现金流量折算成记账本位币时，所采用的是现金流量发生日的汇率或即期汇率的近似汇率，而现金流量表"现金及现金等价物净增加额"项目中外币现金净增加额是按资产负债表日的即期汇率折算，二者的差额即为汇率变动对现金及现金等价物的影响额，应作为调节项目在现金流量表中单独列报。

16.4.3 现金流量表附注

16.4.3.1 现金流量表补充资料的编制与填列

现金流量表补充资料通常采用报告式结构，并应当提供比较信息，表中各项目按"本期金额"和"上期金额"两栏分别填列。

（1）将净利润调节为经营活动现金流量。按间接法编制的现金流量表补充资料通过从净利润中剔除各项差异，将净利润调节为经营活动现金流量。

1）资产减值准备。企业计提的各项资产减值准备虽然是计算净利润的减项，但实际并未产生现金流出。因此在将净利润调节为经营活动现金流量时，应予加回。

2）固定资产折旧、油气资产折耗、生产性生物资产折旧。

企业计提的固定资产折旧中，分配到管理费用的金额虽是计算净利润的减项，但不产生现金流出，因此在将净利润调节为经营活动现金流量时，应予加回。分配到制造费用的折旧，其中一部分已转为已售存货的营业成本，虽是净利润的减项，但不产生现金流出，应予加回；另一部分构成期末存货成本，既不涉及现金流出，也不影响当期净利润，但在调节存货时却将其计入现金流出，故在此应予加回。可见，无论计提的折旧计入管理费用还是制造费用，都应该予以全额加回。同理，计提的油气资产折耗、生产性生物资产折旧，也应予以全额加回。

3）无形资产摊销和长期待摊费用摊销。企业计提无形资产累计摊销、进行长期待摊费用摊销时，并不产生现金流出，基于与固定资产折旧相同的原因，应予以加回。

4）处置固定资产、无形资产和其他长期资产的损失（减：收益）。企业处置固定资产、无形资产和其他长期资产发生的损益，属于投资活动而非经营活动，应将其从净利润中剔除。如为损失，应予加回；如为收益，应予扣除。

5）固定资产报废损失（减：收益）。企业固定资产报废发生的损益属于投资活动而非经营活动，应将其从净利润中剔除。如为净损失，应予加回；如为净收益，应予扣除。

6）公允价值变动损失（减：收益）。公允价值变动损益反映企业交易性金融资产、投资性房地产等公允价值变动形成的应计入当期损益的利得或损失，通常与投资活动或筹资活动有关，而且并不影响当期的现金流量，应将其从净利润中剔除。如为持有损失，应予加回；如为持有利得，应予扣除。

7）财务费用（减：收益）。在将净利润调节为经营活动现金流量时，应将财务费用中不属于经营活动的部分予以加回。

8）投资损失（减：收益）。企业发生的投资损益不属于经营活动，应将其从净利润中剔除。如为净损失，应予加回；如为净收益，应予扣除。

9）递延所得税资产减少（减：增加）。递延所得税资产减少使计入所得税费用的金额大于当期应交所得税，其差额并不产生现金流出，但在计算净利润时已经扣除，因此应予加回。反之，应予扣除。

10）递延所得税负债增加（减：减少）。递延所得税负债增加使计入所得税费用的金额大于当期应交所得税，其差额并不产生现金流出，但在计算净利润时已经扣除，因此应予加回。反之，应予扣除。

11）存货的减少（减：增加）。如果期末存货比期初存货减少，说明本期生产经营耗用的存货中有一部分是期初的存货，耗用这部分存货并不产生本期现金流出，但在计算净利润时已经扣除，故应予加回。如果期末存货比期初存货增加，则应予扣除。

12）经营性应收项目的减少（减：增加）。经营性应收项目包括应收票据、应收账款、预付账款、长期应收款和其他应收款中与经营活动有关的部分，以及应收的增值税销项税额等。如果经营性应收项目期末余额小于期初余额，说明本期收回的现金大于利润表中所确认的营业收入，故应予加回。如果经营性应收项目期末余额大于期初余额，则应予扣除。

13）经营性应付项目的增加（减：减少）。经营性应付项目包括应付票据、应付账款、预收账款、应付职工薪酬、应交税费、应付利息、长期应付款和其他应付款中与经营活动有关的部分，以及应付的增值税进项税额等。如果经营性应付项目期末余额大于期初余额，说明本期购入的存货中有一部分没有支付现金，但是在计算净利润时却通过营业成本包括在内，故应予加回。如果经营性应付项目期末余额小于期初余额，则应予扣除。

（2）不涉及现金收支的重大投资和筹资活动。本项目反映企业一定期间内影响资产或负债但不形成该期现金收支的所有投资和筹资活动的信息。此类活动虽然不涉及当期现金收支，但对以后各期的现金流量有重大影响，如债务转为资本、一年内到期的可转换公司债券及融资租入固定资产等。

（3）现金及现金等价物净变动情况。本项目可以通过现金及现金等价物期末期初余额的差额进行反映，用以检验用直接法得出的现金流量净额是否正确。

16.4.3.2　影响企业现金流量其他重要信息的披露

（1）企业当期取得或处置子公司及其他营业单位有关信息。

（2）现金和现金等价物有关信息：

1）现金和现金等价物的构成及其在资产负债表中的相应金额。

2）企业持有但不能由母公司或集团内其他子公司使用的大额现金和现金等价物金额。

16.4.4　现金流量表编制与填列示例

【例16-8】沿用【例16-1】、【例16-2】的相关资料及已编制完成的资产负债表和利润表，编制百盛公司20×8年度现金流量表及其补充资料。

16.4.4.1　按直接法编制百盛公司20×8年度现金流量表

采用直接法编制现金流量表，可分为工作底稿法、T形账户法及分析填列法等具体方法。

（1）工作底稿法。采用工作底稿法编制现金流量表，是以工作底稿为手段，以资产负债表和利润表数据为基础，对每一项目进行分析并编制调整分录，从而编制现金流量表。其步骤如下：

第一步，将资产负债表的年初余额和年末余额过入工作底稿，见表16-5的期初数栏和期末数栏。

第二步，对当期业务进行分析并编制调整分录。编制调整分录时，要以利润表项目为基础，从"营业收入"开始，结合资产负债表项目逐一进行分析。

1）分析调整营业收入。

借：经营活动现金流量——销售商品收到的现金		3 329 400
应收账款		806 000
贷：营业收入		3 200 000
应收票据		423 400
应交税费		512 000

由于应收账款、应收票据及增值税销项税额的存在，使本期营业收入并不总是完全等于销售商品收到的现金。应收账款年末余额比年初余额增加806 000元，应借记应收账款，说明应收账款占用的现金在增加。应收票据年末余额比年初余额减少423 400元，应贷记应收票据，说明本期应收票据的收回金额大于新增金额。应交税费根据本期发生的增值税销项税额合计数计算得出。以上各项目借贷相抵后的差额为销售商品收到的现金。

注意本调整分录存在两处高估的现金流入有待后续冲回：

一是业务（21）应收票据贴现的面值是580 000元，但扣除贴现息后企业只得到540 000元现金，差额40 000元应计入财务费用而非经营活动现金流量，故应在调整财务费用时予以抵销，详见调整分录（6）。

二是业务（22）债务重组中应收票据减少23 400元，但收到的是用以抵债的产品而非现金，故应在后续调整中予以冲减，详见调整分录（11）。

2）分析调整营业成本。

借：营业成本　　　　　　　　　　　　　　　　　　　　　　1 920 000

　　应付票据　　　　　　　　　　　　　　　　　　　　　　1 250 000

　　应付账款　　　　　　　　　　　　　　　　　　　　　　　354 000

　　应交税费　　　　　　　　　　　　　　　　　　　　　　　　98 560

　　贷：存货　　　　　　　　　　　　　　　　　　　　　　　　241 400

　　　　经营活动现金流量——购买商品支付的现金　　　　　3 381 160

由于应付账款、应付票据及增值税进项税额的存在，使本期营业成本并不总是完全等于购买商品支付的现金。应付账款、应付票据的年末余额都比年初余额减少，故应予借记，意味着支付的现金不仅用于本期购买商品，而且用于偿还前期欠款。应交税费根据本期发生的增值税进项税额合计数计算得出。以上各项目借贷相抵后的差额为购买商品支付的现金。

需注意本调整分录在两个方面高估了购买商品支付的现金：

一是本期增加的存货中有一部分是通过业务（22）债务重组取得的，其成本 16 000 元及进项 2 560 元均不涉及现金流量。其后续调整详见调整分录（11）。

二是本期新增存货应负担的人工费用并不属于购买商品支付的现金，其中已支付的部分应列入"经营活动现金流量——支付给职工以及为职工支付的现金"项下，尚未支付的部分应计入"应付职工薪酬"；计入产品成本的折旧费则不涉及现金流量。其后续调整详见调整分录（14）、分录（18）。

3）分析调整本年税金及附加［参见业务（39）］。

借：税金及附加　　　　　　　　　　　　　　　　　　　　　　41 344

　　贷：应交税费　　　　　　　　　　　　　　　　　　　　　　41 344

4）分析调整销售费用［参见业务（19）］。

借：销售费用　　　　　　　　　　　　　　　　　　　　　　　21 220

　　贷：经营活动现金流量——支付其他与经营活动有关的现金　21 220

5）分析调整管理费用。

借：管理费用　　　　　　　　　　　　　　　　　　　　　　　232 400

　　贷：经营活动现金流量——支付其他与经营活动有关的现金　232 400

在此有两处需进一步后续调整：

其一，业务（30）及业务（31）计入管理费用的职工工资及福利费 34 200 元虽然产生现金流出，但不属于"支付其他与经营活动有关的现金"，而应计入"支付给职工以及为职工支付的现金"，其后续调整见调整分录（18）。

其二，业务（32）及业务（35）计入管理费用的折旧费 58 200 元及无形资产摊销额 120 000 元均不产生现金流出，其冲回见调整分录（14）、分录（16）。

6）分析调整财务费用。

借：财务费用　　　　　　　　　　　　　　　　　　　　　　　80 972

　　贷：经营活动现金流量——销售商品收到的现金　　　　　　40 000

　　　　筹资活动现金流量——偿付利息支付的现金　　　　　　40 972

本期确认的财务费用中，业务（23）及业务（24）发生的长期借款、短期借款利息 40 972 元属于"偿付利息支付的现金"；业务（21）票据贴现利息 40 000 元属于经营活动现金流量的减项，它减少了销售商品收到的现金。在此贷记的各项刚好抵销调整分录（1）中高估的金额。

7）分析调整资产减值损失［参见业务（33）和业务（34）］。

借：资产减值损失		61 800
贷：坏账准备		1 800
固定资产减值准备		60 000

8）分析调整公允价值变动损益。

①借：公允价值变动损益		4 000
贷：投资收益		4 000
②借：交易性金融资产		4 000
贷：公允价值变动损益		4 000

公允价值变动损益一般只影响净利润而不影响现金流量。本例中业务（5）和业务（28）涉及的本年公允价值变动损益金额借贷相抵，净额为零。

9）分析调整投资收益。

借：投资活动现金流量——收回投资收到的现金		33 000
交易性金融资产		206 000
投资收益		1 000
贷：交易性金融资产		30 000
投资活动现金流量——投资支付的现金		210 000

本期投资收益包括两部分：一是业务（5）出售交易性金融资产获利7 000元，其中4 000元在调整分录（8）中已调整；二是业务（15）购买交易性金融资产发生4 000元交易费用。

10）分析调整资产处置收益。

借：投资活动现金流量——处置固定资产收回的现金		600 000
累计折旧		300 000
贷：资产处置收益		100 000
固定资产		800 000

业务（14）处置固定资产的利得100 000元属于资产处置收益，收到的现金600 000元则属于投资活动现金流量。

11）分析调整营业外支出。

借：营业外支出		4 840
经营活动现金流量——购买商品支付的现金		18 560
贷：经营活动现金流量——销售商品收到的现金		23 400

业务（22）债务重组过程并未产生任何现金流量，所转销的应收票据23 400元并未收回现金而是收到抵债的产品，但是在调整分录（1）却将其视同正常的债权收回，并在"销售商品收到的现金"借方净额中包含了这部分金额，故在此贷记冲回。同理，所取得的抵债产品既不需以现金支付也不形成应收款项，但是调整分录（2）却将其视同正常采购业务，并在"购买商品支付的现金"贷方净额中包含了价税合计金额18 560元，故在此借记冲回。借贷之间的差额4 840元为债务重组损失，计入"营业外支出"。

12）分析调整所得税费用［参见业务（40）］。

借：所得税费用   235 106

    递延所得税资产   15 450

  贷：应交税费   250 556

13）分析调整固定资产。

借：固定资产   2 800 000

  贷：在建工程   2 800 000

本期增加的固定资产来自业务（27）在建工程转入，不涉及现金流量。本期减少的固定资产见调整分录（10）。

14）分析调整累计折旧。

借：经营活动现金流量——购买商品支付的现金   232 800

            ——支付其他与经营活动有关的现金   58 200

  贷：累计折旧   291 000

业务（32）共计提累计折旧291 000元，其中232 800元由制造费用负担，58 200元由管理费用负担，均不产生现金流量。但是调整分录（2）和分录（5）却将其分别计入"购买商品支付的现金"和"支付其他与经营活动有关的现金"项下，故在此借记经营活动现金流量予以冲回。

15）分析调整在建工程及工程物资。

借：在建工程   956 000

    工程物资   350 000

  贷：投资活动现金流量——购建固定资产支付的现金   1 006 000

    筹资活动现金流量——偿付利息支付的现金   300 000

贷记金额1 006 000元是业务（6）工程物资款550 000元与业务（29）、业务（30）、业务（31）在建工程人员工资400 000元、福利费56 000元之和。贷记金额300 000元是业务（25）支付的长期借款利息资本化部分，虽计入在建工程成本，但属于偿付利息支付的现金。

本期在建工程的减少见调整分录（13）。

16）分析调整累计摊销。

借：经营活动现金流量——支付其他与经营活动有关的现金   120 000

  贷：累计摊销   120 000

业务（35）计提无形资产累计摊销属于非现金业务，此处借记金额是为了冲减调整分录（5）中虚增的现金流出。

17）分析调整短期借款［参见业务（26）］。

借：短期借款   500 000

  贷：筹资活动现金流量——偿还债务支付的现金   500 000

18）分析调整应付职工薪酬。

借：经营活动现金流量——购买商品支付的现金   649 800

            ——支付其他与经营活动有关的现金   34 200

  贷：经营活动现金流量——支付给职工以及为职工支付的现金   684 000

借记金额是为剔除在调整分录（2）、分录（5）中高估的相关现金流出，其中

649 800 元是计入生产成本、制造费用的工资及福利费之和 ［（550 000 + 20 000）+（77
000 + 2 800）］，34 200 元是计入管理费用的工资及福利费之和（30 000 + 4 200），参见业
务（30）、业务（31）。

贷记金额 684 000 元是业务（29）、业务（31）支付经营人员工资 600 000 元及福利
费 84 000 元之和。

19）分析调整应交税费［参见业务（7）］。

借：应交税费   393 730

  贷：经营活动现金流量——支付的各项税费   393 730

20）分析调整长期借款。

A. 业务（11）取得长期借款。

借：筹资活动现金流量——取得借款收到的现金   2 000 000

  贷：长期借款   2 000 000

B. 业务（25）偿还长期借款。

借：长期借款   1 200 000

  贷：筹资活动现金流量——偿还债务支付的现金   1 200 000

21）分析调整股本和资本公积［参见业务（9）］。

借：筹资活动现金流量——吸收投资收到的现金   1 100 000

  贷：股本   1 000 000

     资本公积   100 000

22）结转净利润［参见业务（43）］。

借：净利润   705 318

  贷：未分配利润   705 318

23）提取盈余公积［参见业务（44）］。

借：未分配利润   70 531.80

  贷：盈余公积   70 531.80

24）宣告现金股利［参见业务（44）］。

借：未分配利润   240 000

  贷：应付股利   240 000

25）最后调整现金净变化额。

借：库存现金   143 078

  贷：现金净增加额   143 078

第三步，将调整分录过入工作底稿的相应部分，如表 16 - 5 所示。

表 16 - 5   现金流量表工作底稿   单位：元

项目	期初数	调整分录		期末数
		借方	贷方	
一、资产负债表项目				
借方项目：				
货币资金	812 600	（25）143 078		955 678

续表

项目	期初数	调整分录 借方	调整分录 贷方	期末数
交易性金融资产	30 000	(8) ②4 000 (9) 206 000	(9) 30 000	210 000
应收票据	492 000		(1) 423 400	68 600
应收账款	900 000	(1) 806 000		1 706 000
预付款项	200 000			200 000
其他应收款	610 000			610 000
存货	3 160 000		(2) 241 400	2 918 600
长期股权投资	1 000 000			1 000 000
固定资产——原价	3 000 000	(13) 2 800 000	(10) 800 000	5 000 000
在建工程	3 000 000	(15) 956 000 (15) 350 000	(13) 2 800 000	1 506 000
无形资产	1 200 000			1 200 000
递延所得税资产		(12) 15 450		15 450
借方项目合计	<u>14 404 600</u>			<u>15390328</u>
贷方项目：				
坏账准备	1 800		(7) 1 800	3 600
累计折旧	1 400 000	(10) 300 000	(14) 291 000	1 391 000
累计摊销			(16) 120 000	120 000
固定资产减值准备			(7) 60 000	60 000
短期借款	600 000	(17) 500 000		100 000
应付票据	1 500 000	(2) 1 250 000		250 000
应付账款	1 589 070	(2) 354 000		1 235 070
预收款项	100 000			100 000
应付职工薪酬	220 000			220 000
应交税费	393 730	(2) 98 560 (19) 393 730	(1) 512 000 (3) 41 344 (12) 250 556	705 340
其他应付款	100 000		(24) 240 000	340 000
长期借款	1 200 000	(20)②1 200 000	(20)①2 000 000	2 000 000
实收资本（或股本）	7 000 000		(21) 1 000 000	8 000 000
资本公积			(21) 100 000	100 000
盈余公积	200 000		(23) 70 531.80	270 531.80
未分配利润	100 000	(23) 70 531.80 (24) 240 000	(22) 705 318	494 786.20

项目	期初数	调整分录		期末数
		借方	贷方	
贷方项目合计	14 404 600			15390328
二、利润表项目				
营业收入			（1）3 200 000	3 200 000
营业成本		（2）1 920 000		1 920 000
税金及附加		（3）41 344		41 344
销售费用		（4）21 220		21 220
管理费用		（5）232 400		232 400
财务费用		（6）80 972		80 972
资产减值损失		（7）61 800		61 800
公允价值变动收益（损失以"-"号填列）		（8）①4 000	（8）②4 000	
投资收益（损失以"-"号填列）		（9）1 000	（8）①4 000	3 000
资产处置收益			（10）100 000	100 000
营业外支出		（11）4 840		4 840
所得税费用		（12）235 106		235 106
净利润（净亏损以"-"号填列）		（22）705 318		705 318
三、现金流量表项目				
（一）经营活动产生的现金流量				
销售商品、提供劳务收到的现金		（1）3 329 400	（6）40 000 （11）23 400	3 266 000
经营活动现金流入小计				3 266 000
购买商品、接受劳务支付的现金		（11）18 560 （14）232 800 （18）649 800	（2）3 381 160	2 480 000
支付给职工以及为职工支付的现金			（18）684 000	684 000
支付的各项税费			（19）393 730	393 730

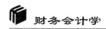
续表

项目	期初数	调整分录		期末数
		借方	贷方	
支付其他与经营活动有关的现金		（14）58 200 （16）120 000 （18）34 200	（4）21 220 （5）232 400	41 220
经营活动现金流出小计				3 598 950
经营活动产生的现金流量净额				−332 950
（二）投资活动产生的现金流量				
收回投资收到的现金		（9）33 000		33 000
处置固定资产、无形资产和其他长期资产收回的现金净额		（10）600 000		600 000
投资活动现金流入小计				633 000
购建固定资产、无形资产和其他长期资产支付的现金			（15）1 006 000	1 006 000
投资支付的现金			（9）210 000	210 000
投资活动现金流出小计				1 216 000
投资活动产生的现金流量净额				−583 000
（三）筹资活动产生的现金流量				
吸收投资收到的现金		（21）1 100 000		1 100 000
取得借款收到的现金		（20）①2 000 000		2 000 000
筹资活动现金流入小计				3 100 000
偿还债务支付的现金			（17）500 000 （20）②1 200 000	1 700 000
分配股利、利润或偿付利息支付的现金			（6）40 972 （15）300 000	340 972
筹资活动现金流出小计				2 040 972
筹资活动产生的现金流量净额				1 059 028
（四）汇率变动对现金及现金等价物的影响				
（五）现金及现金等价物净增加额			（25）143 078	143 078
调整分录借贷合计	—	<u>21171309.80</u>	<u>21171309.80</u>	—

第四步，核对调整分录，借方、贷方合计数应相等，资产负债表项目期初数加减调整分录中的借贷金额以后，应等于期末数。

第五步，根据工作底稿中的现金流量表部分编制正式的现金流量表，如表16－6所示。

表 16 - 6　现金流量表　　　　　　　　会企 03 表

编制单位：百盛公司　　　　　　　　　　20×8 年度　　　　　　　　　　单位：元

项目	本期金额	上期金额（略）
一、经营活动产生的现金流量		
销售商品、提供劳务收到的现金	3 266 000	
收到的税费返还		
收到其他与经营活动有关的现金		
经营活动现金流入小计	3 285 000	
购买商品、接受劳务支付的现金	2 480 000	
支付给职工以及为职工支付的现金	684 000	
支付的各项税费	393 730	
支付其他与经营活动有关的现金	41 220	
经营活动现金流出小计	3 598 950	
经营活动产生的现金流量净额	- 332 950	
二、投资活动产生的现金流量		
收回投资收到的现金	33 000	
取得投资收益收到的现金		
处置固定资产、无形资产和其他长期资产收回的现金净额	600 000	
处置子公司及其他营业单位收到的现金净额		
收到其他与投资活动有关的现金		
投资活动现金流入小计	633 000	
购建固定资产、无形资产和其他长期资产支付的现金	1 006 000	
投资支付的现金	210 000	
取得子公司及其他营业单位支付的现金净额		
支付其他与投资活动有关的现金		
投资活动现金流出小计	1 216 000	
投资活动产生的现金流量净额	- 583 000	
三、筹资活动产生的现金流量		
吸收投资收到的现金	1 100 000	
取得借款收到的现金	2 000 000	
收到其他与筹资活动有关的现金		
筹资活动现金流入小计	3 100 000	
偿还债务支付的现金	1 700 000	

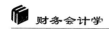

项目	本期金额	上期金额（略）
分配股利、利润或偿付利息支付的现金	340 972	
支付其他与筹资活动有关的现金		
筹资活动现金流出小计	2 040 972	
筹资活动产生的现金流量净额	1 059 028	
四、汇率变动对现金及现金等价物的影响		
五、现金及现金等价物净增加额	143 078	
加：期初现金及现金等价物余额	812 600	
六、期末现金及现金等价物余额	955 678	

（2）T形账户法。采用 T 形账户法编制现金流量表，是以 T 形账户为手段，以资产负债表和利润表数据为基础，对每一项目进行分析并编制调整分录，从而编制现金流量表。其步骤如下：

第一步，为所有非现金项目（包括资产负债表项目和利润表项目）分别开设 T 形账户，并将各自的期末期初余额的差额过入相关账户。

第二步，开设"现金及现金等价物" T 形账户，与其他账户一样，过入期末期初余额的差额。

第三步，以利润表项目为基础，结合资产负债分析每一个非现金项目的增减变动，并据以编制调整分录，调整分录的编制同前。

第四步，将调整分录过入各 T 形账户，其借贷相抵后的净额与原过入的期末期初余额差额应当一致。

第五步，根据"现金及现金等价物" T 形账户编制正式的现金流量表。

百盛公司"现金及现金等价物" T 形账户的参考格式如表 16 - 7 所示，编制过程略。

（3）分析填列法。现金流量表还可以采用分析填列法编制，即借助资产负债表、利润表和有关会计科目明细账的记录，分析计算现金流量表各项目的金额，并据以编制现金流量表。百盛公司 20 × 8 年度现金流量表各项目分析确定如下：

表 16 - 7 现金及现金等价物

	162 078		
经营活动现金收入：		经营活动现金支出：	
1. 销售商品收到的现金	（1）3 329 400	1. 购买商品支付的现金	（2）3 381 160
	（6）- 40 000		（11）- 18 560
	（11）- 23 400		（14）- 232 800
小计	3 266 000		（18）- 649 800
		小计	2 480 000
		2. 支付给职工的现金	（18）684 000
		3. 支付的各项税费	（19）393 730

续表

	162 078		
经营活动现金收入：		经营活动现金支出：	
		4. 支付其他与经营活动有关的现金	（4）21 220
			（5）232 400
			（14）－58 200
			（16）－120 000
			（18）－34 200
		小计	41 220
投资活动现金收入：		投资活动现金支出：	
1. 收回投资收到的现金	（9）33 000	1. 购建固定资产所支付的现金	（15）1 006 000
2. 处置固定资产收回的现金	（10）600 000	2. 投资支付的现金	（9）210 000
筹资活动现金收入：		筹资活动现金支出：	
1. 吸收投资收到的现金	（21）1 100 000	1. 偿还债务所支付的现金	（17）500 000
2. 取得借款收到的现金	（20）①2 000 000		（20）②1 200 000
		小计	1 700 000
		2. 偿付利息支付的现金	（6）40 972
			（15）300 000
		小计	340 972
现金流入合计	6 999 000	现金流出合计	6 855 922
现金流入净额	143 078		

1）销售商品、提供劳务收到的现金：

＝营业收入＋应交税费——应交增值税（销项税额）＋应收票据及应收账款项目（期初余额－期末余额）＋预收款项（期末余额－期初余额）－当期计提的坏账准备－票据的贴现利息－债权人以产品抵偿的应收票据

＝3 200 000＋512 000＋（1 390 200－1 771 000）＋0－1 800＋40 000－23 400

＝3 266 000 （元）

2）购买商品、接受劳务支付的现金：

＝营业成本＋应交税费——应交增值税（进项税额）＋存货项目（期末余额－期初余额）＋应付票据及应付账款项目（期初余额－期末余额）＋预付款项（期末余额－期初余额）－计入生产成本、制造费用的职工薪酬－计入生产成本、制造费用的折旧费和固定资产修理费－以抵偿应收票据方式取得的进货

= 1 920 000 + 98 560 + (2 918 600 - 3 160 000) + (3 089 070 - 1 485 070) +

0 - 649 800 - 232 800 - 18 560

= 2 480 000（元）

3）支付给职工以及为职工支付的现金：

= 计入生产成本、制造费用、管理费用的职工薪酬 + 应付职工薪酬（期初余额 - 期末余额）- 应付职工薪酬在建工程部分（期初余额 - 期末余额）

= 684 000 + 0 - 0

= 684 000（元）

4）支付的各项税费：

= 当期所得税费用 + 税金及附加 + 应交税费——应交增值税（已交税额）+ 应交税费——应交所得税（期初余额 - 期末余额）+ 应交税费——应交城建税（期初余额 - 期末余额）+ 应交税费——应交教育费附加（期初余额 - 期末余额）

= 250 556 + 41 344 + 200 000 + (173 730 - 250 556) + (14000 - 28 940.80) + (6000 -

12403.20)

= 393 730（元）

5）支付其他与经营活动有关的现金：

= 管理费用 - 计入管理费用的职工薪酬 - 计入管理费用的折旧费、无形资产摊销费 + 销售费用

= (232 400 - 34 200 - 58 200 - 120 000) + 21 220

= 20 000 + (19) 21 220

= 41 220（元）

6）收回投资收到的现金：

= 交易性金融资产贷方发生额 + 与交易性金融资产一起收回的投资收益

= 30 000 + 3 000

= 33 000（元）

7）处置固定资产、无形资产和其他长期资产收回的现金净额：

= 固定资产清理贷方的处置收入、残值收入 - 固定资产清理借方的清理费用

= 600 000 - 0

= 600 000（元）

8）购建固定资产、无形资产和其他长期资产支付的现金：

= 用现金购买的固定资产、工程物资 + 支付给在建工程人员的薪酬

= 550 000 + 456 000

= 1 006 000（元）

9）投资支付的现金：

= 交易性金融资产（成本）借方发生额 + 与交易性金融资产一起支付的手续费

= 206 000 + 4 000

= 210 000（元）

10）吸收投资收到的现金：

= 股本贷方发生额 + 资本公积（股本溢价）贷方发生额

$$=1\ 000\ 000 + 100\ 000$$

$$=1\ 100\ 000\ （元）$$

11）取得借款收到的现金：

$$=长期借款贷方发生额 + 短期借款贷方发生额$$

$$=2\ 000\ 000 + 0$$

$$=2\ 000\ 000\ （元）$$

12）偿还债务支付的现金：

$$=长期借款借方发生额 + 短期借款借方发生额$$

$$=1\ 200\ 000 + 500\ 000$$

$$=1\ 700\ 000\ （元）$$

13）分配股利、利润或偿付利息支付的现金：

$$=应付利息借方发生额 + 应付股利借方发生额$$

$$=340\ 972 + 0$$

$$=340\ 972\ （元）$$

16.4.4.2　按间接法编制百盛公司 20×8 年度现金流量表补充资料

现金流量表补充资料将净利润调整为经营活动现金流量，各项目金额分析确定如下：

（1）资产减值准备 $=1\ 800 + 60\ 000 = 61\ 800$（元）。

（2）固定资产折旧 $=291\ 000$（元）。

（3）无形资产摊销 $=120\ 000$（元）。

（4）处置固定资产的收益 $=100\ 000$（元）。

（5）财务费用 $=80\ 972 - 40\ 000 = 40\ 972$（元）。

业务（21）发生的 40 000 元财务费用为应收票据贴现利息，属于经营活动现金流量，不构成对净利润的调整。

（6）投资收益 $=3\ 000$（元）。

（7）递延所得税资产增加 $=15\ 450$（元）。

（8）期末存货 − 期初存货 $=2\ 918\ 600 - 3\ 160\ 000 = -241\ 400$（元）。

（9）经营性应收项目的增减：

期末应收票据 − 期初应收票据 $=68\ 600 - 492\ 000 = -423\ 400$（元）

期末应收账款 − 期初应收账款 $=1\ 606\ 000 - 800\ 000 = 806\ 000$（元）

小计：382 600（元）

（10）经营性应付项目的增减：

期末应付票据 − 期初应付票据 $=250\ 000 - 1\ 500\ 000 = -1\ 250\ 000$（元）

期末应付账款 − 期初应付账款 $=1\ 035\ 070 - 1\ 389\ 070 = -354\ 000$（元）

期末应交税费 − 期初应交税费 $=705\ 340 - 393\ 730 = 311\ 610$（元）

小计：−1292 390（元）

百盛公司 20×8 年度现金流量表补充资料如表 16−8 所示。

表 16－8　现金流量表补充资料

20×8 年度　　　　　　　　　　　　　　　　　　单位：元

补充资料	本期金额	上期金额（略）
1. 将净利润调节为经营活动现金流量		
净利润	705 318	
加：资产减值准备	61 800	
固定资产折旧、油气资产折耗、生产性生物资产折旧	291 000	
无形资产摊销	120 000	
长期待摊费用摊销		
处置固定资产、无形资产和其他长期资产的损失（收益以"－"号填列）	－100 000	
固定资产报废损失（收益以"－"号填列）		
公允价值变动损失（收益以"－"号填列）		
财务费用（收益以"－"号填列）	40 972	
投资损失（收益以"－"号填列）	－3 000	
递延所得税资产减少（增加以"－"号填列）	－15 450	
递延所得税负债增加（减少以"－"号填列）		
存货的减少（增加以"－"号填列）	241 400	
经营性应收项目的减少（增加以"－"号填列）	－382 600	
经营性应付项目的增加（减少以"－"号填列）	－1 292 390	
其他		
经营活动产生的现金流量净额	－332 950	
2. 不涉及现金收支的重大投资和筹资活动		
债务转为资本		
一年内到期的可转换公司债券		
融资租入固定资产		
3. 现金及现金等价物净变动情况		
现金的期末余额	955 678	
减：现金的期初余额	812 600	
加：现金等价物的期末余额		
减：现金等价物的期初余额		
现金及现金等价物增加额	143 078	

16.5 所有者权益变动表

16.5.1 所有者权益变动表概述

资产负债表只能提供所有者权益在某一时日的总量信息，当报表使用者需要了解所有者权益动态变化的过程时，所有者权益变动表便应运而生。

根据《企业会计准则第30号——财务报表列报》，所有者权益变动表是反映构成所有者权益的各组成部分当期的增减变动情况的报表。所有者权益变动表应当全面反映一定时期所有者权益变动的情况，不仅包括所有者权益总量的增减变动，还包括所有者权益增减变动的重要结构性信息，有助于报表使用者准确理解所有者权益增减变动的根源。

为了清晰地体现构成所有者权益的各组成部分当期的增减变动情况，所有者权益变动表应当以矩阵的形式列示。

16.5.2 所有者权益变动表列报的总体要求

所有者权益是企业资产扣除负债后由所有者享有的剩余权益，其来源包括所有者投入的资本（包括实收资本和资本溢价等资本公积）、其他综合收益、留存收益（包括盈余公积和未分配利润）等。所有者权益变动表应当反映构成所有者权益的各组成部分当期的增减变动情况。综合收益和与所有者（或股东）的资本交易导致的所有者权益的变动，应当分别列示。其中，与所有者的资本交易，是指与所有者以其所有者身份进行的、导致企业所有者权益变动的交易。

16.5.3 所有者权益变动表的编制与填列

根据财务报表列报准则的规定，企业需要提供比较所有者权益变动表，表中各项目应按"本年金额"和"上年金额"两栏分别填列。

16.5.3.1 "本年金额"栏

本栏一般应根据"实收资本（或股本）""其他权益工具""资本公积""其他综合收益""盈余公积""利润分配""库存股""以前年度损益调整"等科目的发生额分析填列。

（1）"上年年末余额"项目。应根据企业上年资产负债表中实收资本（或股本）、其他权益工具、资本公积、库存股、其他综合收益、盈余公积、未分配利润的年末余额填列。

（2）"会计政策变更"和"前期差错更正"项目。应根据"盈余公积""利润分配""以前年度损益调整"等科目的发生额分析填列，并在上期年末余额的基础上进行调整得出本年年初余额

（3）"本年增减变动金额"项目。

1）"综合收益总额"项目，应根据当年利润表中"其他综合收益的税后净额"和

"净利润"项目填列，并对应列在"其他综合收益"和"未分配利润"栏。

2）"所有者投入和减少资本"项目，反映企业当年所有者投入的资本和减少的资本。其中：

"所有者投入的普通股"项目，反映企业接受投资者投入形成的股本和股本溢价，应根据"实收资本（或股本）""资本公积"等科目的发生额分析填列，并对应列在"实收资本（或股本）"和"资本公积"栏。

"其他权益工具持有者投入资本"项目，反映投资者持有的优先股、永续债等转入的股份，应根据"其他权益工具"等科目的发生额分析填列，并对应列在"优先股"和"永续债"栏。

"股份支付计入所有者权益的金额"项目，反映企业处于等待期中的权益结算的股份支付当年计入资本公积的金额，应根据"资本公积"科目所属明细科目的发生额分析填列，并对应列在"资本公积"栏。

3）"利润分配"项目，反映当年对所有者（或股东）分配的利润（或股利）金额和按照规定提取的盈余公积金额，并对应列在"未分配利润"和"盈余公积"栏。其中：

"提取盈余公积"项目，反映企业按照规定提取的盈余公积，应根据"盈余公积""利润分配"科目的发生额分析填列。

"对所有者（或股东）的分配"项目，反映对所有者（或股东）分配的利润（或股利）金额，应根据"利润分配"科目的发生额分析填列。

4）"所有者权益内部结转"项目，反映不影响当年所有者权益总额的所有者权益各组成部分之间当年的增减变动。其中：

"资本公积转增资本（或股本）"项目，应根据"实收资本（或股本）""资本公积"等科目的发生额分析填列。

"盈余公积转增资本（或股本）"项目，应根据"实收资本（或股本）""盈余公积"等科目的发生额分析填列。

"盈余公积弥补亏损"项目，应根据"盈余公积""利润分配"等科目的发生额分析填列。

"设定受益计划变动额结转留存收益"项目，应根据"其他综合收益"科目相关明细科目的发生额分析填列。

"其他综合收益结转留存收益"项目，应根据"其他综合收益"科目相关明细科目的发生额分析填列。

16.5.3.2　"上年金额"栏

本栏应根据上年度所有者权益变动表"本年金额"栏内所列数字填列，如果上年度的项目名称和内容与本年度不一致，应按本年度的规定进行调整，填入"上年金额"栏。

16.5.4　所有者权益变动表编制与填列示例

【例16-9】沿用【例16-1】及【例16-2】的资料，编制百盛公司20×8年度所有者权益变动表，如表16-9所示。

表 16-9 所有者权益变动表

20×8 年度

编制单位：百盛公司

会企 04 表

单位：元

项 目	本年金额										上年金额（略）
	实收资本（或股本）	其他权益工具			资本公积	减：库存股	其他综合收益	盈余公积	未分配利润	所有者权益合计	
		优先股	永续债	其他							
一、上年末余额	7 000 000							200 000	100 000	7 300 000	
加：会计政策变更											
前期差错更正											
二、本年初余额	7 000 000							200 000	100 000	7 300 000	
三、本年增减变动金额（减少以"-"号填列）											
（一）综合收益总额									705 318	705 318	
（二）所有者投入和减少资本					100 000					1 100 000	
1. 所有者投入的普通股	1 000 000										
2. 其他权益工具持有者投入资本											
3. 股份支付计入所有者权益的金额											
4. 其他											
（三）利润分配											

续表

项目	本年金额										上年金额（略）									
	实收资本（或股本）	其他权益工具			资本公积	减：库存股	其他综合收益	盈余公积	未分配利润	所有者权益合计	实收资本（或股本）	其他权益工具			资本公积	减：库存股	其他综合收益	盈余公积	未分配利润	所有者权益合计
		优先股	永续债	其他								优先股	永续债	其他						
1. 提取盈余公积								70 531.80	-70 531.80	0										
2. 对所有者（或股东）的分配									-240 000	-240 000										
3. 其他																				
（四）所有者权益内部结转																				
1. 资本公积转增资本（或股本）																				
2. 盈余公积转增资本（或股本）																				
3. 盈余公积弥补亏损																				
4. 设定受益计划变动额结转留存收益																				
5. 其他综合收益结转留存收益									484 786.20											
6. 其他																				
四、本年年末余额	8 000 000				100 000			270 531.80	494 786.20	8 865 318										

16.6　财务报表附注

16.6.1　财务报表附注概述

16.6.1.1　附注的定义

根据《企业会计准则第 30 号——财务报表列报》的定义，附注是对在资产负债表、利润表、现金流量表和所有者权益变动表等报表中列示项目的文字描述或明细资料，以及对未能在这些报表中列示项目的说明等。

财务报表中的数字是经过分类与汇总后的结果，是对企业发生的经济业务的高度简化和浓缩，为了便于使用者理解，一些项目需要进一步分解、解释或补充，这样，附注就逐渐成为财务报表不可或缺的组成部分。提供财务报表附注，有助于突出财务信息的重要性，提高表内信息的可比性和可理解性，充分发挥财务报表的效用。

附注是财务报表的重要组成部分，与表内信息共同构成财务报表整体，二者具有同等的重要性且不可分割。但是必须指出，附注中的定量或定性说明并不能用来代替对表内错误的更正，也不能代替报表正文中的正常分类、计价和描述，或与正文数据发生矛盾。

16.6.1.2　附注披露的基本要求

（1）定量信息与定性信息相结合。附注披露的信息应是定量、定性信息的结合，从量和质两个角度对企业经济事项进行反映，满足信息使用者的决策需求。

（2）合理的排列和分类。附注应当按照一定的结构进行系统合理的排列和分类，有顺序地披露信息。附注内容繁多应按逻辑顺序排列，分类披露，条理清晰，具有一定的组织结构，以便于使用者理解和掌握，也更好地实现财务报表的可比性。

（3）与报表中列示的项目相互参照。附注相关信息应当与资产负债表、利润表、现金流量表和所有者权益变动表等报表中列示的项目相互参照，以便使用者联系相关联的信息，从整体上更好地理解财务报表。

16.6.1.3　附注的形式

（1）旁注。旁注是指在财务报表的有关项目旁直接用括号加注说明。旁注是最简单的报表注释方法，适用于个别只需简单补充的信息项目。

（2）附表。附表是指为了保持财务报表的简明易懂而另行编制一些反映其构成项目及年度内的增减来源与数额的表格。附表主要用于反映财务报表中某一项目的明细信息。

（3）底注。底注也称脚注，是指在财务报表后面用一定文字和数字所作的补充说明。一般而言，每一种报表都可以有一定的底注，其篇幅大小随各种报表的复杂程度而定。底注的主要作用是揭示那些不便于列入报表正文的相关信息。

16.6.2　附注披露的内容

16.6.2.1　企业的基本情况

（1）企业注册地、组织形式和总部地址。

（2）企业的业务性质和主要经营活动。

（3）母公司以及集团最终母公司的名称。

（4）财务报告的批准报出者和财务报告批准报出日。

（5）营业期限有限的企业，还应当披露有关其营业期限的信息。

16.6.2.2　财务报表的编制基础

企业应当判断自身是否持续经营，并披露财务报表是否以持续经营为基础编制。

16.6.2.3　遵循企业会计准则的声明

为了明确编制财务报表所依据的制度基础，企业应当声明编制的财务报表符合企业会计准则的要求，真实、完整地反映了企业的财务状况、经营成果和现金流量等有关信息。如果只是部分地遵循了企业会计准则，附注中不得做出这种表述。

16.6.2.4　重要会计政策和会计估计

企业应当披露所采用的重要会计政策和会计估计，不重要的可以不披露。

16.6.2.5　会计政策和会计估计变更以及差错更正的说明

企业应当披露会计政策和会计估计变更以及差错更正的有关情况。

16.6.2.6　报表重要项目的说明

企业应当按照资产负债表、利润表、现金流量表、所有者权益变动表及其项目列示的顺序，采用文字和数字描述相结合的方式披露报表重要项目的说明。

16.6.2.7　或有和承诺事项、资产负债表日后非调整事项、关联方关系及其交易等需要说明的事项

16.6.2.8　有助于财务报表使用者评价企业管理资本的目标、政策及程序的信息

本章小结

本章主要论述财务报告的构成、财务报表的编制与填列以及附注的主要内容。

财务报告是指企业对外提供的反映企业某一特定日期的财务状况和某一会计期间的经营成果、现金流量等会计信息的文件。财务报告包括财务报表和其他应当在财务报告中披露的相关信息和资料。

资产负债表是指反映企业在某一特定日期财务状况的报表。资产负债表属于静态报表，反映在一定时点上企业所拥有或控制的经济资源、所承担的现时义务和所有者对净资产的要求权。

利润表是指反映企业在一定会计期间的经营成果的报表。利润表属于动态报表，反映一定时期企业经营业绩的主要来源和构成，包括企业实现的收入、发生的费用以及应当计入当期利润的利得和损失等金额及其分布情况。

现金流量表是指反映企业在一定会计期间现金和现金等价物流入和流出的报表。现金流量表属于动态报表，将权责发生制下的盈利信息调整为收付实现制下的现金流量信息。通过区分经营活动、投资活动和筹资活动产生的现金流量，现金流量表可以从不同角度反映企业业务活动的现金流入与流出，弥补了资产负债表和利润表提供信息的不足。编制现

金流量表的方法包括直接法和间接法。

所有者权益变动表是反映构成所有者权益各组成部分当期增减变动情况的报表。所有者权益变动表属于动态报表，有助于报表使用者准确理解所有者权益增减变动的根源。

附注是对资产负债表、利润表、现金流量表和所有者权益变动表等报表中列示项目的文字描述或明细资料，以及对未能在这些报表中列示项目的说明等。附注是财务报表的重要组成部分。

17　会计调整

学习目标

通过本章的学习，了解会计政策、会计政策变更、会计估计变更的概念；掌握会计政策变更及会计估计变更的会计处理方法；掌握前期差错的会计处理；能熟练区分调整事项和非调整事项，掌握资产负债表日后调整事项的会计处理。

17.1　会计政策及其变更

17.1.1　会计政策概述

17.1.1.1　会计政策的概念

会计政策是指企业在会计确认、计量和报告中所采用的原则、基础和会计处理方法。其中，原则是指按照《企业会计准则》规定的、适合于企业会计核算所采用的具体会计原则；基础是指为了将会计原则应用于交易或者事项而采用的基础，主要是指会计计量基础，包括历史成本、重置成本、可变现净值、现值和公允价值等；会计处理方法是指企业在会计核算中按照法律、行政法规或者国家统一的会计制度等规定采用或者选择的、适合于本企业的具体会计处理方法。

例如，借款费用是费用化还是资本化，属于特定会计原则；资产负债表日存货计量按照历史成本还是可变现净值，属于会计基础；企业在年限平均法、工作量法、双倍余额递减法和年数总和法之间进行固定资产折旧方法的选择，则属于具体的会计处理方法。

17.1.1.2　会计政策的特点

（1）层次性。会计政策包含三个层次，即具体的会计原则、基础和会计处理方法。三者之间是一个具有逻辑性的、密不可分的整体，通过这个整体，会计政策才能得到应用和落实。

（2）选择性。会计政策是在允许的会计原则、计量基础和会计处理方法中作出指定或具体选择。由于企业经济业务的复杂性和多样性，某些经济业务在符合会计原则和计量基础的要求下，可以有多种会计处理方法，即存在不止一种可供选择的会计政策。企业可视具体情况进行选择。

（3）强制性。在我国，会计准则和会计制度属于行政法规，会计政策所包括的具体会计原则、计量基础和具体会计处理方法由会计准则或会计制度规定，具有一定的强制性。企业必须在法规所允许的范围内选择适合本企业实际情况的会计政策。即企业在发生某项经济业务时，必须从允许的会计原则、计量基础和会计处理方法中选择出适合本企业特点的会计政策。

（4）一致性。会计政策应当保持前后各期的一致性。企业应当在每期采用相同的会计政策。企业选用的会计政策一般情况下不能也不应当随意变更，以保持会计信息的可比性。

17.1.1.3 会计政策披露的主要内容

企业应当在会计报表附注中披露其采用的重要会计政策，需披露的内容主要有：

（1）发出存货成本的计量。是指企业确定发出存货成本所采用的会计处理。例如，发出存货成本的计量是采用先进先出法，个别计价法还是采用其他方法核算。

（2）长期股权投资的后续计量。是指企业的长期股权投资后的会计处理。例如，企业对被投资单位的长期股权投资是采用成本法，还是采用权益法核算。

（3）投资性房地产的后续计量。是指企业在资产负债表日对投资性房地产进行后续计量所采用的会计处理。例如，企业对投资性房地产的后续计量是采用成本模式还是采用公允价值模式核算。

（4）固定资产的初始计量。是指企业取得的固定资产初始成本的计量。例如，企业取得的固定资产初始成本是以购买价款，还是以购买价款的现值为基础进行计量。

（5）无形资产的确认。是指对研究开发项目的支出是否确认为无形资产。例如，企业内部研究开发项目开发阶段的支出是确认为无形资产还是发生时计入当期损益。

（6）生物资产的初始计量。是指对取得的生物资产初始成本的计量。例如，企业为取得生物资产而产生的借款费用，是予以资本化，还是计入当期损益。

（7）非货币性资产交换的计量。是指非货币性资产交换事项中对换入资产的计量。例如，非货币性资产交换是以换出资产的公允价值作为确定换入资产成本的基础还是以换出资产的账面价值作为确定换入资产成本的基础。

（8）收入的确认。是指收入确认所采用的会计原则。

（9）合同收入与费用的确认。是指确认建造合同的收入和费用所采用的会计处理方法。例如，企业确认建造合同的合同收入和合同费用采用完工百分比法。

（10）借款费用的处理。是指借款费用是采用资本化还是采用费用化。

（11）合并政策。是指编制合并会计报表所采纳的原则。例如，母公司与子公司的会计年度不一致的处理原则；合并范围的确定原则等。

17.1.2 会计政策变更的条件

会计政策变更，是指企业对相同的交易或事项由原来采用的会计政策改用另一种会计政策的行为。会计政策变更，并不意味着以前会计期间所采用的会计政策是错误的，只是由于情况发生了变化，或者掌握了新的信息、积累了更多的经验，使变更会计政策能够更好地反映企业的财务状况、经营成果和现金流量。如果以前期间会计政策的运用是错误的，则属于前期差错，应按前期差错更正的会计处理方法进行处理。

17.1.2.1 企业变更会计政策的条件

企业变更会计政策，必须符合下列条件之一：

（1）法律、行政法规或者国家统一的会计制度等要求变更。

由于国家颁布了新的会计准则或会计制度，或者修订了原有的会计准则或会计制度，则企业需要变更会计政策。

（2）会计政策变更能够提供更可靠、更相关的会计信息。

由于经济环境、客观情况的改变，使企业原采用的会计政策所提供的会计信息已不能恰当地反映企业的财务状况、经营成果和现金流量等情况。在这种情况下，企业应改变原有会计政策，按变更后新的会计政策进行核算，以便对外提供更可靠、更相关的会计信息。

17.1.2.2　不属于会计政策变更的情况

对会计政策变更的认定，直接影响着会计处理方法的选择。因此，在会计实务中，应当分清哪些情况属于会计政策变更，哪些情况不属于会计政策变更。以下两种情况看似属于，其实并不属于会计政策变更。

（1）本期发生的交易或者事项与以前相比具有本质差别而采用新的会计政策。

某一项会计政策总是针对某一特定类型的交易或事项的，如果本期发生的交易或事项和前期在形式上类似，但是本质上有区别，那么本期发生的交易或者事项实质上是一种新的交易或事项，由此采用不同于原先的会计政策，并不属于会计政策变更。比如，以前租入的设备采用经营租赁方式，本期采用融资租赁方式，由此引起的会计处理方法的改变就不属于会计政策的变更。

（2）对初次发生的或不重要的交易或者事项采用新的会计政策。

对初次发生的交易或事项采用新的会计政策，因其与过去无关，当然不涉及"变更"。对于不重要的交易或事项采用新的会计政策，根据重要性原则，如果不按照会计政策变更的会计处理方法进行核算，不会影响会计信息的可比性，也不会影响会计信息使用者的决策，所以也不作为会计政策变更。

17.1.3　会计政策变更的会计处理方法

会计政策变更的会计处理方法有两种：追溯调整法和未来适用法。

17.1.3.1　追溯调整法和未来适用法的选择

对于会计政策变更，企业应当根据具体情况，分别采用不同的会计处理方法。

（1）在法律、行政法规或者国家统一的会计制度等要求变更的情况下，企业应当分两种情形进行处理：①法律或行政法规、制度要求改变会计政策的同时，也规定了会计政策变更的会计处理方法，这时，应当按照规定的方法进行处理。②国家没有规定相关的会计处理办法，则采用追溯调整法进行会计处理。

（2）由于经济环境和客观情况发生变化，企业为了能够提供更可靠、更相关的会计信息而变更会计政策的，应当采用追溯调整法进行会计处理。

（3）如果会计政策变更累积影响数不能合理确定，无论是因为法律、法规要求而变更会计政策，还是因为经济环境、客观情况的改变而变更会计政策，都可采用未来适用法进行会计处理。

17.1.3.2　追溯调整法

追溯调整法，是指对某项交易或事项变更会计政策，视同该项交易或事项初次发生时即采用变更后的会计政策，并以此对财务报表相关项目进行调整的方法。

追溯调整法的运用通常由以下步骤构成：

（1）计算会计政策变更的累积影响数。会计政策变更的累积影响数，是指按照变更后的会计政策对以前各期追溯计算的列报前期最早期初留存收益应有金额与现有金额之间的差额。即假设与会计政策变更相关的交易或事项在期初发生时即采用了新的会计政策，而得出的变更年度期初留存收益应有的金额与现有的金额之间的差额。

会计政策变更的累积影响数，通常可以通过以下各步计算获得：

第一步，根据新的会计政策重新计算受影响的前期交易或事项。

第二步，计算两种会计政策下的差异。

第三步，计算差异的所得税影响金额。

第四步，确定前期中每一期的税后差异。

第五步，计算会计政策变更的累积影响数。

（2）进行相关的账务处理。

（3）调整报表相关项目。

（4）报表附注说明。

【例17-1】百盛公司将一栋写字楼用于对外出租，该写字楼自20×5年开始计提折旧，入账价值为成本6 000万元（假设和当时该项投资性房地产的公允价值一致），采用成本模式计量，预计使用年限30年，采用年限平均法计提折旧，无残值，假定其计提折旧的方法及预计使用年限符合税法规定。20×7年初，该公司经股东大会批准，将该项投资性房地产改为按公允价值模式进行计量。假设无其他暂时性差异和纳税调整事项，适用的所得税率为25%，按净利润的10%提取法定盈余公积。该写字楼20×5~20×7年的年末公允价值分别为6 100万元、6 300万元和6 440万元。

根据以上资料，百盛公司采用追溯调整法进行会计处理如下：

（1）计算会计政策变更的累积影响数，如表17-1所示。

表17-1　投资性房地产计量模式变更的累积影响数计算表　　单位：万元

项目 年份	年折旧额	年末账面价值	年末公允价值	公允价值变动损益	所得税前差异	所得税影响	净利润影响数
20×5	200	5 800	6 100	100	300	75	225
20×6	200	5 600	6 300	200	400	100	300
合计	400	—	—	300	700	175	525
20×7	200	5 400	6 440	140	340	85	255

（2）百盛公司20×5年年初变更会计政策时，应编制的调整分录。

借：投资性房地产——成本　　　　　　　　　　　　　　　　60 000 000
　　贷：投资性房地产　　　　　　　　　　　　　　　　　　　60 000 000
借：投资性房地产——公允价值变动损益　　　　　　　　　　3 000 000
　　投资性房地产累计折旧　　　　　　　　　　　　　　　　4 000 000
　　贷：利润分配——未分配利润　　　　　　　　　　　　　5 250 000

递延所得税负债　　　　　　　　　　　　　　　　　　1 750 000

借：利润分配——未分配利润　　　　　　　　　　　　525 000

　　贷：盈余公积　　　　　　　　　　　　　　　　　　　525000

（3）调整报表相关项目，如表17-2、表17-3、表17-4所示。

表17-2　资产负债表（局部）

编制单位：百盛公司　　　　　　　　20×5年12月31日　　　　　　　　单位：万元

资产	年初数			负债和所有者权益	年初数		
	调整前	调整数	调整后		调整前	调整数	调整后
……				……			
投资性房地产	5600	+700	6300	递延所得税负债	略	+175	略
……				盈余公积	略	+52.5	略
				未分配利润	略	+472.5	略

表17-3　利润表（局部）

编制单位：百盛公司　　　　　　　　20×5年度　　　　　　　　单位：万元

项目	上年金额		
	调整前	调整数	调整后
一、营业收入	略	略	略
减：营业成本		-200	
……			
加：公允价值变动损益		+200	
……			
三、利润总额		+400	
减：所得税费用		+100	
四、净利润		+300	

表17-4　所有者权益变动表（局部）

编制单位：百盛公司　　　　　　　　20×5年度　　　　　　　　单位：万元

项目	本年金额			
……	……	盈余公积	未分配利润	所有者权益合计
一、上年年末余额				
加：会计政策变更		+52.5	+472.5	+525
……				
二、本年年初余额		+52.5	+472.5	+525
……				

（4）报表附注说明。20×7年，百盛公司决定将投资性房地产改为公允价值模式计

量，此项会计政策变更采用追溯调整法进行会计处理，20×7 年的比较财务报表已经重新表述。20×7 年该项会计政策变更的累积影响数为 525 万元。该项会计政策变更对 20×5 年、20×6 年净利润的影响分别调增 225 万元、300 万元，调增 20×7 年期初留存收益 525 万元，其中调增未分配利润 472.5 万元，调增 20×7 年当年净利润 255 万元。

17.1.3.3　未来适用法

未来适用法，是指将变更后的会计政策应用于变更日及以后发生的交易或者事项，或者在会计估计变更当期和未来期间确认会计估计变更影响数的方法。

在未来适用法下，不需要计算会计政策变更产生的累积影响数，也无须重编以前年度的财务报表。企业会计账簿记录及财务报表上反映的金额，变更之日仍保留原有的金额，不因会计政策变更而改变以前年度的既定结果，并在现有金额的基础上再按新的会计政策进行核算。

17.2　会计估计及其变更

17.2.1　会计估计的概念及特点

会计估计是指企业对其结果不确定的交易或事项以最近可利用的信息为基础所作的判断。

常见的需要估计的项目有：坏账、固定资产的使用年限与净残值、无形资产的受益期、或有事项中的估计、收入确认中的估计，等等。

会计估计具有下列特点：

（1）会计估计的存在是由于经济活动中存在内在的不确定性因素的影响。

在会计核算中，有些经济业务本身具有不确定性，例如，资产减值损失、固定资产折旧年限、固定资产净残值、无形资产受益年限、劳务或建造合同的完工进度或比例等，因而需要根据经验作出估计。同时，采用权责发生制原则编制财务报表这一事项本身，也有必要充分估计未来交易或事项的影响。可以说，在会计核算和信息披露过程中，会计估计是不可避免的。

（2）会计估计应当以最近可利用的信息或资料为基础。

企业在进行会计估计时，通常应根据当时的情况和经验，以最近可利用的信息或资料为基础进行。随着时间的推移和环境的变化，所掌握的信息也在不断地发生变化。由于最新的信息是最接近目标的信息，以其为基础所作的估计最接近实际，所以，进行会计估计时应以最近可利用的信息或资料为基础。

（3）进行会计估计并不会削弱会计核算的可靠性。

进行会计估计是企业经济活动中不可避免的，进行合理的会计估计是会计核算中必不可少的部分，它不会削弱会计信息资料的可靠性。由于存在会计分期和货币计量的前提，在确认和计量过程中，不得不对许多尚在延续中、其结果不确定的交易或事项予以估计入账。但是，估计是建立在具有确凿证据的前提下，而不是随意的。例如，企业估计固定资产的预计使用年限，应当考虑该项固定资产的技术性能、历史资料、同行业同类固定资产的预计使用年限、本企业经营性质等诸多因素，并掌握确凿证据后确定。企业根据当时所掌握的可靠证据作出的最佳估计，不会削弱会计核算的可靠性。

17.2.2 会计估计变更的概念

会计估计变更，是指由于资产和负债的当前状况及预期经济利益和义务发生了变化，从而对资产和负债的账面价值或者资产的定期消耗金额进行调整。

通常情况下，企业可能由于以下原因而发生会计估计变更：

（1）赖以进行估计的基础发生了变化。企业进行会计估计，总是依赖于一定的基础，如果其所依赖的基础发生了变化，则会计估计也应相应作出改变。例如，企业某项无形资产的摊销年限原定为 10 年，以后发生的情况表明，该资产的受益年限已不足 10 年，则应相应调减摊销年限。

（2）取得了新的信息，积累了更多的经验。企业进行会计估计是就现有资料对未来所作的判断，随着时间的推移，企业有可能取得新的信息、积累更多的经验，在这种情况下，企业可能不得不对会计估计进行修订，即发生会计估计变更。例如，企业原根据当时能够得到的信息，对应收账款每年按其余额的 3% 计提坏账准备。现在掌握了新的信息，判定不能收回的应收账款比例已达 8%，企业改按 8% 的比例计提坏账准备。

17.2.3 会计估计变更的会计处理

对于会计估计变更，企业应采用未来适用法。即在会计估计当期及以后期间，采用新的会计估计，不改变以前期间的会计估计，也不调整以前期间的报告结果。

其处理步骤为：

17.2.3.1 确定会计估计变更的影响应确认在哪一期间

如果会计估计的变更仅影响变更当期，有关估计变更的影响应于当期确认。如果会计估计的变更既影响变更当期又影响未来期间，有关估计变更的影响应当在当期及以后各期确认。

17.2.3.2 进行相关的会计处理

为了使不同期间的财务报表能够可比，如果以前期间的会计估计变更的影响数计入日常活动损益，则以后期间也应计入日常活动损益；如果以前期间的会计估计变更的影响数计入特殊项目，则以后期间也应计入特殊项目。

17.2.3.3 附注披露

企业应当在附注中披露与会计估计变更有关的下列信息：

（1）会计估计变更的内容和原因。主要包括会计估计变更的内容、日期以及原因。

（2）会计估计变更对当期及未来期间的影响数。主要包括会计估计变更对当期和未来期间损益及其他项目的影响金额。

（3）会计估计变更的影响数不能确定的，披露这一事实和原因。

【例 17-2】百盛公司有一台管理用设备，从 20×6 年 1 月 1 日起开始计提折旧，原值为 63 000 元，预计净残值为 3 000 元，预计使用年限为 6 年，采用年限平均法计提折旧。20×8 年初，由于市场竞争加剧、技术进步等原因，公司需要对原预计使用年限和净残值进行调整。调整后的预计使用年限为 4 年，净残值为 2 000 元。假定税法允许按变更后的折旧额在税前扣除，该企业适用的所得税税率为 25%。

按原估计，每年折旧额为 10 000 元，已提折旧 2 年，共计 20 000 元，固定资产净值为 43 000 元，改变估计使用年限后，20×8 年 1 月 1 日起每年计提的折旧费用为 20 500 元〔(43 000 - 2 000) ÷ (4 - 2)〕。20×8 年不必对以前年度已提折旧进行调整，只需按重新预计的尚可使用年限和净残值计算年折旧费用。编制会计分录如下：

借：管理费用   205 00

    贷：累计折旧   20 500

在财务报表附注中对上述会计估计进行如下说明：本公司一台管理用设备，原始价值为 63 000 元，原估计使用年限为 6 年，预计净残值为 3 000 元，按年限平均法计提折旧。由于市场竞争加剧、技术进步等原因，已不能按原定使用年限计提折旧，于 20×8 年 1 月 1 日将该设备的折旧年限改为 4 年，预计净残值为 2 000 元。此项会计估计变更使本年度及以后使用年限内每年净利润减少 7 875 元〔(20 500 - 10 000) × (1 - 25%)〕。

17.3 前期差错及其更正

17.3.1 前期差错概述

会计差错分为本期差错和前期差错。本期差错直接更正当期相关项目，更正后才编制财务报表，不存在"重述"报表问题。

前期差错，是指由于没有运用或错误运用下列两种信息，而对前期财务报表造成省略或错报：①编报前期财务报表时预期能够取得并加以考虑的可靠信息。②前期财务报告批准报出时能够取得的可靠信息。

前期差错通常包括以下方面：

（1）计算错误及账户分类错误。例如，企业本期应计提折旧 2 500 万元，但由于计算出现差错，得出错误数据为 2 000 万元。

（2）应用会计政策错误。例如，按照《企业会计准则》规定，为购建固定资产而发生的借款费用，在固定资产达到预定可使用状态前发生的，满足一定条件时应予资本化，计入所购建固定资产的成本；在固定资产达到预定可使用状态后发生的，计入当期损益。如果企业固定资产达到预定可使用状态后发生的借款费用，也计入该项固定资产价值，予以资本化，则属于采用法律、行政法规或者国家统一的会计制度等所不允许的会计政策。

（3）疏忽或曲解事实以及舞弊产生的影响。例如，企业销售一批商品，商品已经发出，开出增值税专用发票，商品销售收入确认条件均已满足，但企业在期末时未将已实现的销售收入入账。

（4）存货、固定资产盘盈等。

17.3.2 前期差错的会计处理

根据前期差错的性质和金额的大小，将其划分为重要的前期差错和不重要的前期差错。重要的前期差错，是指足以影响财务报表使用者对企业财务状况、经营成果和现金流量作出正确判断的前期差错。不重要的前期差错，是指不足以影响财务报表使用者对企业财务状况、经营成果和现金流量作出正确判断的前期差错。

17.3.2.1 不重要的前期差错的会计处理

对于不重要的前期差错，应视同发现当期差错进行调整更正，不需要调整财务报表相关项目的期初数，但应调整发现当期与前期相同的相关项目。属于影响损益的，直接计入本期与上期相同的净损益项目；属于不影响损益的，应调整本期与前期相同的相关项目。

【例 17 - 3】百盛公司在 20 ×7 年发现，20 ×6 年漏记管理人员工资 6 000 元。则 20 ×7年更正此差错的账务处理如下：

借：管理费用 6 000
　　贷：应付职工薪酬 6 000

17.3.2.2 重要的前期差错的会计处理

（1）对于重要的前期差错企业应当采用追溯重述法更正，但确定前期差错累积影响数不切实可行的除外。

追溯重述法，是指在发现前期差错时，视同该项前期差错从未发生过，从而对财务报表相关项目进行更正的方法。追溯重述法的会计处理与追溯调整法相同。

（2）确定前期差错影响数不切实可行的，可以从可追溯重述的最早期间开始调整留存收益的期初余额，财务报表其他相关项目的期初余额也应当一并调整，也可以采用未来适用法。

【例 17 - 4】百盛公司于 20 ×7 年发现，20 ×6 年漏记了一项固定资产的折旧费用 200 000 元，所得税申报中也没有包括这笔费用，20 ×6 年适用所得税税率为 25%，该公司按净利润的 10% 提取法定盈余公积金。假设差错发现时，税务部门尚未与企业办理完 20 ×6年所得税汇算清缴工作，但 20 ×6 年的财务报告已经对外报出。

其更正过程如下：

第一步，分析前期差错的影响数。

20 ×6 年少计提折旧费用 200 000 元；多计所得税费用 50 000 元（200 000 ×0.25）；多计净利润 150 000 元；多计应交税费 50 000 元；多提法定盈余公积 15 000 元。

第二步，账务处理。

（1）补提折旧。

借：以前年度损益调整 200 000
　　贷：累计折旧 200 000

（2）调整应交所得税。

借：应交税费——应交所得税 50 000
　　贷：以前年度损益调整 50 000

（3）将"以前年度损益调整"科目余额转入利润分配。

借：利润分配——未分配利润　　　　　　　　　　　　　　　150 000

　　贷：以前年度损益调整　　　　　　　　　　　　　　　　　　　150 000

（4）调整利润分配有关数字。

借：盈余公积　　　　　　　　　　　　　　　　　　　　　　15 000

　　贷：利润分配——未分配利润　　　　　　　　　　　　　　　　15 000

第三步，财务报表调整和重述（财务报表略）。

百盛公司在列报20×7年财务报表时，应调整20×6年资产负债表有关项目的年初余额，利润表有关项目及所有者权益变动表的"上年金额"也应进行调整。

（1）资产负债表项目年初数的调整：调减固定资产200 000元；调减应交税费50 000元；调减盈余公积15 000元；调减未分配利润135 000元。

（2）利润表项目的调整：调增营业成本上年金额200 000元；调减所得税费用上年金额50 000元；调减净利润上年金额150 000元。

（3）所有者权益变动表项目的调整：调减前期差错更正项目中盈余公积上年金额15 000元；未分配利润上年金额135 000元；所有者权益合计上年金额150 000元。

第四步，附注说明。

本年度发现20×6年漏计固定资产折旧200 000元，在编制20×6年与20×7年可比财务报表时，已对该项差错进行了更正。由于此项错误的影响，20×6年虚增净利润及留存收益150 000元，少记累计折旧200 000元。

17.4　资产负债表日后事项

17.4.1　资产负债表日后事项概述

17.4.1.1　资产负债表日后事项的概念

资产负债表日后事项，是指资产负债表日至财务报告批准报出日之间发生的有利或不利事项。

理解这一概念，需要明确以下几点：

（1）资产负债表日是指会计年度末和会计中期期末。年度资产负债表日是指每年的12月31日，中期资产负债表日是指各会计中期期末，包括半年末、季末和月末。如半年度财务报表的资产负债日是6月30日，第一季度财务报表的资产负债日是3月31日。

（2）财务报告批准报出日是指董事会或类似机构批准财务报告报出的日期。通常是指对财务报告的内容负有法律责任的单位或个人批准财务报告对外公布的日期。

（3）资产负债表日后事项包括有利事项和不利事项，对于资产负债表日后有利或不利事项的会计处理原则相同。资产负债表日后事项，如果属于调整事项，对有利和不利的调整事项均应进行处理，并调整报告年度或报告中期的财务报表；如果属于非调整事项，对有利和不利的非调整事项均应在报告年度或报告中期的附注中进行披露。

（4）资产负债表日后事项不是在这个特定期间内发生的全部事项，而是与资产负债表日存在状况有关的事项，或虽然与资产负债表日存在状况无关，但对企业财务状况具有重大影响的事项。

17.4.1.2 资产负债表日后事项涵盖的期间

资产负债表日后事项所涵盖的期间是资产负债表日次日起至财务报告批准报出日之间。这一期间包括：

（1）报告年度次年的1月1日或报告期间下一期第一天至董事会或类似机构批准财务报告对外公布的日期。即：就年度资产负债表日后事项而言，以报告年度次年的1月1日（含1月1日，下同）为起点；就中期报告而言，以报告期间下一期的第一天为起点（例如，第一季度财务报告涉及的资产负债表日后事项所涵盖的期间，以4月1日为起点）。而董事会或类似机构批准财务报告对外公布的日期为截止日期。

（2）董事会或类似机构批准财务报告对外公布的日期与实际对外公布日之间发生的与资产负债表日后事项有关的事项，影响财务报告对外公布日期的，应以董事会或类似机构再次批准财务报告对外公布的日期为截止日期。

【例17-5】百盛公司20×7年度的财务报告于20×8年2月17日编制完成，注册会计师完成整个年度审计工作并签署审计报告的日期为20×8年4月13日，董事会批准财务报告对外公布的日期为20×8年4月23日，财务报告实际对外公布的日期为20×8年4月25日，股东大会召开日期为20×8年5月8日。

根据资产负债表日后事项涵盖的期间的规定，财务报告批准日为20×8年4月23日，则资产负债表日后事项涵盖的期间为20×8年1月1日至20×8年4月23日。如果百盛公司在20×8年4月23日至20×8年4月25日之间发生了重大事项，需要调整财务报表相关项目，经调整的财务报告再经董事会批准对外报出的日期为20×8年4月27日，实际对外公布的日期为20×8年4月30日，则资产负债表日后事项涵盖的期间为20×8年1月1日至20×8年4月27日。

17.4.1.3 资产负债表日后事项的内容

资产负债表日后事项包括资产负债表日后调整事项和资产负债表日后非调整事项。对两类事项的会计处理方法是不同的，因此要严格加以区分。

（1）调整事项。资产负债表日后调整事项，是指对资产负债表日已经存在的情况提供了新的或进一步证据的事项。

企业发生的资产负债表日后调整事项，通常包括下列各项：①资产负债表日后诉讼案件结案，法院判决证实了企业在资产负债表日已经存在现时义务，需要调整原先确认的与该诉讼案件相关的预计负债，或确认一项新负债。②资产负债表日后取得确凿证据，表明某项资产在资产负债表日发生了减值或者需要调整该项资产原先确认的减值金额。③资产负债表日后进一步确定了资产负债表日前购入资产的成本或售出资产的收入。④资产负债表日后发现了财务报表舞弊或差错。

（2）非调整事项。非调整事项是只表明资产负债表日后发生情况的事项，不影响企业的财务报表数字，因此，需要适当披露。

企业发生的资产负债表日后非调整事项，通常包括下列各项：①资产负债表日后发生重大诉讼、仲裁、承诺。②资产负债表日后资产价格、税收政策、外汇汇率发生重大变化。③资产负债表日后因自然灾害导致资产发生重大损失。④资产负债表日后发行股票和债券以及其他巨额举债。⑤资产负债表日后资本公积转增资本。⑥资产负债表日后发生巨额亏损。⑦资产负债表日后发生企业合并或处置子公司。

17.4.2 资产负债表日后事项的会计处理

17.4.2.1 调整事项的会计处理

企业发生的资产负债表日后调整事项，应当调整资产负债表日已编制的财务报表。由于资产负债表日后事项发生在次年，上年度的有关账目已经结转，特别是损益类科目在结账后已无余额。因此，资产负债表日后发生的调整事项，应具体分别按以下情况进行处理。

（1）涉及损益的事项，通过"以前年度损益调整"科目核算。调整增加以前年度利润或调整减少以前年度亏损的事项，计入"以前年度损益调整"科目的贷方；调整减少以前年度利润或调整增加以前年度亏损的事项，计入"以前年度损益调整"科目的借方。"以前年度损益调整"科目的贷方或借方余额，转入"利润分配——未分配利润"科目。

（2）涉及利润分配调整的事项，直接在"利润分配——未分配利润"科目核算。

（3）不涉及损益以及利润分配的事项，调整相关科目。

（4）通过上述账务处理后，还应同时调整财务报表相关项目的数字，具体包括：①资产负债表日编制的财务报表相关项目的期末或本年发生数。②当期编制的财务报表相关项目的期初数或上年数。③上述调整如果涉及附注内容的，还应调整附注相关项目的数字。

【例17-6】百盛公司20×8年2月11日（所得税汇算清缴前）接到通知，某一债务企业乙公司宣告破产，其所欠的应收账款300 000元全部不能偿还。百盛公司在20×7年12月31日前已被告知该债务企业乙公司资不抵债，濒临破产，企业按应收账款40%计提了坏账准备。百盛公司20×7年度财务报告对外批准报出日为20×8年3月20日，企业适用的企业所得税税率为25%，按净利润的10%提取法定盈余公积。

百盛公司的会计处理如下：

（1）补提坏账准备：

应补提的坏账准备 = 300 000 - 300 000 × 40% = 180 000（元）

借：以前年度损益调整	180 000
贷：坏账准备	180 000

（2）调整递延所得税资产：

借：递延所得税资产	45 000
贷：以前年度损益调整（180 000 × 25%）	45 000

（3）将"以前年度损益调整"科目的余额转入利润分配：

借：利润分配——未分配利润	135 000
贷：以前年度损益调整	135 000

（4）调整利润分配有关数字：

借：盈余公积	13 500
贷：利润分配——未分配利润	13 500

（5）调整报告年度财务报表相关项目的数字、20×8年2月资产负债表相关项目的年初数（略）。

17.4.2.2 非调整事项的会计处理

资产负债表日后发生的非调整事项，不影响资产负债表日存在的状况，不应当调整资产负债表日的财务报表。但由于事项重大，不加以说明将会影响财务报告使用者作出正确估计和决策，应在附注中加以披露。即在报表附注中披露每项重要的资产负债表日后非调整事项的性质、内容，及其对财务状况和经营成果的影响。无法作出估计的，应当说明原因。

本章小结

本章主要讲述会计政策变更、会计估计变更、前期差错及资产负债表日后事项的会计处理。

会计政策变更是指企业对相同的交易或事项由原来采用的会计政策改用另一种会计政策的行为。会计政策变更的会计处理方法有两种：追溯调整法和未来适用法。法律或行政法规、制度要求改变会计政策的同时，也规定了会计政策变更的会计处理方法，这时，应当按照规定的方法进行处理；国家没有规定相关的会计处理办法，则采用追溯调整法进行会计处理。如果会计政策变更累积影响数不能合理确定的，采用未来适用法进行会计处理。

对于会计估计变更，企业应采用未来适用法。

对于不重要的前期差错，应视同发现当期差错进行调整更正，不需要调整财务报表相关项目的期初数，但应调整发现当期与前期相同的相关项目。对于重要的前期差错企业应当采用追溯重述法更正，但确定前期差错累积影响数不切实可行的除外。

资产负债表日后事项包括资产负债表日后调整事项和资产负债表日后非调整事项。企业发生的资产负债表日后调整事项，应当调整资产负债表日已编制的财务报表。资产负债表日后发生的非调整事项，不影响资产负债表日存在的状况，不应当调整资产负债表日的财务报表。但由于事项重大，不加以说明将会影响财务报告使用者作出正确估计和决策，应在附注中加以披露。

18 持有待售的非流动资产、处置组和终止经营

学习目标

通过本章学习，掌握持有待售类别的分类；掌握持有待售类别的初始计量；掌握持有待售类别的后续计量；了解持有待售类别的列报；熟悉终止经营的定义、列报。

18.1 持有待售的非流动资产和处置组

18.1.1 持有待售类别的分类

18.1.1.1 持有待售类别分类的原则

如果企业收回非流动资产和处置组的账面价值是通过出售的方式而不是持续使用，则应该将其划分为持有待售类别。

非流动资产是流动资产以外的资产。流动资产是指满足下列条件之一的资产：①预计在一个正常营业周期中变现、出售或耗用。②主要为交易目的而持有。③预计在资产负债表日起一年内变现。④自资产负债表日起一年内，交换其他资产或清偿负债的能力不受限制的现金或现金等价物。

处置组是指在一项交易中作为整体通过出售或其他方式一并处置的一组资产，以及在该交易中转让的与这些资产直接相关的负债。处置组中可能包含企业的任何资产和负债，如流动资产、流动负债、适用本准则计量规定的固定资产、无形资产等非流动资产、不适用本准则计量规定的采用公允价值模式进行后续计量的投资性房地产、采用公允价值减去出售费用后的净额计量的生物资产、金融工具等非流动资产，以及非流动负债。按照《企业会计准则第8号——资产减值》的规定，企业合并中取得的商誉应当按照合理的方法分摊至相关的资产组或资产组组合，如果处置组即为该资产组或者包括在该资产组或资产组组合中，处置组也应当包含分摊的商誉。处置组可能是一组资产组组合、一个资产组或某个资产组的一部分。这里的资产组是指企业可以认定的最小资产组合，其产生的现金流入应当基本上独立于其他资产或者资产组产生的现金流入。如果企业在决定对某处置组进行处置前，该处置组的相关资产或负债本属于某资产组的一部分，在作为处置组后，由于该处置组将主要通过出售而非持续使用产生现金流入，对原资产组内其他资产产生现金流入的依赖减小，此时该处置组重新成为可以认定的最小资产组合，应当作为单独的资产组看待。

企业持有待售的非流动资产和处置组是以出售为目的，有时在待售过程中，非流动资产和处置组仍在使用，会产生一定的收入，但处于待售过程中的非流动资产和处置组使用收回的价值相对于通过出售收回的价值是微不足道的，因此，在划分非流动资产和处置组是否应分类为持有待售类别，标准是企业是否主要通过出售来收回非流动资产和处置组的账面价值。如果企业主要通过出售（包括具有商业实质的非货币性资产交换）而非持续使用一项非流动资产或处置组收回其账面价值的，应当将其划分为持有待售类别。

非流动资产或处置组划分为持有待售类别，应当同时满足下列条件：

（1）根据类似交易中出售此类资产或处置组的惯例，在当前状况下即可立即出售。

（2）出售极可能发生，即企业已经就一项出售计划作出决议且获得确定的购买承诺，预计出售将在一年内完成。有关规定要求企业相关权力机构或者监管部门批准后方可出售的，应当已经获得批准。确定的购买承诺，是指企业与其他方签订的具有法律约束力的购买协议，该协议包含交易价格、时间和足够严厉的违约惩罚等重要条款，使协议出现重大调整或者撤销的可能性极小。

企业为了转售而需要持有的非流动资产或处置组，只要在取得日满足"预计出售将在一年内完成"的规定条件，并且在短期（通常为 3 个月）内很可能满足持有待售类别的其他划分条件的，企业应当在取得日将为转售而持有的非流动资产或处置组划分为持有待售类别。

18.1.1.2 持有待售类别分类的特殊情况

（1）延长一年期限的例外条款。有些情况下，可能由于发生一些企业无法控制的原因导致出售未能在一年内完成。如果涉及的出售是关联方交易，不允许放松一年期限条件。如果涉及的出售不是关联方交易，且有充分证据表明企业仍然承诺出售非流动资产或处置组，允许放松一年期限条件，企业可以继续将非流动资产或处置组划分为持有待售类别。企业无法控制的原因包括：

1）意外设定条件。买方或其他方意外设定导致出售延期的条件，企业针对这些条件已经及时采取行动，且预计能够自设定导致出售延期的条件起一年内顺利化解延期因素。即企业在初始对非流动资产或处置组进行分类时，能够满足划分为持有待售类别的所有条件，但此后买方或其他方提出一些意料之外的条件，且企业已经采取措施加以应对，预计能够自设定这些条件起一年内满足条件并完成出售，那么即使出售无法在最初一年内完成，企业仍然可以维持原持有待售类别的分类。

【例 18-1】A 企业计划将整套钢铁生产厂房和设备出售给 B 企业，A 和 B 不存在关联关系，双方已于 20×7 年 9 月 16 日签订了转让合同。因该厂区的污水排放系统存在缺陷，对周边环境造成污染。

情形一：A 企业不知晓土地污染情况，20×7 年 11 月 6 日，B 企业在对生产厂房和设备进行检查过程中发现污染，并要求 A 企业进行补救。A 企业立即着手采取措施，预计至 20×8 年 10 月底环境污染问题能够得到成功整治。

情形二：A 企业知晓土地污染情况，在转让合同中附带条款，承诺将自 20×7 年 10 月 1 日起开展污染清除工作，清除工作预计将持续 8 个月。

情形三：A 企业知晓土地污染情况，在协议中标明 A 企业不承担清除污染义务，并在确定转让价格时考虑了该污染因素，预计转让将于 9 个月内完成。

分析：情形一，在签订转让合同前，买卖双方并不知晓影响交易进度的环境污染问题，属于符合延长一年期限的例外事项，在20×7年11月6日发现延期事项后，A企业预计将在一年内消除延期因素，因此仍然可以将处置组划分为持有待售类别。

情形二，虽然买卖双方已经签订协议，但在污染得到整治前，该处置组在当前状态下不可立即出售，不符合划分为持有待售类别的条件。

情形三，由于卖方不承担清除污染义务，转让价格已将污染因素考虑在内，该处置组于协议签署日即符合划分为持有待售类别的条件。

2）发生罕见情况。因发生罕见情况，导致持有待售的非流动资产或处置组未能在一年内完成出售，企业在最初一年内已经针对这些新情况采取必要措施且重新满足了持有待售类别的划分条件。即非流动资产或处置组在初始分类时满足了持有待售类别的所有条件，但在最初一年内，出现罕见情况导致出售将被延迟至一年之后。如果企业针对这些新情况在最初一年内已经采取必要措施，而且该非流动资产或处置组重新满足了持有待售类别的划分条件，也就是在当前状况下可立即出售且出售极可能发生，那么即使原订的出售计划无法在最初一年内完成，企业仍然可以维持原持有待售类别的分类。这里的"罕见情况"主要指因不可抗力引发的情况、宏观经济形势发生急剧变化等不可控情况。

（2）不再继续满足划分条件的处理。持有待售的非流动资产或处置组不再继续满足持有待售类别划分条件的，企业不应当继续将其划分为持有待售类别。部分资产或负债从持有待售的处置组中移除后，如果处置组中剩余资产或负债新组成的处置组仍然满足持有待售类别划分条件，企业应当将新组成的处置组划分为持有待售类别，否则应当将满足持有待售类别划分条件的非流动资产单独划分为持有待售类别。

企业不应当将拟结束使用而非出售的非流动资产或处置组划分为持有待售类别。例如，因已经使用至经济寿命期结束而将某机器设备报废，并收回少量残值，此项机器设备的使用实质上几乎贯穿了其整个经济使用寿命期，账面价值并非主要通过出售收回，而是主要通过持续使用收回，因此不应当将其划分为持有待售类别；对于暂时停止使用的非流动资产，企业不应当认为其拟结束使用，也不应当将其划分为持有待售类别。

18.1.2 持有待售类别的会计科目设置

企业应当设置以下科目，正确记录和反映持有待售的非流动资产和处置组的相关交易或事项：

18.1.2.1 持有待售资产

本科目核算持有待售的非流动资产和持有待售的处置组中的资产。本科目按照资产类别进行明细核算。企业将相关非流动资产或处置组划分为持有待售类别时，按各类资产的账面价值或账面余额，借记本科目，按已计提的累计折旧、累计摊销等，借记"累计折旧""累计摊销"等科目，按各项资产账面余额，贷记"固定资产""无形资产""长期股权投资""应收账款""商誉"等科目，适用持有待售的非流动资产和处置组相关准则计量规定的非流动资产已计提减值准备的，还应同时结转已计提的减值准备。本科目期末借方余额，反映企业持有待售的非流动资产和持有待售的处置组中资产的账面余额。

18.1.2.2 持有待售资产减值准备

本科目核算适用持有待售的非流动资产和处置组相关准则计量规定的持有待售的非流

动资产和持有待售的处置组计提的允许转回的资产减值准备和商誉的减值准备。本科目按照资产类别进行明细核算。初始计量或资产负债表日，持有待售的非流动资产或处置组中的资产发生减值的，按应减记的金额，借记"资产减值损失"科目，贷记本科目。后续资产负债表日持有待售的非流动资产或处置组中的资产减值转回的，按允许转回的金额，借记本科目，贷记"资产减值损失"科目。本科目期末贷方余额，反映企业已计提但尚未转销的持有待售资产减值准备。

18.1.2.3 持有待售负债

本科目核算持有待售的处置组中的负债。本科目按照负债类别进行明细核算。企业将相关处置组划分为持有待售类别时，按相关负债的账面余额，借记"应付账款""应付职工薪酬"等科目，贷记本科目。本科目期末贷方余额，反映企业持有待售的处置组中负债的账面余额。

18.1.2.4 资产处置损益

本科目核算企业出售划分为持有待售的非流动资产（金融工具、长期股权投资和投资性房地产除外）或处置组（子公司和业务除外）时确认的处置利得或损失，以及处置未划分为持有待售的固定资产、在建工程、生产性生物资产及无形资产而产生的处置利得或损失。本科目按照处置的资产类别或处置组进行明细核算。债务重组中因处置非流动资产产生的利得或损失和非货币性资产交换中换出非流动资产产生的利得或损失也在本科目核算。企业处置持有待售的非流动资产或处置组时，按处置过程中收到的价款，借记"银行存款"等科目，按相关负债的账面余额，借记"持有待售负债"科目，按相关资产的账面余额，贷记"持有待售资产"科目，按其差额借记或贷记本科目，已计提减值准备的，还应同时结转已计提的减值准备；按处置过程中发生的相关税费，借记本科目，贷记"银行存款""应交税费"等科目。期末，应将本科目余额转入"本年利润"科目，本科目结转后应无余额。

18.1.3 持有待售类别的计量

18.1.3.1 持有待售类别的初始计量

企业将非流动资产或处置组首次划分为持有待售类别前，应当按照相关会计准则规定计量非流动资产或处置组中各项资产和负债的账面价值。例如，对固定资产按照相关准则进行价值计量、计提折旧及减值判断等。在非流动资产或处置组准备出售时，企业应当在划分为持有待售类别前考虑进行减值测试。

企业对持有待售的非流动资产或处置组进行初始计量时，如果其账面价值低于其公允价值减去出售费用后的净额，企业不需要对账面价值进行调整；如果账面价值高于其公允价值减去出售费用后的净额，企业应当将账面价值减记至公允价值减去出售费用后的净额，减记的金额确认为资产减值损失，计入当期损益，同时计提持有待售资产减值准备。

非流动资产或处置组的公允价值分两种情况确认：①如果企业已经获得确定的购买承诺，应当参考交易价格确定持有待售的非流动资产或处置组的公允价值，交易价格应当考虑可变对价、非现金对价、应付客户对价等因素的影响。②如果企业尚未获得确定的购买承诺，企业应当对其公允价值作出估计，优先使用市场报价等可观察输入值。

出售费用是企业发生的可以直接归属于出售资产或处置组的增量费用，出售费用直接由出售引起，并且是企业进行出售所必需的，如果企业不出售资产或处置组，该费用将不会产生。出售费用包括为出售发生的特定法律服务、评估咨询等中介费用，也包括相关的消费税、城市维护建设税、土地增值税和印花税等，但不包括财务费用和所得税费用。有些情况下，公允价值减去出售费用后的净额可能为负值，持有待售的非流动资产或处置组中资产的账面价值应当以减记至零为限。是否需要确认相关预计负债，应当按照《企业会计准则第13号——或有事项》的规定进行会计处理。

对于取得日划分为持有待售类别的非流动资产或处置组，企业应当在初始计量时比较假定其不划分为持有待售类别情况下的初始计量金额和公允价值减去出售费用后的净额，以两者孰低计量。按照上述原则，在合并报表中，非同一控制下的企业合并中新取得的非流动资产或处置组划分为持有待售类别的，应当按照公允价值减去出售费用后的净额计量；同一控制下的企业合并中非流动资产或处置组划分为持有待售类别的，应当按照合并日在被合并方的账面价值与公允价值减去出售费用后的净额孰低计量。除企业合并中取得的非流动资产或处置组外，由以公允价值减去出售费用后的净额作为非流动资产或处置组初始计量金额而产生的差额，应当计入当期损益。持有待分配给所有者的非流动资产或处置组发生的分配费用，是可以直接归属于分配资产或处置组的增量费用，但不包括财务费用和所得税费用。除此之外，持有待分配给所有者类别的计量要求与持有待售类别相类似。

【例18-2】20×8年3月1日，百盛公司以价款10 000 000元购入非关联的甲公司的全部股权。购入该股权之前，百盛公司的管理层已经作出决议，一旦购入甲公司，将在一年内将其出售给乙公司，甲公司当前状况下满足即可立即出售的条件。百盛公司与乙公司计划于20×8年3月31日签署股权转让合同，预计百盛公司还将为出售该子公司支付100 000元的出售费用。

（1）百盛公司与乙公司初步议定股权转让价格为10 200 000元。

（2）百盛公司尚未与乙公司议定转让价格，3月1日股权公允价值与支付价款10 000 000元一致。

根据以上资料，作出20×8年3月1日百盛公司的会计处理。

（1）甲公司是专为转售而取得的子公司，其不划分为持有待售类别情况下的初始计量金额应当为10 000 000元，当日公允价值减去出售费用后的净额为10 100 000元，按照两者孰低计量。

百盛公司20×8年3月1日的账务处理如下：

借：持有待售资产——长期股权投资　　　　　　　　　　　　　10 000 000

　　贷：银行存款　　　　　　　　　　　　　　　　　　　　　　　　10 000 000

（2）甲公司是专为转售而取得的子公司，其不划分为持有待售类别情况下的初始计量金额为10 000 000元，当日公允价值减去出售费用后的净额为9 900 000元，按照两者孰低计量。

百盛公司20×8年3月1日的账务处理如下：

借：持有待售资产——长期股权投资　　　　　　　　　　　　　9 900 000

　　资产减值损失　　　　　　　　　　　　　　　　　　　　　　100 000

　　贷：银行存款　　　　　　　　　　　　　　　　　　　　　　　　10 000 000

18.1.3.2 持有待售类别的后续计量

（1）持有待售的非流动资产的后续计量。

企业在资产负债表日重新计量持有待售的非流动资产时，如果其账面价值高于公允价值减去出售费用后的净额，应当将账面价值减记至公允价值减去出售费用后的净额，减记的金额确认为资产减值损失，计入当期损益，同时计提持有待售资产减值准备。

如果后续资产负债表日持有待售的非流动资产公允价值减去出售费用后的净额增加，以前减记的金额应当予以恢复，并在划分为持有待售类别后非流动资产确认的资产减值损失金额内转回，转回金额计入当期损益，划分为持有待售类别前确认的资产减值损失不得转回。

持有待售的非流动资产不应计提折旧或摊销。

【例18-3】承【例18-2】，20×8年3月31日，百盛公司与乙公司签订合同，转让所持有甲公司的全部股权，转让价格为10 050 000元，百盛公司预计还将支付70 000万元的出售费用。

（1）20×8年3月31日，百盛公司持有的甲公司的股权公允价值减去出售费用后的净额为9 980 000元（10 050 000 - 70 000），账面价值为10 000 000元，以两者孰低计量，百盛公司截至20×8年3月31日此项持有待售的长期股权投资账面价值应为9 980 000元，而购入时初始计量的账面价值为10 000 000元，因此应计提20 000元资产减值准备，其的账务处理如下：

借：资产减值损失 20 000
　　贷：持有待售资产减值准备——长期股权投资 20 000

（2）20×8年3月31日，百盛公司持有的甲公司的股权公允价值减去出售费用后的净额为9 980 000元，账面价值为9 900 000元，以两者孰低计量，百盛公司不需要进行账务处理。

（2）持有待售的处置组的后续计量。

企业在资产负债表日重新计量持有待售的处置组时，应当首先按照相关会计准则规定计量处置组中适用其他准则计量规定的资产和负债的账面价值，这些资产和负债可能包括流动资产、流动负债、非流动资产、非流动负债。在进行上述计量后，企业应当比较持有待售的处置组整体账面价值与公允价值减去出售费用后的净额，如果账面价值高于其公允价值减去出售费用后的净额，应当将账面价值减记至公允价值减去出售费用后的净额，减记的金额确认为资产减值损失，计入当期损益，同时计提持有待售资产减值准备。

对于持有待售的处置组确认的资产减值损失金额，如果该处置组包含商誉，应当先抵减商誉的账面价值，再根据处置组中适用持有待售非流动资产准则计量规定的各项非流动资产账面价值所占比重，按比例抵减其账面价值。确认的资产减值损失金额应当以持有待售非流动资产准则计量规定的各项资产的账面价值为限，不应分摊至处置组中适用其他准则计量规定的其他资产。

如果后续资产负债表日持有待售的处置组公允价值减去出售费用后的净额增加，以前减记的金额应当予以恢复，并在划分为持有待售类别后适用持有待售非流动资产准则计量规定的非流动资产确认的资产减值损失金额内转回，转回金额计入当期损益，且不应当重复确认不适用持有待售非流动资产准则计量规定的资产和负债按照相关准则规定已经确认的利得。已抵减的商誉账面价值，以及适用持有待售非流动资产准则计量规定的非流动资产在划分为持有待售类别前确认的资产减值损失不得转回。对于持有待售的处置组确认的资产减值损失后续转回金额，应当根据处置组中除商誉外适用持有待售非流动资产准则计量规定的各项非流动资产账面价值所占比重，按比例增加其账面价值。

持有待售的处置组中的非流动资产不应计提折旧或摊销，持有待售的处置组中负债的利息和其他费用应当继续予以确认。

（3）不再继续划分为持有待售类别的计量。

非流动资产或处置组因不再满足持有待售类别划分条件而不再继续划分为持有待售类别或非流动资产从持有待售的处置组中移除时，应当按照以下两者孰低计量：①划分为持有待售类别前的账面价值，按照假定不划分为持有待售类别情况下本应确认的折旧、摊销或减值等进行调整后的金额。②可收回金额。由此产生的差额计入当期损益，可以通过"资产减值损失"科目进行会计处理。通过这样的会计处理使原来划分为持有待售的非流动资产或处置组重新分类后的账面价值，与其从未划分为持有待售类别情况下的账面价值相一致。

企业将非流动资产或处置组由持有待售类别重分类为持有待分配给所有者类别，或者由持有待分配给所有者类别重分类为持有待售类别，原处置计划没有发生本质改变，不应当按照上述不再继续划分为持有待售类别的计量要求处理，而应当按照重分类后所属类别的计量要求处理。分类为持有待售类别或持有待分配给所有者类别的日期不因重分类而发生改变，在适用延长一年期的例外条款时，应当以该最初分类日期为准。

（4）终止确认的计量。企业终止确认持有待售的非流动资产或处置组，应当将尚未确认的利得或损失计入当期损益。

按照《企业会计准则第19号——外币折算》的规定，企业在处置持有待售的境外经营时，应当将与该境外经营相关的外币财务报表折算差额，自其他综合收益转入处置当期损益，部分处置境外经营的，应当按处置的比例计算处置部分的外币财务报表折算差额，转入处置当期损益。

【例18-4】承【例18-3】，20×8年5月20日，百盛公司为转让乙公司的股权支付律师费40 000元。5月25日，百盛公司完成对乙公司的股权转让，收到价款10 050 000元。

（1）百盛公司20×8年5月20日支付出售费用的会计处理如下：

借：投资收益   40 000

   贷：银行存款   40 000

百盛公司20×8年5月25日的会计处理如下：

借：持有待售资产减值准备——长期股权投资   20 000

     银行存款   10 050 000

   贷：持有待售资产——长期股权投资   10 000 000

     投资收益   70 000

（2）百盛公司20×8年5月20日支付出售费用的会计处理如下：

借：投资收益   40 000

   贷：银行存款   40 000

百盛公司 20×8 年 5 月 25 日的会计处理如下：

借：银行存款   10 050 000

 贷：持有待售资产——长期股权投资   9 900 000

   投资收益   150 000

18.1.4　持有待售类别的列报

企业持有待售的非流动资产或持有待售的处置组中的资产与持有待售的处置组中的负债不应当相互抵销，应当分别作为流动资产和流动负债列示，应当在资产负债表中区别于其他资产单独列示持有待售的非流动资产或持有待售的处置组中的资产或区别于其他负债单独列示持有待售的处置组中的负债。

18.2　终止经营

18.2.1　终止经营的定义

终止经营，是指企业满足下列条件之一的、能够单独区分的组成部分，且该组成部分已经处置或划分为持有待售类别：①该组成部分代表一项独立的主要业务或一个单独的主要经营地区。②该组成部分是拟对一项独立的主要业务或一个单独的主要经营地区进行处置的一项相关联计划的一部分。③该组成部分是专为转售而取得的子公司。

终止经营的定义包含以下三方面含义：

（1）终止经营应当是企业能够单独区分的组成部分。该组成部分的经营和现金流量在企业经营和编制财务报表时是能够与企业的其他部分清楚区分的。企业组成部分可能是一个资产组，也可能是一组资产组组合，通常是企业的一个子公司、一个事业部或事业群。

（2）终止经营应当具有一定的规模。终止经营应当代表一项独立的主要业务或一个单独的主要经营地区，或者是拟对一项独立的主要业务或一个单独的主要经营地区进行处置的一项相关联计划的一部分。并非所有处置组都符合终止经营定义中的规模条件，企业需要运用职业判断加以确定。当然，如果企业主要经营一项业务或主要在一个地理区域内开展经营，企业的一个主要产品或服务线就可能满足终止经营定义中的规模条件。对于专为转售而取得的子公司，对其规模不做要求，只要是单独区分的组成部分且满足时点要求，即构成终止经营。有些专为转售而取得的重要的合营企业或联营企业，也可能因为符合终止经营定义中的规模等条件而构成终止经营。

（3）终止经营应当满足一定的时点要求。符合终止经营定义的组成部分应当属于以下两种情况之一：

1）该组成部分在资产负债表日之前已经处置，包括已经出售和结束使用（如关停或报废等）。多数情况下，如果组成部分的所有资产和负债均已处置，产生收入和发生成本的来源消失，这时确定组成部分"处置"的时点是较为容易的。但在有些情况下，组成部分的资产仍处于出售或报废过程中，仍可能发生清理费用，企业需要根据实际情况判断组成部分是否已经处置从而符合终止经营的定义。

2）该组成部分在资产负债表日之前已经划分为持有待售类别。有些情况下，企业对一项独立的主要业务或一个单独的主要经营地区进行处置的一项相关联计划持续数年，组成部分中的资产组或资产组组合无法同时满足持有待售类别的划分条件。随着处置计划的进行，组成部分中的一些资产组或资产组组合可能先满足持有待售类别划分条件且构成企业的终止经营，其他资产组或资产组组合可能在未来满足持有待售类别的划分条件，应当适时将其作为终止经营处理。

不是所有划分为持有待售类别的处置组都符合终止经营的定义，因为有些处置组可能不是"能够单独区分的组成部分"或不符合终止经营定义中的规模条件；也不是所有终止经营都划分为持有待售类别，因为有些终止经营在资产负债表日前已经处置。

18.2.2　终止经营的列报

如果企业将终止经营划分为持有待售类别，应当按照前述持有待售类别的列报要求处理。如果终止经营没有划分为持有待售类别，而是被处置，无论当期或是可比会计期间的资产负债表中都不应当列报与之相关的持有待售资产或负债。

企业应当在利润表中分别列示持续经营损益和终止经营损益。不符合终止经营定义的持有待售的非流动资产或处置组所产生的下列相关损益，应当在利润表中作为持续经营损益列报：①企业初始计量或在资产负债表日重新计量持有待售的非流动资产或处置组时，因账面价值高于其公允价值减去出售费用后的净额而确认的资产减值损失。②后续资产负债表日持有待售的非流动资产或处置组公允价值减去出售费用后的净额增加，因恢复以前减记的金额而转回的资产减值损失。③持有待售的非流动资产或处置组的处置损益。

终止经营的相关损益应当作为终止经营损益列报，列报的终止经营损益应当包含整个报告期间，而不仅包含认定为终止经营后的报告期间。相关损益具体包括：①终止经营的经营活动损益，如销售商品、提供服务的收入，相关成本和费用等。②企业初始计量或在资产负债表日重新计量符合终止经营定义的持有待售的处置组时，因账面价值高于其公允价值减去出售费用后的净额而确认的资产减值损失。③后续资产负债表日符合终止经营定义的持有待售处置组的公允价值减去出售费用后的净额增加，因恢复以前减记的金额而转回的资产减值损失。④终止经营的处置损益。⑤终止经营处置损益的调整金额，可能引起调整的情形包括：最终确定处置条款，如与买方商定交易价格调整额和补偿金；消除与处置相关的不确定因素，如确定卖方保留的环保义务或产品质量保证义务；履行与处置相关的职工薪酬支付义务等。

企业在处置终止经营的过程中可能附带产生一些增量费用，如果不进行该项处置就不会产生这些费用，企业应当将这些增量费用作为终止经营损益列报。

本章小结

如果企业收回非流动资产和处置组的账面价值是通过出售的方式而不是持续使用，则应该将其划分为持有待售类别。作为持有待售类别核算的非流动资产或处置组应当同时满足两个条件：①根据类似交易中出售此类资产或处置组的惯例，在当前状况下即可立即出售。②出售极可能发生。

由于企业发生无法控制的意外设定条件或发生罕见情况导致持有待售的非流动资产和处置组出售未能在一年内完成。如果涉及的出售是关联方交易，不允许放松一年期限条件。如果涉及的出售不是关联方交易，且有充分证据表明企业仍然承诺出售非流动资产或处置组，允许放松一年期限条件，企业可以继续将非流动资产或处置组划分为持有待售类别。

企业对持有待售的非流动资产或处置组进行初始计量时，如果其账面价值低于其公允价值减去出售费用后的净额，企业不需要对账面价值进行调整；如果账面价值高于其公允价值减去出售费用后的净额，企业应当将账面价值减记至公允价值减去出售费用后的净额，减记的金额确认为资产减值损失，计入当期损益，同时计提持有待售资产减值准备。

企业在资产负债表日重新计量持有待售的非流动资产时，如果其账面价值高于公允价值减去出售费用后的净额，应当将账面价值减记至公允价值减去出售费用后的净额，减记的金额确认为资产减值损失，计入当期损益，同时计提持有待售资产减值准备。如果后续资产负债表日持有待售的非流动资产公允价值减去出售费用后的净额增加，以前减记的金额应当予以恢复，并在划分为持有待售类别后非流动资产确认的资产减值损失金额内转回，转回金额计入当期损益，划分为持有待售类别前确认的资产减值损失不得转回。

企业对非流动资产或处置组因不再满足持有待售类别划分条件而不再继续划分为持有待售类别或非流动资产从持有待售的处置组中移除时，应当按照持有待售类别前的账面价值和可收回金额两者之间孰低来计量。

终止经营是指企业满足下列条件之一的、能够单独区分的组成部分，且该组成部分已经处置或划分为持有待售类别：①该组成部分代表一项独立的主要业务或一个单独的主要经营地区。②该组成部分是拟对一项独立的主要业务或一个单独的主要经营地区进行处置的一项相关联计划的一部分。③该组成部分是专为转售而取得的子公司。

如果企业将终止经营划分为持有待售类别，应当按照持有待售类别的列报要求处理；如果终止经营没有划分为持有待售类别，而是被处置，无论当期或是可比会计期间的资产负债表中都不应当列报与之相关的持有待售资产或负债。企业应当在利润表中分别列示持续经营损益和终止经营损益，不符合终止经营定义的持有待售的非流动资产或处置组所产生的相关损益，应当在利润表中作为持续经营损益列报；终止经营的相关损益应当作为终止经营损益列报。